新经典文化股份有限公司
www.readinglife.com
出 品

# 深时之旅

[英] 罗伯特·麦克法伦——著
王如菲——译

UNDERLAND
A Deep Time Journey

下面黑吗

譬如芜草丛生的发丝深处？

譬如无人问津的地下？

——海伦·亚当，《在黑暗中》，1952[1]


虚空浮上了表面……

——《地球物理学进展》，2016[2]

# 目录

*Contents*

—— 第一间石室 // 1

9　　向下

## 第一部分　看见（英国）

21　　埋藏

46　　暗物质

72　　下层林木

—— 第二间石室 // 99

## 第二部分　隐匿（欧洲）

109　　看不见的城市

149　　无星之河

181　　空洞的土地

—— 第三间石室 // 209

## 第三部分　萦绕（北方）

217　红色舞者

249　边缘

282　时间之蓝

320　融水

345　隐藏之地

367　回到地面


371　致谢

379　注释

397　参考文献

419　索引

# 第一间石室

　　通往地下世界的入口，要从一棵老白蜡树开裂的树干穿过，才能到达。

　　夏末酷暑，空气凝滞。蜜蜂在草地上空漫不经心地飞舞。尚未收割的谷物金黄，一排排堆着的新鲜干草垛还泛着葱绿，留有残茬的地里，白嘴鸦落下点点乌黑。往下的某处低地有火在燃烧，不见火光，只见柱状的烟雾升起。一个孩子朝金属桶里接连扔着石头，叮，叮，叮。

　　沿小径穿过田野，越过小山向东而行。山丘上九个圆形古坟连成一排，仿佛脊椎上的椎骨。三匹马伫立在一片由飞蝇组成的闪烁云团中，看上去纹丝不动，只偶尔扫一扫尾巴，转一转头。

登上石灰岩阶梯，沿着小溪前行，便抵达一处灌木丛生的洼地。这里，古老的白蜡树拔地而起，树冠圆展阔大，向天空挥舞而去。低处的长枝旁逸斜出，根系则在地底向远方伸展。

燕子时而盘旋时而疾冲，羽毛一闪而过。圣马丁鸟错落飞行。高空中，一只天鹅朝南方飞去，羽翼作响。上方的世界如此美丽。

那棵白蜡树靠近根部的位置，树干裂开一道缝，宽度刚好可让一个人钻进中空的树干——那缝隙的边缘平滑光亮，早已有不少人来过，他们从这里进入了地下世界，黑暗的空间于此开启。

白蜡树底下，是一座迷宫。

树根之间，有一条坡度极陡的岩石通道探向深处。四下里颜色逐渐暗淡，只剩灰色、棕色和黑色。冷风贯穿而过。头顶是坚硬、质密的岩石，几乎已想不起地上世界的光景了。

走在通道中，迷宫渐渐铺展开。两侧的裂缝弯弯曲曲地延伸。保持方向感是件难事。空间变得很奇怪——时间也是。在地下，时间以不同的方式流逝，它变得浓稠，时而积聚，时而流动，时而疾，时而缓。

转过一个又一个弯，通道逐渐变窄，最终到达一个意想不到的空间——石室。声音热闹起来，回响四起。刚开始，石室墙壁上空无一物，接着惊人的事情发生了。地下世界的种种场景在石头上一一浮现。历史上，这些场景相隔甚远，此时却借由回声衔接在一起。

一个喀斯特陡坡上的岩洞里有个身影，左手按在洞壁上，五指分开，掌心贴着冰冷的岩石，他嘴里含着红色的赭土，用力吹向手背。赭土喷散开，再抬起手时，周围的岩壁染上了红色，留下了幽灵般的手印。他换了只手，又喷了些赭土，另一个浅浅的手印也留了下来。方解石会将这两个手印封存起来，让它们穿越三万五千多年的时间，保留至今。这手印意味着什么？喜悦，警告，艺术，抑或是黑暗中的生命？

大约六千年前，在北欧某地的浅层沙土中有一座坟墓，一个年轻女人的遗体正被缓缓放入墓穴。她死于难产，夭折的男婴将一同下葬。她身边放着一只白色的天鹅翅膀，死去的儿子安置在翅膀上，这样，他长眠后便拥有双重保护——天鹅的羽毛和母亲的怀抱。人们筑起圆形的坟堆，标记出这个埋葬之处：女人、孩子，以及洁白的天鹅之翼。

罗马帝国建立前三百年，地中海的某个小岛上，银匠刚刚设计好一枚银币。正面刻着方形的迷宫，唯一的入口位于银币上缘，一条复杂的小路通向中心。迷宫的墙壁和银币边缘一样微微凸起，抛光后闪闪发亮。迷宫的中心刻着弥诺陶洛斯牛头人身的形象，在黑暗中等待即将到来的一切。

六百年后,埃及。年轻女子端坐着,画师在为她画像。她盛装打扮,眉毛浓重,一双黑色的大眼睛。金属发带压住前额的头发梳向脑后,发带顶端镶着一枚金珠,她系着金色的围巾、戴着胸针。画师作画用到了热蜂蜡、金叶子和各色颜料,这些东西被一层层涂覆在木板上。这幅肖像供女子死后使用。那时她将被制成木乃伊,这幅画则会放在脸的位置,一起包在裹尸布里。被裹尸布重重缠绕的尸身会腐朽,但画像经久不衰。遗像要早些画,才能留下一个人正青春时,容光焕发的容颜。沙漠低地的入口处,有一座为逝去之人建造的城市,墓地城。女子的遗体将被安置在墓地城里一个石灰岩墓室中,为了阻挡盗墓者,墓室会用石英石板封起来。不远处还有一些地窖,放着上百万只被制成木乃伊的朱鹭。

十九世纪晚期,在非洲南部某处高原的地下,矿工们在数英里①长的狭窄矿道中躬身爬行,艰难地把金矿从凹陷的矿床中拖出来。这是当时人们能到达的最深处。成千上万的移民来此地谋生,矿工只是其中的一部分。他们中的一些将死于塌方或其他意外,更多人则将因为长年吸入灰尘,患上矽肺病,在沉重的黑暗中缓慢走向死亡。在经营这些矿场的公司及其背后的市场看来,这些人的躯体可任意处置:不过是种没什么技

---

① 1英里约为1.61千米。(全书脚注若无特殊说明,均为编注)

含量，也不重要的挖掘工具，一旦磨损或不称手，便可以替换掉。矿工们挖出来的矿石被磨碎、提炼，由此产生的财富充实了遥远异国的投资者的腰包。

印巴分治后不久，在印度境内喜马拉雅山脉丘陵地区的一个山洞里，一个妙龄女子正在进行为期七十五天、每天十六小时的冥想。冥想时，她像石头似的一动不动地坐着，只有嘴巴翕动，念诵祷文。她更常在晚上走出山洞。晴朗无云时，可以看到山峰之上，银河横贯天空。想喝水，就伸手在圣河中掬一捧；需要果腹，则采些浆果和水果。祷文、独处和黑暗给了她全新的觉知，她感到视野发生了深刻的变化。当修行终于完成时，她觉得自己如天空一般广袤，如群山一般古老，如星光一般无形。

三十年前，在离开住所前，一对父子用锤子撬开了房子里的一块地板。他们用果酱瓶做了一个时光胶囊。男孩在里面放了些小东西和纸条：金属制的轰炸机模型；在白纸上用红墨水描出的自己左手的轮廓；一段写给将来发现瓶子的人的自我介绍——跟同龄人比我个子很高，发色很浅，几乎是白的。最害怕的事情，核战争——这段话用铅笔写在笔记本的一页上；还有一块停止的手表，指针和表盘是夜光的，他喜欢用手拢在表盘上看那些发光的数字。男孩往瓶子里放了一把用来防潮的大米，拧紧黄铜盖子，把瓶子藏到地板下。最后，他把地板钉了回去。

在死火山的深处，一个叫作"鬼舞断层"的地壳断层上方，人们建了一个隧道网。进入后要先穿过倾斜的地层，之后才会走上水平的通道，最终到达存储区域。此处的空间建得像走廊一样，以便放置高放射性核废料。那些具有放射性的铀芯块，先用铁封好，再用铜封好，最后埋在鬼舞断层上方，等待此后数百万年的时间慢慢耗尽它剩余的活力。这样的时间尺度，让埋藏废料的人面临一个问题：如何将此处的风险传递给遥远的未来？风险存在的时间，不仅长于隧道网的建造者，或许还将长于整个人类。如何标记这个位置？如何警告这片遗弃之地的后来者：这石棺中埋藏的东西极度危险，毫无价值，不要轻举妄动。

有这样一座山，进入其岩洞系统后，距出口二点五英里的地方有一处泥泞的岩壁。十二个男孩和他们的足球教练被洪水困在了这里。他们在黑暗中坐着，尽量节省手机电量，日夜等待，观察水位的起落，也等着奇迹发生——有人会来救他们。随着他们的呼吸，洞室里的氧气含量在逐渐下降，二氧化碳则不断升高。山的上空，雨季的云不断聚拢，带来更多的降水威胁。山外，来自六个国家的数千位救援人员正在集结。一开始，他们不知道孩子们是否还活着。后来，在距洞口两英里处的洞室岩壁上发现了泥手印。有希望了。潜水员们潜入洪水涨满的通道，一点点深入。在进山九天后，孩子们听到岩壁边的河中传来一些声音，接着看到了水下的光。气泡翻涌，灯光升了起来。一个人破出水面，他的头灯晃得孩子们和教练睁不开眼。其中一个男孩冲他挥手，救援者也摇手回应。"你们有多少人？"他问。"十三人。"对面回答道。救援者说："还会有更多人来救你们的。"

这些发生在地下的故事，沿着石室墙壁徐徐展开画面。而这间不可思议的石室，就藏在那棵白蜡树下的迷宫里。

在不同时代、不同文化里，同样的三个任务反复出现：埋藏珍贵的东西、获取有价值的资源、处置有害物质。

埋藏（回忆、珍贵的物品、信息、脆弱的生命）。
获取（信息、财富、启示、矿石、洞见）。
处置（废弃物、创伤、毒物、秘密）。

地下世界长久地安置着我们所恐惧和想要丢弃的，也安置着我们所深爱和想要保存的。

## 向下

  我们对脚下的世界所知甚少。晴朗无云的夜晚,你仰头望天,可以看到数万亿英里外的星星发出的光芒,小行星在月球表面撞击出的陨石坑也清晰可见。而低下头,你看到的只有表层土、柏油路,和自己的脚指头。仅仅下到距地面十码①,我就觉得已远离人世间。这里,最初在古海洋大陆架上形成的石灰岩层闪闪发光,我看得入了迷,那感受实在罕有。

  地下世界牢牢保守着它的秘密。直到最近二十年,生态学家才追踪到林地土壤中的真菌网络。这些真菌将单独的树木连成了彼此联通的森林,这一活动已经持续了数亿年。二〇一三年,在中国重庆发现了一个拥有独立天气系统的洞穴网络:大团大团的水汽在巨大的中央洞穴中聚集,冰冷的尘雾如云层般在远离阳光的洞室中飘荡。在意大利北部一千英尺②的地下,我沿着绳索滑到了一个空旷的圆形石室,满地都是黑色的沙堆,地下河从中横贯而过。踩在沙堆上,就像穿行在

---

① 1 码等于 3 英尺,约为 0.91 米。
② 1 英尺约为 0.3 米。

漆黑星球上的无风沙漠中。

为什么要往地下去？这样做完全是反本能的，既违背理性的意愿，恐怕也少有人会心生向往。特意把一件东西埋入地下，大都出于某种隐蔽的目的。而从地下取回一件东西，无一例外是需要花费一番功夫的。正是由于进入地下的困难，长久以来，地下世界便成为一种象征，代表不可说、不可见的事物：失去、悲伤、深藏在头脑中的模糊想法，以及伊莱恩·斯卡利（Elaine Scarry）形容的肉体痛苦——一种"深埋于地下的事实"[1]。

在人类文化史中，人们似乎对地面以下的空间抱持着长久的憎恶。用科马克·麦卡锡（Cormac McCarthy）的话说，它总是和"世界深处的可怖黑暗"[2]联系在一起。说起地下世界，恐惧和厌恶是人们的惯常反应，泥土、死亡和残酷的劳动则是最主要的联想。幽闭恐惧显然是常见恐惧中最尖锐的。我注意到，即便只是转述，幽闭恐惧的共情反应依然会侵扰人心，这种影响比恐高要强得多。很多人一听说某人被禁闭在地下的故事，就会不安地转身、退后，或者朝有光线的地方看，好像语言本身就能把他们围困起来。

我依然能想起十岁时，在艾伦·加纳（Alan Garner）的小说《布里希加曼的怪石》（*The Weirdstone of Brisingamen*）中读到的情节。在英国柴郡的阿尔德利埃奇，外露的砂岩中有许多矿道，两个小孩为了躲避危险，顺着矿道走到了地下。走至深处，周围的岩石越收越紧，几乎把他们困住：

> 他们完全趴在地上，石壁、地面和头顶的石头像第二层皮肤一样紧贴着他们。他们的头扭向一边，否则嘴就会被挤到沙子里，没法呼吸。

要向前移动只有使劲用手指尖往前扒，用脚趾往前顶，然而他们的腿完全不能动，胳膊也不能弯，一弯就可能会挤到被压在身下的手臂。接着，科林的脚后跟被卡住了，他上不去，也下不来。石头硌着他的小腿，他疼得忍不住叫了出来，但他又动不了……[3]

这段描写让我感觉心揪在了一起，像肺里的空气被全部抽空了一样。现在重读，还会有同样的感受。另一方面，那种情景反倒对我形成了一股强大的叙述吸引力——如今也是。科林动弹不得，而我手不释卷。

很多时候，语言中埋藏着人们对地下世界的反感。许多比喻性的词句都会颂扬向上的高度、贬低向下的深度，而这些比喻已是我们语言中不可或缺的部分。比方说，"uplifted"（兴高采烈）要好过"depressed"（低落消沉）或"pulled down"（拉下，推倒），英语中"catastrophe"（灾难）的字面意思是"向下转"，而"cataclysm"（大灾难）则是"向下的暴力"。在传统的科学观察和描述中，也存在对深度的偏见。史蒂芬·格雷厄姆（Stephen Graham）在《垂直》（*Vertical*）一书中这样描述：在地理学和地图学中占主导的，是一种他称为"平面传统"[4]的习惯，它塑造了我们"水平的世界观"。要避开习以为常的"水平视角"对我们来说很困难，格雷厄姆认为这是一种政治上的失败，也是认知上的失败。因为它规训着我们，让我们安然忽略垂直的网络，却又不断攫取、利用地下世界来支持表面世界。

是的，因为种种原因，我们总想回避地面之下的事物。但是现在，我们比任何时候都更需要理解地下的世界。乔治·佩雷克（Georges Perec）在《空间物种》（*Species of Spaces*）中写道："努力让自己把目光放平吧。"⁵ 而我想反驳："努力让自己把目光投得更深吧。"无论对现实世界的物理结构来说，还是对我们的记忆、神话和隐喻来说，地下世界都至关重要。它涉及我们每天的关切和思考，也一天天地塑造着我们。然而，我们却被训导着用偏颇的方式理解它，或者以离谱的方式想象它。对于人类栖居的这个具有深度的世界，以及我们将要留下的深时遗产来说，"水平视野"是远远不够的。

我们目前处于人类世（Anthropocene），这个世代见证了全球范围的、令人恐惧的巨大变化，这种变化是星球级别的。"危机"不再是远在未来的灾难，而是持续发生的事件。越是脆弱的事物，遭受的影响越严重。时间已经彻底陷入混乱，空间也是。本应一直被埋藏的东西自行露出了地面，让我们无法再忽视，那种强烈的侵入感令人愕然。

在北极，古甲烷从永久冻土那融化开裂的"窗口"不断泄漏。驯鹿尸体原本埋在冻土下，现在却因温度升高而腐烂，散发出炭疽孢子。⁶ 在东西伯利亚的森林里，一个巨型坑洞在不断软化的土地上张开了血盆大口，它已经吞下数以万计的树木，坦露出已有二十万年历史的地层。当地的雅库特人称其为"地下世界入口"⁷。阿尔卑斯和喜马拉雅的冰川连年退行，露出数十年前被冰雪掩埋的尸体。在英国，近年来的酷暑使得古代建筑遗迹纷纷闯进人们的视野——罗马时期的观测塔、新石器时代的围墙……陆续被揭开面纱，就像大地上的麦田怪圈，从空中俯瞰即可辨认。干旱如同 X 射线，被土地封存的历史在它的辐射下显现了出来。在易北河流经捷克共和国的河段，近年来夏季的水位降得很低，露出了"饥饿石"——几个世纪以来，前人用这些巨大的石头来纪念历史上的旱灾，也警示由此造成的恶劣后果。其中一块饥饿石上刻着："Wenn du mich siehst, dann weine"⁸，意思是"如果你看到我,请哭泣吧。"格陵兰岛西北部,一个美国冷战时期的导弹基地在五十年前被封在冰盖下,如今它即将重见天日,里面储存着数十万加仑①的化学污染物。考古学家波拉·佩图尔斯多蒂尔(Þóra Pétursdóttir)写道:"问题不在于地层中埋藏着那些东西,而在于它们非常持久,比我们的寿命更久,而且有朝一日会裹挟着我们从未意识到的巨大力量卷土重来。它们就像是'沉睡的巨人'[9],从'深时'的睡眠中被唤醒。"[10]

"深时"(deep time)是地下世界的纪年②。深时就是地球那令人眩晕的漫长历史——时间从当下向前向后无尽延展。深时的计量方式让人类显得微不足道,它的计量单位是"世"和"宙",而不是"分"和"年"。它的载体是岩石、冰川、钟乳石、海床沉积物和漂移的地壳板块。深时通向过去也通往未来,五十亿年后,随着太阳能量的耗尽,地球也会落入黑暗。我们正踮着脚尖站在边缘处。

深时会带来一种暗藏危机的安慰,就像忘忧草对人的诱惑。以地质学的尺度来衡量,"智人"(Homo sapiens)眨眼间就会从地球消失,我们的行为又有什么意义呢?从沙漠或海洋的角度来看,人类的精神世界是荒谬的、无关紧要的,对价值的强调也是徒劳的。由此推演出本体论的观点:在最终的毁灭面前,一切生命都一样毫无价值。物种灭绝、生态破坏,对于这个星球不断循环的侵蚀和修复过程来说,微不足道。

---

① 1 英制加仑约为 4.55 升。
② 通常认为"深时"一词出自约翰·麦克菲(John McPhee)1981 年出版的《盆地与山脉》(*Basin and Range*)一书;1788 年 6 月,约翰·普莱费尔(John Playfair)和詹姆斯·赫顿(James Hutton)在西卡角探查岩层的不整合面时,写下"时间的深渊"(赫顿在此基础上提出了"均变说",是"深时"概念的起源)。——原注

我们要警惕这种逆来顺受的思维。实际上恰恰相反，深时应当是一种更加激进的视角，促使我们采取行动，而不是变得无动于衷。以深时尺度去思考问题，不是让我们逃避麻烦重重的当下，而是重新想象它，用那缓慢而古老的、关于创造与湮灭的故事，去抵抗现今急速运转的贪欲和骚动。理解了深时，就能意识到，我们本身归属于一张大网，那是已经持续数百万年、仍将持续数百万年的馈赠与传承，它敦促我们思考：自己眼下的所作所为，会给我们身后的生命乃至后世留下什么？

用深时的视角来看，我们原本认为恒久不变的东西便有了生命，新的使命在召唤他们。万物的欢乐跃入我们的眼睛和头脑，世界再一次变得丰富离奇、充满生机。冰川有了呼吸，岩层有了潮汐，山脉经历着蜷缩与伸展，石头有了跳动的脉搏。我们栖居的地球，生生不息。

与与

要听地下世界最古老的故事需要冒一定风险，要下到漆黑的"死亡之境"。创作于公元前二一〇〇年左右的苏美尔史诗《吉尔伽美什》(*Epic of Gilgamesh*)的某个版本中就记载了这样一次冒险：冒险者叫恩基，是苏美尔国王吉尔伽美什的仆人，他要下到冥府为吉尔伽美什取回失去之物。恩基驾船穿越冰雹风暴，那些冰雹像锤子一样砸下来，大浪像巨龟和狮子一样撞击着他的船，最终他抵达了冥府。然而，他一到冥府即被囚禁，后来年轻的武士乌图开了一个通到地面的洞，带着恩基乘着上升的轻风逃了出来，这才让他重获自由。阳光下，恩基和吉尔伽美什促膝长谈。恩基没能取回失去之物，却带回了已逝之人的宝贵消息。"你有没有见到我那没有出生、从不知道存在意义的孩子？"吉尔伽美什急切地问道。"我见到他们了。"恩基回答。[11]

　　类似的故事在世界各地的神话中一遍遍出现。古典文学里记录了很多类似的事件，希腊语称其为"katabasis"（退入地下世界）和"nekyia"（向鬼魂、神灵或逝者询问人世的未来）。比如，俄耳甫斯从冥王哈迪斯手中夺回挚爱欧律狄刻；埃涅阿斯在西比尔的引导和金枝的保护下远航，以向父亲的影子寻求建议。之前，将泰国足球队员们从深山洞穴营救出来，就是一次现代的"katabasis"，这个事件受到了全球关注，恐怕部分原因就是它具有某种神话的力量。

　　这些故事都暗示着某种悖论：黑暗可能带来洞察，下降之旅或许通向启示而不是丧失。常用动词"understand"（理解）就包含"从某物下方通过，从而获得更加全面的领悟"的意思。另一个动词"discover"（发现），则是"通过发掘而展现""向下挖掘并使某物现于日光之下""从深处取回"。这些释义都来自古老的联想。欧洲已知最早的洞穴艺术是西班牙洞穴中彩绘的阶梯，以及洞壁的斑点和手印。这些彩色的痕迹距今已有六万五千年，尼安德特艺术家留下了这些图像，比智人第一次从非洲来到欧洲还要早两万年。负责为这些艺术遗迹测定年代的一位考古学家写道，早在解剖学意义上的现代人来到如今的西班牙之前，"人们就已经开启了通向黑暗的旅行"[12]。

　　本书讲述的是黑暗之旅，是对地下的求知之行。我将从宇宙诞生之初形成的暗物质，讲到人类世即将到来的核前景，用一场深时之旅连接起这两个遥远的端点。一条叙述线在旅程中徐徐展开，即不断变化的当下；各个章节会追踪不同的主题，进而展开一张充满了呼应、图案和联结的地下网络。

十五年来，我一直在书写地理形态和人类心灵之间的关系。一开始，只是为了解答自己心中的谜题——青年时代的我，为什么对高山如此着迷，有时甚至甘冒生命危险在所不惜？后来，这种兴趣慢慢发展成了一个宏大的计划：我用五本书、大约两千页的内容，试图对世界进行更有深度的描绘。从冰雪覆盖的最高峰出发，一路下行，到达最底端的终点，开始地面之下的探索。"下沉是种召唤 / 正如上升也曾是种召唤。"[13] 威廉·卡洛斯·威廉姆斯（William Carlos Williams）在其晚年的一首诗中写道。直到人生的后半程，我才理解了威廉姆斯想表达的意思。在地下世界，我见到了一些希望自己永远铭记之物，也见到了一些宁愿从未目睹之事。意外的是，我本以为这本书是我所有作品中与人类最不相关的一本，事实上它却成了最具共通性的那本。如果说我之前的书呈现的核心形象是行路者抬起和放下的脚，那么这本书则是一只伸出去的手，以致意、共情和标记。

在萨米族传说中，地下世界像是人世的颠倒镜像，地面就是镜面，"生者直立，而逝者行走时上下颠倒，二者的脚彼此接触"[14]。很长一段时间里，那画面在我的脑中挥之不去。生者和逝者足底相抵，这亲密感十分触动我。当我看到来自马尔特拉维索、拉斯科、苏拉威西岛洞穴中的远古手印照片，我想象自己比对着那些轮廓，让手掌与无名创作者留下的手印贴合。我还想象，冰凉的岩石里伸来一只温暖的手，穿越时空跟我的手相触，指尖相对。

⇌ ⇌

在踏上本书记录的旅程前，我收到了两样东西，随之到来的，还有两个请求。这两样东西十分特殊，我不得不应允。

第一样东西，是个双重浇铸的铜匣子，天鹅蛋大小，放在手里沉甸甸的。这是个魔匣，里面装的东西非常危险。匣子的主人在纸上写下了他生命中的"魔鬼"：他的愤恨、恐惧和失落，他带给别人的痛苦，以及别人带给他的痛苦——他所有的恶。随后他烧掉了这张纸，将灰烬封进匣中。他对匣子进行二次浇铸，又包裹了一层铜，加强封存的力量。最外层的铜面凹凸不平，如同行星表面或其上空的天气。最后，他用四枚铁钉钉穿匣子的中心，切掉两端多余的部分，用锉刀锉平。这个匣子的制作过程有着极强的仪式感，它承载的能量可谓罕见。说它是过去两千五百年间任一时刻铸造的都合理可信，实际上它刚被制作出来不久。

给我匣子的人，希望将它放到我能到达的最深且最安全的地方——永远留在那儿，再也无法取回。

第二样东西，是用鲸鱼骨雕成的猫头鹰像。这是一枚护身符，它的故事也非常奇妙。一头已死亡的小须鲸被冲到了苏格兰赫布里底群岛的海岸上，它的一根肋骨被截成段，打磨抛光，每段的大小不到半英寸①厚、六英寸长。其中一块被雕成猫头鹰的形状，雕刻方式大胆粗犷：四刀下去，两刀雕出眼睛，两刀雕出翅膀线条。这小小的雕刻品异常美丽，有一种冰河时代造物的简洁之美。它的制作时间可以是过去两万年来的任何一个时刻，但它同样成品于不久前。

---

① 1英寸约为2.54厘米。

送骨雕猫头鹰给我的人，希望我在地下之旅的全程都将它带在身上，它会帮助我在黑暗中视物。①

---

① 在苏格兰外赫布里底群岛的哈里斯岛上，雕刻家史蒂夫·迪尔沃斯（Steve Dilworth）制作了魔鬼铜匣子和鲸鱼骨雕猫头鹰，并将它们交给了我。我在另一本书（*The Old Ways*）的"片麻岩"章节中详述了史蒂夫非凡的生活和作品，他的雕刻及作品照片见：www.gallery-pangolin.com/artists/steve-dilworth。——原注

Part 1

第一部分

# 看见

- 英国 -

## 埋藏

### （萨默塞特郡，门迪普）

黑暗中，一具幼童遗骨静静地躺在一处石灰岩崖架上，它已经超过一万年没见过日光了。在这漫长的时间里，方解石被逐渐溶蚀，像银漆一般在岩石周围流动，这具遗骨也随之结晶。

一七九七年一月的一天，两个年轻人在英国萨默塞特郡的门迪普丘陵抓野兔。他们顺着峡谷的山坡往下冲，一只兔子奔跑着躲进了巨石堆。两人饿坏了，很想抓到这只兔子，于是他们搬开一些石头——"令他们大吃一惊的是，石头下面竟然是一条地下通道。"[1]顺着陡峭的通道，他们走至那个石灰岩崖架，进入了"一个又高又大的洞穴，顶部和侧壁都刻着极为奇异的花纹"。

冬日的阳光照进通道，点亮了洞穴。他们看出，这是一个藏骸所。地上以及左侧的石台上是散落的骨块和完整的骨骸，它们"四散遗落，几乎已经变成石头"。阳光为洞中方解石所反射、折射，让遗骨闪闪发光，有些骨头上落有红色的赭石灰。一个巨大的单体钟乳石从顶部垂下，轻敲一下，便会发出洪钟般的声音，响彻洞穴。钟乳石已经延伸到地面，开始吞并地上的骨骸，有枚头骨已嵌入其中，此外还有一根大腿骨和两颗牙齿——牙釉质还完好。

除了人骨，洞穴里还有动物的遗骸：棕熊的牙齿、赤鹿角制成的带刺的枪头，以及猞猁、狐狸、野猫、狼的骨头。一些献祭用品也被留在了这里：十六枚穿了孔的玉黍螺壳——如果串成项链，佩戴时螺壳尖会一致朝外；七枚菊石化石，螺身弯曲的弧线被磨得平滑发亮。

后来的研究证实，这些人类遗骸已有一万多年历史，其中既有大人，也有孩童和婴儿。他们的体格显示出长期营养不良的迹象。成年人身高只有五英尺多，小孩的臼齿几乎没有磨损。研究者们逐渐了解到，这个如今被称为"艾弗林山洞"的神秘洞穴，在遥远的中石器时代，曾有大约一个世纪被用作公墓。那时，世界上大部分水资源还封存在冰川里，海平面比现在低得多，如今的布里斯托尔海峡和北海的大部分水域还不存在。人们可以从门迪普往北经陆路走到威尔士，或者向东途经多格兰抵达法国和荷兰。

艾弗林山洞遗迹表明，一批采集狩猎者曾在门迪普区域居住繁衍了两三代，并将这个山洞作为他们的陵墓。这些人寿命很短，生活极其艰辛，长期面临食物和能量的匮乏。然而他们不辞辛苦，小心而仔细地把死去的同胞抬到这个位于山腰的洞穴里，安放妥当，在逝者身边留下重要的物品和动物骨头。每次他们都需要重新打开入口，完成埋葬后再次封闭。

游荡的、饥饿的人们，渴望一个稳妥的地方安葬死去的族人，希望这个地方允许他们一段时间后再次返回。在英国，此后四千年未再出现可以和这间墓室相提并论的墓地。

尽管活着的人才是最需要我们殷切关照的，但对待逝者，我们总是比生者更温柔。

⇌⇌

此地的居民肖恩·博罗代尔说："门迪普是采矿之国，也是洞穴之国，但最重要的是——墓葬之国。这片土地上有数百座青铜器时代留下的古坟，有的还和纪念碑、巨石柱等一同构成大规模的仪式性建筑群。考古学家兼牧师约翰·斯金纳（Reverend John Skinner）在其中一座古坟中发现了一枚琥珀，它困住了一只蜜蜂。这枚琥珀保存完好，连蜜蜂腿上的绒毛都清晰可见。"

早秋的傍晚，不合时节的炎热。空气在阳光下仿佛熠熠有光，车门滚烫，让人不敢触摸。博罗代尔夫妇的家却像储藏室一样凉快。他们的房子建在奈特尔布里奇峡谷侧翼的荫蔽处，十分安静。成堆的棋牌玩具摞在门廊，摇摇欲坠。门廊旁边，一盆盆薄荷、百里香、迷迭香开得正盛。大门台阶上嵌着一枚很大的菊石化石，多年的踩踏已将它打磨得发亮。花园里，有一根高耸的图腾木柱，向外伸展的两翼上挂着两件衣服，形似真人。

"那是我们的'洞穴装'。"肖恩一边说，一边朝那两件衣服摆了摆手，"严格说，它们是化学防护服，是我从东欧弄来的，对我们很有用，你一会儿就知道了。"

肖恩、简和他们的两个儿子在这个童话般的小屋里已经住了好几年。屋子的前主人常在这里举行降神会[①]，她深信自己能够跟死者对话。小屋西面是一片不太平坦的田野，沿着山坡向上延伸，最终止于山脊

---

[①] 由灵媒主持，一种试图和死者进行沟通的活动。

处的白蜡树林。一条小溪随着山势汩汩而下,绕过屋子流向远方。

我来到门迪普,是为了学习如何在黑暗中视物。肖恩对门迪普的地上和地下环境了如指掌。他是养蜂人、洞穴探险家、徒步爱好者,同时还是个才华横溢的诗人。他有一头黑色卷发,为人非常绅士。多年来他一直以门迪普地下世界为题材创作诗歌和文章,已经写了很多,有些诗甚至是在地下写的。他到过铅矿场、铁矿道、石灰岩采石场、墓穴遗址、冷战时期的地窖,还有绵延无尽的基岩上蜂窝般的天然洞穴和地道。神话中关于地下世界的动人故事令肖恩着迷——但丁(Dante Alighieri)和维吉尔(Publius Vergilius Maro)、珀耳塞福涅和德墨忒尔、欧律狄刻、俄耳甫斯和养蜂者阿里斯泰俄斯。和地底相关联的,那种视觉上的黑暗和失明体验同样冲击着他。他关于地下世界的诗作让我感到陌生又诡异。那些诗里,深时被赋予了发言权,泥土扰动,岩石出声。因为诗人的关注,逝者得以短暂复活。

门迪普丘陵位于布里斯托尔以南、巴斯以西。天气晴朗的时候,从门迪普的最南边望去,可以看到格拉斯顿伯里突岩耸立在水源丰富的萨默塞特平原上。丘陵绵延近三十英里,从西至东往海的方向逐渐缩窄,一直到布里斯托尔海峡附近。这里的地质状况比较复杂,但主要是石灰岩构成的山脉和陆地。用亚瑟·柯南·道尔(Arthur Conan Doyle)的话说:"……这片大地之下是空的,倘若用一把巨锤敲击,它便会像鼓一样隆隆作响,或者彻底塌陷,露出一片巨大的地下海洋。"[2]

水溶性是石灰岩的第一特性。雨水吸收空气中的二氧化碳,从而具有弱酸性,会逐渐侵蚀石灰岩,慢慢加深石灰岩表面的孔洞、岩沟和石脊,也慢慢塑造着迷宫一般的裂缝和岩洞。流水也会改变岩石的形状。从大地深处冒出的地热水啃噬着岩石,为它们赋形。石灰岩地形有着肺一般的内部结构,总有许多秘密空间,大得惊人。泥坑、落水洞,以及河床上那些让溪流渐渐消失的地下水入口——都是通向广阔地下世界的大门。爱尔兰作家、制图师蒂姆·罗宾逊(Tim Robinson)研究、绘制石灰岩已有四十余年,他比任何人都了解石灰岩制造的假象。多年的经验让他笃定:"我一点也不信任那些空间。"[3]

"我带你去看看花园吧。"肖恩说。

小屋所在的斜坡向下延伸至溪流的主干处,我们在岸边停下。清澈得几乎透明的溪水中,小鳟鱼自由地浮潜着。

"这里的水是硬化水,"肖恩说,"碳酸钙含量非常高。如果树枝或树叶掉进河里,再捡出来会带着一层白色的石壳。"

绿黑相间的豆娘在水流上方飞舞,马蝇寻觅着血的气息。

"看看这个。"肖恩边说边用手指着前方。一棵老赤杨树矗立在那儿,在最低的树枝与树干交叉处,露出一截弧形的金属刀锋,其余部分已完全没入树皮,看不见了。

"那是把镰刀,几十年前有人把它忘在那儿了。树就这样包裹着它生长,把刀刃吞进体内。刀柄也已腐烂了。"

菜园里,黑刺李围栏的背风处挂着两个赭红色的蜂巢。蜂巢口连着斜木板,往里看一片漆黑。蜂群沿着木板爬进去,又嗡嗡地飞出来。

獾穴、鼠丘、蜂道、被吞没的镰刀、蜂巢、矿口……目之所及,全是埋葬与挖掘的痕迹。甚至连坐落在白云石斜坡上的房子,也是洞穴的一部分。

肖恩说:"我原本不理解门迪普丘陵,开始地下探险后,才慢慢地懂了。这里的一切几乎都与地下世界有关:采石、开矿、洞穴探险。

青铜器时代人们在这里发掘铅矿，罗马人在这儿挖煤。到了工业时代，我们在门迪普大规模开采石灰岩，为方便货车往返，专门修建了狭长的螺旋坡道，就像但丁《神曲·地狱篇》中地狱之路的工业时代版本。人们还在这里开掘出了玄武岩，用来铺设路面。"

一只蜻蜓匆匆飞过。

"这里还有许多坟冢——主要是青铜器时代的圆形坟丘，也有新石器时代的长条形古坟，当然还有艾弗林山洞里的中石器时代墓室。再后来，是中世纪和近代早期的墓园，以及仍在不断扩展的公墓。丧葬的历史已在这里绵延一万多年。在漫长的时间里，在这片土地上，我们一边埋葬，一边发掘。"

⇆ ⇆

"人之所以为人，首要意义在于埋葬。"[4] 罗伯特·波格·哈里森（Robert Pogue Harrison）在研究人类丧葬习俗的著作《逝者之国》（The Dominion of the Dead）中这样断言道。哈里森援引维柯（Giambattista Vico）的说法，并进行了大胆的延伸。维柯曾说拉丁语中的"humanitas"（人性）一词最初来自"humando"，意思是"埋葬、葬礼"，后者又可追溯到"humus"，意为"大地、土壤"。

显然，我们人类不仅精于建造，也擅长埋葬。我们的祖先都是"埋葬者"。在南非一个叫作"明日之星"的石灰岩洞穴系统中，由六名女性古人类学家、古生物学家领导的科研团队，发现了一些骨骼化石碎片，它们属于当时尚未被认知的早期人种，现被命名为"纳莱蒂人"（Homo naledi）。遗骨被安置在两个地下深层墓室中，这清楚地表

明：早在三十万年前，纳莱蒂人就已开始将死者埋入地下了。⁵

通过埋葬，遗体化为大地的一部分，尘归尘，土归土，归于谦卑。正如活着的人需要栖居之地，我们自然也希望有特定的地点来安置死者，塑造对过去的记忆。墓室、墓碑、撒落骨灰的山坡、石冢——生者回到这些地方，抚平伤痛。如果找不到所爱之人的遗体所在，那种创痛将尤为深刻，难以平复。

我们把遗体、残骸交付大地，部分原因在于这是妥善保管尸身的方式之一。埋葬常常是为了保存——保存记忆，也保存物质。而在地下世界，时间的运行方式是不同的，会放慢甚至停下。托马斯·布朗（Thomas Browne）在《瓮葬》（*Urne-Buriall*）中记述了对人类埋葬行为及历史的深刻思考。根据布朗的描述，十七世纪五十年代，人们在英国沃尔辛厄姆的沙土中发现了"四五十个骨灰瓮，它们被埋在不到一码深的地下，彼此离得很近"。每个骨灰瓮里装着重约两磅①的人类骨骸和骨灰，还有一些随葬品："小盒子、制作精美的梳子、小型铜管乐器的把手、黄铜镊子，其中一个骨灰瓮里还放了某种蛋白石"。布朗称这些骨灰瓮漆黑的内部为"贮室"，意思是用于保存的空间，可以隔绝侵蚀地上世界的"锋利的空气"。在他笔下，每个骨灰瓮都是一个明亮的回忆室，安置于"大地深处"。⁶

石灰岩作为记录埋葬行为的地质结构，历史尤为长久。首先它在全球分布广泛；其次它易受侵蚀，侵蚀产生的孔穴可以放置遗体；此外，从地质学角度看，石灰岩本身就是墓地。它通常由海洋有机体残骸沉积形成，包含海百合、球石藻、菊石、箭石和有孔虫类。古海洋中此类生物数以万亿计，它们生前通过新陈代谢，将水中的矿物质转

---

① 1 磅约为 0.45 千克。

换成碳酸钙构成的骨骼和外壳，死后沉积在海床上。我们不妨将石灰岩视为地球物质循环中的一个阶段。矿物质变成动物，动物变成岩石，岩石在漫长的深时中，最终为新的有机体提供所需的碳酸钙，这种培育循环周而复始。

在生与死的交相舞蹈中，石灰岩得以形成，正因如此，它也是我所知的最具活力，也最诡异的岩石。

大约两万七千年前，在如今奥地利多瑙河边，一处石灰岩山坡上，两个出生便夭折的婴儿被肩并肩地埋进一个新挖的圆形土坑里。他们的遗体为兽皮所包裹，遗体周围填满了红赭石，其间混杂着黄色的象牙珠。为了避免土层挤压尸身，人们用猛犸象的肩胛骨和象牙做支撑，搭起一个保护罩。

一万两千年前，今以色列北部的希拉宗河上方，某个石灰岩洞穴中有一处墓坑，主人是位四十多岁的女子。墓坑呈椭圆形，坑壁以石灰岩板砌成。她的遗体安放在墓坑北侧，倚着弧形的坑壁蜷曲着。身上有两只岩貂，一只横铺在上半身，另一只铺在下半身，昏暗的光线下，棕色的岩貂皮毛像奶油般柔滑。女子肩上搭着一条野猪的前腿，双脚间放着一只人脚，身上散乱放置着八十六只发黑的龟壳，尾椎附近摆着一条原牛的尾巴。还有金鹰的一只翅膀悬在遗体之上，展开着。她变成了奇异的混合体——一种众生之生。最后，一整块石灰岩盖在墓坑上，将这具混合体关在了她永恒的卧室中。[7]

五千五百年前，在萨默塞特郡一个名为斯托尼立特尔顿的村庄里，有人在一块露出地面的石灰岩上建了一个墓室，至今犹在。山坡低处的荒草丛中，巨大的石梁和两侧直立的石板，搭起了墓室主入口，仿佛仍在静候来客。西侧石板上赫然镶着一枚直径约一英尺的菊石。

从追兔子的男孩们发现早期采集狩猎者的墓穴算起，人类在门迪普的石灰岩山地埋葬死者的历史已长达万年。这里还有大约四百个青铜器时代留下来的圆形古坟，建造时间在公元前两千五百年到公元前七百五十年之间。这些古坟的分布比较集中，如果没有被挖开或盗掘，坟中的单具遗体及随葬品大都保存完整。典型的下葬方式是将死者放入石棺或瓮中，置于地下墓室。随葬物品包括陶罐、燧石矛尖、青铜匕首、琥珀钉，以及黑玉和页岩做的珠子。古坟中的随葬品昭示着一个广泛存在于不同文化的信念：埋葬是通向来生的旅途，旅程中将会用到人世间的物件。

ᛋ ᛋ

我和肖恩回到小屋，跨过门前的菊石，走进有着白墙的厨房。经受花园的热气之后，再回到屋里，感觉格外凉爽。简微笑着迎上来。

"你赶上了好时候，"她说，"这里的夏天就像梦境一样。到了别的季节，北风沿着河谷长驱直入，能穿透整栋房子，几乎不可能保暖。日头也会很快落下。冬天，中午刚过，这里就完全被又沉又冷的天空盖住了。"

那个下午，我们坐在一起喝茶聊天。桌子上放着一个俄式风格的青花瓷盘，盘上的彩绘是一列蒸汽火车驶出隧道，奔向冬日的原野。铁轨旁有两个背着木柴的农民。火车留下一道水汽，状如公鸡羽毛，升上薄暮冥冥的青空，而后又蜿蜒钻进了隧道。

简和肖恩的两个儿子路易和奥兰多，正在屋子一角的电脑上玩《我的世界》。我走过去加入他们，他们正在兴头上，用鹤嘴锄在岩床上卖力地敲,希望挖出珍贵的矿石。

"我们不想要红石,我们需要黑曜石。"路易说。

"我们想和末影龙战斗!"奥兰多说。

"我们正在建一个通向冥府的传送门!"路易说。

"我们去探洞吧。"肖恩说。

≒ ≒

此时,夜光温厚如琥珀,向东倾倒了一地。

攀上台阶,穿过长满黄色千里光草的野地,草面突然塌陷下去,呈锥形,最宽处大约有六十英尺。几匹马站在由飞蝇盘旋而成的光圈里。

落水洞的斜坡上,狭叶柳叶菜长得十分茂盛。腹地中,接骨木丛生。两只斑尾林鸽被我们的脚步惊走。落水洞最低处,就是门迪普地下世界的入口。

一座小型地堡守护着漆黑的石灰岩入口。尽管我曾进过洞穴系统,一时间还是感到吞咽困难,就像食管里塞了石头,头皮也爬满了蜜蜂。肖恩却很镇定,已经迫不及待想往地下去了。

进入地下的过程很不寻常,我们屈身折体、挤挤搡搡,最后向下掉进一个貌似封闭的壶穴——那是个闭合的柱状空间。黑暗中,我们的瞳孔不断扩张,几欲放大如井口之阔。我们打开头灯,光线射出。肖恩带头,俯身卧倒,把头伸进壶穴底部阴影里的一处小缝隙。看着他的腿慢慢前蹭,脚也缩了进去,我也紧跟上他。我的脸不得不贴在湿润的碎石上,身体蠕动前行,岩石像一只巨手,先是按着我的头,接着是背，之后是全身。有那么短短一刻，我尽在它的掌握之中。最后，视野顿开，我和肖恩站在了十二英尺高的岩壁顶端，一条瀑布已在此奔流数千年，将这狭窄水道引向下方的沟谷。我们面朝岩壁往下爬，两只脚在湿漉漉的石头上不住地打滑。我先走，再看着肖恩下来。沟谷转过一个弯，又转过一个弯，豁然开朗。

这是一个惊人的空间。我们用灯光丈量顶部和四周，想测算出这里的容积。刚刚爬过的狭窄壶穴变成了一个大峡谷——无尽的时间里，流水将它掏空。峡谷两边是灰色纹理的石灰岩，其间夹杂着的方解石带，像一道道闪电。

我们接着往下走。河床上遍布石块，应该是从岩洞顶部坠落的，和汽车一样大，我们必须逐个翻越。坡道逐渐变陡，洞顶星光闪烁——那是头灯的光，它们被钟乳石捕捉和聚集。突然，山谷一侧相继发生了两次滑坡，滚滚石浪朝我们压来，但不知怎么又停在了半道上，最终悬在我们头顶。我留意到那些碎石全被方解石粘在了一起。时间开始玩弄它的把戏。已经停滞了数千年的运转，似乎就要这么毫无征兆地重启了。走过那些架空的石头时，我不由得瑟缩生畏，行动也变得笨拙迟缓。

地面上，马挥动着尾巴驱赶苍蝇，毛毛虫在千里光草叶上蠕动。日头低垂，暮色将近，正是下班时间，人们在驾车回家的路上，开着车窗，听着电台。

在这番光景的下方，我和肖恩又穿过了两道石拱。峡谷的地面更滑了。一个猜想在心头隐隐浮出——前面或许有个很大的落崖。我感觉自己像被水流裹挟着，就要顺着斜坡从某个看不见的悬崖边缘冲下去。周围的声响变了，渐渐有了回音。因为一直小心警惕着，我们得以幸运地停在崖边。就在我们脚下不远，地面断裂，峭壁陡立，深不见底。

"我觉得这就是地府了，肖恩。"我说。

"我们在这儿休息几分钟。"肖恩说。

我们在石头上坐下来，熄灭头灯。灯光仿佛魂魄未散，在视网膜上留下光斑，像蕨类植物的羽状复叶。黑暗沉淀下来，我举起手凑到眼前，却只能通过呼吸的气流和那落在手心的热气，感受它的存在。我和肖恩之间，一帘沉重的暗色大幕落下，继而变成石墙，将我们隔绝在不同的地下世界中。

我们总以为石头是惰性物质，顽固、冷漠、一成不变。可在这里，它却像某种液体，只不过处于暂时的停顿中。在深时的尺度中，石头可折叠如地层，流动如岩浆，漂移如板块，变换如卵石。在以宙为单位的漫长时间里，岩石不断吸收，变形，从海床上升至山峰。在这里，所谓生命和非生命之间的界限，并不那么清晰。我想起艾弗林山洞发现的骨骸，四散遗落，几乎已经变成石头，和方解石一同闪烁着光芒……我掏出那个骨雕猫头鹰，像阅读盲文一样抚摸着它背部和翅膀的线条，想象它如何从鲸鱼搁浅的肋骨上起飞。我们人类的身体，也有些许矿石的特征——牙齿是礁，骨头是石。因此，存在着一种关于人体的地质学。身体不断将钙质转化为骨骼的过程，就相当于矿化。只有这样，我们才能成为脊椎动物，才能直立行走，才能形成保护大脑的颅骨。

肖恩重新按亮头灯，强光送出，我们又看到了脚下的悬崖，水流冲刷而下。我们想要找到通向瀑布底的路，因此最好先在这里固定好绳索，以备从下面爬上来时用到。我们找到一块巨石，缠上绳子，肖恩在绳子和巨石间塞上楔石，以防受力时绳子滑落。我叠绕好剩余的绳子，两端打好结，热身两下，然后伴着"一、二、三！"的口令用力投掷，绳子越过峭壁边缘，垂落下去。

灯光中，下落的长绳如蛇群吐信，纠缠，颤动，猛地击打岩壁，发出抽鞭般的声响。

肖恩说："现在，我们只需要找到下去的路，再绕过来。左上方应该有一条侧道，我在地图上见过，不过关键是要选对路。"

我们爬回峡谷腹地，远离边缘，沿着幽灵河溯流而上，边走边用头灯探照左侧峡谷。有三条侧路肉眼可见，我们依次试了试。

第一条路曲折多弯，兜兜转转，最后把我们送到一个可以俯视瀑布的"落地窗"前，那儿没有下去的路。第二条路的入口是一道狭窄的裂缝，挤进去后才发现是死胡同，只好原路返回。第三条路将我们带到了离主洞穴很远的地方，我们不得不数着拐了几次弯，嘴里小声念叨"第一个左转，第一个右转，第二个右转"，为的是万一不得不原路返回，还有序可循——我们确实也这样做了。

只剩一种可能了：洞顶附近有个小入口，要想过去，必须跨过一片潮湿的流石瀑布，它在峡谷谷底上方高处。我们爬至那片流石瀑布边缘，思考怎么攀过去。这很危险：倒也能靠绳子结组攀过，但这里找不到固定保护者的岩柱或树木，只要轻轻一滑，我们俩都凶多吉少。

那流石瀑布有着巴洛克式的结构。所谓流石，是富含矿物质的水流过石灰岩洞的坡面时沉淀析出的方解石沉积物。你可以将流石想象成白色的烛蜡，在流动过程中慢慢硬化，只不过它不是在一瞬的炽热后即刻成型，而需要相当长的时间积聚。由于这个天然且缓慢的过程，流石会带有精巧复杂的褶皱和纹理，如大象布满细纹的皮肤或褶皱的长袜。它看上去很美，却很难抓握。

洞穴探险中很少有人遇难，不过万一断了腿，想从这么深的地下把人弄出去也够呛。流石瀑布大概有二十五英尺高。如果从这儿摔下去，未必致命，但极有可能摔断两条腿。但我们知道这条路是对的，因为肖恩的头灯照到了高点附近的几处攀爬痕迹，由于前人踩踏，质地如薄荷蛋糕般的方解石已然开裂。

我们开始横穿流石瀑布，忧虑如魔鬼般噬咬着我的内心。我步步为营，每次抬脚都小心试探，就像走在一段由湿滑石索构成的斜坡上。我俯下身，用指尖触摸凸起的石头，试图保持平衡，动作一慢再慢……肖恩先过去了，我随后跟上，最终进入了洞顶附近的入口。终于松了一口气，我们禁不住笑起来。迷宫的全新区域，向我们敞开。

每当地道分岔，我和肖恩就遵循地心引力的指引选下行的那一条，直到回声告诉我们，前方是一个开阔的空间。接着，我们来到了瀑布的底部，早前放下来的绳子就垂在那儿。

然而绳子在用来固定的巨石后面卡住了，不太平衡，给往上的攀爬带来了困难。我们只能用打结的方式将自己与这根绳子相连，爬几下，松开，再打结。好在它还能提供一点保护，让我们不至于摔下去。我打头。岩壁很湿，攀爬中好几次需要做出高难度动作。我很庆幸之前放了这么一条绳子。肖恩随后也爬了上来，我们在瀑布顶休息，养精蓄锐，准备返程。此时，我觉得很冷，黑暗、潮湿和石头，都让我感到寒冷刺骨。

一路往上，经过凹壁，穿过窄缝，青草的气息渐渐弥漫鼻腔。再穿过长满接骨木的腹地，经过田野、马群、飞燕……我们从石炭纪来到了人类世。

地上世界迎来了日落。我们的瞳孔缩成一个小点。色彩再次变得绚烂，绚烂到近乎荒唐。蓝就是彻底的蓝，绿就是完全的绿。颜色让我们兴奋，野蛮呼啸的风让我们兴奋，给飞燕羽翅镀上金辉的最后一缕夕阳让我们兴奋，那巨大的苍穹和它怀抱中翻卷的云让我们兴奋。

我们穿着防护服走在路上，仍忍不住眨眼。一辆锃亮的路虎驶过我们身边，后座的孩子们扭过头，看看这两个像是刚从天上掉下来的外星人，实际上，我们刚从地下深处钻出来。

≒ ≒

英国洞穴探险史上有一场著名的灾难，主人公是一个牛津大学哲学专业学生，二十岁，名叫尼尔·莫斯。尽管已经过去了六十年，峰区的一些人至今仍对此事避而不谈。

一九五九年三月二十二日上午，莫斯所在的八人探险队出发，准备进入匹克大洞穴的深处。匹克大洞穴在德比郡的卡斯尔顿附近。最初大约半英里是一个开放的旅游景点，游客和当地人自十九世纪初便会来这附近游玩，这里的一大看点叫"乐队合奏"，其实是"大洞室"里的一处天然石灰岩景观。

半英里之后，匹克大洞穴的地形变得险要。洞道缩窄，仅有一条名为"脏鸭子"的潮湿小道可供爬行，还经常有大雨灌入。接下来是一条很长的裂谷，叫"皮克林通道"，通向一个直角拐弯处，那儿有个小洞，仅容一人通过。小洞之后，是一个齐大腿深的湖，再过去又是个小洞穴，那里有一口竖井，井口大概两英尺宽。这个竖井就是探险队的目标，他们希望能从这里进一步到达白峰下方迷宫般的通道。

莫斯是个又高又瘦的年轻人，他被任命为领队。探险队在竖井中放下一个合金材质的洞穴探险用的梯子，莫斯率先下井。前十五英尺的一段几乎是垂直的，接着便弯弯折折，转了个急弯后，又变回垂直。急弯给莫斯带来了一些麻烦，不过他还是设法过去了，当他接着往下时，却发现巨石堵住了竖井，封死了通道。

莫斯能感觉到石头在脚底滚动，再往下已几乎不可能。于是他决定往回爬。就在急弯下方，他一脚踩空，从梯子上跌落，向下滑了一小截，紧接着，他便被卡住了。

莫斯没法弯曲膝盖重新攀上梯子，而梯子也因为沾了泥变得湿滑。他的胳膊被井壁挤得只能紧贴身体，他试图抓旁边的石灰岩，却只是徒劳。梯子被下方滚动的石头拉扯，似乎移了位，又为上行增加了困难。他在缝隙中被卡得死死的，稍一挣扎，只会被卡得更紧。

"我说，"莫斯冲洞穴里的队友们喊，他们距他有四十英尺，"我被卡住了，一点也动不了。"

队友们以为给莫斯放条绳子下去，把人拉上来，就能解决问题。可是探险队只有一条轻型手绳，没有攀岩专用绳索。他们把绳子放下去，莫斯想办法系在了身上。他们刚开始拉，绳子就断了。又放了一次，莫斯重新系好，又断了。第三次还是断了。队员们也不敢拉梯子，担心那样会导致莫斯卡得更紧。

莫斯的恐慌在加剧。他的每一个小动作，都让自己在井中滑得更深。他不仅身体被卡住了，呼吸也越来越困难。每呼吸一次，竖井里有限的氧气就被消耗掉一点，二氧化碳含量则不断增加。二氧化碳比氧气重，会先沉到底部，由下往上逐渐充满竖井，甚至漫溢到上方的洞穴。空气变得越来越糟了。

这个时候，地上已发出警报，历史上规模最大的洞穴救援开始了。

英国广播公司播送了电台头条新闻，来自英国皇家空军、英国国家煤炭委员会和海军的救援队，以及民间的洞穴探险者纷纷来到这里。莫斯的父亲埃里克·莫斯也匆忙赶到卡斯尔顿，但他无法进入岩洞，只能在附近等候，既无可奈何又忧虑不已。莫斯被困的竖井距入口约一千英尺，所有救援设备和人员都不得不穿越重重障碍才能到达壶穴上方。人们费了九牛二虎之力才把沉重的氧气罐运过"脏鸭子"，头手并用才勉强推过通道。两个年轻的救援队员拖来一个十二伏的汽车电池以供照明。人们还运来碱石灰，以吸收浓度越来越高的二氧化碳。数百码长的电话线被牵布进岩洞，以保证洞穴内外的沟通。三个志愿者试图借助更结实的绳索下井救人，但都在井道里失去了意识，不得不被拖上来。第四个志愿者终于抓到了莫斯胸前的绳子，可一拉扯就会让他更加难以呼吸。这时的莫斯已因自己呼出的气体而窒息昏厥。

一个名叫朱恩·贝利的女孩从新闻里听说了莫斯的困境，从曼彻斯特赶到卡斯尔顿来帮忙。她十八岁，是个打字员，同时也是位经验丰富的洞穴探险者，且身体非常柔韧。她穿越重重困难来到竖井，决定尝试救援。其他救援人员告诉她，必要情况下，可以折断莫斯的锁骨或手臂，让他的肩部从石头中解脱出来，或许有可能将他拉出来。一个腰部以下完全陷在泥里的空军军医用手动泵向井道中输送氧气，与此同时贝利试图靠近莫斯，但糟糕的空气状况还是迫使她退了回去。

三月二十四日上午，莫斯被正式宣告死亡。埃里克听到这个消息后，请求救援人员将儿子的遗体留在井中，不要再为取回遗体而冒险。

然而，埃里克还是希望能用某种埋葬仪式来结束这一切。他向验尸官征得许可，将莫斯的遗体封存在夺去他生命的井道中。人们从当地工厂运来了些水泥，掺入那齐腿深的湖水，把混合物倒入壶穴中，莫斯永远安葬在了这里。如今，匹克大洞穴的这片区域就叫作"莫斯洞室"。[8]

⇋ ⇋

我和肖恩回到小屋时，天色已经完全黑了。我们冲洗好防护服，晾在花园清凉的空气中，分别挂在图腾柱两边的侧翼上。我一边工作一边吹着口哨，吹的是披头士乐队（The Beatles）的《橡胶灵魂》（Rubber Soul）。

肖恩告诉我，他有次爬到艾弗林对面的柏林顿峡谷，在树木葱茏的山坡上发现了一个洞穴入口，入口很小，只够把头伸进去，身体进不去。

肖恩说："我冲洞穴大喊，它回答了，用另一种音调冲我唱了回来。"

我睡在阁楼里，阁楼的长度覆盖了整个小屋。齐头高的榆木横梁支撑着房顶，无聊的甲壳虫在里面挖着隧道，通向我目不可及之处。山墙上各嵌着一扇橡木边框的窗户，清凉的晚风从窗口吹进来。书放在地上，高高摞起，因为阁楼的白色墙壁倾斜角度太大，无法安置书架。临睡前，我读着哈里森的《逝者之国》。开篇有这样一些句子：

> 如今，我们中的大部分人都不知道自己死后会被葬于何处，甚至不认为自己将被埋葬，和祖先葬在一起的可能性更微乎其微。千年以来，这种情况还是第一次出现。无论是从历史学的角度，还是从社会学的角度来看，这都令人震惊。仅仅在几代之前，死后归宿的不确定性，对于

大多数人而言都是无法想象的。[9]

灰林鸮的叫声从周围的树丛中飘进阁楼。那晚，我梦到自己慢慢被方解石吸收，清漆漫过全身，将我固定于此处。

花园中的叫喊声叫醒了我。曙光。我听见路易斯在花园中奔跑。从山墙的窗户望出去，他正穿着睡衣，赤脚站在鸡舍那儿。

"妈妈！我们早餐需要几个鸡蛋呀？"

那天早上的报纸报道，地质学家在地幔层发现了海水。这些水被封存在一种叫作尖晶橄榄石的矿物中，总量是现在全球海洋、河流、湖泊和冰川的总水量的四倍。

与与

接下来的几天，我和肖恩又去了门迪普几个不同的地方。肖恩帮我锻炼眼力，教我怎样发现地下世界的隐秘入口。气温不断升高，酷热依旧，丝毫没有转凉的征兆。大地渴望着雨水，我们则相反，因为雨水冲进岩洞系统，会让探险更加危险。

大地上草木茂盛，欧洲蕨长得比人还高，种植园中的老松树林看上去仿佛原始丛林。我们循着鹿径来到了一个小型峭壁的底端，石头下方有个洞口在呼唤我们。入口蕨类丛生，荆棘环绕。常春藤爬上峭壁，一只优红蛱蝶在光斑里取暖，翅膀缓缓开合。在峭壁之下翻爬了一段后，我们进入了一个阴森森的地方。沿着碎石坡向下，是一个底部平坦的洞穴。岩道顶部满是裂缝，巨石悬空。我们下到洞穴中，蹲下来。

很明显，这地方具有强大的魔力，数千年里不断吸引人前来。这儿曾是仪式场所：大概在新石器时代，人和动物的遗体被丢弃或妥善安置在这里。岩洞中还发现了青铜器时代的遗迹。十六或十七世纪，有人在入口附近留下了红色的壁画标记。据推测，这应该是用来驱邪的守护符号。在下到岩洞的途中，我不禁想，这究竟是为了避免邪恶之物进入地下呢，还是为了防止它从里面出来？

另一天，在门迪普高原的最高点附近，我和肖恩来到了一个被称作"崎岖地"的地方。这里是一个有着两千多年历史的采铅场遗址。罗马帝国时期的小规模开采留下了数百座小型尾矿堆。十八世纪，这些尾矿被重新加热融化，提取残余的铅矿。经过这样的双重开采后，地上留下了一座座由有毒矿渣堆成的小山，小山逐渐覆上了厚厚的杂草，不过食草动物早已感知到了毒性，小心地避开了这里。

我们沿着茂盛却有毒的小山谷走到观景处，天微微有些阴霾。肖恩为我指出那些地标：布里斯托尔海峡、西南方向的达特穆尔高原、海岸边上的欣克利角核电站。我们下方，则是向远方延展开的萨默塞特平原。借助精准的树轮定年，我们了解到，公元前三八〇七年，新石器时代的人曾将橡树劈成木板，捆在一起，用交叉杆固定，再将它们铺在沼泽地上方，作为连接高地的步道。

鹞鹰在我们头顶盘旋，鹞鹰之上又有秃鹰。通信塔传输着信号，电波穿过空气、穿过我们的身体。平原上，柳树林中燃起了一团火，空气凝滞，孤烟直上。阳光捶击着我们的身体。闭上眼，我看到了红色和金色的光束。

"地面上实在太热了，"肖恩说，"我们去个凉快点的地方吧。"

我们的确去了一个凉快的地方。那将是我这辈子去过的最可怕的地方。

## ⇋ ⇋

地面之上，接骨木和老白蜡的树荫下，苔藓把岩石包裹成柔软的金绿色。我们随溪流而行，穿过金雀花和欧洲蕨。受惊的田鹬展翅西飞，吱喳扑棱。燕子掠过草地，融入从东北方向吹来的热风。继续前行，向着那深陷地下的虚空走去，最后朝太阳点点头，朝光线穿过树叶形成的网状光斑和在头顶盘旋的秃鹰致意。接着，我们落入冰冷的地洞中，被溪水冲进落水口，进入大地的咽喉，进入漆黑而光滑的石质虎钳钳口下，周围是螺旋状的菊石和子弹一般的箭石，它们似杂乱无章，又蔚为壮观。而我们，落入了麻烦。

肖恩带路，率先爬进了六英尺深的垂直岩道。接着，我也跳进黑暗，只见他跪在地上。空间很小，我们两人只能缩成一团。前面是通向砾石堆的入口，差不多跟肩同宽。

"这个地方是塌陷形成的。"肖恩轻声说，语气充满敬畏。

砾石堆就是一些塌陷后重重堆叠的巨石，它们会挡住一部分通道，不过缝隙中仍可以找到小路。砾石堆结构微妙，充满变数。如果不受外界因素干扰，一座砾石堆可能上万年不变；但若稍有地颤，也可能瞬间变成另一番样貌。人碰到其中一块石头，可能就会让它移动，接着整个石堆都跟着移位，卡住人的手或脚，甚至整个人被封在石堆里。

蜷缩在这个小空间里，我的心脏狂跳，发出阵阵警告。我伸出手，在触摸到的第一块巨石黑色的表面，感到一阵冰冷像电流一般进入我的血肉，顺着胳膊上升，穿透全身。

那些石头很美。灯光下，深色的石灰岩像冰一样闪着光。甚至连巨石之间的空气都被赋予了光彩。这个场景吸引着我走入那石堆。

关于如何在迷宫中找寻方向,我们其实有一份攻略——第一块巨石上系着一条白色的尼龙绳,这是之前的探险者留下的"阿里阿德涅之线"。这个说法源自希腊神话,阿里阿德涅交给忒修斯一个羊毛线团,忒修斯边走边把线散开留在身后,他在弥诺陶洛斯洞穴的漆黑甬道中越走越深,这条线则指引着他安然归来。

"你先走。"肖恩小声说,边说边冲那绳子比了个手势。他依然身处那个狭小的空间,尽最大可能躬了躬身。

"不不,还是你先走吧,真的。"我小声回答,也躬了躬身。

肖恩转了转眼珠,先行一步,头探进一道只有二十英寸宽的缝隙,双脚也随之消失。我跟了上去。

攀爬,穿梭,下降,从砾石堆每个拐弯处那一张张黑洞洞的大口中滑过,我们跟随着白色的尼龙绳,弯下身蜷曲着,适应窄小的空间,冰冷的石头挤过来,我们尽可能地放轻手脚。我想让自己蒸发,变成气体,这样就能不发生任何触碰地飘过这里。现实却是,我深切地感受到这副血肉皮囊的沉重与笨拙,不得不靠臂肘和膝盖来平衡,用腿蹬,用手扒,每一次与岩石的接触都可能触发机关,带来危险。终于,当肖恩小心翼翼地穿过一道缝隙后,我听到了他似身处空旷地带的喘息声。我紧跟其后。就这样,我们到了一个几乎能容人直立的石室,头顶也再次变成了坚固的岩壁。

"要命。"我喘着粗气说。

"是啊。"肖恩说。

我们左侧是一个直径约肩宽的漆黑环洞,紧连着一条通道。前方的东西令我目瞪口呆、喉咙发紧——那是两块倾斜的黑色石板,约有十英尺高,应该是大理石而非石灰岩。这两块石板相对抵靠着,没入更深的阴影中。

这儿是层理面,由岩石在海床上沉积而成。数百万年后,地层运动强行将层理面从侧面分开,流水不断冲刷,在它们中间打磨出一片空洞。接下来,我们的旅程要朝着这深时的空间,这深时的钳口继续前进。

我们战战兢兢地进入这个层理面,贴着缓斜的石头,侧身滑入黑暗。上方的岩石耸立斜出,悬在我们头顶。这时虽没有坍塌的危险,幽闭感却非常强烈。我们完全把自己交给了这个层理面,它不断收紧,收紧,通向一个淤塞形成的水坑。这里不是水流的终点,可对于我们僵硬粗笨的躯体来说,无疑是最后一站了。

在这尽头,我和肖恩相对无言。语言已被压碎。我们奋力在心中搭建某种能够容纳灵魂的结构。压迫感太强,岩石和时间的重量从四面八方压过来,那种逼仄感是我从未感受过的,能让人迅速石化。这地方既迷人又惊险,不宜久留。

我和肖恩回到砾石堆旁,我们很清楚只能原路返回。那条白色指引之绳静静躺在那儿,没有它,我们几乎不可能从巨石迷宫中走回去。这就像下行时要把一段五十个词的绕口令从头到尾记熟,现在则要倒着背诵出来。

这次我打头阵,趴下,跟着白绳移动。石堆中狭小的路径一寸寸展开。我终于穿过最后一处缝隙,在入口处的垂直岩道中撑起身体,黑色的石头仿佛在脚下的空气中断裂,我们走出落水口,置身于山谷。温暖的空气在身边回旋,我的骨头在光的风暴中似又重新开始生长,蕨草将它们的绿色卷进我的身体,苔藓爬满皮肤,树叶充斥视野。我和肖恩坐在地上笑着。那片刻我们明白了,要想理解光,得先把自己埋入深深的黑暗。

走出谷地，绕过接骨木和白蜡树。阳光如此厚实，让我想仰面躺下，就像漂浮在高含盐量的海中。在地下层里面走了这一遭，眼前的视野显得如此宽广。两个青草覆盖的圆顶在地平线上留下了剪影。

肖恩指着它们说："那两个是普里迪九古坟的一部分。"

眼下正是门迪普晒干草的时节，空气中有股新刈青草的生涩味道。割完的草捆成垛，金色的残茬中已长出嫩绿的新芽，腾出来的土地现出新的生机。我和肖恩离开洞穴，朝古坟的方向往上走，两侧石壁高耸，从底端到顶部约有十五英尺高。

几只金翅雀飞过，清脆的鸣叫声在耳边盘旋。这片平凡土地将丰富的色彩和空间慷慨地给予我们，深深触动了我。在门迪普，我看到地上和地下的边界是如此微薄，可无论跨越到哪一方，都极为艰难。

峭壁下的小路通向一面石墙，穿过石墙的缝隙，温暖的西风越过草甸拂面吹来。几个古坟冢在山坡上连成一线。我和肖恩都没有说话，默默地穿过草甸，这种安静的陪伴让彼此都十分惬意。我们到达第一个古坟，在茂盛的草中躺下，跟山背靠背，任由阳光把皮肤晒得发烫。

绣线菊、矢车菊、山萝卜，一切都闪闪发光，如此奇异。草叶上的苍蝇像老虎一样让人惊奇——它们有一千个六边形红宝石般的眼睛，高档金丝首饰般的翅膀。我们一动不动，一只蚱蜢放心地停在几英尺远的地方，后腿微颤着划过鞘翅，发出唧唧的摩擦声。我设想着古坟的建造者为何选择这块高地作为墓地，又是如何打造棺柩、制作骨灰瓮、焚烧遗体、建造坟冢。

九座古坟里的八座是在一周内被先后开掘的。约翰·斯金纳牧师等人于一八一五年做下这等事迹。他们之所以开墓掘尸，半是出于文物研究，半是盗墓。他们发现每座墓里至少有过一次火葬。其中一座古坟里还发现了门迪普最为丰富的墓葬：那里埋葬的是一个孕妇，她的骨盆缺失了，可人们发现了琥珀串珠、彩陶器、一把铜锥和一件精美的裙扣。在盗挖普里迪九古坟二十四年之后，斯金纳吞枪自杀。据说他的朋友们成功地隐瞒了他的自杀，将他葬在英国卡梅顿萨默塞特牧区的神圣墓地。尽管活着的人才是最需要我们殷切关照的，但对待逝者，我们总是比生者更温柔。

　　肖恩给我讲了一个故事。现代考古学家在门迪普某片树林中考古时，发现了青铜器时代的古坟，其中有个骨灰瓮，装着一位女性的遗骨。二十世纪初，人们曾在墓地上种树，深耕破坏了古坟的原貌，可不知为何，骨灰瓮幸免于难。考古学家挖出骨灰瓮，对里面的女性遗骨进行了研究。研究工作结束后，在一个白色飞蛾于树荫下飞舞的夜晚，他们将遗骨放入骨灰瓮复制品中，将她再次安葬。下葬时，一位考古学家在墓旁念着祈祷词。数千年来，这样的葬礼无数次重现，出于尊重，或许还出于歉意。

　　我和肖恩在温暖的风中站起来，依序走过一个个坟堆，直到最后那第九个。之后，我们走回第一座古坟，又在山坡上躺下，有一搭没一搭地说话。我们身下，是土地和它埋藏的棺柩；在它们之下，是石灰岩和它内含的裂缝。

　　我们在那草地上待了很久很久，离开时，我回看那片墓地，青草上留下了我们各自身体的轮廓，那痕迹是关于未来的预兆。

# 暗物质

## （约克郡，伯毕）

距地面逾半英里深的地下，有一条半透明的银色岩盐带，这是约两亿五千万年前，英国北部陆缘海蒸发后留下的遗迹。如今，这里有一间实验室，一位年轻的物理学家正试图望向虚空。

他坐在电脑屏幕前，近旁有一个巨型银色立方体，是 DRIFT 探测装置，一个呼吸捕捉器。他正奋力捕捉远在地球若干光年之外，由天鹅座传来的粒子风那微弱的呼吸。

这位青年物理学家要找寻一种特殊物质在宇宙中存在的证据，这种物质实在神秘莫测，目前为止，我们所有想要探究或呈现它的努力，都被它吞噬得一干二净。它不与光沟通，甚至不一定存在，我们称这种物质为——"暗物质"。位于地下深处的这个实验室是他唯一能开展研究的地方。上方三千英尺厚的岩盐、石膏、白云石、泥岩、粉砂岩、砂岩、黏土和表层土，让这里与世隔绝。[1]

他的工作真是个悖论，要研究星辰，必须远离太阳。不过，有时黑暗让人看得更清楚。

≒ ≒

　　二十世纪三十年代初，一位名叫弗里茨·兹威基（Fritz Zwicky）的瑞士天文学家在加州理工学院用望远镜研究星系团时，发现了一个极为异常的现象。星系团是因引力而聚集在一起的星系，兹威基的工作之一就是，测量多个星系绕星系团中心旋转的轨道速度，进而推算出星系团的整体质量。兹威基发现，星系的旋转速度比预计要快得多，尤其是那些靠近外缘的。理论上，这样的速度产生的离心力会打破星系之间的引力束缚，使星系团解体。

　　兹威基认定，只可能有一种解释——还有某种质量巨大的引力源存在，它在所有可观测天体高速运转的情况下维持着星系团的稳定。究竟是什么提供了如此强大的引力场，能把这么多星系绑定在一起？为什么他无法观察到这些"缺失质量"呢？兹威基没有找到答案，可自从他提出这些问题，一场持续至今的"捕猎"便开始了。那些"缺失质量"就是"暗物质"，证明暗物质的存在并了解其性质，是现代物理学追寻的"圣杯"之一。

　　该如何寻找暗物质呢？它有质量，因此能产生引力，但它并不辐射、反射或吸收光。自兹威基以来，关于暗物质存在的一切依据都是靠推断获得的，人们没有直接探测到暗物质，只能根据发光天体这类可观测对象所受的影响来分析。想了解这种无影无踪的物质，只能透过它出现所带来的后果，而不是其本身。

　　比方说，我们现在已经知道，暗物质会影响旋涡星系的自转曲线，使星系中所有天体无论距引力中心多远，都以大致相当的速度旋转。我们还知道，暗物质会让经过星系附近的光发生弯曲，造成"引力透镜效应"。爱因斯坦（Albert Einstein）在广义相对论中提出，质量会导致时空弯曲，而光线会沿着弯曲的空间传播，因此当光经过像星系这样的大质量实体附近时，就会发生比较明显的弯曲。不过正如之前所说，兹威基观测到的星系团旋转速度极快，光的弯曲程度也非常大，这种现象仅归因于星系中的可见物质，是解释不通的。因此，一定存在某种没有被观察到的物质。它们大量存在于可见星系周围，能够弯曲时空、制造引力透镜效应，却又不可见，天体物理学家称之为"暗物质晕"。

这类观察表明，宇宙中仅有约百分之五的物质是可被触摸、可被看见，或可被仪器观测到的。这些物质构成了石头、水、骨头、金属、大脑，构成了木星上的氨气风暴和土星的碎石环。天文学家将这些物质命名为"重子物质"，因为它们的质量主要由质子和中子这两种常见重子组成。据推测，约百分之六十八的宇宙质量由"暗能量"构成，这种神秘力量似乎加速了宇宙的持续膨胀。剩余约百分之二十七则由暗物质构成，其粒子与重子物质之间几乎不发生任何作用。

暗物质对宇宙中的所有存在都至关重要，它将所有结构凝聚在一起。没有暗物质，超星系团、星系、行星、人类、跳蚤和细菌都将不复存在。证明和解码暗物质的存在，正如肯特·迈耶斯（Kent Meyers）所言，相当于"发现一种新秩序、一个新宇宙，在那里，对光明和黑暗的认知都将被颠覆"[2]。

暗物质物理学家的工作，处于可观测世界与想象世界的边缘。他们不断追踪暗物质在可观测世界留下的蛛丝马迹。这种工作是艰难的、带有哲学性质的，需要耐心，甚至需要某种信仰。身兼暗物质物理学家和诗人双重身份的丽贝卡·埃尔森（Rebecca Elson）说："所有的一切，仿佛都是萤火虫/通过它们，你能窥见整片草地。"[3]

目前，人们推测最有可能构成暗物质的粒子是"弱相互作用大质量粒子"（Weakly Interacting Massive Particle），简称WIMP。据估计，WIMP质量很大（是质子质量的一千多倍），它们形成于宇宙诞生之后的几秒内，数量极其庞大，从而产生宇宙中那些无法被观测到的巨大质量。

WIMP和有"幽灵粒子"之称的中微子一样，对重子物质的世界视而不见。每一秒钟都有数以万亿计的WIMP穿过我们的五脏六腑和大脑。中微子也在不碰触任何单个原子的情况下，以类似的方式穿过地壳、地幔和坚实的铁镍地核。对这些粒子来说，我们才是幽灵，我们的世界才是影子世界，由看不见的网络构成。物理学家面临的最大挑战是如何驱使这种难以捉摸的粒子参与实验，如何编织一张网捉住这些"迅敏的鱼"。解决方案之一就是到地下去。世界各地都建立了地下实验室来侦测WIMP，侦测中微子与重子物质发生作用的证据，这些实验就像在寻找鬼魂。而将实验室安置在地底深处，是因为周围的岩石能够屏蔽物理学家口中的"噪音"。

日常粒子在空气中滚动产生了"噪音"。原子世界中，每天都有大量粒子在空气中穿梭，非常喧闹。放射性活动的"声音"更是震耳欲聋，宇宙射线渺子也是噪音之一。要捕捉那微乎其微甚至几近不存在的声音，耳边有人敲着大鼓肯定不行。要听到宇宙诞生之初的那一声呼吸，从实验角度来说，你必须到地下去，沉入宇宙中最安静的地方。

在日本某个废弃矿场地下半英里处，有一个已有两亿五千万年历史的片麻岩石穴，这里建有一个不锈钢池，里面装着五万吨超纯水。一万三千个光电倍增管像一只巨大的复眼，密切观察着这些水，寻找微闪的蓝光。这种蓝光叫"切伦科夫辐射"。当一个原子被中微子撞击，原子的电子会向四处散开，其速度可超光速。这些四散的电子被称作"湮灭产物",它们在水中移动时会产生短暂的蓝光。光电倍增管组成的复眼寻找的,是"幽灵粒子"存在的间接证据:不是中微子本身,也不是被撞击的原子或四散的电子,而是原子遭遇"幽灵撞击"后留下的蓝色光晕——湮灭的余晖。这个片麻岩石穴被称为"瞭望台",尽管位于地下深处,它的职责却是"占星"——持续监测银河系中的超新星是它的众多任务之一。

在美国南达科他州一个已经采空了的露天金矿里,有一座六英尺高的真空仓,里面装着过冷液氙,真空仓的周围是盛有七万一千六百加仑去离子水的钢焊池。这里也设置了光电倍增管,捕捉因偶然的WIMP撞击产生的单个光子和电子。氙气是惰性气体,原子半径较大。低温条件下,氙的密度会变得极大,那些大质量原子紧紧挨在一起,形成更加紧密的横截面,这样一来,粒子穿过时,发生WIMP撞击的可能性就提升了。这里地形倾斜,原本是为了寻找稀有且昂贵的金属而开凿的,现在寻找仍在继续,目标却变成了另一种物质,它超出我们的想象,却在现世毫无价值。

英国约克郡海岸的小村庄伯毕附近,有一处一九七三年开始运营的钾碱和岩盐矿,其下更深处的盐穴里,正在进行一场名为"轨道定向性反冲识别"(Directional Recoil Identification From Tracks)的暗物质探测实验,简称DRIFT。

≒ ≒

尼尔·罗利将他的地下世界地图在桌上摊开,用四块石头分别压住四角,每放一块便念出石头的名字:钾盐、岩盐、杂卤石、方硼石。

他将地图从中心向四周抚平。尼尔是矿场安全专家，曾在煤矿工作，现在又来到钾盐矿。他喜欢诗人 W. H. 奥登（Wystan Hugh Auden），也喜欢地图和采矿。

尼尔的地图记录了伯毕矿场的巷道和避难洞，乍看像蜻蜓的翅膀一样，纹路精巧、结构复杂。慢慢地，我的目光陷进了它精密的编码之中。

地图上，英格兰东北海岸线是一条从西北绵延到东南的淡淡灰线：与实际地形无关，在这张图上，它只起定位的作用。就伯毕来说，两个圆圈标出嵌入基岩的两个矿井，由此进入复杂的地下通道网。该通道网从中心分别向东北和西南蔓延，形成了蜻蜓的两翅。通道的西南支处于荒野和山谷下方，延伸至北约克郡深处。东北支则在北海下伸展，越过大洋航线，抵达辽阔的公海。

伯毕矿场的巷道和地道网络被称作"水平巷道网"，它嵌在盐矿和钾矿带中，全长六百多英里。矿带在海洋和陆地下延伸，于地表形成开采工作面，每时每刻都有工人和机器从矿层中掘出数吨的钾矿，由传送带倒进送料斗。这些二叠纪时期的海洋残留物由此开启新的旅程，终点是世界各地的农田。钾矿将作为肥料撒到田里，为作物生长提供必要的钾元素，滋养南北半球"一年两度"的春天。

门迪普的地下是水流冲刷的迷宫，伯毕的地下则是人工挖掘的迷宫。我从地缝来到了巷道。

尼尔的地图用红线标出了盐矿巷道，黑线则是钾矿巷道。黄色方框代表避难室，设置在地下通道两侧的墙壁内，墙壁上用泡沫塑料隔热，若发生塌方或地下火灾，可以到这里暂避危险。

"双翅"舒展，一侧在海底，另一侧在荒野下方，细细的绿线从两翼延伸出去。这是矿业地质学家为了探测矿物位置和储量而钻的小孔。测量结果将决定此地开采的走势,也就是"翅膀"的延伸方向。

"你得明白,地下通道网是倾斜的。"尼尔一边说,一边用手指着地图,从一侧"翅膀"划到另一侧。"矿道是倾斜的,因为钾矿层本身有倾斜角度,地下通道要随着钾矿走。"

内陆的钾矿倾斜着延伸至荒野的腹地,深约四千五百英尺。最接近地表处则在大海支线的最远端,位于船运通道外,深度为两千六百英尺左右。温度随着深度变化。两千六百英尺深处,温度为三十五摄氏度。到了四千五百英尺深处,则为四十五摄氏度。这两处的地热都非常强,空气湿度相当低,人很容易脱水,汗水往往还没流出来就蒸发了。矿工们就像正午时在撒哈拉沙漠劳动,只不过这里一片漆黑。

尼尔说:"每次轮班,矿工都要带上一个装着四升冰水的水箱。他们有饮水时间表。得一直喝水,才会比较安全。"

"我们走吧,看能不能搭升降梯下去,找找暗物质。之后还要走很长一段,才能到达海下开采工作面。"

戴好护耳器,挂好防尘面罩,口袋里装着编了号码的三角铜牌——这是准入证明,不能弄丢,否则就出不去了。黄色的升降梯门唰地关上,开始下降,虽然很平稳,我还是感到一阵心口上提的失重感。通风机房的隆隆声渐弱,升降梯在加速。降到半程,迎面与另一架上升的升降梯错身而过,一阵颤动。空气在两架升降梯之间被挤压,发出呼啸之声,就像两列相向的火车交错时的声响。慢,慢,慢,砰,停了。升降梯门铿地打开,呼喊声传来:"捂好耳朵,开灯!捂好耳朵,开灯!"

尘土在气流中旋转飞舞,浓到舌尖可以尝出咸味。

水平巷道漆黑的入口指示着方向，在大海下方，我们走进了二叠纪。

墙上的一个气闸打开了，这里就是实验室。

≒ ≒

年轻的物理学家坐在电脑前仔细看着天鹅座传来的信号。他叫克里斯托弗·托斯，实验室的白大褂对他来说太大了。克里斯托弗说话沉稳而清晰，为人谦逊有礼，温文尔雅。也许某种程度上，这些特质源于他对时间问题经年累月的思考。

实验室的墙上，黄黑相间的警戒带标示出一个个暗门的轮廓，高度不过大腿，相邻两段警戒带之间间隔十五英尺左右。每个警戒带标出的暗门上方都用两个钩子挂着一把长柄斧。

盐的伽马射线非常低，是优质绝缘体。如果要研究很难和物质相互作用的大质量粒子，把自己关在一个被盐包围起来的地方，最合适不过。但盐有很强的易变性，它会随着时间流动，会汇聚成堆，也会塌陷。如果在岩盐层凿出一个洞室，其上方是三千英尺厚的基岩，那么这个洞室会慢慢变形——顶部会塌陷，四壁会凸出。地心引力将夺回属于它的空间。在伯毕地下实验室工作的科学家们深知，这并不是长久之计，安全工作的时间是有限的。研究深时，动作要快。

"万一发生塌陷，那些就是紧急出口。"克里斯托弗模仿空乘人员解释安全条例的手势，指向用警戒带标示出的小门，"这儿，这儿，还有这儿……一旦实验室塌方，就立刻抓起斧子，凿开墙壁和盐层，到安全的地方去。"

他顿了顿,笑着说:"嗯,至少理论上是这样。"

目前实验室里进行着几项不同的实验,其中之一是测试岩石样本,为放射性废料长期埋藏做技术性研究。另一项是"渺子断层扫描技术"研究,目的是利用宇宙射线中的高穿透性带电粒子(渺子)。渺子能够穿过厚厚的岩石层,可以用来探测一些物体的深层结构,比如火山内部,或者金字塔中心。借助渺子,我们能透视石头。这些实验都非常令人瞩目,但若说哪一项实验可称为"冠上明珠",无疑是DRIFT。

克里斯托弗带着我走向实验室一角,那里是一个DRIFT探测装置。"这是我的地下水晶球,"他边说边比了个手势,仿若魔术师正揭开谜底,"也叫'时间投影室'。"

名字如此恢宏,但乍看之下实在貌不惊人——一个大金属盒子,随意地套着几个黑色的垃圾袋。

"我发现了,你这水晶球的关键外层结构是垃圾袋。"我说。

"说笑了,"克里斯托弗回答,"不过,你绝对想不到,事实证明,胶带和垃圾袋对许多科学突破至关重要。"

他将实验过程解释给我听:"我们知道,暗物质质量很大,相当大。因此,尽管我们看不见组成它的粒子,这些粒子却具有质量,这意味着它们至少会偶尔与我们能看见的粒子发生碰撞。碰撞就会导致原子核散射。DRIFT 的首要目标便是探测这些碰撞,追踪四散的原子核。"

说到这儿,他停了一下,我耐心地等着。此刻,亿万个中微子正穿过我们的身体,进而穿过地球的基岩、地幔、流动的地下物质,以及它坚硬的内核。

"想象一下,你正在看一场台球比赛,你能看见红球,但看不见白球。突然，一枚红球——一个电子——在台面上滚过。通过观测红球的路线，你就有可能反向追踪到撞击它的那枚无形的白球，也就是WIMP。这样一来，也许就能了解到白球的移动方向、质量和性状。这样的实验，我们希望能做得足够多，且足够精确，从而找到暗物质晕的信号。"

DRIFT探测装置的中心是一个一米见方的钢制真空仓，其内以一毫米为间隔，交错设置着超细高电荷线网。如果一个WIMP和仓内普通物质的原子核发生碰撞，便会产生一条电离轨迹，线网会使它显像并记录下来。之后，研究人员可以对电离轨迹进行三维重建，分析出发生碰撞的粒子类型和来源信息。线网处在一团低压气体里，这些气体被保存在一个传导室中，传导室则被钢制中子隔离罩包裹——所有这些都被放置于古海洋蒸发后留下的一条岩盐带里。

之后的几年里我将慢慢明白，尽管具体规则或有不同，但这种层层嵌套的"中国套盒"式结构，昭示着地下世界中埋藏人或物的普遍程序。比如，古埃及的埋葬仪式：人们将死者的主要器官放在某个雕着鹰头的卡诺皮克石罐里，然后把石罐放在彩绘木箱里，木箱封存于坟墓中，而坟墓在金字塔内；再比如对核反应堆铀废料的掩埋：人们把废弃铀芯块封在锆棒里，锆棒封在铜柱里，铜柱封在铁缸里，铁缸包裹在膨润土浆里，最后将它们存储在地下深处的岩层里，放入数千英尺深的片麻岩、花岗岩或岩盐之中。

克里斯托弗带我来到他的书桌前。电脑的屏保图片是加拿大落基山脉的路易斯湖，湖水如绿松石一般。他拿给我一张图表，表上是从"时间投影室"返回的数据。上面有几种不同颜色的线，还有一条细细的黑线，斜着与彩线相交。

"这条斜线是阿尔法粒子的路径。"克里斯托弗用小指指着那条线说,"这是个大块头的重量级选手,在我们的实验里,它无论走到哪都会搞出很大动静。不过我们对它并不感兴趣。目前看来,分辨阿尔法粒子的信号,只不过让我们了解了什么是不需要的东西。"

"我们努力倾听的,其实是被它的大吵大嚷遮盖的,那些轻声细语。甚至都算不上轻声细语,更像是轻柔至极的呼吸。在岩盐层之下的这里,大概是唯一能听到这种呼吸声的地方了。那是 WIMP 经过的声音——它会留下一条淡淡的痕迹。我们认为 WIMP 撞击看上去会像是两个光点,两条轨道一边一个。"

克里斯托弗用手指尖挑出两个点,一个在黄线上,一个在粉线上。他停了一下,屏保图片换成了高饱和度的白色海滩,碧海银沙,椰林树影。与此同时,天鹅座的 WIMP 风正穿过我们的身体。

他说:"熟悉了之后,你会发现这个数据非常美。"我赞同地点了点头。

克里斯托弗说:"现在,你看到的是宇宙中最小尺度的事件。那些彩色的线就是我们的放大镜。"

这时,仿佛这句话突然进入他的脑海并留下一条轨迹,他说道:"一切都会产生火花。"之后便陷入短暂的沉默。

"你为什么要寻找暗物质呢?"我问。

克里斯托弗不假思索道:"为了拓展我们的认知边界,为了赋予生命意义。如果不去探索,我们就相当于什么也没做,只是干等着而已。"

他又沉默了。我等着。电脑屏保图片切换成了秋天的美国优胜美地国家公园,酋长岩上覆盖着初雪。克里斯托弗没有说话。

"寻找暗物质是不是一种类似信仰的行为？"我问他。

他等着我继续说下去——他被问过这个问题，回答前想听听我还会说些什么。屏保图片又变成了纳米比亚索苏维来的沙丘。

我想到了伯毕西部的里沃兹修道院，它位于一个肥沃的河谷，是西多会修士为了举行弥撒而修建的。修士们用铁矿石建造了高耸的墙壁和漂亮的穹顶，结构轻盈。类似的修道院遍布世界各地，形成了一张大网。在网中，人们对着一个并不轻易回应的至高存在祈祷着。

在修道院后的山坡上，被称作"滑动裂隙"的地质结构在岩石中缓缓开合，喷射出地底的温热气息。寒冷的天气里，那山坡像在呼吸，仿佛大地也有了生命。在西多会修士来到这个河谷的几千年以前，新石器时代和青铜器时代的人们就曾在这些滑动裂隙中举行仪式。这些仪式跟宗教信仰有关，也可能涉及献祭。死者的遗骨被放入裂隙的岩石中，这也是一种"湮灭产物"。

我想起美国南达科他州黑山的风洞系统，那是印第安苏族拉科塔部落的圣地，那附近废弃金矿的地下深处，还有美国暗物质探测实验室。风洞在地底延伸了一百三十多英里，从洞口到风洞深处，空气不断涌入，或者说被某种力量吸进来，风力足以将帽子从头上刮落。在拉科塔族人的创世传说里，人类最初是从风洞来到地面的，地上世界的色彩和空间令他们惊诧万分。

我对克里斯托弗说："我的感觉是，寻找暗物质催生出了各种复杂而精妙的猜想，由此诞生的实验室就像礼拜场所，组成一个网络，一切都是为了探寻这种极擅隐藏自己的宇宙隐秘物质。这更像是某种宗教，而不是科学。"

"从小到大我都是一个非常虔诚的基督徒，"克里斯托弗说，"遇到物理学后,我一度丧失了信仰,如今它又以一种完全不同的形式重生了。的确,就试图发现的对象和已有的相关知识而言,我们这些研究暗物质的人相比其他科学家,所掌握的证据要少得多。至于上帝,如果真有那样一种神性的存在,它一定完全超出了科学探究和人类想象的范畴。"

他再次沉默。这样的思考对他来说并不难,他早已想过许多遍。只不过,对每一个措辞他都非常谨慎。

"我愿意相信的神性,不可能通过任何我们认为是'证据'的东西来展现自己。"他指了指显示器上的读数,接着说,"如果有神,我们是不可能找到它的。如果我发现了某个关于神的证据,我会立刻产生怀疑,因为真正的神一定更聪明,不会留下把柄。"

我问他:"现在人们知道,每一秒都有一百万亿个中微子穿过我们的身体、大脑和心脏,这会改变我们对世界的感受吗?它会改变你对物质的理解,还有你对真正重要的东西的看法吗?我们在世界的各个表面踏出的每一步,都没掉落下去;每次触摸什么东西,也从没有穿过它,这些会让你觉得奇怪吗?"

克里斯托弗点了点头。他在思考。他的屏保图片变成了中国桂林黄昏时分的喀斯特峰林,因背光而露出剪影,这种照片在各类图片分享平台上非常受欢迎。

"周末,如果天气好,我会和妻子出去散步。沿着附近的峭壁漫步时,我会想,我们的身体其实是张网眼很大的网,脚下的峭壁也是网。这种感觉很奇妙,就像我们突然发现自己正走在水面或云层之上。有时我还会想,如果我对此一无所知,又会是什么样呢?"克里斯托弗说。

他再次陷入沉默。显然，他的思绪已经飞出了这小小的岩洞，甚至超出了已知的宇宙。

"不过，最让人惊奇的依然是，我竟能够像现在这样握住爱人的手。"

⇆ ⇆

那天返程时，尼尔把车开得仿佛正在参加巴黎－达喀尔拉力赛，一辆破得连门都没了的福特"全顺"商用车，行驶在一座绵延六百多英里的迷宫般的地下荒漠中。还有几周尼尔就要退休了，但他一点儿也不在乎。

车开得飞快，越过坡道时，车身仿佛被抬了起来。车子驶过，地道里扬起云雾般的尘土。遇到弯道，尼尔也不减速，反而大声鸣笛，滴——！他非常在意矿场安全，但也是个充满趣味的人。我很喜欢他。

我左手钩住车顶的把手，右手撑在仪表板上，身体前倾，始终紧咬牙关，不然牙齿会一直打战。

"实验室所在的主巷道和生产区域之间，除了换班时刻几乎不会有人，"尼尔说，"如果有人朝我们走来，应该很远就能看到他们的灯光。"

岩盐中辟出的这条巷道，有多条坡道向上通往钾矿层。两侧的墙壁像冰块一样闪着微光。我们在纯盐中行驶。巷道是标准制式——三点八米高，八米宽。巷道顶部间隔设置了等人高的承重栓加固，以延缓塌陷。

"钾矿相对更脆弱，容易断裂，除非迫不得已，一般不会在那儿开路。而岩盐只会慢慢沉陷，不会断裂，要安全得多。"尼尔说。

砰！滴——！

"这些主巷道大约可以再撑两年才完全沉陷。我们用木架做支撑。木头会被逐渐压弯而不至于突然折断，比钢好，更安全。不过，也会有没开采完就塌陷的情况。只好随它去了。"

尼尔有个令我很紧张的习惯，他说话时总想转过头来看我，一只手扶着方向盘，并不留心路况。有时他只用掌心操控方向盘，就像在打磨汽车的仪表板，上蜡，除蜡。"这儿不像煤矿，在煤矿里，你得时刻小心空气中的煤尘会不会引起爆炸。"他说，"这里的盐尘反而像干粉灭火剂，安全得多。"

"上次出现伤亡还是二〇〇〇年前后，开采工作面发生了低速爆炸，五百吨岩石从新挖的矿道滑落，下方的机器受力后退，压死了一个人。近十年来这下面就再没有人死亡了。"

几个月后，一个名叫约翰·安德森的人缘很好的矿工，在一次瓦斯爆炸中身亡。

我们沿着坡道向上走，来到一处钾矿层。尼尔一踩刹车，灰尘四起。他跳下车，从地道墙壁上抠下一片钾矿石递给我。它像肉一样粉红，零星夹杂着银色的云母。令人惊讶的是，它掂在手里非常轻，像漂浮在手心上似的。

"舔一下试试。"尼尔说。它嗞嗞地融化在我的舌尖，有一股金属与血的味道。我想把它全吃下去。

一小股水流从顶部的裂缝冒出，贴着石壁流了下来。尼尔指着上面说："我们刚刚越过了海岸线，现在在海底了！"

"岩盐和钾盐都可以溶于水，"尼尔说，"要在海底采矿，这就是个问题了。要一直抽水，才能保证矿场正常运作。每分钟抽一千加仑，这意味着每年会产生三百万英镑的电费。过去俄罗斯人和加拿大人都曾因控水不当失去他们的钾盐矿。"

"不久前,这里也发了大水,每分钟有三千五百加仑的水涌进来,持续了八周。我们一度以为矿场要废了,可不知怎么回事那裂缝慢慢缩小,水流也减缓了。不过谁也说不准哪天会不会再次发生这种事。"

"可真是令人欣慰。"

我们回到车上,尼尔说:"这样的工作如何?我就靠干这活儿领工资呢!"他一脚将油门踩到底,我们猛地靠向座位,车子再次冲进巷道。

尼尔的方向感令我非常吃惊,他没拿地图,路上也没有路标,那么多岔路转角,他总是毫不犹豫地闯过去。

我问:"如果你出了事,当然只是做个假设,我该怎么出去?"

"不确定的话,就跟着车轮印子走,"他喊道,"如果我真挂了,记着一直迎着风走,你就能出去!"他又指了指上面,"我们已经开出大洋航线了。想想船上的船长们,他们可想不到下面正有人跟他们赛跑呢!"

又过了二十分钟,我们来到了开采工作面。尼尔把车停在地道边上,在两辆同款福特"全顺"之后。他停车很讲究,仿佛停在郊区街道上,仔细将车轮摆正。

空气中弥漫着尘土,前方的地道枝杈丛生,有微光和人影闪动。通道两侧的墙上刻着曲线、交叉线条一类的图案,既像野兽挣脱陷阱时留下的爪印,又像古老部落的宗教仪式岩刻。

"八八七号生产区是矿层的尽头。"尼尔说,"据探测,矿层到这里差不多就消耗尽了。这个矿区挖完之后,西北支线的工作就结束了,我们会转去海底巷道的东部或东南边缘。"

桌子边坐着两队人，边喝酒边吃东西。黑暗中，只能看到他们工作服上的反光条，就像科幻片《创：战纪》(*Tron*)的场景。他们抬眼看了看，冲我们点点头，接着吃饭。白色的PVC桌面上用圆珠笔和马克笔胡乱画了好多阴茎。

左转进入一条地道，右转又是另一条。噪音越来越大，尘土越来越多。卤素灯的光柱刀锋般划过浑浊的空气，金属敲击矿石的声音震耳欲聋。

一台红黑相间的巨大机器，像一只低伏却牙齿尖利的科莫多巨蜥，正在吞食岩石。控制巨蜥的是一条很粗的黑色橡胶电缆，类似狗脖子上套的牵引绳。钾盐矿从巨蜥的肛门排出，经细长的传送带运进漏斗状的送料斗，这是它们去往世界各地的农田的第一站。

这台"蜥蜴机器"在开采面上一刻不停地"吞咽"，传送带不断将矿石送进斗里，令我感到震撼的是，无论是热切地开矿，还是挖掘地下通道网，这一整套采矿作业都仿佛某种生物活动。我想起了白蚁丘、蚂蚁穴、兔子窝和鼹鼠洞的内部结构，也像这样纵横交错。尼尔的矿场地图有数百英里互相交错的巷道网，正像其他动物为了寻找物资，乐此不疲地开展着挖洞计划。

黑暗中，矿场和实验室变成了多么奇怪的搭档！彼此的运作发生了奇妙的呼应。地质学家用探测器研究远处的岩石，试图找到最丰富的矿藏。物理学家等待着纯粹的知识，这知识像钾盐一样难以获得，却又无利可图。他们试图找到宇宙中"遗失"的部分——暗物质——即便有所收获也无法立即营利。

由于挖掘声干扰，尼尔靠过来，拢起手在我的耳边喊道："那些开采机器,每台要三百二十万英镑!为了避免产生火花,还得改装。我们用竖井升降梯把机器分部件运下来,在准备区组装好,运到开采工作面,后面还要拖上一个发电机。从那儿到它工作的地方,差不多七英里,需要三天时间来移动。"

工作强度非常大,机器寿命很短。"一台机器报废了,抬出去很不划算。"尼尔说,"不仅耽误运送矿石,还花费不菲。我们一般直接将机器遗弃在废弃通道里。随着通道慢慢地自然塌陷,它最终会被埋进岩盐里。"

那是一幅惊人的景象:透明的岩盐在这只机械巨蜥周围融化,它在盐的包裹中,慢慢变成一件化石。

这让我想到艾米丽·左拉(Emile Zola)笔下的矿马:在十九世纪的法国,人们把小马驹带到煤矿下,它们就在那里长大,被豢养,工作至死,再也见不到阳光。它们瘦弱的身躯最终就这样被留在废弃的地道里,等待某次塌陷将它们埋葬。

在美国新墨西哥州荒漠地带的地下岩盐矿层里,一座"核废料隔离中间试验工厂"(Waste Isolation Pilot Plant, WIPP)在此建成,用于处理核武器研发、生产产生的超铀放射性废料。掩埋场建在荒漠地下两千多英尺处,那里放置了几千个储存着核废料的银色钢桶。废料的放射性还会持续数千年,将一直产生热量。热量增加了岩盐的塑性,当一个储存室装满后,受热的岩盐会逐渐堆积在钢桶周围,在漫长的未来守护它们。

有那么一瞬,我的脑海中飘过一个念头:我想走进其中一条地道,躺下来,就这样,五年或者一千年的时间过去,岩盐慢慢将我封存——在那透明的茧里一直等到人类世的终结。

㚴 㚴

一九九九年，在墨西哥首都墨西哥城，一次关于全新世的研讨会上，诺贝尔奖得主、大气化学家保罗·克鲁岑（Paul Crutzen）提出，"全新世"这一说法并不准确。根据传统的地质学观点，全新世始于一万一千七百年前，持续至今。克鲁岑后来回忆说："我突然想到，这是不对的。整个世界已经发生了巨变，所以我才说，不，我们生活的时期应该叫作人类世。人类世这个词算是我灵光一现想出来的，不过就这么沿用了下来。"[4]

第二年，克鲁岑和尤金·斯托莫（Eugene Stoermer）共同发表了一篇论文，提出人类世应当被看作一个全新的地质时期。斯托莫是美国硅藻研究领域的专家，他从二十世纪八十年代就开始非正式地使用这个词了。他们二人的依据是"人类将在接下来的几千年甚至上百万年中，成为对地球的地质产生最主要影响的因素"[5]。正如冰川活动定义了更新世，带来地球生命繁荣的、相对稳定的气候定义了全新世，那么定义人类世的，即为人类的活动：人类正在全方位地塑造地球。①

科学界对克鲁岑和斯托莫的提议非常重视，交由地层学家严格审核。二〇〇九年，国际地层委员会下属的第四纪地层学小组委员会，成立了人类世工作小组，该小组负责针对以下两个问题提出建议：一，是否应当认定"人类世"为正式的地质时期；二，如果是，则如何界

---

① 几年来，我一直在剑桥大学教授"人类世文化"这门研究生课程。关于人类世的文献广博且多样，富有争议又不断发展。我在其中发现了一些有趣的材料，在讨论深时、政治和伦理的概念及意义时会有所体现。关于这些材料的具体来源详见本书的参考文献。——原注

定它的"最优地层时间"⁶，即它始于何时。工作小组考虑了以下时间点：古人类开始使用火，约一百八十万年前；农业的开始，约八千年前；工业革命，以及二十世纪中期以来的"大加速"——核时代到来，资源被大量开采，人口、碳排放量激增，大规模物种入侵和灭绝，大肆生产和丢弃金属、混凝土及塑料。

  人类这个物种将在地层上留下什么样的印记呢？我们削平整个山头，只为了掠夺其中的煤；海洋里漂浮着数十万吨的塑料垃圾，正慢慢在海床上沉积下来；武器试验导致人工产生的放射性核素遍布全球；为了种植单一作物，我们焚烧雨林，四散的烟尘落入众多国家的土壤中。对冰核及沉积物的检测都显示氮元素在大幅增加，导致这一结果的，正是全球大范围使用合成氮肥、焚烧化石燃料，这也将是人类世的关键化学特征之一。随着第六次大灭绝的到来，生物多样性急剧下降，同时一小部分被驯化的家畜物种数量却大大增多，毫无疑问，后世的化石记录里会有大量的羊、牛和猪。我们成了手握重权的世界缔造者，我们的行迹在漫长的未来里，将无比清晰。

  人类世的遗迹将包括原子时代的放射性沉降物、城市被摧毁的地基、数百万集中养殖的有蹄类动物脊骨，还有年产量可达数十亿的塑料瓶，部分瓶子会在地层上留下淡淡的轮廓——在遥远的未来，对这类地层时间的测定会极其精确，可直接从某些跨国公司的产品设计档案找到数据支持。菲利普·拉金（Philip Larkin）曾有名言：比我们的存在更长久的是爱。错，比我们的存在更长久的是塑料、猪骨和铅－207（铀－235衰变链末端的稳定同位素）。

  也有很多质疑"人类世"这个概念的声音。它笼统地将全体人类纳入理论中，没有区分出主动制造者和被动承受者。一个"我们"就把不平等一笔勾销，把区域性的环境破坏与全球性的后果混为一谈。此外，将这个时期称为"人类的时代"，仿佛是要合法化人类的自我神化，这只会助长造成当下危机的技术自恋。

尽管"人类世"这个词有诸多不妥，但它的确带来了强有力的冲击和挑战，促使我们从物种角度去反思。它暴露了我们对这个星球长久控制下的局限，也揭露了人类活动造成的严重后果，还呈现出眼下我们和其他生物之间、未来人类和"超人类"之间，交织着怎样的脆弱与过失。或许最重要的是，人类世促使我们提前以深时视角去思考问题，衡量我们会给后世留下什么。毕竟我们现在所缔造的地貌都将沉入地层，成为地下世界的一部分。未来的历史将记录些什么？在未来成为化石的我们会是什么样？随着塑造世界的能力越来越强，我们必须承担的责任也越来越重。人类世向我们抛出了一个问题，也就是免疫学家乔纳斯·索尔克（Jonas Salk）曾提出的那个令人难忘的问题："我们能成为好的祖先吗？"[7]

然而，以深时角度思考问题是违背人类本能的。不信你现在就试一试，想想一年后，十年后，一百年后。你的想象力会越来越微弱，细节越来越贫乏。再想想一千年后，你只会一头雾水。哪怕只是粗略地设想百年后的个人生活或社会状态，对我们来说都很难，更别提想象遥远的未来世界里，那些尚不存在的居民是什么样。事实证明，人类这个物种擅长总结历史，而非预测未来。我们为深时创造了不少术语，BP（before present）代表现在之前，MYA（million years ago）代表百万年前，不过这些都是针对过去的，关于未来，并没有相应说法。从没人用 AP（after present）代表现在之后，或以 MYA（million years ahead）表示百万年后。

人类世要求我们用回溯的视角审视当下，这是"关于现在的古生物学"[8]——我们自己变成了沉积物、地层和幽灵。它要求我们设想这样一种场景：百万年后，人类早已灭绝，那时，有一个后人类地质学家试图探测地下世界，看看会发现哪些有关人类世的信息。这个假想的人物——我们的档案员，我们的分析者，我们的评判官——像是十九世纪盛行的末日叙事中"地球上最后一个人"的现代版，也像是托马斯·麦考利（Thomas Macaulay）笔下那个坐在泰晤士河边的"新西兰人"，望着被大自然淹没的伦敦，陷入关于毁灭的沉思。

在喧嚣的矿场开采工作面，我想着我们留给这个未来地质学家的谜题。伯毕地下，这台人类世的采矿机，封存在已有两百五十万年历史的海床地层中，又跨越了数百万年，这位地质学家将如何理解这巨蜥般的化石呢？如何分辨这是机器还是有机体？这六百英里长的巷道迷宫在岩盐和钾盐层留下的淡淡痕迹，又将被如何解释？

地质学和古生物学中有一个词叫"遗迹化石"（trace fossils），指保留在岩层中的生物痕迹，而不是生物本身。恐龙脚印化石就是遗迹化石。有种甜甜圈形状的神秘燧石，叫"帕拉穆德拉"，据猜测，它生活在白垩纪时期，是一种穴居的类虫生物的遗迹化石。这种生物一般呈直立状态栖居在海床上，它的呼吸器官只比淤泥略高一点。岩层中的钻孔、漏斗状孔道、管道、滑行和轨迹都是遗迹化石——尽管留下踪迹的生物早已消失，但印记长存，这是石头的记忆。遗迹化石是消失的身体留下的空间，它们的消失本身就是记号。[9]

我们体内也存在着遗迹化石，那是逝去之人留下的痕迹。信封上的笔迹、木台阶上的足球印痕、怀念之人的某个习惯性手势。这些都是遗迹化石。失去之后，留下的不过是一些淡淡的痕迹。有时，留在我们心里的不是事物本身,而是它离开后空出的位置。

≒ ≒

离开开采工作面,返程又是一趟颠簸狂野的赛车之旅。尼尔开得比之前更猛了。我的嘴里满是沙尘,车子全速冲向斜坡,砰,胃提到了嘴边,接着重重落在岩盐层的地面上。一到转弯处,尼尔按响喇叭,滴!再次鸣笛,寂静,鸣笛,寂静。

"我好像在兜圈子啊。"尼尔说。

"很明显兜了有一阵子了。"我说。

"别担心,我们能出去的。路是对的,起码理论上是对的。我慢点开。"

他一点儿都没放慢。

"注意两侧迎面而来的车前灯!如果我撞上去了,你就接过方向盘,朝西南开!"

我们路过了两辆停在侧边地道里的报废福特"全顺",引擎盖不知道被什么撞烂了,就待在那儿等待着被岩盐吞没。我们又冲过了数英里,最终回到了竖井的黄色升降梯处。

上升的半途中另一台下降的升降梯与我们交错,空气受到压迫,发出一声柔软的呼啸。接近地面时,升降梯摇晃并逐渐减速。急切盼望着出去的人,脑子里想着洗澡、回家、家人、吃吃喝喝,在梯厢里来回踱步。门开了,唰啦啦。钢闸门透出一缕缕光。海洋和阳光的味道。进入气闸室,从矿工们开始,清点人数。防尘面罩挂回钩子上,完成。三角形铜牌推进窗边的桌子里去,完成。结束。

从大门出来，走进炽热的白日，青空在翻腾，阳光在挡风玻璃、铁丝网、柏油路和草叶上跳跃，暗物质将我包围，无处不在，无迹可寻。我沉浸在地上这亮晃晃的日光中，就像踏入无知之境。

≒ ≒

后来，我驱车西行，在荒野上奔驰了几个小时，归心似箭。欧石楠正在盛放，花粉在空气中闪烁。放眼望去，采矿的痕迹无处不在。在这北方大地上，数千年来人们一味索取——板岩、铅、铁、铜、铁矿石、银、煤、萤石。埋葬的痕迹亦比比皆是。数千年来人们同样在此掩埋逝者——中世纪的教堂墓园，新石器时代、青铜器时代和铁器时代的古坟。

黄昏时分，我已开到北奔宁山脉的石灰岩山谷。早晨轻柔的东风此刻已变得强劲。到了卢克霍普村，我停下车，步行大概一英里后，来到位于村落之上的一片荒野。

傍晚的阳光依然强烈，但因为这里海拔高，风仍是凉飕飕的。草尖在风中舞动，画出形如煤气灯一般的圆大光晕。西面的荒野上有四只低飞的茶隼，粗略地连成了一条线，它们逆着风，保持着优雅的姿态。我贪婪地吞食着灼目的光线与辽阔空间。我站上一个巨石堆顶，面朝东方，在风中微微倾斜身体，感受风之手托住我的胸膛，像是要让我飞起来，将我变成一只茶隼。

矿场之旅后，我觉得时间变得不一样了，它进一步加深、折叠。我对大自然的感知受到了扰动，也不一样了，变得更复杂。在东面的某个地方，一些人正在荒野下一英里深、海面下半英里深的地方工作，在消逝的古海洋留下的岩盐中挖掘地道，为地面上尚未生发的农作物开采肥料。"时间投影室"正在等待来自天鹅座的信号，等待它揭示关于一百三十八亿年前宇宙诞生的谜题。巨大的巷道迷宫正在慢慢关闭，巨蜥机器和福特"全顺"商用车正被封存在盐铸的坟墓里。与此同时，WIMP和中微子的粒子风正在穿透这一切。对那些粒子来说，我们的世界不过是一片薄雾。

"夜晚，守夜者们观察到，群星在地球下方环绕而过。"[10] 一千三百年前，比德（Bede）在《时间之思》（*The Reckoning of Time*）中这么写道。他计算出地球已经度过了六个时期，即将进入第七个。我想起十九世纪在奔宁峡谷地下工作的矿工们，他们沿着矿层，挖掘含有银、镁、铅、锌的金属矿石。方铅矿附着在裂隙的岩壁上，像镜子一样反射出明亮的光。还有一簇簇绽开的萤石，在紫外线灯光的照耀下闪烁着蓝色。偶尔还能碰到有一个房间那么大的晶洞，四周和洞顶都是水晶和金属。矿工的灯射出光，点燃了石英、霰石、白云石、萤石、黄铁矿和方铅矿，仿佛闯进了一个埋在地壳下的装满星星的房间。[11]

一轮满月渐渐升上来，天空泛着暗红与蓝黑，荒野沉入棕黄与银白，突然间，这山谷好像已脱离这个星球。

第一颗星出现了，其他星子也陆续闪烁着进入视野。我从巨石堆上下来，准备下山。一只云雀突然从身旁一码处腾空而起，让我一惊。我把手放在它飞走的地方，鸟儿的体温还没被凉夜偷走，就这样留在我手心。云雀飞入云霄，鸣声清澈，余音不绝。

≒ ≒

漫漫长夜，我一时驰骋在高高的荒野，一时下到海岸平原，车灯扫过路旁的欧石楠，又沿着坡道指向天空。终于，午夜过后我到达山脚下的一座房子。到家了。天空繁星闪烁。

轻轻走进房间，我的小儿子威尔正在酣睡。月光从薄薄的窗帘后透进来，将我的影子投在地板上。

我站在威尔旁边，他躺在那里，如此宁静。突然，一丝不安掠过心头，我听到自己的心脏突突跳了起来。我伸手凑近他的嘴，试探鼻息，在黑暗中寻找生命的证据。

没有，没有呼吸，没有呼吸——啊，有了，一丝温热的气息轻轻拂过我的皮肤。我将指背贴着他的脸颊，停了几秒，感受着他的身体。

还在吗，我的宝贝？

呼吸。

再次呼吸。

我的心跳慢慢平复。星光把威尔皮肤上的绒毛染成了银色。一切都闪耀着光彩。

# 下层林木

## （伦敦，艾坪森林）

如果足够幸运，我们一生中会有那么一两次，偶然与某种强大的事物相遇，让人感到地动山摇。

我第一次听说"木维网"（wood wide web）这个词是在十多年前。那时我正强忍着泪水，陪在一位将不久于人世的挚友身边。他还年轻，离别过于匆匆。那是我们的最后一面，药物和疼痛令他看上去很疲惫。我们坐在一起聊天。这位朋友祖辈的姓氏是"伍德"（Wood），树。他熟悉森林，住在自己亲手修建的木屋里，这些年来他种下了几千棵树。他的一生、他的思考都与树有关。"我血管里流的是树木的汁液。"他曾写道。

那天，我读了一首对我们都很重要的诗，罗伯特·弗罗斯特（Robert Frost）的《桦树》（*Birches*）。在那首诗里，爬上桦树雪白的树干，既代表对死亡的接纳，又代表对生命的赞颂。后来，他告诉我最近读到一项研究，关于树木之间的联结：如果林子中的一棵树生了病，其他树会通过土壤中彼此相连的根系网络向它输送养分，有时能将一棵病树救活。我的朋友心胸豁达，虽已是垂死之人，他讲到这种治疗现象时并未露出任何羡慕之情。

至于那样的过程具体是如何发生的——树木如何在土壤里彼此伸展，互相帮助，朋友实在没有力气告诉我更多细节。可我无法忘记那画面：一个神秘的地下网络，将一棵棵树连成一片。它在我的心中生根发芽。这些年来，我又好几次听说了这个令人惊叹的概念，慢慢地，那些零星、散乱的念头连到一起，形成了某种理解。

≒ ≒

二十世纪九十年代初，一位来自加拿大、名叫苏珊娜·西马德（Suzanne Simard）的年轻森林生态学家，在研究加拿大不列颠哥伦比亚省西北部温带采伐森林的下层林木时，观察到了一个奇怪的现象。在对花旗松种植林进行皆伐和重新种植时，要除掉间杂其中的纸皮桦树苗，可一旦如此，新种植的花旗松树苗也会慢慢枯萎、死亡。

林木工人一直以为除掉纸皮桦（"杂草"）是必要的，因为它会跟花旗松（"作物"）抢夺土壤中的养分。可西马德猜测，设想中的这种单纯竞争模型未必正确。在她看来，纸皮桦似乎不是在阻碍，而是在帮助花旗松生长，一旦被铲除，花旗松也会跟着遭殃。如果同一片森林，不同树种之间确实存在互助现象，这背后的原理是什么呢？一棵独立的树，又是怎样跨越树与树之间的空隙，向另一棵树施以援助呢？

西马德决定解开这个谜题。她的第一项任务是搞清楚树木之间的联系究竟是以怎样的结构基础存在的。利用显微镜和基因技术，她和她的同事们剥开森林的表层,窥视下层林木,去探查土壤的"黑盒子"——这在生物学界是一个著名的难题。在那儿他们发现了极其细微的线索——菌丝,即真菌散布在土壤中的细丝。菌丝交错联结,形成复杂且庞大的网络,令人震惊。据西马德检测,每立方米的森林土壤里含有几十英里长的菌丝。

几百年来,人们一直以为真菌对植物有害,是导致植物生病或功能失调的寄生物。然而,西马德的研究让人们慢慢认识到,一些常见的真菌和植物可能存在某种微妙的互利共生关系。那些所谓"菌根真菌"的菌丝不仅能渗入土壤,还能在细胞层面上与植物的根结合,如此便创造了一个交互界面,使分子输送成为可能。这样的交织也让不同植物和树木的根系,通过一个极其精巧的地下系统联结在了一起。

西马德的研究证实,在森林的表层土之下确实有一个她称为"地下社会网络"[1]的存在,这个"热热闹闹的各类菌根真菌大集体"让树苗间彼此联系。她还发现,不光是纸皮桦和纸皮桦、花旗松和花旗松,菌丝还能联结不同物种,纸皮桦和花旗松,以及更多其他的植物互相联结,组成一个跨物种的无等级网络。

西马德确定树苗之间存在着联结结构,但菌丝网络只是共生的手段,其存在本身依然无法解释为什么除掉纸皮桦,花旗松也会枯萎,以及这个协同系统中传输的物质究竟是什么。于是西马德和她的团队设计了一个实验,跟踪这看不见的网络中的生物化学活动。他们为花旗松注入放射性碳同位素,然后利用质谱仪和闪烁计数器来追踪树木间的碳同位素流向。

结果令人惊叹。碳同位素没有停留在被注入的树中,而是通过树的维管系统移动到了根尖,再转移到与根尖交织的真菌菌丝。一进入菌丝，碳同位素就会沿着网络到达另一棵树的根尖，进入这棵树的维管系统。在这个过程中，真菌会提取并代谢掉一些随菌丝一同移动的光合作用产物，这是它们维系这个共生系统获得的收益。

这就是植物之间借助菌根网络交换资源的证据。碳同位素跟踪实验还展示了这种关系中令人意想不到的复杂性。在三十平方米的测试地上，每一棵树都与真菌系统相连，其中最老的一棵树与多达四十七棵树之间存在联结。实验也解开了纸皮桦和花旗松的共生之谜：花旗松从纸皮桦那里获取的光合碳量，比它输送出去的多，没了纸皮桦，花旗松获得的养分不增反减，因此便逐渐枯萎、早亡。

真菌和树木"将原本分离的彼此联结成了整体，创造出一片森林"[2]，西马德大胆地总结道。她提出，森林是一个"合作系统"，与其将树木视为争夺资源的单一个体，不如说它们会彼此"对话"，产生某种集体智慧，她称之为"森林智慧"。一些老一点的树甚至会"抚养"它们认为有"亲缘关系"的小树，就像"树妈妈"一样。[3] 西马德的研究颠覆了我们关于森林生态的整体观念——森林从激烈竞争的自由市场，变为社会主义的资源再分配体系。

一九九七年，西马德在《自然》（*Nature*）杂志上发表了基于这项研究的第一篇重要论文，从那以后，树木-真菌地下共生网络便有了一个广为流传的昵称："木维网"[4]。这篇论文也成为一项开创性研究，影响巨大，一整个分支研究领域随之发展起来。从此以后，关于地下生态的科学研究进入了蓬勃发展期，新的探测技术和绘图技术不断揭露出这个"社会网络"的更多细节。用西马德的话说："人们对木维网进行跟踪、监测、绘图，逐渐揭示出森林网络美丽的结构和微妙的语言。"[5]

在新一代的森林语言学家和绘图专家中,有一位年轻的植物科学家,名叫梅林·谢尔德雷克①——没错,这真的是他的名字。

≒≒

梅林和我并肩站在一片山毛榉萌生林里——我还是第一次见到这么大的山毛榉萌生林,更别说置身其中了。伐桩两端相距十码,这棵树大概已有四五百岁。

"我猜这棵树起码有五十年没有修剪过了。"我对梅林说。

根株上萌发的树枝,因为无人修剪,已长成了直立的树干。它们围绕树桩基部边缘呈放射状生长,中间是空的,足够容纳我们二人。我们在古树中心站了片刻,从这个由灰色树枝围成的笼子望向外面的艾坪森林,那景象很有意思。

这棵山毛榉底部有两根树枝长在了一起,枝干扭结,树皮相连,维管系统也彼此相通。树木只要活得足够久,便如同缓慢流动的液体,就像伯毕矿场黑暗地下的岩盐、门迪普地底的方解石,或者在表层土和基岩上一点点移动的冰川。只要给予充分的时间,活树似乎也可以流动。

"我听说这叫作'编结',"我一边轻轻拍着缠绕在一起的树枝,一边对梅林说,"在北威尔士,艺术家大卫·纳什(David Nash)在一片空地上种了一圈白蜡树,将树枝弯曲后,编织到一起。这样一来,树与树就不只是相邻生长,而是长到了一起,变成一个大小树枝共生共

---

① 在英格兰及威尔士神话中,有位传奇魔法师也叫梅林(Merlin),他法力强大且睿智,精通变形术,还能预知未来。

舞的'白蜡穹顶'。"

梅林说:"植物科学家也有一个术语来描述这个现象,我们称之为'接吻',全称是'树木接吻'。"他又笑了笑说:"也不太对,其实专业术语叫'接合'(inosculation),来自拉丁语'osculare'(亲吻)。'inosculation'的字面意思是'让其接吻'。这种现象可以在树木之间发生,也可以在不同物种间发生。"

我知道"接合"这个词,可此前并不知道它的词源。原本冷冰冰的专业术语因为这个解释突然多了几分热切的温暖,用来形容树与树的"亲吻"着实贴切。树枝彼此相拥,看不出哪里是起始,哪里是结束。我想起奥维德(Ovid)版本的《包喀斯和菲勒蒙》神话故事,这对年迈的夫妇化作交织的橡树和椴树,互相支持,分享养分,借助根系从大地汲取力量,再通过"拥吻"把这力量温柔地传递给对方。

"其实接合现象在地面下也会发生,"梅林说,"相较而言,树根的接合要比树枝更紧密,因为地下空间更为有限,树根的分布密度更高。在真菌网络中,这种情况就更加普遍了,甚至在完全不同的物种间也经常发生。"他边说边抚摸着两根树枝的编结处。

"两株真菌的菌丝合为一体,不再独立,包括遗传物质和细胞核在内的各种物质,在彼此间流动。这也是为什么讨论真菌的物种概念这么困难,甚至定义它究竟是什么都很困难,因为真菌繁殖时,内部也存在疯狂且杂乱的遗传物质传输,完全无法预测,我们对它的理解非常有限。"

在真菌学圈子里,梅林·谢尔德雷克是个很有趣的人。相处的几天里,我请教他的次数最多,那几天充实得像好几年一样。他为我打开了艾坪森林地下世界的大门,他告诉和展示给我的,彻底重塑了我的世界观,让我至今仍在消化和理解。

一九八七年十月十五日,英国遭受著名的"大风暴"袭击,梅林就出生于当晚。那一天,风力达到飓风级,时速一百二十英里,大货车被掀翻,轮船被迫返岸,更有一千五百万棵树木被连根拔起——在英格兰南部和法国北部,大片森林的地皮被整个翻了过来,露出树根连成的平面。梅林人生的第一天,是个"黑色星期五",随后道琼斯指数暴跌,引发了一场全球性的金融风暴,全世界数万亿财富灰飞烟灭。

梅林·谢尔德雷克降生时,确实没伴随什么吉兆。放到希腊神话中,他的命运一定会跟破坏、毁灭绑在一起,可是他被赋予了一个有魔力的名字,长大后也成了一个有魔力的人。梅林高瘦挺拔,举止端正,有一头深色卷发和一双热切的大眼睛,总是热情地咧嘴大笑。梅林也是个令人钦佩的科学家,获得了剑桥大学的植物学博士学位,身上还有种淡淡的类似文物研究者的气质,他拥有无穷的好奇心,不在乎学科的界限,有点像英雄时代的植物猎人。在我的印象中,他像是两个人的结合体——托马斯·布朗爵士和弗兰克·金登·沃德(*Frank Kingdon Ward*),后者因采集极具传奇色彩的喜马拉雅蓝罂粟(*Meconopsis betonicifolia*)而出名。

小时候,梅林并没有对生物界的巨型动物产生好奇,反而迷上了那些生活在低处的、隐秘的生命:地衣、苔藓和真菌。后来,他成为业余的少年科学家,学习着观察分辨墓碑、花岗岩巨石上的地衣种类,尝试理解真菌的地下建筑——地面上的蘑菇不过是短暂存在的果实,其下方则是长久且宏大的地下结构。

梅林曾对我说:"我童年时的超级英雄不是漫威人物,而是地衣和真菌。它们消除了性别的界限,重塑了我们关于集体与合作的观念,搅乱了我们的生物进化遗传模型，还彻底推翻了我们对时间的概念。地衣利用强酸将岩石化为尘土，真菌则在体外分泌大量极强的酶类物质来分解土壤。它们是世界上最庞大也最古老的有机体，是世界的创造者也是毁灭者。还有谁比它们更像超级英雄呢？"

⇌ ⇌

早晨，我和梅林从高地出发，一路向北，步行至艾坪森林。太阳一直在我们的右侧。

艾坪森林在英国伦敦的东北方向，并不属于自然林。十二世纪时，亨利二世首次将其指定为皇家狩猎森林，若有人在此偷猎，将被处以监禁甚至断肢等刑罚。现在，这里归属伦敦金融城公司管辖，辖区内设置了五十多条管理细则。当然，如今的惩罚多是罚款，不再涉及肢体伤害。这片森林处在环绕外伦敦的高速公路环线 M25 之内，数条小径穿林而过，林子最宽处不超过二点五英里。尽管面积不大，却很容易迷路——这里岔路丛生，一千年来一直是伦敦及周边人们避难、野合、逃跑，以及寻找古老"森林魔法"的场所。

小径中传来低吼。黄蜂搅动着落叶，嗡嗡低飞。秃鹰在头顶盘旋，呼啸。老萌生树久未修剪，新枝如九头蛇般伸展。一棵树横倒在地，树干上早已覆上了厚厚的苔藓。小小的橙色真菌从潮湿的缝隙中钻出来。在树木稀疏、阳光洒落的地方，几百株嫩绿的山毛榉幼苗从落叶堆中挤出来，每株都不过一英寸高。五只鹿出现在前方的冬青树丛中，随着它们在林中移动，树叶间漏下来的光斑在它们自身的斑点间跳落。

在林业学和森林生态学中，"下层林木"指树冠之下、土壤之上的生物：真菌、苔藓、地衣、灌木和树苗，它们在这个中间地带茁壮生长，彼此竞争。这个词还有一层隐喻，指彼此交织并不断发展的故事、历史、观念和词汇的总和，赋予了一片森林丰富多元的文化生命。

梅林说："我最感兴趣的是下层林木的下层。"他指了指周围的山毛榉、鹅耳枥和栗树。"所有这些树木和灌木，都在地面下互相连接。至于连接的方式，我们不仅看不到，甚至还未开始理解。"

梅林在剑桥学习自然科学时，了解过西马德关于木维网的那项开创性研究。他还读过 E. I. 纽曼（Edward I. Newman）一九八八年的经典论文《植物间菌根网络的运作及其生态学意义》（*Mycorrhizal Links between Plants: Their Functioning and Ecological Significance*），论文中，纽曼驳斥了"植物之间在生理学上彼此独立"的观点，提出可能存在一种将植物连接起来的菌丝网络。纽曼写道："如果这是种普遍现象，这将对整个生态系统的运作产生深远影响。"[6]

纽曼所说的意义确实非常深远，梅林为之着迷。梅林原本就非常热爱奇特的真菌世界，知道真菌可以将岩石变成碎砾，能在地上、地下灵活移动，可以横向繁殖，还能通过新陈代谢巧妙地分泌酸性物质，来分解、消化体外的食物。他知道它们的毒素是致命的，其中的化学物质能影响人的精神状态，产生幻觉。西马德和纽曼的研究更让他进一步了解到，真菌让植物彼此沟通。

梅林本科时师从传奇植物学家奥利弗·拉克姆（Oliver Rackham）。拉克姆的研究让我们对英国这片土地的植物史和文化史有了全新的理解。跟随拉克姆学习时，梅林发现最能引起他的学术兴趣的，恰好是传统生物进化理论中最薄弱的地方——对互利共生作用的认识。互利共生是共生关系的一种，指有机体之间相互依存、互惠互利的长久关系。

梅林说:"互利共生最令我着迷的一点是,根据基本的进化理论,这种关系应当非常不稳定,很快会沦为寄生关系。事实上,我们惊讶地发现,互利共生关系由来已久,稳定地持续了漫长的岁月。比如丝兰属植物和丝兰蛾,还有吸血鬼鱿鱼和能让它发光的细菌,它们之间的关系。"

"是啊,"我附和道,"发光的吸血鬼鱿鱼和细菌之间古老的共生关系。"

"终极的互利共生关系,发生在植物和菌根真菌之间。"梅林说。

彐 彐

"菌根"(mycorrhiza)一词源自希腊语"fungus"(真菌)和"root"(根),这个词的构成就意味着合作或纠缠。这让人联想到,语言也有一套自己的根和菌丝系统,通过这套下沉系统,意义得以交换、分享。

菌根真菌和它们所连接的植物之间的关系非常古老——大约已有四亿五千万年历史,主要是一种互利共生关系。以树木和真菌为例,真菌不含叶绿素,无法进行光合作用,于是它便从树木光合作用合成的葡萄糖中汲取碳。反过来,树木不能分泌生物酶,它则通过真菌从土壤中获取磷和氮。

不过,木维网的作用远远超出上述这种简单的交换。真菌网络还能在植物间进行资源分配。糖、氮、磷可以在一片森林的不同树木之间共享,一棵将死的树会将自己的养分通过网络散布出去,贡献给集体;一棵生病的树则能从邻居那里获取更多的资源支持。

更引人注目的是，这个网络还能让植物互相发出防御预警。若一棵树遭了蚜虫，它可以利用网络提醒附近的树在蚜虫来袭前提高自己的防御力。我们已知在地面上植物能依靠可扩散的激素进行类似交流，可这种通过空气传播的预警无法准确定向。而当通过真菌网络传递信息时，可以明确地定位输出方和接收方。对森林网络的日益了解，带来了更深刻的问题：物种的起点和终点在哪里？我们是否应该将森林理解为一个超级有机体？植物之间的"交换""分享"，甚至"友谊"，究竟意味着什么？以此类推，人类之间呢？

人类学家罗安清（Anna Tsing）将森林的地下网络比作一个"繁忙的社会空间"，数百万有机体在这里互相交流，"形成了跨物种的地下世界"。[7] 她在一篇题为《包容的艺术，或如何去爱一朵蘑菇》（*Arts of Inclusion, or How to Love a Mushroom*）的文章中写道："下次你穿过森林时，低头看看。你的脚下是一整座城市。"[8]

≒ ≒

我和梅林在森林中大约走了两个小时，来到艾坪森林最大的山毛榉截梢林。截梢的意思是剪去顶枝，让树长得更浓密，还能延长其寿命——实际上，这样能让它获得童话般的永生。在这片树林中，长长的树干往上伸展，渴望着太阳。透过密实的树叶落下的绿色阳光，像是一片大海，而我们在巨藻森林中游泳。

我们停下脚步，在地上躺了一会儿，不说话，只静静地看着枝条在微风中轻轻摇摆，阳光从我们头顶五十英尺或更高的地方交错着漏下来。在树梢伸展形成树冠的地方，我留意到树冠间的缝隙组成了一些图案。这个美丽的现象叫作"树冠羞避"（crown shyness），指森林中的树为尊重彼此的空间，树冠最外侧之间留有一条窄窄的缝隙。

躺在林间，尽管我提醒自己别陷入拟人论，可还是不由自主地去想象树之间温柔、慷慨、充满了爱的关系：那羞避的树冠对彼此空间的尊重，那编结交错的树枝如爱人般亲密拥吻，那看似遥远的树木凭借根脉和菌丝形成隐秘的联系。我想起路易·德·伯尔尼埃（Louis de Bernières）曾这样描写一段相偕到老的关系："我们的根在地下向着对方生长，当所有漂亮的花朵从我们的枝头落下，我们已合二为一，成为一棵树。"[9]作为一个拥有长久爱情的幸运儿，我明白那种彼此相向的生长和地面下的互相交织意味着什么。那些不需要再说的话语，那些有时会令人不安地倾向于沉默的无声交流，还有那些彼此分享的快乐和痛苦。我认为好的爱情会随着时间生根，而非腐朽。我身下那些交织的菌丝，通过土壤向外伸展、寻求融合。在我看来，这也是爱的一种形式。[10]

梅林站起来，走到树林中央，像在找什么东西。他弯下腰，拂去落叶和树枝，清出一块茶托大小的地面。我也起身，向他走去。他捏起一撮土，在指间摩挲。这些土不是被碾碎，而是被涂抹开——分解后的落叶形成了肥沃的黑色腐殖土。

他说："这就是我们研究真菌网络时遇到的问题，实验无法穿透土壤，总体来说真菌的菌丝非常细，肉眼不可见。这就是为什么我们花了这么长时间才确定木维网的存在，弄清它如何运作。"

树木体内有汁液在奔流，我们若有听诊器，贴着周围的桦树或山毛榉的树皮，就能听到汁液流过树干时发出的汩汩声和淅沥声。

梅林说："你可以通过根窗技术观察根系的生长，但没法看到真菌，它们太小了。也可以做地下激光扫描，不过对真菌网络来说还是太过粗糙。"

这再次提醒了我，在人类寻常的目光下，地下世界隐藏得多么深。即便如今拥有超视技术和检验方法，它依然对我们讳莫如深。仅仅几英尺厚的土壤，便足以保有惊人的秘密和巨量的储藏：生活于此的细菌总量占全世界生物总量的八分之一，更有四分之一有真菌血统。

"我们知道网络就在这里，"梅林说，"可要追踪它实在是太难了。所以我们必须找到关于这个迷宫的线索，用更聪明的办法探知它的路径。"

我在他身边跪下来。这小小一块地面上有几十只昆虫，其中大多数我都叫不上名字。发光的蜘蛛和红古铜色的甲虫在树叶上打架，一只土鳖虫蜷成小球，一条绿色的线虫在腐殖土里蠕动。

"真是生机勃勃啊。"我对梅林说。

"这还只是我们看得见的生命呢，"梅林说，"这些半腐烂的树叶的分解物质，还有这些腐烂的原木、树枝里面都有菌丝，菌根真菌就是这样形成的。它们的菌丝在一小片区域中密集生长——所有菌丝缠绕，纠结，融合，形成网络，这个网不仅把冬青树和冬青树连在一起，还有山毛榉，以及那边其他树木的树苗，就这样一层一层又一层，人的大脑根本算不过来！"

梅林说话时，一种诡异的感觉迅速掠过我的心头，好像世界将要不可逆转地将我包围。大地颤动，没过我的双脚、膝盖、皮肤。你的心要是再绿一点，你就会被我们的意义淹没……[11]我低头看去，恨不能让土壤变成透明，让我一睹那隐藏的建筑：上百万的真菌束分布在纠缠的树根间，密集如蛛网，其复杂和精密程度绝不亚于埋在城市下方的电缆和光纤。我曾听过一个描述真菌界的词——灰色王国,这个词在我脑中萦绕不去。它道出了真菌的奇特性——它挑战着我们对时间、空间和物种的惯常认知。

梅林说:"当你凝视网络时,网络也凝视着你。"

≒ ≒

在美国俄勒冈州蓝山的硬木森林地下,有一株蜜环菌,学名奥氏蜜环菌(*Armillaria solidipes*),其最宽处约二点五英里,占地面积约四平方英里①。蓝鲸之于这株蜜环菌,就像蚂蚁之于我们。它神秘莫测,是世界上已知的最大的有机体,同时也是最古老的有机体之一。美国林务局的科学家推测,这株蜜环菌的年龄在一千九百岁到八千六百五十岁之间。地面上,它形似蘑菇,菌柄白色,长有斑点,顶起褶皱的黄褐色菌盖。地面下才是它真正的本体,蜜环菌的根状菌索像黑色的鞋带,在地下蔓延,进而将菌丝触手伸向四周,一面寻找可以寄生的新宿主,一面寻找这片区域中有可能被融合的其他菌丝。

尽管一切生物学分类法都会慢慢瓦解,但真菌颠覆的是其中最根本性的范畴:对于整体和个体的认知、有机体的定义,以及进化或遗传的意义。它们还以奇怪的方式改变了时间,因为你很难说它是在哪里开始或结束的,以及何时出生或死亡。对真菌来说,我们这个充满了阳光和空气的世界反而是地下世界,它们不过是试探性地在这里或那里偶尔出现一下。

日本广岛遭原子弹袭击后,真菌是最先回到爆炸点附近的有机体。

---

① 1 平方英里约为 2.59 平方千米。

爆炸点就是蘑菇云升起的地方。广岛之后，蘑菇云的照片出现在各种媒体上，激起了新的全球恐慌。切尔诺贝利灾难发生后，在反应堆附近的混凝土废墟上，科学家惊讶地发现了细细的黑色菌丝，那里的辐射强度比正常环境要高出五百多倍。更令人吃惊的是，他们还发现因为电离辐射高，真菌反而更加活跃了：可以导致其他生物死亡的环境，却让真菌获益，它们以某种特殊手段应对辐射，从而增加了自己的生物量。[12] 美国生态学家正在研究气候变化会给美国的树木造成什么影响，他们也关注到，土壤真菌是衡量未来树木适应力的一个关键性指标。最新的研究表明，成熟完善的真菌网络能够帮助森林更快、更大范围地适应人类世的环境变化。[13]

"学习观察苔藓，更多的是倾听，而不是观看。"[14] 民族植物学者罗宾·沃尔·基默勒（Robin Wall Kimmerer）写道，"苔藓发出的邀请会留存一段时间，可那邀请恰好位于我们一般感知力的边缘。"[15] 理解真菌就更难了，需要人类目前还没有掌握的更高层次的感知和技术。不过，即便只是试着站在真菌的角度去思考问题，也非常有价值。它能让我们趋近自己认知之外的、更加有益的生活方式。

毫无疑问，解释真菌对世界的塑造作用时，正统的"西方"自然观显得力有不逮。不仅关于发展的历史叙事受到了质疑，历史这个概念本身也被重塑了。历史不再像是向前飞驰的箭矢或只在自己轨道里环绕的螺旋，更该被视为向四面八方蔓延的网络。同样，理解自然也越来越应当参考真菌的视角：它不是孤立的皑皑雪峰或滔滔江河，待我们从中获得救赎；也不是一个立体模型，供我们站在远处欣赏、凭吊；而是一团缠绕的乱麻，我们也是其中的一部分。我们逐渐意识到，自己的身体是数百个物种的栖居地，智人只是其中之一，细菌丛在我们体内茂盛生长，真菌在皮肤上勃然盛放。

我们中的大多数仍设想自己身处一种不断前进的历史中，但许多物种已投身更加复杂的时间进程里，也因此我们开始与自身相遇。当然，这种相遇并不总是令人舒服和愉悦。激进的生物学家林恩·马古利斯（Lynn Margulis）等人认为，人类并不是独立的存在，她提出了一个令人难忘的词，来描述这种彼此协作的复合生物体——"共生功能体"（holobionts）[16]。用环境哲学家格伦·阿尔布雷奇特（Glenn Albrecht）的话说，就是"亿万细菌、病毒和真菌为了共享同一个生命，协同互济，完成共同生活的任务"[17]而组成的生态单元。

不过，按照森林原住民的万物有灵论，这些都不是什么新鲜事。科学展示给梅林而梅林又展示给我的，是一片联结紧密、交流广泛的真菌森林；但对森林居民来说，这不过是为他们已掌握了几千年的知识，提供了一个唯物论证据基础。他们深信丛林或森林是有意识的，不断产生着丰富的联结和对话。"对生活在森林里的人来说，几乎每个树种都有它独特的声音和特征。"[18]托马斯·哈代（Thomas Hardy）在《绿林荫下》（Under the Greenwood Tree）中写道。在如今的阿拉斯加内陆森林里，生活着一个叫科育空的族群，人类学家理查德·尼尔森（Richard Nelson）形容他们"生活在一个充满注视的世界中，森林里到处都是眼睛。在大自然里活动，无论走到多么偏远且荒凉的地方，都不是独自一人。周围的环境有意识，有知觉，通人性。它们有感受。"[19]在这种充满生机的环境里，孤独被禁止了。

和梅林置身林中，我想起了基默勒、哈代和尼尔森。我突然对现代科学有点厌烦甚至愤怒，被其视为重大发现的东西，在原住民眼里不过是不言自明的常识。我想起厄休拉·勒古恩（Ursula Le Guin）的一部小说，背景设定在一个森林星球上，生活在森林里的"亚斯希人"，能通过树木发送信号，和远方的人互通消息。在殖民者为了掠夺资源来到亚斯希之前，这个星球上的思想都是和树连在一起的，"指代世界的词语是森林"[20]。

ヨヨ

在艾坪森林中步行四个小时后，森林施展出它惯用的伎俩：误导方向、发出回响、拒绝重复。好多次，我以为是原路返回，却发现进入了一片新区域，一片陌生的丛林。我们的脚步踏起了真菌在上个秋天散布的看不见的孢子，将它们吸入肺中。向北走得太远，竟出了森林，撞上 M25 高速，越过铁丝网，我和梅林来到一处空地，看上去像是私人领地。严格来说，我们并没有迷路，但我们想知道森林从何处能再次开阔起来。

于是我拿起手机，利用卫星网络调出森林地图。我的手机由六十三种不同的化学成分组构而成，包括稀土金属和一些主要产自中国的矿物。闪动的蓝点标示出我们的位置。我伸出手指在屏幕上缩放地图，调到合适的比例。地图显示，这片闪耀着绿意的森林向西南方延伸，这便是我们要去的方向——穿过繁忙的公路，走进树林深处，汽车的噪音渐渐几不可闻。

我们在林中一处干燥的高地上停下来，吃点东西，喝点水。坐在蛇一般盘曲缠绕的松根间，四下围绕着松树、榉树和冬青的下层林木，我跟梅林聊起了伯毕矿场——暗物质实验室、岩盐地道、开采工作面的工人，还有那些发送探测器的地质学家，他们沿开采工作面往下，在黑暗中探索。

梅林说:"真菌和他们的工作方式很像,总是在寻找资源最多最好的地方,并向那儿推进。它们不断扩张,如果找到相对富饶的区域,就从贫瘠的地方撤出,集中力量在新领地发展。"他用我的本子和笔画出典型的菌丝结构图:一个呈扇形伸展的图形,只有新芽和分支,很难分辨哪里是原始的主干。

博士二年级时,梅林去到中美洲丛林做田野调查。那地方在巴拿马运河的人工湖——加通湖上的巴罗科罗拉多岛。

"我当时踌躇满志,一心想离开分子生物实验室,到丛林里来。在实验室里,那些微小世界几乎尽在掌握,你就像是巨人玩偶大师,指挥研究对象跟随你的旋律起舞。可在野外,反倒是你进入了研究对象的内部,权力关系完全不一样了。"

在岛上,梅林加入了由田野生物学家组成的科研团队,所有人都要随着丛林的旋律起舞。他的督导是一位须发灰白的进化生物学家,名叫小埃格伯特·贾尔斯·利(Egbert Giles Leigh Jr.),他就住在基地,书房里摆满了一排排的书,他便在这里接待新人。他的留声机总放着贝多芬,喜欢喝纯威士忌,不加冰,不加别的东西。这位亲切的库尔茨[①],是这岛上的档案库和监督员。

岛上进行的某些科学研究,从方法论上来说,有很高的风险。曾经有位年轻的美国科学家在这里从事一项研究,梅林称其为"醉猴猜想"。她的计划是在猴子吃了发酵果实后收集它们的尿液,检测其中的毒素水平。问题是猴子一般从高树上往下撒尿,于是她自制了一个大口径漏斗去接高处落下的尿液。

---

① 约瑟夫·康拉德(Joseph Conrad)的小说《黑暗的心》(*Heart of Darkness*)中的主人公之一。

"我确认一下,就是说她让喝醉的猴子从树冠往下尿到漏斗里?"

"没错,这个工作非常辛苦。而且可以说,她看起来根本不像是做这种研究的人。"

还有一个人,绰号"黄蜂男",他的工作是抓黄蜂,然后在黄蜂的腹部粘上无线电追踪器,借此绘制它们的采食、授粉路线图。

"不过黄蜂腹部多毛,空气又很湿润,追踪器很难粘牢。他抓住黄蜂后要先剃掉腹部的一小片绒毛,才能让追踪器粘得更紧。"

还有一个叫"闪电男"的,研究闪电对地下生态的影响。他的工作是把连着铜线的十字弓箭射向暴风云,将闪电引到特定区域。

"听起来像是个狂欢节。"我说。

"基本上,你很快就会发现,如果实验设计得不够好,丛林就会搞砸它。"

在岛上的第二季,梅林开始对菌异养植物感兴趣。这种植物缺乏绿叶素,无法进行光合作用,完全依靠真菌网络来摄取碳。它们有些呈白色,有些是淡紫色或紫罗兰色。

梅林解释道:"这些小幽灵不知是如何植入真菌网络的,它们从中获取一切,却没有付出任何代价,起码不是以常见的方式来回馈。菌异养植物的存在不符合共生的常规法则,可我们也不能证明它们就是寄生生物。你可以把它们想象成木维网中的黑客。"

梅林专注于研究一种被称为"幽灵植物"(*Voyria*)的菌异养植物,龙胆属,它的花像浅紫色的星星一样,开满了巴罗科罗拉多岛的丛林。梅林跟当地村民合作,对土壤进行了一系列细致的检查,为数百种绿色植物和这种幽灵植物的根取样并进行 DNA 测序,帮助他确认哪些真菌和哪些植物发生了联结,接下来便可以绘制出丛林社会网络的详细地图。这是史无前例的。

"我只是偶然发现了它的重要性,"他说,"一天,我正在四处找寻别的东西,但我突然意识到减少磷的投放后,它们几乎要从那一小片试验田里消失了。突破就从这儿开始了。科学就是这样:充满了偶然和错误,不论在野外还是实验室,让人筋疲力尽却又神魂颠倒。科学总以干净整洁来呈现其知识,每每让我觉得怪诞。"

远处一只绿啄木鸟在笃笃啄食。

梅林说:"我有个计划,每发表一篇正式的科学论文,我就写一篇关于它的黑暗故事,它的地下镜像。我要写出那些冷静、整洁的论文背后的真正故事,在满篇的假说、证明和检验之外,数据实际上是怎么来的。我还要讲讲那些意外事件,被剃毛的黄蜂、撒尿的猴子,还有酒后的醉谈和操蛋事儿,实际上就是这些东西带来了科学。这个轻浮、疯狂的网络,支撑并联结了所有科学知识,而我们却几乎不怎么谈论它。"

≒ ≒

那天晚些时候,我们来到森林里一个小湖边,一圈倾斜的泥坡围住浅浅的湖水。

树影中,游鱼细细地饮水,黑水鸡吵个不停,湖床上咕嘟嘟冒着气泡。梅林和我面向太阳坐下来,享受着阳光的温暖。

两个遛狗的人朝我们走来,满怀期特地问:"你们知道游客中心在哪吗?我们迷路了。"

"不知道,我们也迷路了。"我欣然答道。

交换了彼此的猜测，又分享了信息后，他们便离开了。

静静地坐在湖边，沐浴在阳光中，我回顾着为理解木维网的意义的一路探寻。梅林告诉我两个解释模型："社会主义"模型和"自由市场"模型，它们都把对人类政治领域的认知塞进了一门超越人类的科学中。根据"自由市场"模型，充满了内在联系的森林应被视为一个竞争系统，系统内所有成员都在成本－收益的框架内，它们为了个人利益行动，通过"奖惩机制"规范彼此。相比之下，根据"社会主义"模型，树木之间彼此关照，通过真菌网络分享资源，情况较好的树会扶持那些条件差一些的树。

我问梅林，选择不同解释模型是否会对菌根研究产生特定影响。在我看来，这不仅关系到自然的联系，还事关联系的本质。

"你说得一点不错。在我的研究领域，对话语的选择确实很大程度上影响了研究走向。举个例子，'奖惩机制'并不只是一种话术，而是菌根研究的核心技术概念。隐喻对学术有驱动作用。我就看到过像《共同贸易条约之下的不平等货物交换》这样的论文标题。"

"这听起来倒像是安·兰德智库（Ayn Rand Think Tank）[①]的文章。"我说。

"是啊，太糟糕了。从政治上说，相比之下，我更不喜欢自由市场的比喻。为什么要预设真菌、植物会模仿十八世纪有限责任公司刚出现时的人类经济行为呢？太奇怪了。这也是为什么我特别喜欢幽灵植物的原因之一。它要求你在思考植物的时候，必须超越成本－收益的分析框架。

---

[①] 该智库旨在推广和研究客观主义哲学思想，俄裔美国作家、哲学家安·兰德（Ayn Rand）正是客观主义哲学的开创者。

"但把真菌活动理解成社会主义式分享和照顾,对这种美好愿景,我也很是怀疑。以玫瑰色的乐观视角,将树看作护士,每一棵树都照顾着另一棵。'树妈妈'能认出它的后代,与之交谈。'受伤的树'在死前会将它的养分无私地分享给邻居。"

"我对这两种故事都很厌烦,"离开小湖时梅林说,"森林的复杂性远超我们的想象。树木不仅制造氧气,还制造意义。对我来说,在森林中行走,就像进入了一部穿越时空的神秘剧,扮演了个小角色。"

"也许我们需要一种新的语言来理解森林的地下世界。这种语言不会自行迎合人类的实用价值观。我们现在的语法是违背生命性的。我们的比喻天然地反映出从属关系,把人以外的世界人格化。我们需要一套全新的语言系统来谈论真菌……我们得用孢子的语言来说话。"

"是啊。"梅林一手握拳,砸进另一只手掌中,语气迫切,令我有些意外。"我们确实应该这样。而这正是你们的工作——作家、艺术家、诗人,还有你们中的其他人。"

ㄣㄣ

帕塔瓦米族是生活在美国大平原地区的原住民,他们的语言中有个词叫"puhpowee",可以翻译为"令蘑菇一夜之间破土而出的力量"。罗宾·沃尔·基默勒写道:"在西方科学所有的术语中,没有一个近似的词来表述这谜题。"[21]

基默勒本人就是帕塔瓦米族。用她的话来说,她的植物学语"很流畅",同时她也非常严谨地将之与"植物的语言"区别开。前者指的是我们谈论植物所惯用的语言,后者则是植物所说的语言。基默勒认可植物学词汇的精确，这种语言对"眼睛所视加以雕琢"[22]，但她也认为在那精巧的表面下有些东西遗失了，还需要另一种客观的、有距离感的语言。那遗失的东西主要是对人类世界之外的生命的认可，我们对此的漠然已烙在语言中，不仅体现在词汇里，更深深地嵌入语法。

相反，在帕塔瓦米语里，几乎所有词都会表明所指之物的生命性或非生命性。这种语言在基础设定中考虑了生命的相异性，而且它对生命类别的定义，远远超过西方思维中大众熟悉的界限。在帕塔瓦米语里，不仅仅人类、动物、树木是活的，山、石、风、火都是活的。故事、歌曲、节奏都有生命，它们有形态，它们存在。这种语言百分之七十的词汇都是动词，异常丰富，而英语中动词只占百分之三十。举例来说，"wiikwegamaa"的意思是"作为一个河湾"。基默勒写道：

> 只有当河水"死亡"后才会被称为"河湾"，它被岸所困，被词语囚禁，成了一个名词。而作为动词，水便从束缚中解放，活了下来。"作为一个河湾"隐含着一种奇妙的意义，即活水决定借周围的岸稍作停留，和雪松的根以及一群小秋沙鸭聊聊天。

像基默勒一样，我也希望有一种语言能够承认并且加强世界的生命性，"松柏、五子雀、蘑菇，它们那跳跃的生命，就在我们身边"[23]。像基默勒一样，我偏爱用尊重的态度、灵活的表达，传递出异于寻常的存在和体验的话语。像基默勒一样，我相信我们现在需要一种"生命性语法"[24]。我们的语言有种现代性倾向，习惯将生命性视为异常。这种语言被诗人 J. H. 普林（Jeremy Halvard Prynne）称为"哺乳动物语言"[25]，他的意思是，这是人类使用的语言，语法中深深镌刻着意图、媒介和肌肉力量。

语言真正的地下世界，不是单个词的词根，而是作为土壤的语法，语言习惯乃至思维习惯扎根其中，长期相互作用。语法深刻影响着语言及其使用者，塑造着我们和他人以及世界的关系。字词是世界创造者，语言是人类世最强大的地质力量之一。

近来，世界各地不约而同地发起了一些项目，人们试图从最基础的词汇开始，收集描述人类世的生命与死亡经验的词汇。这些项目本意是尝试形容我们的所作所为，结果却产生一个丑陋时代的诸多丑陋新词："地质创伤"[26]"行星性焦虑"[27]"叶端愧疚"[28]。这些词像无用的唯名论，完全过度的指代和命名，如鲠在喉，既咽不下去，也吐不出来。

这些新词里，只有一个让我有些共鸣："物种孤独"[29]，形容驱逐原本与我们共享地球的其他生命后，我们面临的巨大孤独感。如果说我们能从木维网中获得什么启示，那一定是，朝着动荡不安的未来前进时，可以拯救我们的只有合作——互利，共生。物种之间应该拥有共同决策权，非人类的族群也需要被尊重。

当你凝视网络时，网络也凝视着你……

在描写菌根真菌时，阿尔布雷奇特提出，我们应该将人类世改名为"共生世"，它拥有一种新的社会组织形式——"效仿以木维网为代表的生命系统，依靠人类智慧实现互利共生的生存形式和过程"[30]。

指代世界的词语是森林。

≒ ≒

那晚，我们在森林深处俗称"友谊坡"的高地落脚过夜。那儿远离公路，附近有铁器时代的土木工事，还有一片古老的山毛榉截梢林。我们挖了一个浅浅的火坑，把死去的桦树树干拖来当座椅，用少量树枝和树叶点起一小团篝火。这样其实违反了艾坪森林管理细则，我们向伦敦金融城公司小声道了几句歉。

梅林打开他的帆布背包，拿出个小瓶子，里面装着某种绿色的液体。他摇了一摇。

"古柯叶汁，自制的。在森林里走了一天，喝这个最提神了。"

他又把手伸到包里，掏出另一个瓶子。

"自制蜂蜜酒。"

接着是第三个瓶子。

"自制苹果酒。"

棕色的玻璃瓶上贴着白色标签，上面写着"万有引力"。

"这是我用剑桥那棵牛顿苹果树上落下来的苹果酿的。要接近那棵树可是非常难的。它在三一学院里头，安保严得很，得在夜色掩护下去偷果子。要是带了我第一批做成的酒就好了。那些苹果是我从达尔文故居的果园里偷的，你肯定能猜到那批酒瓶的标签上写的是什么。"

"进化。"

"满分。"

树影中陆续有人走来，他们分别是我和梅林的朋友，还有朋友的朋友，是我们通过短信、电话和社交网络邀请来的。他们根据 GPS 定位找到了我们。有一人带了口琴，两人带了吉他，梅林的弟弟还拿了两副骨头和一小套手鼓。

飞蛾围着火焰跳舞，卫星在头顶闪烁，飞机着陆灯的红光在彼此羞避的树冠间一清二楚。我有种强烈的感觉，森林正从四面八方向我们围拢。

我喝着梅林的古柯叶汁，头脑瞬间清醒。火焰施展魔力，让大家讲起故事，带来欢歌笑语。我们与老友叙旧，结交新朋，不断交谈，在火光照耀的森林中汇聚成临时社群。我给朋友们看那骨雕猫头鹰和铜匣子，向他们解释这两件东西的原委，以及物品主人托付给我的事。我和梅林讲了一些白天的经历，梅林像罗安清一样提到，土地就像一座城市，它位于我们脚下，无数的物种和物质在其中互通有无，十分繁忙。

一个绰号"人手猫头鹰"的年轻人双手做杯状，演奏起蓝草音乐①，发出呼喝之声。大家唱了很多首民间歌曲——《九磅锤》(*Nine-Pound Hammer*)、《七个喝醉的夜晚》(*Seven Drunken Nights*)、《棕色鲑鱼布鲁斯》(*Brown Trout Blues*)——接力传唱副歌部分，轮完一圈再传回来。梅林和着每首歌的节奏，将骨头当成乐器来演奏。夜晚很凉，篝火很暖。

鼓声、歌谣、故事。树木摇晃，交谈，传递着我听不见的意义。真菌在桦树树干和土壤中扭动。

我背靠着一段桦树树干坐着，脚伸向篝火，旁边坐着塔拉。塔拉是希腊人，很高，讲起话来很温柔。她是歌手，在地中海的小岛上长大，教她唱歌的人是一个俄罗斯流亡者，历史的潮水把他冲到岛上来。她告诉我难民危机带来的影响：岛上为安置难民建起了一系列救助网络，但也有些居民认为这场危机会威胁他们的生活，提出抗议。

"有段时间你甚至能看见溺水者，或被冲到岸上的人，他们身上一无所有。没办法，你只能全心全意帮助他们。那并不完全出于善心，

---

① 美国传统乡村音乐。——译注

而是因为没有其他的选择,从这个角度说,一切都没那么高尚。"

后来,塔拉唱了一首故乡的悲歌,引人心碎。火焰渐弱,变成摇摇晃晃的小火苗。

我太累了,等不及火堆烧尽,就走到林中,想找个地方睡下。回头看去,只见橙色的光把阴影投在周围的树干上。接着,火光越来越小,最终消失在森林的黑暗中。

我来到了一片山毛榉截梢林中,其下是一处史前工事。在一棵树下,孩子们用树枝和木棍架在一根较低的树枝上,搭了个简易木头帐篷,恰好容我进去睡一觉。这样的邀请实难拒绝,于是我爬进帐篷里躺下,透过缝隙,可以看见树枝、星星和卫星。我忽然有种强烈的被包围的感觉,包围我的那些东西彼此间隐秘地联结,却又可以被明确地感知,就像透过厚厚的纱去观察事物。那种感受立即给我带来了安慰,也让我觉得孤单。

猫头鹰呜呜地鸣,狗汪汪地吠。那片空地上,篝火暗了,歌声停了。森林的树冠在我头顶伸展,在夜风中细语。有些话你要听一听……入睡时,我的思绪跟随着它,从树叶到树枝,从树枝到树干,从树干到树根,然后延伸到遍布地下的真菌网络。

## 第二间石室

在老白蜡树开裂树干下的迷宫里,还有一条路。

这条流水冲刷形成的裂隙,蜿蜒深入地下,一弯接着一弯,像布抖开时一条褶皱带出下一条。裂隙越来越深,也越来越窄,侧壁收缩,顶部下沉,就在裂隙缩到几乎无路可走时,眼前豁然开朗,一个石室出现了。

洞壁反射着声响,回声阵阵;光线几经折转,忽明忽暗。光照到的石头上露出许多关于地下世界的图画,让石头有了生命。这些场景描述了隐匿、埋藏和寻找——它们本来分布在不同的时空中,却又因奇异的回响联系在了一起。

一千年前,有位艺术家在石壁上画了幅画,作为某位君主的礼拜月历的一部分。画面上,一座高山从沙漠中拔地而起,天空中有闪闪发光的金叶子，山上的岩石呈灰蓝色，山坡上有两棵柏树和一棵橡树。艺术家没有画另一侧山坡，好让山里面的情形显露出来。在山的内部，七个人在睡觉，岩石包围着、保护着他们。他们穿着灰色、红色、蓝色、黄褐色和紫色的宽松袍子，紧挨着躺在一起，有些人赤着足，有些人穿着鞋。从姿势能感受到温馨的兄弟情谊，比如其中一人把手搭在了另一人的额头上。他们是"以弗所长眠七圣"，阿拉伯语是"ashāb al kahf"，意为"洞中人"。他们的故事在基督教和伊斯兰教传说中出现了很多次，《古兰经》中有，《罗马殉道圣人录》中也有。这几个年轻人为了躲避宗教迫害，逃出以弗所城，从一个洞穴口走进山的深处。在夜晚的洞穴里，他们因逃亡而筋疲力尽，就这样躺下睡着了。这一睡就是三百年，当他们醒来时，危险已经解除。

　　古老的板岩，冰冷的冻雨。灰色的空气，灰色的石头。山楂树灌木蜷伏在低处。一棵孤立的冬青，果实正在变红。在一个位于山腹空洞处的板岩采石场里，寒冬潜入了这座海拔两千英尺的高山。这里的工作残忍且高危。长期以来，采石工死于爆炸、跌落，切石工则死于肺病。每个周末，工人们从家里步行到此，沿着用白色石头标记的路进山。他们一起睡在冷风穿堂而过的营房里，两人一床，蜷缩取暖，为此他们还得付钱给采石场老板。有些晚上，工人们会一块儿唱圣歌。两百年来几乎一直如此——权力和苦难失衡。不过,如今采石场发生了一些怪事。政府部门派人买下这座山中的五个山洞,改造成贵重物品储藏室。这些山洞里建起了小小的砖房,里面还装了空气和温度调控装置。古老的采石路上,一辆辆货车驶来,里面载着几百件大而薄的包裹——都是名画。克劳德·洛兰(Claude Lorrain)的《大卫在亚杜兰洞》(*Landscape with David at the Cave of Adullam*)、皮翁博(Sebastiano del Piombo)的《拉撒路的复活》(*Raising of Lazarus*)、十一英尺高的凡·代克(Anthony van Dyck)作品《查尔斯一世在马上》(*Charles I Mounted on a Horse*),还有庚斯勃罗(Thomas Gainsborough)、荷加斯(William Hogarth)、康斯太勃尔(John Constable)、特纳(William Turner)和莫奈(Claude Monet)的作品。所有画作都在武装护卫下,从伦敦的英国国家画廊运到威尔士这座空心山中,存放在三百英尺下的这些砖房里,砖房之上是有着四亿年历史的坚固板岩。若应对纳粹德国空军的空袭,这里无疑是最安全的地方。

核恐惧令全世界战栗。"古巴导弹危机"仅仅过去一周,在闪光灯和欢呼的人群中,一个人走进了英国约克郡的尼德山谷["尼德"(nidder)是"下方"(nether)这个词的变体,做动词时意为降低、压制]附近的一处石灰岩缝隙。裂缝通往尚未全面勘探的复杂岩洞系统。这个人要研究的是,长期的黑暗及时间感的丧失，会对人的身心产生什么影响。他打算身体力行，向英国人民证明，"一旦发生核战争，我们要躲到洞穴里去，只需要穿得暖和些，多带些食物就可以。"[1]他相信，人们可以在地下等到地上的辐射消散，一切安全之后再出去。他在一块钟乳石边支起了帐篷。起初，他打算在地下住一百天，但由于感觉不到日夜变换，他的昼夜节律被打乱，生活节奏变成了按需而行——困了便睡，而睡眠时长较短。一百零五天后，他回到地面，发现世界并没有被核武器毁灭。

掀开一顶被子弹打得破破烂烂的白色塑料帐篷，沙土地面上是一口已经挖好的竖井。井口垂直向下五十英尺处，连接了一条九百英尺长、仅一人高的地下通道，地道那端，又有一个相似的竖井通向地面，井口也用一顶帐篷遮住。两口竖井间，隔着国境线。这条地下通道是非法的，用来绕开对边境货物流动的惩戒性封锁。边境线下，类似的地道有几百条，食物、衣服、五金器具、人、牲畜还有武器，都从这儿偷运出去。边境线上时常燃起战火，每一次，战斗机都会对准地道投下一吨炸药，摧毁地下的一切。不过，这些地道建造成本低、维修易、收益高——还为封锁在国境线后的人们带来了生机。尽管每年都有挖井的人被堵死或炸死在里面，该挖的地道还是要挖。

一个夏日，在爱尔兰西部的康尼马拉，一个女人走进了海湾，脚踩在光滑的石头上，轻车熟路。她是位艺术家，关注人类心灵中那些暗不可见的部分,那里正是现实和神秘强力交融之地。在水中,她一向自在,所以每天都要去海里游泳——有时候从岸边径直游半英里,有时游到海湾北边的海蚀洞里去。她还会闭气下潜到海湾的海床上,用随身带的沙丁鱼作饵,将海鳗从岩石中的巢穴里引诱出来。这是一种力量强大的生物,有些海鳗的身长跟她的身高差不多,它们像蛇一样游出洞穴,来吃她的沙丁鱼。有些甚至允许她靠近抚摸。同这些奇异的生物在它们的生活空间中相处,对她的艺术来说很重要:这是与地下的事物对抗,与恐惧为友。她想起维特根斯坦(Ludwig Wittgenstein)的话:"只有在黑暗中我才能清晰思考,而在这里,我找到了欧洲最后的黑暗之池……"[2] 为了完成他最艰深的哲学思考,维特根斯坦也曾在这片海岸生活。

在北极的某个岛屿上,有座依山而建的混凝土建筑,上有一道门。这个入口的顶部时常发出奇异的绿光——是个棱镜装置,折射着极地夜空的北极光。世界将于火焰中终结的预言已经消散,如今的末世论已不再是场毁灭一切的大动乱,而是持续的崩坏。世界末日就在这里,就在现在,就在四面八方,无法再推迟。沉重的大门通向一个由波纹金属材质建成的斜坡道,延伸至远高于海平面的山腹深处。这是个末日密室,人们建造它就是为了让它留存万世,直到地球终结。这个冰雪覆盖的末日密室,建在岛上的石灰岩中,并不供人居住,而是用来储存种子。九千万粒种子，八十六万种作物，光稻米就有十二万个不同品种。还有南瓜、苫蓿、高粱、木豆、谷子，以及有着一千多年历史的史上最早期的黎凡特小麦品种。这座山的表面没有树木，只有少量的苔藓和地衣。种子库内的墙壁上，冰花绽放。这些处于极寒环境中的生命已经休眠，静待时机。

土耳其安纳托利亚高原上，三千万年前火山爆发遗留的灰烬形成了连绵起伏的地貌，主要是熔岩锥和熔岩滴丘。一个男人正在重建他的房子。他决定拆掉紧挨着凝灰岩基岩的一堵墙，而后竟发现，墙后有间石室。石室连着一条通道，通向一座地下城市。这座城市有十八层，垂直深度超过三百英尺，可供两万人居住。这里有存放食物、水、酒和油的储藏室，也有卧室、公共空间、厨房和墓室。关键位置设有可移动的石门，一旦遭到袭击，关闭石门便可将不同区域隔离开。整个空间有几十个通风竖井保证空气的流通，还有上千条横向通风管道，空气可以流换到不同房间里。地下城中心还有一条河穿过。

这个男人觉得自己走进了寓言故事。这座被发现的城市就是代林库尤，意为"深井"。公元前四世纪左右开始建城。一千多年以来，它成为遭迫害的少数派的避难所，他们藏身于此，等待危机解除。城市边缘的一个房间里，有一条五英里长的通道，连接着另一个类似的地下城，那座城市规模更大。这个男人误打误撞，进入了一座看不见的城市——不，是一个看不见的城市网。或许，类似的地方还有一百多个，只不过尚未被发现。它们在地面之下，如被遗忘般静静地沉睡着。

Part 2

第二部分

# 隐匿

- 欧洲 -

## 看不见的城市

### （法国，巴黎）

地图共十六页，大页纸①规格，一页页平铺开来约有十平方英尺②。我有幸得到了这张地图，前提是不能转借他人。我见过很多奇怪的地图，可这一张跟我以前见过的所有地图都不一样。地上城市用很淡的银灰色墨水仔细描绘了出来。若只看银灰色的线条，那轮廓就像座幽灵建筑：住宅区和使馆区，公园和观赏园林，大街和小巷，教堂、铁路和火车站，它们留下密集的足迹，精巧而不真实。

这张地图真正的内容是用黑色、蓝色、橙色和红色墨水勾勒出的看不见的城市——数百年来，由地上城市一点一点绘制、开凿出它的疆域。这座看不见的城市遵循着与地上城市不同的规划原则。地道式的街道，往往曲折而纠结，或者干脆是个死胡同。有些像鞭子一样卷回来；有些岔道口会分出三四条地道街；有一些细长的公路从西南延伸到东北，几乎横亘整张地图；还有一些无法解释的破碎的街道网，

---

① 传统英式标准纸张规格，宽约 203 毫米，高约 330 毫米。
② 1 平方英尺约为 0.09 平方米。

以及不同地道交汇形成的枢纽。一些地道外分布着房间,这些房间形状不规则,同时又连接着另外几十个小房间。

这座看不见的城市存在多种层级的深度,层与层之间由楼梯和竖井相接。层级间的连接点在地图上以橙色实线圆圈(有梯子的竖井)、蓝色实线圆圈(无梯子的竖井)和深蓝色虚线圈(楼梯)标注。层级和系统越深,标记的颜色也越深。我试着放松眼睛看过去,像是一层浮在了另一层之上,地下城市的不同地层尽收眼底。

这张地图上的地名跨越了多种文化范畴,既有古典的,也有超现实的,还有军事工业风格的:立方体房间、幽闭走廊、精神病精品店、死者十字路口、外星人诊所、幻影屋、美杜莎、抛光机、蒙苏里迷宫、百慕大、小叶收容所、熊修道院、山下地堡、矿物学陈列柜、矿场学校、牡蛎屋、奥沙亚利达、藏骨堂楼梯、Z 房间。

地图上用手写字体注明了这些地方的特性:"低""相当低""极低""狭窄""洪水区""无法使用""不可通行"。偶尔,也会标出更多细节:"潮湿且不稳定地区(时有水灾)""有穹顶和梁托的美丽画廊"。还有"猫洞",那是地道之间,或地道与房间之间的侧通道。此外还有对连接点的说明:"通天洞",表示地上城市和地下城市之间的连通位置;"地面上的小洞,通向危险下层",描述的是地下城市不同层级之间的某个连通位置。散布在地图各处的还有小小的、用墨水画出的骷髅头 - 交叉骨标志,以及简明的警告语:"塌方""开口井:危险""顶部坍塌"。

地图上分布着用方框标识的文字,是某个具体地点的信息。每页的空白处都标有一个带橙色指北针的蓝色罗盘,每一页上还有各个区域的名称,用的是一种我叫不上名字的有衬线的细体字。从美学角度而言，整体风格冷静而现代；从制图角度看，它对难以绘制的区域进行了优雅的浓缩。我对这些不知名的地图制作者深感钦佩。地图的封面上写着：《地下世界百科全书》。作者是一个集体署名"奈克瑟斯"，意即"系统或一组实体中不同部分之间的单一或多样的联系"。

≒≒

我该如何向你描述我在看不见的城市中的经历呢？那是我在不见天日的情况下，走过的最远的路。那个晚上，也可能是那个白天，我们听着小妖精乐队（Pixies）的《挖掘火焰》（*Dig for Fire*），手机靠在地道墙壁上，石灰岩将音乐反射回来，我们情绪高昂，笑容满面。我们回到地上的时候，恰逢天龙座流星雨，夜空中尽是银色的划痕。

那天我们初次前往看不见的城市，站在地下入口向北望，低地上空积聚着厚厚的云。平原，教堂尖塔，一排排杨树，红顶农场。低地，平地。我最后看了一眼太阳，半藏在不知何用的巨大土方后，积雨云下漏出一道西斜的光。视线转向东方，云朵低垂而平缓。灰色的雨丝落在远方的村庄里，太阳渐渐落入了土方。

片刻后，我们在暮色中推开一扇标着"禁止进入"的门，钻过防护网上的洞，爬下路堑斜坡，走到一条铁路上。我们嘎吱嘎吱地踩着铁道上的石子，到达一处砖砌的拱形隧道。路基两边长着金合欢树和野生铁线莲。夹道两旁矗立着很高的公寓楼，像是要朝中间压过来似的。一进入隧道，我们便走在两条轨道中间，铁轨上闪烁的微光能为我们引路,就像飞机机舱内的地板照明灯。

头顶有声音传来,一个年轻女人从阴影中走出,沿着铁轨走向我们。她一袭白裙,面容姣好,还有一头长长的金发。她没有眨眼,也没有停步的意思,于是我们分别往铁轨两侧避让,好让她通过。女人从我们中间静静穿过,步履不停,鬼魅一般飘向远处。我只见远处进来时的隧道口,那儿闪着微光,边缘似有明亮的绿色映衬。

我们继续踩着石子前进。前方黑暗中有一群萤火虫:朦胧的橙色光芒在黑色的空气中跳动飞舞。它们既不前进也不后退,散发的光芒掠过隧道的砖墙,墙似乎也在发光。越来越近,我们的身体慢慢贴近那光芒,这才看清,光点不是萤火虫,而是"魔鬼"头上的"双角"——隧道一侧站着些人,每人头上戴着的电石灯都发出两道光。

走到距那些头戴"魔鬼角"的人大约五十码处,我看到一个坐在隧道地上的女人,侧身,双手合十举在头顶,就像准备起跳的潜水员。接着,她从脚开始消失,进入了看不见的城市。

≒≒

一九二七年到一九四〇年期间,瓦尔特·本雅明(Walter Benjamin)编撰了有史以来最出色的城市志之一,《拱廊计划》(*The Arcades Project*)。一九四〇年,他从法国逃往相对安全的西班牙,最后却在比利牛斯山脉的边境小镇波尔特沃的一间旅馆里自杀了。《拱廊计划》汇集了有关巴黎地形、历史和人文的零散思考,本雅明去世时,虽未最终完成,但已写了洋洋一千多页。它的构成就像一个星群或星系,每颗星都是他十多年间逐一采撷来的,他收集了许多笔记、引文、格言、故事和感想，分门别类归入几十个卷册。他将这些卷册称为"Konvolute"[1]，包含"盘绕、扭曲、包围"之意，每卷用单个字母命名，作为标识。

本雅明没有着意书写关于巴黎的线性历史，而是试图创造一个万花筒，里面的图案会随着每个新读者的到来，甚至随着每一次阅读而刷新。这本书——由于未完成，恐怕只能勉强称作一本书——作为解读历史的一次尝试，工程浩大、徒劳无功却又充满魔力。某种程度上，它将这座城市的过去视为集体梦境[2]，认为其构造不仅是物质性的存在，同时具有形而上的"光晕"。

纵观《拱廊计划》全书，巴黎旧日的场景不断闪回。"纪念无名者，比纪念知名者更困难。历史的书写是献给无名者的记忆。"①本雅明在《历史哲学论纲》(*Theses on the Philosophy of History*)一文的草稿中评论道。本雅明的巴黎，是后来所谓"自下而上的历史"的一次早期实验，它纪念了那些无名之辈，在描写贵族、政治家和艺术家的同时，也记录了采石工、妓女、罪犯、士兵和小店主。他拾穗一般，将这本书一点一点积攒起来。它是市井小民的故事档案，与统治者无关。

本雅明被葬在波尔特沃附近一个不起眼、没有任何标识的墓地里，他死于吗啡过量，逝世日期被认定为一九四〇年九月二十五日。自杀前一天，他曾沿着法国一侧的山坡向上攀登，每隔十分钟就要停下来，让疲惫不堪的身心休息一会儿。依靠同伴们的帮助，他最终到达法西交界处的山脊——从那里望去，他们能看到下方的西班牙和波光粼粼的地中海，就像一面蓝色的镜子。第二天，本雅明得到通知，他不得

---

① 这句话被刻在波尔特沃本雅明纪念碑的透明玻璃板上。——原注

越境进入西班牙,并将在隔天被移交给法国当地政府。他知道这意味着自己会落入纳粹手里,作为犹太人,这无疑是死路一条。当晚,他便吞食吗啡药片自杀。在马赛买的这些药片,正是为了应对这种情况。

波尔特沃有一座简单而震撼的本雅明纪念碑,经由一连串走廊才能到达。走廊通向地下,那是一条长且倾斜的钢铁地道,如今已锈迹斑斑。从小镇公墓前的小广场通向海岸的基岩层。前来探访的人们置身幽暗的地道,就像进入了冥府。可台阶的尽头不是黑暗,而是光明:地道尽头拦着一块玻璃板,阻止游人再往前,透过玻璃是波光摇曳的海峡,海流在此形成了一个漩涡,随着潮汐被不断地重塑着。

本雅明自尽时未完成《拱廊计划》,但作品本身仍在不断更新。这本书有上千个入口,任选其一进入,都会进到一个有无数通道、永不重复的迷宫。和它描述的城市一样,此书也在各个层次提供了多种路线。组成它的不是情节,而是图案、回响、记忆碎片和缠结的潜台词。阅读这本书,你会觉得身体和骨骼在慢慢消失,你仿佛能通过这本书微妙的副标题——"chatières"(秘密通道)——穿越时空。

本雅明被封闭的地下空间深深吸引:那些隐藏的"拱廊",那些洞穴、地下室、竖井和牢房,都在巴黎的地面之下。这些隐蔽的空间共同构成了本雅明所说的"地下城市",是"地上城市"影子般的双胞胎,是清醒头脑的梦境[3]。他写过一段令人记忆深刻的文字:

> 我们清醒时的存在是一片大地,其中某些隐蔽地点会带我们进入地下世界,那是梦境升起的地方。我们每日路过这些不起眼的地方却视而不见。然而一旦睡眠来临,我们便迫不及待地摸索着回去,迷失在那些

幽暗的走廊中。⁴

本雅明痴迷于描绘地下空间，对他来说，这既有关地理，也涉及历史编纂。这本书一旦著成，或许会成为打开欧洲历史"地下世界"的一把"钥匙"。⁵ 他将古希腊漫游者帕萨尼亚斯（Pausanias）视为先驱和自己的灵感来源之一。帕萨尼亚斯行走多年，记录希腊的渗透型地貌——泉水、裂隙、山谷，并将它们形容为连接地上和地下的通路系统。本雅明对城市中类似的连通点十分着迷。他在书中写道，在跨过边界进入地下世界时，应"向即将离开的世界作别"⁶，还描写了"从地表通向地下深处的舱口"⁷，以及"守护着入口"⁸ "保护和标记着过渡区域"⁹ 的家神珀那忒斯。

《拱廊计划》最深入地下的一卷是"卷C"，描写了巴黎的地下墓穴和采石留下的矿洞。在卷C中，本雅明提出了他对巴黎看不见的城市的想象——充斥着"电光闪耀、震耳欲聋的黑暗"。他写过一段话，自我二十岁出头初次读到至今，仍记忆如新：

> 巴黎建设在一个洞穴系统之上……这个由地道构成的宏大技术系统，将古老的地窖、石灰岩采石场、岩洞和地下墓穴连接起来，从中世纪初开始，就不断有人踏入、穿行。¹⁰

≒ ≒

在铁路隧道里，我们碰到了"萤火虫魔鬼"。他们闲站着，抽烟、聊天,所有人都戴着电石灯:腰上挂着碳罐,罐上有管子连到头上亮着的灯。灯头射出两道橙光,像魔鬼的角,温度不高却很亮。他们嘴里嘟囔着英语或法语,冲我们点点头——魔鬼的致意。

在隧道一侧逐渐升高的地方,地面上出现了一个洞,仅一人宽。它右面几码处,我看出那儿曾有另一个相似的洞,现在已被水泥堵上了,看上去还很新。

我同两个朋友——就叫他们丽娜和杰伊吧——来探寻地下墓穴。杰伊是洞穴探险者,他的探险热情甚至延伸到了城市系统。他很爱开玩笑,沉得住气,身体强壮。丽娜是我们的小组领队,来过这里很多次,有时候会在下面待整整一周。她对地下墓穴兴趣盎然,尤其喜欢通过拍照和笔记来记录、保存它们的迅速变化。丽娜是个奇妙的混合体,地上的她犹豫不定,地下的她大胆无畏。她涂着猩红色的口红,头戴色彩鲜艳的贝雷帽,棕色的卷发绑在脑后,以防它在地道里惹麻烦。地下墓穴似乎给了她全新的人格。这看不见的城市让丽娜能够做自己,甚至超越自己。在这里,丽娜沉着冷静,知识渊博。和她同行,我感到很幸运。

"地下警察来过,把那儿堵上了,"丽娜指着地面上被封住的洞说,"所以我们带着手提钻和发电机下来,钻了这个新洞。这大概是眼下最安全的进入方法了,需要离开的时候,我们可以随时从检修孔出去。"

她又冲我们来时的方向指了指,说:"最后看一眼那光线吧,因为你得下周才能再见到阳光了。我们出发吧。"

丽娜先把双脚伸进地洞,双手举过头顶,然后就消失了。杰伊依样而下。我想到本雅明所写的,进入地下城市的通道,"向即将离开的世界作别",我最后远远地望了一眼隧道口的光,潜身进入迷宫。

≒ ≒

法国法兰西岛①的大部分位于卢台特期②的石灰岩上，这些石灰岩主要形成于始新世时期。在大约五百万年的时间里，这里曾是一片由无风海湾和海岸潟湖构成的区域。大量海洋生物在这里生活、死亡，死后又沉积为海床上的泥沙，最后被挤压成岩石。卢台特期的石灰岩是绝佳的建筑材料：质地坚固耐久，易于切割；颜色从暖灰到焦黄，各有风格。

所有城市都是景观的附加物，需要从其他地方获得补充。巴黎大部分区域就是以它的地下世界为基础建成的，一块块石料从基岩上开凿出来，运到地上各处，用于建筑或装饰。十二世纪末，人们大量开采地下的石灰岩，巴黎当地乃至全法国对巴黎石灰岩的需求不断上升。巴黎圣母院和卢浮宫的某些部分就是用卢台特期的石灰岩建造的；这些石材由塞纳河上的驳船装载着，运入河道网络，巴黎由此成为一个主要出口区。

六百多年的采石历史留下了深刻的遗迹，在巴黎南部的地底，存在着地上城市的"负像"：一个由石穴、石室、石廊组成的全长两百多英里的网络，主要分为三个区域，延伸范围覆盖九个地上行政区。这个网络叫作"vides de carrières"——采石洞，也就是地下墓穴。

令人惊讶的是，采石技术并没有伴随时间进程出现明显的变化。先钻一个深六十英尺的竖井通到石灰岩层，然后沿着地层开凿横向地道。较大的石室里残留着未开采的石柱，用来支撑顶部。标准的地道

---

① 法国本土 13 个大区之一，以首都巴黎为中心，俗称"大巴黎地区"。
② 始新世的第 2 个阶段，起始于约 4780 万年前，终止于约 4120 万年前。

六英尺高，三英尺宽，可容单人推着装满石头的手推车通过。一代代的采石工来了又去，子承父业，数百年来，迷宫也在不断拓展。由于石头坚固，不易塌方，因此较少发生死亡事故，不过每日暴露在矿石粉尘中，加上负重之苦，采石工的肺部和躯体往往都有损伤。

几百年来，对采石场的监管一向比较薄弱，几乎没有相关的地图。到了十八世纪中期，大范围地下开采的后果逐渐在地上城市中显现，出现了一些沉降坑，人们认为这跟魔鬼有关。采石洞慢慢向上侵噬，地下城市开始吞食自己的孪生兄弟。一七七四年，一处沉降坑在短短数秒内就蚕食了街道、房屋、马匹、马车和人。这个坑不在别处，恰恰位于"地狱街"。此后也发生了几次规模较小的类似事件，这种看不见的危险使恐慌在城市中蔓延。

路易十六即位后不久便制定对策，针对"巴黎地下采石场及周边区域"组建了一支监察队，任命查尔斯－阿克塞尔·居约莫（Charles-Axel Guillaumot）为总监察长，他们的任务是监管采石场，确保公共安全。居约莫对地下洞穴网进行了首次测绘，以期巩固现有洞穴，并规范日后的开采。地下城市规划系统由此建立，地下洞穴和地道根据地上街道来命名，从而以地面为对称轴创造出一个镜像城市。雨果（Victor Hugo）在《悲惨世界》（*Les Misérables*）中写道："巴黎的地下还有另一个巴黎，有自己的街道、十字路口、广场、死胡同、主干线和交通。"[11]

十八世纪八十年代中期，居约莫想到可以把采石洞用作储藏空间，而此时巴黎急需储藏的是遗体。巴黎最早且最主要的墓地建于罗马帝国时代，当时位于南部的郊区。但随着城市扩张，大部分遗体埋在了城中的墓地，最著名的是雷阿尔区中心市场附近的圣婴公墓。几个世纪来，逝者不断，这个公墓成了数百万人的安息地。为了最大程度扩展空间，人们挖出古时的遗骸，分类整理遗骨，打包放入墓园内另建的墓室里，这些墓室被称为万人冢。公墓主要区域也从别处运来土进行扩建，形成了一个比之前高出六英尺的圆顶。不过，这儿很快也被腐烂的尸体塞满了。

死去的巴黎人给活着的巴黎人造成了极大的压力。一七八〇年，紧邻圣婴公墓的一处私人住宅的地下室墙壁在墓穴的重压下倒塌，骨骸和泥土涌进室内。显然必须要有一个彻底的解决方案。最后，人们想到采石场地道空间巨大，可作为墓地使用，恰好解决了这个问题。

由此，巴黎历史上最非凡的一幕开启。[12]一七八六年，清空城市墓地、墓穴和墓群的工程开始了，六百多万具遗骸被转移到名为"伊索尔墓园"的采石场区。它位于当时的蒙鲁日平原，迅速成为人们口中的地下墓穴。伴随这项工作诞生的是一条残忍的程式化生产线，由挖掘工、清洁工、堆放工、司机、搬运工和监工构成。许多年里，每晚都有盖着沉重黑布的丧葬马车颠簸地穿过大街，前面有人持火炬引路，后面有牧师唱诵追思弥撒。马车载着挖掘出的骨骸，从公墓驶向伊索尔墓园，再把东西卸下。地道里，工人们分拣尸骨，按骨骼堆放，空间利用率很高。安排和堆放这些骨头还产生了一种小型民间艺术：紧密排列的股骨中间用一排排头骨隔开，所有头骨都要眼眶朝外摆放。

一个世纪后，摄影师菲利克斯·纳达尔（Felix Nadar）首次利用微光摄影技术揭开这些地下藏骸所的面容。他最著名的照片之一展现了工人拉运骨马车的情景，那场面令人非常不安。马车的轮子是木制的，两侧是纹理清晰的粗糙木板，那男人的脸几不可见，像被闪光灯的强光漂白了，他戴着一顶宽檐皮帽，穿着宽松的白色罩衫，衣服和裤子都缀满了补丁。他的脚下踩着无数肋骨和胫骨，马车上一些白色头骨从骨头堆里露出，它们的目光越过男人的肩，凝视着前方的地道。后来，纳达尔还乘热气球从空中俯拍巴黎，成为高空摄影先驱——他是第一个乘坐移动工具从上空拍摄城市影像的人，也是第一个从地下拍摄城市藏在黑暗中的样貌的人。

把骨骸安置到地下墓穴的工作持续了整个十九世纪，最好的石灰岩矿被慢慢采空，采石活动也逐渐停止。十九世纪二十年代开始，采石洞有了新的用途——蘑菇种植场：这里阴暗潮湿，为真菌生长提供了极为适宜的环境，蘑菇便从一排排马粪中发芽长大。能屈能伸的采石工们纷纷转行种蘑菇，巴黎的地下园艺学会成立了，第一任会长就是一位前矿场总监察。到一九四〇年，约有两千个蘑菇农在巴黎地下劳作。二战期间，法国抵抗军曾在被占领的几个月里撤退进地道；平民为躲避空袭也曾来到这里；另外，维希政府官员和纳粹国防军官员还曾在巴黎六区的地下迷宫建造防空洞。

战后，"地下墓穴发烧友"队伍日益壮大。越来越多的人来这里藏身、从事犯罪活动或者寻欢作乐。利用这个网络的人被称为"地下客"（cataphile），即热衷在地下活动的人。一九五五年，进入地下墓穴网络成了违法行为，只有个别区域的藏骸所为了发展旅游业依然对外开放。为有效管理地下城，政府部门成立了专门警队，进行网络地理的培训，很快他们便被冠以"地下警察"的绰号。地下主干道修建了多处隔离墙，地下网络的入口（地道、门、检修孔）都被一一焊死、封闭。不过还是有源源不断的人来到地下。这个迷宫提供了一个空间，让巴黎的亚文化发展壮大。直到现在，它依然是无政府主义理论家哈基姆·贝（Hakim Bey）所提出的"临时自治区"（Temporary

Autonomous Zone）[13]：在这里，人们可以换上不同的身份，用新的方式跟人打交道，变得随性、狂野，不必再受地上世界的束缚。

互联网时代的到来进一步促进了地下活动的发展，网络聊天室和网站让地下客们能够组织、分享和管理有关地下网络的情报。他们一般用与地下相关的假名——"冥河""渡神"等，且对这种隐秘性的活动多少有些着迷。一套非正式的地下客着装特色鲜明：过膝防水靴、小型防水背包、连帽衫和头灯。比较认真的地下客还会把检修孔盖钥匙挂在腰带上。地下墓穴附近有条满是咖啡馆和比萨店的街，那儿常常能看到几十个穿着深绿色防水靴的人大摇大摆走过，或者围坐在咖啡馆中，就像一群渔民聚会似的，而附近并没有什么河流。一种公社文化随之产生，并且有其简明扼要的道义准则：尊重地下墓穴的过去；将带进来的东西悉数带走；即便是和陌生人，也应共享资源；禁止买卖，仅接受以物易物、赠送礼物的交易形式；必要时应互施援手；谨慎创作，切勿毁坏。

有些地下客来这儿只是为了参加派对，有些人则被这里层次丰富的历史所吸引。因而，一所非正式的地下墓穴"大学"成立了，目的是对这个网络进行重建、保护、绘图，并对这里发生的故事做正式的整理归档。[14] 其中一个洞穴里还开过快闪电影院，一连几周播放主题电影——吉加·维尔托夫（Dziga Vertov）的《持摄影机的人》（Man With a Movie Camera）、大卫·林奇（David Lynch）的《橡皮头》（Eraserhead）等，直到地下警察勒令关闭。地下客们继续开辟新的房间，命名新的地道。陆续有新的工作组成立，为地下墓穴添加新的篇章：大面积的涂鸦墙、新的雕刻、埋在石头里的一把剑，还有用上千枚马赛克组成的镶嵌画。

其中最具代表性的当代地下墓穴艺术之一是雕塑作品《穿墙人》（*Le Passe-Muraille*），得名于马塞尔·埃梅（Marcel Aymé）的同名小说。这篇小说讲述了一个人发现自己能穿过坚硬的表面，最后却因为穿墙时能力消失，被困在了墙中。这件雕塑恰恰展现了解放与受困同时发生的那个时刻——他的脸、身躯和一条腿已从石墙里伸出，但后背和手却还嵌在墙中。他被卡在了两个世界之间，不知道应当向前跃入空中，还是向后退回石头。

⇌ ⇌

我先把脚伸进洞里，落入一个竖直的通道，通道顶部是坚固的拱顶。石灰岩墙壁上有许多歪歪扭扭的涂鸦：反法西斯标语、眼睛暴突的僵尸骷髅头，还有标签和名字。

丽娜说："越往深处走，涂鸦就越棒。沙滩房还有葛饰北斋（Katsushika Hokusai）的《神奈川冲浪里》(『神奈川冲浪裏』)。走吧，还有很远的路要走呢，最好别在入口附近逗留。另外，邦加是我们的第一站，也会耽误一些时间。"

"邦加？"

"等下你就知道了。今晚，我们要找个地方落脚，睡几小时。明天还要向北走一整天，路上可能会遇到点麻烦。"

听到"睡觉"，我很高兴。绷紧的神经和一天的旅途让人精疲力竭。可一提到"麻烦"，我的胃又有些翻腾。在山里，我习惯了一览无余，自己制定计划，评估风险。但在地下，我的一切都掌控在丽娜手里，我最多能预见到地道的下一个拐弯。

丽娜带头，杰伊跟上，我殿后。丽娜步伐很快，在干燥的地道里急行军。"要想走远一点，深一点，腿脚得快。"她在前方喊道。不久后，地面变得泥泞，接着变成了漆黑的水潭。

"欢迎来到邦加。"丽娜喊道，"它有点像气闸，或者说水阀。把来到这儿的人拦下，阻止他们再往前走。"

她踏进浑浊的水中，我们跟上。水很快就没过了腰，头灯射出的光在水面上跳跃。

"用脚去试探地道边缘，有些隆起的地方是可以踩的。"她说得没错，这样，我能在水中站得高一些，不过头也更接近顶壁了，不得不弯着脖子往前挪。冰冷的水冲刷着我的腿。

我们蹚过被水淹没的岔路口，另一条地道与我们的路线垂直相交。我左右各瞥了一眼，只见它们都消失在黑暗中。我这才开始感受到这个系统的庞大。

水面越来越低，浅滩消失了，我们再次踏上稳固的地面。丽娜加快了步伐，在岔路口停都不停，毫不犹豫地转弯。这种毫无偏差的方向感让我想起在伯毕海底迷宫开车的尼尔，他也总能不假思索地驶向正确的方向。

几个小时后，丽娜停了下来，看了看墙上的标记，接着拐进一条狭窄的侧道。

"我们就睡这下面，"她说，"这里叫牡蛎屋，以前的采石工们常常在这儿剥牡蛎吃。那是他们的'快餐'，纯天然包装，放在口袋里就行。"

从侧道往下二十码，右侧墙壁上凿出了一个约一点五英尺宽，大致方形的洞，离地面四英尺左右。

这个词可能不太文雅，但"欢迎来到你的第一个猫洞！"丽娜说，"钻猫洞有技巧，我给你做个示范。"

她先把背包塞进洞里，接着斜身，让上半身尽可能地伸向洞里，用双脚向后试探，去够地道另一侧的墙壁。接着双脚蹬墙向上走，撑起身体横过来呈水平状——头和肩在猫洞里，脚踩着墙壁。然后，屈膝，蓄力，猛蹬开墙，就像游泳的人在泳池里转了个身，潜入了猫洞，自己再向前一拉，成功穿过。她的脚消失在洞里，我深感佩服。

"你先请。"我躬身对杰伊说。他效仿丽娜，做得非常完美。

至于我自己，只能说远不如他们潇洒，而且很疼。

我好不容易钻了过去，进入一个仅五英尺高的低矮石室，石壁上有凿痕。主厅有个覆盖着厚厚烛蜡的石桌，桌子中间立着一支塑料水烟枪，颜色是泡泡糖粉，形似一英尺长的阴茎，旁边围了一圈牡蛎壳。地上到处是小堆的灰色粉尘，那是电石灯产生的废料。石室门洞大开，通向隔壁，隔壁又连着别的房间。经探查，我们发现，承重的石柱周围有大概十来个房间。

丽娜说："估计晚上会有人来这里开派对，要想睡觉，我们最好走远点。"

于是我们选了一个较偏的房间扎营。那儿的顶很低，最多三四英尺，只能手脚并用地跪地行走。我的舌头和眼睛都能感觉到空气里夹杂着粉尘。地上城市似乎已非常遥远了。

房间入口附近有一块平整的墙面，上面用黑色的墨水或颜料潦草地记录下采石工的名字、石室和地道的开凿日期，以及不同日期的石料切割量。不同年份分行写，从十八世纪末持续到十九世纪初。记录中透出一种自豪感，也看得出后来人将其保护得很仔细。

"尊重这里的历史很重要,"丽娜说,"这个社区有自我警备机制。如果你不尊重这个空间,不尊重它的历史,话一传开,你在这下边的日子就不好过了。"

这个房间的主墙上有个壁龛,里面蹲着三只肥硕的石猴,两个小洞当眼睛,它们就那样空洞、茫然地望着我们。一只蜘蛛从中间那只猴子头目的右眼窝里爬了出来。

其他墙壁装饰着技艺高超的现代涂鸦,既有动物,也有人脸。丽娜点燃六枚茶蜡,分别放进壁龛石猴的眼睛里。火光中,涂鸦摇曳起来,赤褐色的、黑色的旋涡自顾摇摆,在石头里不断变换。我仿佛看到了艺术家们是怎样把岩石的肌理、形状融合到涂鸦中的,就像拉斯科洞穴的史前艺术家一样:用石头的曲线表现动物突出的腹部,嵌入的贝壳则代表眼睛、鼻子或脸。

房间尽头是个小石洞,约几英尺高,仅一人宽。我打算就睡在这里,封闭的空间给人一种奇怪的安全感。我在岩石里找到了一个洞,就像一副为我量身定做的棺材……我躺下,准备入睡,感觉很柔软……[15] 我从包里拿出骨雕猫头鹰和铜匣子,放在脚边。我知道这里并不适合把匣子留下,另一方面又很开心猫头鹰能一直陪着我。我的上方是六英尺厚的坚固岩层,我想起穿越法国北方开阔地带的那个早上,也想起了那个无法解释的巨大土方背后的落日。

我们在烛光中聊了一会儿,这奇特的集体宿舍让我们突然亲近。接着,沉默和困意一同降临,不易察觉,却又势不可当。我滑入了一连串埃舍尔(M. C. Escher)式的梦境,梦里有无尽循环的台阶、像莫比乌斯环一样回环的地道,不断变换的房间,以及双眼燃烧着火焰的猴神。

与 与

我们认为城市是水平的，可它无疑也是纵向的。城市凭借高楼大厦、电梯和管制空域延伸至上空，通过地道、扶梯、地下室、墓园、水井、地下电缆和矿场探入地下。正如一座山不以峰顶、山麓为始终，它向上延伸至它所造就的天气，往下伸展到使其不断升高的岩石的造山运动。城市也一样，地基和最高建筑物的顶端，都不是它的始末。

是的，每座城市都有属于它的看不见的城市，就像卡尔维诺（Italo Calvino）在小说《看不见的城市》（*Le Città Invisibili*）中描写的那样。卡尔维诺的小说本身就是讲述和故事一层又一层的巧妙编织。我印象最深的是，讲述者描述了一个奇异的城市埃乌萨皮娅，居民在地下建起一座与之一模一样的城市——"死者的埃乌萨皮娅"，只有戴蒙面头罩的兄弟会成员才能进去。随着时间的推移，地上城和地下城日益趋同，"在这两座姊妹城里，没办法知道谁是死者，谁是生者。"[①]

卡尔维诺写下这本小说前，在巴黎地下墓穴的某处，一个名叫波西热·德居尔的采石工（他也是个退役士兵），利用业余时间在石灰岩上精雕细刻出西班牙梅诺卡岛的马翁港模型。这个作品极其精确，尽管尺寸有限，但这些想象出来的建筑异常宏伟。他雕出了小镇的外墙和主门，入口一个五层嵌套式石框架结构；还雕出了镇上一座壮观的柱式建筑——新古典主义风格，又带有古埃及法老时代的影子——建筑主体从岩石中升起，上下以拱形走道连接，曲折地没入石头中，让人感到楼外有楼，就埋藏在视线不及的更深处。为了吸引更多人参观，德居尔试图建造一个台阶入口，可就在施工过程中，他遭遇塌方，不

---

[①] 引自［意］伊塔洛·卡尔维诺：《看不见的城市》，张密译，译林出版社，2012年。

幸身亡。

城市一向有纵向的维度。伦敦大火①之后，克里斯托弗·雷恩爵士（Sir Christopher Wren）重修老圣保罗教堂，挖开地基后发现了一排盎格鲁－撒克逊时期的坟墓，沿着石头呈线型排开。这些坟墓之下是一些前盎格鲁－撒克逊时期的棺材，里面放着象牙和木制裹尸布针。再深处，还有罗马时期的陶瓷碎片和火葬瓮，火漆红色，装饰着灵缇犬和牡鹿图案。再往下，有玉黍螺和其他贝类化石，表明这里曾是一片汪洋。关于意大利那不勒斯的圣洛伦索·马焦雷大教堂地下，地理学家韦恩·钱布里斯（Wayne Chambliss）写道："有一处地层，完整保存了一座古代城市的样貌。街道、建筑、商店等，几个世纪前被埋在地下，此后又在其上修建了新建筑。"[16]

城市纵向发展的程度在迅速加深。二十世纪中期以来，随着全世界城市数量和规模的增加以及新技术的发展，我们的城市在高度和深度上都延展到了惊人的程度：根据皮埃尔·贝朗格（Pierre Bélanger）的推测，"支持城市生活的基础设施如今从一万米深的海底一直延伸至海拔三万五千千米的高空"。[17] 史蒂芬·格雷厄姆还记录了城市空间上天入海的过程：

> 大城市复杂的地下空间本身就是立体迷宫，各种设施层层堆叠，彼此交织，城市向深处的建设就如同往高处的建设。如此一来，大城市益发被组织成一个涵盖地上和地下的多层次空间。[18]

---

① 发生于1666年9月2日至9月5日，为伦敦历史上最严重的一次火灾，诸多建筑物被毁，其中就包括圣保罗大教堂。

如此密集堆叠的现代城市，必然会导致一种新的纵向维度上的地理不平等。总的来说，财富上升，贫困下沉。特权阶层希望凭借高度远离街道的混乱——想想那些位于五十层的超大泳池，那些顶层复式套房。只有在需要安全或隐私时，他们才潜入地下。美国的一些安全公司，如黑水公司就设置了地下文件保险库。再比如伦敦梅菲尔区等高档低层住宅区，往往都有私人专属地下室。

相反，贫困会将人拖得越来越低。H. G. 威尔斯（Herbert George Wells）写于一八九五年的小说《时间机器》（*The Time Machine*）已预见到这一现象——财富与权力的纵向分层。莫洛克人在地下劳作，而优雅的埃罗伊人生活在地上。如今，美国拉斯维加斯的城市排水系统成为一些走投无路之人的居所，他们往往无家可归或身染毒瘾。当雨水降落到这座闪耀的荒漠城市，洪水便涌入下水道，这些人的生计乃至生命都会被席卷一空。在印度一些城市，下水道和化粪池通常由数千名日薪工人手工清理。他们用吊绳下到这些地方，用手和桶来清理人的排泄物、垃圾和凝固脂肪。初次打开检修孔盖时，如果有苍蝇和蟑螂涌出来，工人们会很高兴，这意味着有毒气体含量尚不致命。这些工人的预期寿命比印度国民平均寿命短十年左右。他们中每十年就有数百人溺毙或因窒息而死，且他们的死亡通常不会有档案记录，也没有赔偿。

贫穷和无力也是巴黎地道的历史印记。本雅明在《拱廊计划》中努力想找回巴黎地道中被遮蔽的历史。比如，他记录了一八四八年"六月起义"后，那些被追捕的人在采石地道和地下墓穴中转移，沿着地下网络从一个堡垒到另一个，以保证隐秘和安全。地下墓穴迷宫成了我们现在所谓的"暗址"，即法外之地，政治犯在这儿获得特殊引渡，而公众对此一无所知。

本雅明对这些犯人或其他类似人员的地下经历的细节描述，让我感受到他的历史叙述充满了深切的同情。他写道："地道里寒气逼人，这些犯人往往不得不一直跑动或者挥舞手臂，免得冻僵。没人敢躺在这些冰冷的石头上。"他还记录了犯人们相互支持和陪伴的时刻："这些犯人用巴黎的街道命名地道，每当他们在地下碰面，就会交换地址。"[19] 十八世纪时，那些在牢房中等待被送到塞纳河上当船奴的囚犯，会为彼此唱歌，在黑暗中用旋律交流。

≒ ≒

第二天，我们起得很晚，吃了些巧克力当早餐，那些猴神一直用被熏得焦黑的眼睛注视着我们。

丽娜说："继续前进吧。今晚我们要去北边的旗帜厅见我的几个朋友，离得很远。如果能赶到，我们也许会碰上些好事儿。不过这取决于顶上是否稳固，还有我上次走的那条路有没有塌方。到那儿之前，我还想去几个地方。"

我们从猫洞钻回去——这次是腿先出去，弓起身子，用脚往下试探着找到通道里禁得住踩踏的地方。接着，我们便跟着丽娜的急行军步伐上路了。我们时而在干燥的通道里疾行，时而涉水，时而小心翼翼地经过竖井，从西北方向北方移动。丽娜总能辨明方向，根本用不上随身携带的地图，这一点再次让我赞叹不已。她似乎已经将这立体的迷宫完全内化，或者她的脑中进化出了地下 GPS。

接近中午时，我们走下一连串台阶，来到迷宫的另一层。接着，我们到达地图上名为"尸骨井"的地方。

"尸骨井,"丽娜说,"不管怎么说,都不是个好地方。"

她指向主通道连接的一处低矮地道,是个约两英尺高的横洞。丽娜说:"从那儿过,罗伯,你先走。得躺下才能过去。"

我躺下,向里探,手指摸到横洞边缘,将自己拉了过去。我抬头一看,彻底呆住了。

这儿是个竖井,上方约十英尺高处,悬着一面土墙,土墙里嵌着几百具人骨:头骨、肋骨、四肢等。井下还有几百副掉落的骸骨。在这里,一个地道网络的缺口,一处埋葬地把它内里的尸骨吐了出来。竖井所处的坚固石灰岩岩层中,也密密麻麻地塞满了遗骸——不属于人类,而是海螺和贝类的化石,它们被完整保留在岩石的沉积物中。我突然感到,地上城市和地下城市,共同构成了一个巨大的坟场。死者之城先于生者之城而存在,是每一座生者之城的先驱,甚至是核心……[20]

丽娜和杰伊先后钻进尸骨井,我们继续在通道中穿行,再没怎么说话。地下墓穴的那片区域,白骨累累。那里没有死亡命令,没有名字或纪念物,只有"容器"。我们偶尔会经过一些圆形竖井,有些还有梯子。它们穿过基岩,通向街道上的井盖。我在一个竖井下停下,能看见远处的微弱光线,也能听到地面上足球滚过或行人踏过井盖的砼砼声。

在一条漫长的地道里,我看到前方有火光闪烁,随后又突然消失了。丽娜也看见了。但我们到达火光消失处时,发现旁边并没有岔道。"可能是其他地下客的灯光,不过我也想不通他们去了哪儿。"丽娜不确定地说。接着她又笑了,道:"或许,那是菲利贝尔·阿斯贝(Philibert Aspairt)的鬼魂。一七九三年,他在这下面迷路了,十一年后才被人发现。当然，已经死了。他可能是世界上第一个城市探险者，也可能是最惨的一个。"

≒ ≒

探访地下墓穴前的几年里，我一直在寻找进入城市探险亚文化圈的途径，我就是这时认识丽娜的。城市探险的最佳定义可能是"对建筑环境具有探险性质的非法侵入"。加入条件包括：嗜好独处，无眩晕症，喜爱腐朽之物，迷恋城市建筑，时刻准备翻越围栏和掀开检修孔盖，还需要熟悉不同司法辖区的各项准入法令。城市探险者偏爱的地点有摩天大楼、废弃工厂和医院、前军用设施、地堡、桥梁和城市排水系统。一个认真的城市探险者，要勇于在离街面四百英尺高的起重机平衡架上坐一坐，也要乐于在柏油路下二十码的下水道里走一走。他们远离"狂飙突进式"探山，膜拜污秽之物，趣味小众。坊间总有小道传言，说某些入口可以通向看不见的空间。他们对秘密守口如瓶，仅在小范围内分享。

亚文化之内还有亚文化。就像有些攀岩者相比粗砂岩更喜欢花岗岩，有些洞穴探险者更喜欢潮湿而非干燥的内部，城市探险者也各有专长：有地堡探险者、空中漫步者、建造者、轨道跑者，还有下水道探险者。不过，绝大多数探险者的起点都是废墟，这类地方最容易进入，而且获得审美回报的成本不高——很容易就能拍到几张照片，这样一来，被遗弃的悲怆氛围和一段神秘历史的物质残影就都有了。废墟爱好者热衷于各种遗址。底特律曾是废墟界的麦加，后来它却变成了唐·德里罗（Don DeLillo）笔下"美国最具拍摄价值的谷仓"[21]的城市版,被笼罩在无数废墟摆拍的阴霾中。(那些高清照片定格了落满尘土的舞厅和门廊,以及巧妙地散落在前景里的废墟,也抹去了底特律的一百种希望和绝望。)

城市探险在地理分布上是世界性的,全球各地都有探险队伍、社团及其分会。探险者中女性数量惊人,阶层广泛,而且大多对现实不满,有漠视法律的倾向。澳大利亚布里斯班一个名叫"德桑克"的探险者,常像后文的渡神卡戎那样驾船到地下。他将小船开到城市边缘,随着潮水通过阀门,进入地下城。在位于尼亚加拉大瀑布的加拿大安大略省水电站,一个城市探险者曾穿过调压管网络:巨大的焊接钢铁隧道,充满调压管的水从所在高度垂直下落。在美国明尼阿波利斯,挖掘队轮班工作,在地下的白色砂岩中开辟道路通向新的洞穴。而在纽约,一群探险者搭乘公交,脸贴车窗玻璃,通过观察街边的排水口,侦察出主干线路和旁支管道。他们一边前行,一边在笔记本或平板电脑的地图上涂画。在西班牙马德里,为寻找溪流消失点,下水道探险者一路追踪到城市边缘,从那里进入地下暗渠。

城市探险的先锋被称为"潜入者",他们是"真正的"探险者。他们感兴趣的不是某个单一地点,而是系统和网络。想方设法进入某些安保极严的地方,对他们来说是难得的挑战。像极限攀岩者一样,潜入者也会有"喂老鼠"[22]的经历,"喂老鼠"这个说法来自阿尔·阿尔瓦雷斯(Al Alvarez)一篇关于攀岩与恐惧的经典文章。他们都近乎疯魔:训练出地道视力;在列车间狭窄的缝隙上奔跑;将小艇开到泄洪道里冲浪。时不时会有人遇难身亡。在更具政治色彩的边缘地带,城市探险被视为激进的反抗和解放行为,抗议国家限制城市内部的自由。正如来自法国巴黎的情境主义代表人物居伊·德波(Guy Debord),他试图用心理地理学的方法打破资本定义的行为常规，在熟悉的情境中发现惊奇。对于怀有政治意图的城市探险者们来说，非法闯入也是一种激进行动，目的是"重新编码人与城市空间的正常关系"[23]。

城市探险的某些方面让我深感不安，这种不安不会因为探险者的自觉有所缓解。我不认同玩世不恭、自我标榜的态度，也不喜欢他们对地下劳动者的漠视。那些劳动者的工作是对地下城设施进行修建、运营和维护——而非探险。我常怀疑这种拍照文化具有庸俗的本质，不过是模仿弗里德里希（Caspar David Friedrich）一八一八年的代表画作《雾海上的漫游者》（*Wanderer above a Sea of Fog*）。还有一点令我不安——城市探险者很可能会罔顾那些走投无路、不得不在荒地和废墟中生活的人的感受。

不过，地下文化的某些方面又引发了我强烈的兴趣，于是我开始谨慎地花上越来越多时间，接触一些自称地下探险者的人，令人吃惊的是，他们的很多行为有种疯狂的系统性，他们对揭示"基础设施的黑匣子"和"现代信息交换的黑暗通路"投入了极大热情。[24] 我欣赏探险者对城市构造中丰富的孔道的关注——包含无数入口、裂缝和水平通道，而且他们将地下子城市视为自然地下结构的一部分，是长期存在、缓慢流动的空间。我还非常感兴趣现代城市探险之前的地下活动，以及这些活动如何与城市那饱含困顿与希望的历史相交织：如维多利亚时代，清沟工和污水收集工高举着灯穿梭于伦敦下水道系统，在恶臭的粪便中寻找金牙和珍珠耳环。

诗人兼博物学家爱德华·托马斯（Edward Thomas）似乎与城市探险完全不搭界，可是有一天，我发现了一篇他写于一九一一年的文章，文中他想象伦敦成为废城，他得以自由探索这座城市的地上和地下世界。"被遗弃的伦敦将是一个有趣得多的地方,想一想,矿井、地铁、地道和地窖中藏着多少秘密——这个地方多么适合探险!"[25]托马斯的语气有种远离人群的欣悦之情。

≒ ≒

那天下午的早些时候,丽娜带我们去了一个密室,不过我不能透露其名称和位置。

我们又相继蜷缩着身体蹬墙穿过一处较高的猫洞,来到了某处沙漠地带。地面上沙丘连绵起伏,几个世纪以来,石头、沙砾在此慢慢融合并硬化。

几处较高的沙丘几乎触及洞顶。不过,其他地方则缓缓降低,留出几英尺高的空间,可容一人爬过。从我们蹲伏的位置出发,前方有七八条通路,每一条又分岔到四面八方。这是个危险的迷宫,让我想起门迪普地下的巨石阵。不过,这里可没有阿里阿德涅的线团引路。

丽娜业务纯熟。"我们得把包留在这儿,带着它们没法移动到要去的地方。跟我来。"丽娜说。

她腹部贴地,沿着沙丘,朝右手边的爬行空间滑过去。我和杰伊跟在她后面,手脚并用地推着身体往前。某处洞顶和地面间的距离刚刚合乎我头顶到下巴的尺寸,我们只能像蜥蜴一样爬过去。我努力地快速移动,确保丽娜的靴子一直在视线内。

另一处沙丘再次升高,我们愈发逼近洞顶。我不得不侧过头去以获得一丝间隙,脸紧贴在沙石上,头骨刮着岩石,就这么挤过去。丽娜只在一个分岔点停下来稍作思考,随后我们继续蛇行了十分钟。直到沙丘向下倾斜至一个黑色的兔子洞,我们头朝下摔了进去。

我从兔子洞掉进了奇珍阁。

这是个长方形洞室,高约十二英尺。四周墙壁由严整的黄色岩石砌成,地面像是被打扫过,透着古怪。房间里只有一道窄石阶延伸至远处的墙,像是塔庙①。每级石阶的正中央都放着一块石头、水晶或金属样本,颜色各不相同:白色砂岩、黄色砂岩、石英石、石灰岩,石阶侧面则用黑色手写文字做了标识。

找到这个房间并展示给我们——丽娜看起来很自豪。"我们把这儿叫作——"她说,"迷宫里还有其他类似的房间,不过这间是最好的,也最少人知道。"

这是一间矿物陈列室——地下墓穴的一部分曾是巴黎矿业学校的地产,这个房间在当时是一间教室。自二十世纪初被关闭以来,它便鲜被人打扰。房间结构很简朴,样本的放置也非常精心——每件都放在清扫过的特定石阶上。

我们在矿物陈列室里坐了一会儿,吃东西,喝水,休息,聊天。丽娜讲了一些她在地下世界的探险故事,说自己有一次爬进伦敦巴特西发电站的烟囱,随后从地下通道系统离开,却闯进了切尔西花展,站在一堆叶兰中的她,一身污秽,目瞪口呆。

作为探险者,丽娜最大的心愿是去乌克兰敖德萨的地下墓穴走一趟。敖德萨和巴黎一样,是一座建在石灰岩上的城市,它有全世界最大的地下采石场。敖德萨地下看不见的城市有一千五百英里长的地道,共三层,深一百六十英尺。我看过敖德萨迷宫的地图,结构近似有机体,像是一株分枝生长的珊瑚,甚至比巴黎地下网络更鲜明。第二次

---

① 古代美索不达米亚的阶梯式金字塔形建筑。

世界大战德军逼近敖德萨时,苏联将当时隐藏在地下墓穴中的乌克兰反抗组织丢弃身后,其中一些留守者在地下待了一年多,忍受着疟疾、营养不良和维生素缺乏等病症,只偶尔到地上收集信息或发动突袭。占领者和反抗组织玩着猫鼠游戏,德军还向地道系统投放瓦斯和炸弹,企图消灭这群乌克兰人。战争结束后,敖德萨的黑社会进驻这处地下迷宫,走私者和罪犯为了各自的目的,又进一步拓展了这个网络。

"和敖德萨地道相比,我们在巴黎的所作所为简直是杂耍。"丽娜说,"不过,那下面太危险了,尤其对于女性来说。我听过一些传闻,据说的确发生过。谋杀肯定有过,极可能一迷路,命就没了。"

杰伊则讲了他带着三个新手去威尔士的阿吉洞穴探险的故事。那个洞穴的入口是一条狭长的裂隙,出了名的危险,一旦进入就不能转身,也无法越过前一个人。杰伊说,那天,有一个叫露娜的新手卡在了裂隙里,惊慌失措。她是位职业施虐师,在贝克街的某个地下室里工作。

杰伊说:"考虑到她的职业,我以为在地下环境和幽闭空间里她会更轻松自如些,结果并不是这样。我们花了三个小时救她。我没法越过她,不得不另找条路退出去,再沿着裂隙进来,才能跟她面对面说话,安抚她的情绪,教她怎么放松自己并继续往前走。然后我自己不得不倒着走,以便能一直跟她说话。为了转移露娜的注意力,我们聊起了她在贝克街地牢不同价位的服务,还知道了许多细节。真是五花八门,让我大开眼界。"

"好了,"丽娜听得不耐烦了,"我们还约了人在旗帜厅见面呢。"

≒ ≒

城市探险让我结识了很多人,其中一个叫布拉德利·加雷特,来自美国加利福尼亚州。对于城市的垂直结构和多孔结构,布拉德利的认识和洞察比我认识的任何人都要深刻。在他看来,城市里到处都是人们视而不见的通道——检修孔、上锁的门、井盖。通常给城市行动造成限制的东西,如路障、禁令以及已内化的财产权概念,都无法限制布拉德利。对他来说,城市空间无障碍地向下延伸到下水道、地堡、地道,向上延伸至起重机、摩天大楼,而街道所在平面不过是个无聊的中间地带。

那天刚过中午不久,我们在英国的伦敦桥上第一次见面。布拉德利戴着黑色粗框眼镜,留着山羊胡和八字须,齐下巴的深棕色头发扎成一个马尾辫。他说话混合着美国西海岸的匪帮词汇和粗糙的文化理论。"伦敦桥是空心的,和所有大桥一样。"言谈间,脚轻轻跺了跺地上一个检修孔盖,这个检修孔设在桥上人行道约三分之二处。"大桥北端有一个控制室,要是能进去,就可以在大桥内部横跨泰晤士河。那里面干净得很,走,我带你去看。"

到了北端,我们跳过一道低矮的铁门,走下一段楼梯,到达大桥侧翼。这里有扇钢制保险门,上面挂着结实的黄色大锁。门上赫然标着"严禁进入"的警告,仿佛能抵挡"光剑"的攻击。布拉德利从口袋里掏出一串钥匙,喃喃自语地翻找,选出一把,朝门走去。只听一声脆响,锁开了。他让我先进去,随后轻轻关上了门。

"你那些钥匙很厉害啊。"我说。布拉德利点亮头灯,这儿就是控制室了。到处都是镀锌通风管、导管和用电缆扎带捆住的彩色电线,沿着管道槽隙通向室外。墙上有两块控制板，上面是很多相似的开关和转盘。

布拉德利说："你看，如果顺着管道往南进入槽隙，就完全进到大桥内部了。一直走，过了河，便到了南端另一个比这儿大得多的控制室。只要从里面按下紧急出口按键，门就会打开，你想放谁进去都行。几年前，我们拍了一部关于探险的纪录片，叫《敲开表面》(*Crack the Surface*)，就是在那儿首映的。一共来了八十六个人，我们带着发电机、屏幕和放映机，还准备了很多啤酒，那场派对可真不赖！"我俩从原路溜了出来，布拉德利锁上了门。两个穿制服的人恰巧路过，露出狐疑的表情，却没有停下脚步。

布拉德利对常规的反叛开始得很早。他在美国洛杉矶一个混乱的街区长大，青少年时期还被人捅过肚子。他说："奇怪，正是那一刀让我长大了，摆脱了麻烦。我开始渴望离开那些街道，到更开阔的地方去。"二〇〇一年，十九岁的他在南加州河滨市与人合伙开了一家滑板店。两年后，他把股份卖给合伙人，用这笔钱去澳大利亚学习海洋考古学。后来，为了找到真正尚未开发的空间，他回到北加州，为美国土地管理局工作，专攻美国原住民群体遗迹考古。随后，他搬去墨西哥，花了三个夏天考古挖掘一处后古典时期的村庄，还曾在天然井边上露营，那是墨西哥众多溶洞之一，深陷于墨西哥地下的天然石灰岩层中。

"罗伯，住在那儿可不一般。"一边漫步伦敦，布拉德利一边向我讲述，"每到黄昏，几百只蝙蝠从天然井里蜂拥而出，黎明前再回来。它们的翅膀发出类似皮革摩擦的动静，为我提示着时间。原住民认为，那天然井是进入玛雅地下世界——西瓦尔巴的入口之一。在玛雅语中，西瓦尔巴意即恐惧之地，墨西哥这一整个由石灰岩构成的地下世界，就是个巨大的献祭地。若地下水位上升，便能游过一些被淹没的祭坛和神庙的入口，它们都是从岩石上凿出的。"

他向我描述了用基切语写就的玛雅神话中的西瓦尔巴。即便放在更广范围的地下世界的黑暗传说中，西瓦尔巴仍然可以说是个残酷的地方。那里塞满了魔鬼，它们有着"飞痂""刺鬼"这类名字。仅仅是来到西瓦尔巴，就得跨过一条满是毒蝎的河、一条血河，还有一条流淌着脓汁的河。如果运气好，真的到了那里，你将面临六间致命审判屋的考验，其中包括"蝙蝠屋"——里面全是嗜血的蝙蝠，"刀锋屋"——里面有很多不可预测的活动刀片，还有"美洲豹屋"。

"里面有什么，应该不难猜吧。"布拉德利说。

离开墨西哥后，布拉德利搬到了伦敦。在这里，他越过学科边界，进入文化地理领域。攻读博士期间，他开始对城市探险着迷，于是决定用民族志的方式潜入这种亚文化。这种研究方法，若不付诸实践，将一无所获。所以，他花了四年时间融入伦敦某个探险者团体，其成员均使用假名，比如"补丁""绞车""马可·搜罗"等，在那儿他学习了吊绳技巧，也造访过很多伦敦的经典探险地，既有高处的，也有低处的，包括巴特西发电站、千禧磨坊大厦，还有被埋入地下的舰队河。

两年后，布拉德利所在团体和另一个探险队伍合并，组成了"伦敦联盟"，这个组织很快便以大胆和野心闻名。他们的活动强度越来越大，内心也似有群鼠乱窜，必须定期摄入肾上腺素。那段时间，布拉德利去了八个国家，参与了三百多次非法闯入。在美国，他顶着暴风雨爬上芝加哥一座摩天大楼，拍到了非常震撼的景象：整座城市笼罩在乌云和蓝光中，几道闪电从乌云的裂隙直射入密歇根湖。在莫哈维沙漠，他进入一个废弃飞机坟场：爬过带刺铁丝网，再借 747 飞机和军用货机的降落架作为遮挡，避开巡逻队。"那是个巨型游乐场和一个漫漫长夜。"他淡淡地说道。

我一开始对布拉德利有所怀疑，不过随着了解的加深，我对他产生了强烈的好感和钦佩。他为自己开辟了广阔的人生，并坚定地深潜其中。他慷慨大方、特立独行、无惧无畏、尽职尽责，跟他在一起充满了乐趣。

那天剩下的时间，我和布拉德利前往熟悉的首都伦敦那看不见的城市。我们进入了巴比肯下方的汽管地道网。掀开一个检修孔盖，跳下去，就到了舰队河的河道上。舰队河是伦敦所谓的"鬼河"之一，最终通向舰队室，那是一座巴泽尔杰特①式建筑，靠近舰队河汇入泰晤士河的河口处。在市区北部的一个公园里，我们爬过栅栏，拉开沉重的铁盖，草地上便露出一口竖井。我们顺着锈迹斑斑的黑色梯子下去，进入黑暗中。

下到约二十英尺深，打开头灯，眼前的景象令我们吹起口哨来。十几道砖拱门由近到远连成一线，拱门间是宽宽的横档，横档之下，水面平静。重重拱门和它们在水中的倒影，构成了无穷往复的幻象。我们细微的低语声不断回荡着。我们进入了一个十九世纪中期为伦敦城供水而建的水库，如今已几乎排空。曾淹没在水下的建筑结构保持得很完整，墙砖干净如新，仿佛昨天刚刚建成。它有着维多利亚时期主要基础设施基于功能性的优雅感，也有着和意大利米塞努姆的罗马

---

① 约瑟夫·巴泽尔杰特（Joseph Bazalgette），十九世纪伦敦下水道总设计师，他设计的下水道系统是西方城市建设的范本。

蓄水池，以及土耳其伊斯坦布尔的地下水宫异曲同工的美。

在这个水库里，我们从一端走到另一端，从一侧走到另一侧，说话声越来越大。我们头顶阴影处，悬着几万块黄棕色砖筑成的拱顶。布拉德利抽着烟，放起了音乐：那是一首以鼓和贝斯为主音的曲子，叫《压力测试》(*Stresstest*)，音乐声撞击在砖面上，隆隆作响。出来时已将近午夜，天上散布着一些云，被城市灯光映成粉色和橙色，其间还看得到星星。东边有三个人影在树林中慢慢移动，用黄色光束扫射着草地，似乎在寻找丢失的东西。

共度一天后，我和布拉德利成了好朋友。他造访过不少伦敦地铁的"幽灵车站"，免不了有非法闯入行为，再加上其他插曲，他成了大不列颠交通警察的目标，他们决定用他以儆效尤。布拉德利遭到拘捕，公寓被搜查，电脑和手机也被没收。他被送上法庭，罪名是密谋犯罪破坏活动。他受审时，我曾作为证人出庭。这个案子最终判决布拉德利被有条件释放，不再面临更多指控，再加上由纳税人承担的高达六位数的法律费用，摆在交通警察部门面前的无疑是一场公关灾难。

布拉德利和我一起进行过多次探险，在计划这些旅行时，我们用明信片交流——任何人只要拿起明信片，翻过来看看就知道上面写了什么。考虑到当局对布拉德利的兴趣，这种公开的通信方式反而是最保险的。现在已经没有哪家安保公司会偷偷打开信封或查看明信片，反而是监视短信或者即时通讯软件的聊天，以及通过数据包嗅探窃取电子邮件。

跟布拉德利的探险既加深也强化了我对景观的认识，尤其是人造环境。我们找到很多奇怪的场所和地点。布拉德利既有探险者的大胆无畏，也有考古学者对当代事物旧时形态的探究之心，还有自然历史学家对荒野如何成为废墟的兴趣。

一天晚上,我们出发去攀爬威尔士纽波特的一个运输桥,先从运送物资的楼梯往上,然后沿着树干粗的线缆一寸一寸移动,跨越下方漆黑的河流。同行的还有个自称达尔蒙的年轻探险者。他专攻俄罗斯、中国等地的高戒备等级的地下场所,因此受到两国有关部门的关照。达尔蒙说,对地下世界的兴趣可以追溯到他小时候,当农民的爷爷曾在泰晤士河上游附近的地里挖出些罗马钱币。我们爬上十二英尺高的铁门,进入一座位于爱尔兰海岸丘陵、占地数英亩[①]的维多利亚时代城堡,城堡已经废弃,寒鸦盘旋。这些探险旅途中,我们一般在外露宿,睡在树篱或农场拖车下,有时甚至不睡。和布拉德利同行的日子,总让我联想到肾上腺素、酒精和极度疲乏。

有一次,我和布拉德利去了威尔士中部山谷某处废弃的板岩矿场。我们从狭小的横洞进入,来到采石峭壁的顶端。我在黑暗中设置好顶绳,利用它降到底部。一条地道将我们带往有大水灌入的石室,黑色的水不断拍打着我们脚下的岩石。头顶约七十英尺处的石壁上有一个开口,金色的阳光射进石室,像是天使传报的圣光。

被那金色光束照耀的却并不是什么神圣之物——自矿场关闭四十多年来,几百辆报废车辆就从这个光线进入的洞口被推进来。当地人想省一笔报废费,于是将这样的车开到山上,丢进洞内。

结果车辆如雪崩般涌来,这儿成了车辆档案库。据我们所见,废弃的车不断往下滑,滑至石室和黑水中。最下面的车最古老,在底部的"地层"中,一辆蓝色的福特"柯蒂纳"就像冰碛顶端的冰川漂砾,其下一辆苔藓绿色的凯旋"使者",既是它的支撑又是它的栖息点。

---

[①] 1英亩约为4046.86平方米。

## 与与

旗帜厅之行,是我在巴黎地下墓穴里唯一一次真正感到恐惧的体验。

我们接近旗帜厅时,地上城市刚刚进入夜晚——人们陆续离开办公室,穿过黄昏中的街道,或步行回家,或搭乘地铁和公交,又或者在路过酒吧时进去喝一杯。

在看不见的城市里,我们沿着一条没有分岔路的地道向西北方行进,地道顶壁缓缓降低。我开始弯着脖子走,随后缩起了肩膀,接着弯下了腰,最后不得不双膝跪地,往前爬行。

在我的前方,越过丽娜,地道似乎进入了一个死胡同。我等着丽娜承认她终于带我们走错了路。

丽娜什么也没说。前方的石灰岩在她头灯的照射下发着黄光。她把背包推到身后,将背包的一条带子绕在脚踝上,然后把头伸入靠近地面的某处。我这才看见,就在我以为是尽头的地方,有一个很小的洞口,大概十八英寸高。

我的心怦怦跳了起来,一瞬间口干舌燥。我的身体并不想进入那个洞口。

"这里你得用脚拉着背包。"丽娜说,声音听上去闷闷的,"从现在开始,不要大声喊,不要碰到顶部。"

恐惧爬上我的脊椎,喉咙里像被灌了油。没有选择,只能跟上。我匍匐在地上,把背包拴在脚上,将头伸了进去。上方的空间非常有限,我不得不再次偏过头去,才能前进。两侧的间隙也非常窄,我的双臂和躯干被紧紧锁在了一起。顶壁的石头裂成了块状,缝隙周围有塌落征兆。幽闭恐惧症蔓延全身，压迫着胸膛和肺部，我开始呼吸困难，脑子里似乎有黑色的星星在爆炸。

背包在身后拖扯，腿上缠着包带的地方非常疼。我靠肩膀和指尖发力，每次只能前进几寸，像虫在蠕动。这样的地道需要花费多长时间呢？如果再窄两英寸，我就会被卡住。想到要继续前进，那感觉糟透了，返回则更加可怕。接着，我的头撞上了某个柔软的东西。

我使劲拧头，勉强看清是前面丽娜的包底被顶部倾斜的岩石边缘卡住了。背包正左右晃动，努力挣脱，她一定在用脚使劲拐，不过这样好像会让顶部的岩石松动，从上面砸下来。

"轻点儿，轻点儿！"我大喊，她也喊回来，让我不要喊。砰，背包挣开了，继续前行。

我艰难地向前移动，突然——什么鬼？——我感觉那些环绕我、包裹我、像订制棺椁一般丈量着我的石头，开始震动。起初只是微弱但清晰的颤动，后来振幅和响动越来越大。本就不稳定的顶壁，因震颤嗡嗡作响。震动经过上方的石头和我的身体，传至我身下的岩石。隆隆声变得如同雷鸣，我能听见隆隆声中夹杂着噼啪声，我想起了幽灵建筑，也就是那页地图上淡灰色轮廓的地上城市：弧形的火车线路像肌腱一样汇聚，进入蒙帕纳斯车站。

所以，我们的上方是火车。我们在地铁和火车的正下方，正是数十年来火车造成的震动让这里的顶壁变得不稳定。我想大喊，但是不能，想撤退，也不能，只能继续一寸一寸往前挪，我的嘴里全是石屑，手指抠着坚硬的岩石，脚上拖着背包。一切都静默着，只有火车的隆隆声响起又淡去。呼吸加速，心脏狂跳，我们在那令人作呕的恐惧中又度过了五分钟，之后空间开始变宽，变高，我们又可以跪地而行了，随即可以站起身,接着能走路向前了。我们离旗帜厅很近了。

≒ ≒

被淹的地道通向一间石室。尽管水本身是静止的,水面上却有橙光跳跃、摇曳。门口传出喊叫声,还有音乐声——果酱乐队(The Jam)的《到地下去》(*Going Underground*),音量越来越大,充满整个地道。听出这段音乐,我笑了,沿着地道两边突出的路沿走到门口。这是个很高的房间,顶部在我们上方二十多英尺处。头顶的空间让我感觉脑中好像充满了氦气,正漂浮着。一面墙的高处画了一面巨大的三色旗。几个人站起来跟我们打招呼,拥抱丽娜,同我和杰伊握手,脸上挂着欢迎的微笑。

我们到了一个不一样的奇珍阁,充满了音乐和友善。这儿还有一张桌子,摊放着各式食物和饮料:水果、法棍面包、布里奶酪和卡芒贝尔奶酪、数瓶烈酒和啤酒。桌子正中还放着一台四四方方的 CD 机,连着两个小音箱。

果酱乐队的歌变成了大卫·鲍伊(David Bowie)的《地下》(*Underground*)。

"这就是墓地功放!"一个我不认识的人指着 CD 机,一边随着节奏点头一边用法语说道。

房间四周挂着白色灯串,一切看上去如此超现实,仿佛我们撞进了地下深处的后现代会议厅。有人将盛着伏特加的塑料杯塞进我手里,我在感激中一饮而尽。酒精在腹中燃烧,那段车站下地道裂缝中的记忆立刻随之柔软。杯子里又倒上了棕色朗姆酒,酒瓶上没贴任何标签。

我发现自己在咧着嘴笑。这个地方让我很感激，或许是因为地下墓穴中这种奇妙的并置——地道一转，恐怖就滑向了温馨。

经过介绍，我认识了新朋友。两个法国地下客，他们的绰号我没太听懂。一个叫 T 的加拿大人，是丽娜的老朋友，白天做互惠生①，晚上到地下墓穴来。他们仨都头戴印第安纳·琼斯式的皮帽，其中一个法国人手里还拿着鞭子。

大卫·鲍伊换成了班弗兹乐队（Ben Folds Five）的《在地下》（Underground），所有人再一次欢呼。

我们吃了很多，喝了很多，聊了很多，几小时就这么过去了。大多时候我都在一边听着，在一天的劳累后放松下来。身处地下世界这一奇怪的亚文化之中，我试着保持清醒，以思考其引起的同样奇怪的文化循环。

过了很久，我和丽娜、杰伊出发去找睡觉的地方。我们到了名为"地堡"的区域。宽阔地道的两旁是一连串顶部加固的半圆形房间。丽娜说，这里是躲避空袭的场所，和二战有些渊源。占领初期，抵抗军曾使用这些房间。后来英国南部发起突袭时，纳粹党卫军和国防军的高级军官被安置在此。现在，这里成了疲惫的地下客的理想宿舍。我们每人找了一个小隔间安顿下来。火车从远处呼啸而来，震动着墙壁。

睡意来得很慢。我躺在那里，四周都是岩石，我想到，随着人类世在深时中延展，我们的城市最终会留下什么——什么会成为岩石记录中的地层标记呢？几百万年以后，德里和莫斯科这样的内陆特大城市，很大程度上会化为沙砾，被风和水散播到无尽广阔的沙漠中。纽

---

① 起源于欧美，互惠生通过为寄宿家庭看护孩童换取食宿生活补贴，并借此体验他国文化、学习外语。

约和阿姆斯特丹这种沿海城市，会最先被上升的海平面吞没，随后被精心打包进柔和的沉积层。而看不见的城市——地下城——却能够齐齐整整地保存下来，因为它们本就在基岩中了。精致的地上建筑终将沦为杂乱无章的城市地层：混凝土、砖和沥青的混合物、玻璃压成的浑浊晶体、钢铁腐蚀分解留下的痕迹。[26] 而地面之下，地铁和下水道系统、地下墓穴和采石洞，这些都可能被完整保存到后人类的未来。

≒ ≒

两天后，我们准备离开看不见的城市。原计划从一个有梯子的检修孔出去，丽娜听说那里目前还没被焊死。它的绰号是"死亡猫洞"，这名字可没法让我对它有好感。不过，丽娜得到的有关它的位置信息很模糊，我们没找到。

于是我们重返来时的入口。从地道系统西北端返回，又是一场数小时的艰辛跋涉。为了避开通向旗帜厅的爬行地道，丽娜带我们绕了条远路。一路上，一个人都没碰到。倒是路过了一段地道涂鸦墙，几十幅照着模板用荧光绿、冰蓝色、明黄色手工喷绘的画，朋克艺术和史前洞穴艺术相呼应。我们经过死者十字路口，终于回到了邦加，和几天前初次造访时相比，这里的水位明显上升了许多。

"上面一直在下雨。"丽娜说。

我想起刚到巴黎时天空中不断积聚的雷雨云，想起地面上方笼罩着的一帘雨幕。我们到达来时的地洞，陆续爬上去，回到了铁路隧道里。

经过这几日的禁闭，拱顶显得愈发巨大，隧道仿佛一间舞厅。空气中不再有石尘。我们的左边是一道熟悉的光拱门。沿着铁轨嘎吱嘎吱地往回走，那拱形越来越大，越来越亮。它的边缘有一抹绿色，是垂下的藤蔓植物。而绿色又是一种新的色彩。

"看这些蝴蝶。"丽娜指着它们说。几十只金色的"蝴蝶"在拱门下翻飞，可走近后，它们变成了从看不见的树上回旋飘落的金合欢树叶，被午后的阳光镀上了金色。

地上世界进入视野。一只鸽子双翅挺直地滑过拱门框出的那隅天空。两侧的斜坡出现了，金合欢树枝从两侧路垄延伸出来，投下蝴蝶般的落叶。

我们停在光影相接的地方，举目望去，是太阳。它很快便将沉入斜坡上高耸的建筑物之下。我们轻声交谈，头发上沾满了汗水和石尘，脸色苍白。户外的空气闻上去有股黄瓜和烟的味道。在我们头顶，公寓楼的阳台上，一个女人正在晾晒白色床单。

我听到埃米尔·吉列尔斯（Emil Gilels）演奏的《勃拉姆斯第一钢琴四重奏》（*Brahms: Piano Quartet No.1*）的第一小节，这是为数不多的、我凭几个零散音符就能听出的古典乐曲之一。那些音符随落叶一起飘下来，聚集在铁轨上，我本以为那乐声是幻觉，但丽娜和杰伊也听到了。竟有人在这里演奏这首曲子，太不可思议了。

我们继续走。一个男孩和一个女孩正坐在金合欢树下的变电箱上。他们边聊天，边分享一支烟，晒黑的长腿踢来踢去。我们经过时，他们点了点头，我们也点头回应。

一行三人爬上路堑斜坡，从防护网的破洞钻出去，回到标着"禁止进入"的门旁。转过三个弯，走到街角时，一个女人停下来问我们是不是刚从"下面"上来。是的，我们说，我们刚上来。

## 无星之河

（意大利，卡尔索）

古典文学中流淌着许多无星之河，它们是亡灵之河。[1] 勒忒河、斯提克斯河、佛勒革同河、科赛特斯河和阿刻戎河，都从地上世界流至地下，最终在冥界的幽暗中心汇合。

勒忒河的水是遗忘之水，亡灵必须喝下河水，以将前尘往事尽数忘却。希腊语"lethe"，意为"忘记""遗忘"，与之相对的是"aletheia"，即"不忘""揭示"和"真相"。在《埃涅伊德》(Aeneid) 第六卷描述的冥界之旅中，埃涅阿斯便是在遗忘之河、从众多亡灵中找到了父亲的亡灵。

渡神卡戎驾船载着刚刚死去的人的灵魂渡过斯提克斯河。他要求每位死者在嘴唇上放一枚钱币或蛋白石，作为通向地下世界的旅费，这样他才会保证他们的安全。

佛勒革同河是火焰之河，满是燃烧的火焰和沸腾的血液。据称，佛勒革同河的河水以螺旋状向下流入地狱的深渊——塔尔塔洛斯。

科赛特斯河是五条河中最冷的，是悲叹之河。河上刮着刺骨的寒风,有些地方还结了冰。科赛特斯河随险滩跌宕起伏,在河湾处蜿蜒曲折,不断发出痛苦的哀号。

阿刻戎河是无星之河中最柔和的,是苦难之河,卡戎会在此做生意。它流向地狱深处,有时也代指地狱。在《埃涅伊德》中,朱诺说:"如果不能影响天上诸神,我将搅动地狱之河。"[2] 弗洛伊德(Sigmund Freud)引用这句诗作为《梦的解析》(*The Interpretation of Dreams*)的题词,这本书搅动了心理学地下世界的暗河——本能冲动就是一条"无星之河",在阳光照耀的意识高地下流淌,时不时会汹涌地冲上意识的堤岸。

古典文学之所以讲述了众多通向深渊的河流,是因为地质:这类文学诞生及活跃之地,大部分都是喀斯特地貌。"喀斯特"来自于斯洛文尼亚语"kras",指可溶岩石和矿物被溶蚀形成的地貌,这类岩石主要是石灰岩,也包括白云石和石膏等。喀斯特地貌在地下分布很广泛,并且,该地貌中水流常常会偏离通常的河道。喀斯特水文学非常复杂,我们对它的理解还远不完善。在喀斯特地貌中,泉水会从光秃秃的石头中冒出来,河谷是隐蔽的,一条河会在某处突然消失,又在别处出现,还被冠以另一个名字。喀斯特地貌中的湖泊,既没有河道汇入,也没有河道流出——湖水就来自地下。湖泊的水位随着季节和天气升降(一六八九年,来自斯洛文尼亚某地的居民约翰·冯·瓦尔瓦沙就向英国皇家学会描述了一个"消失的湖泊"[3])。落水洞和天然井就像是喀斯特地貌张开的大口,夜晚或雪天在这种地方穿行非常危险。在地面之下——我们姑且认为喀斯特地貌算有"地面"吧——有几百年来时满时空的含水层,有流水环经数千年的迷宫,有一眼望不尽的洞穴,还有由瀑布、激流和平静的池塘构成的地下河。

在喀斯特地区，地面可能会突然大面积塌陷，比如在中国台北就曾出现马路上一片环形路面突然消失的情况，好像怪兽在十字路口踩了一脚。这种独特的地貌在各国语言中发展出专属词汇，来描述其形成和消失：英语中的"doline"指漏斗形状的落水洞，也称"斗淋"；法语中用"abîme"或"gouffre"代指深达几千英尺的水蚀性天然井；西班牙语中有"cenote"一词，指塌陷的落水洞，常遭洪水淹没；斯洛文尼亚语的"okna"是流水穿过石头，仿佛在石头上开了一扇窗。

中国的贵州和云南，澳大利亚的纳拉伯平原，北美洲包括大部分佛罗里达在内的广大地域，墨西哥的尤卡坦半岛，英国的白峰、门迪普丘陵、约克郡谷地和迪恩森林，法国中部和南部的石灰岩峡谷和高地——这些全都是喀斯特地貌。在菲律宾群岛的喀斯特地貌中，有一条潮汐河，长度超过二十四英里，其中有六英里可供船只航行。在新西兰的怀托摩，有一条被繁星般的萤火虫映亮的地下河。这些学名为"小真菌蚋"（*Arachnocampa luminosa*）的萤火虫生活在洞顶，它们如同蓝色星星组成的星系，为周围的岩石和钟乳石涂满光斑。

在意大利东北部与斯洛文尼亚接壤的地方，有一片狭长的石灰岩高原，在意大利语中被称为"卡尔索"，即喀斯特。在卡尔索风吹日晒的表层岩石下的深处，有一条河流，斯洛文尼亚语称其为"雷卡"，意大利语为"蒂玛沃"。这条河处处是激流和曲流，有的河段还会流经地下垂直距离一千多英尺深的地方。

彡 彡

我从曼图亚去卡尔索。曼图亚教堂的地下室中奉有圣杯，曾盛过耶稣受难时被长枪所伤流下的血。在曼图亚的历史上，圣杯两度被埋藏，丢失，又两度出土。现在它被保存在教堂地下室的铁铸保险箱里，设置了十一把锁，对应不同的钥匙，每把钥匙由不同的教士保管。

从曼图亚出发，跨过三条河流，我来到了卡尔索。

阿迪杰河仿佛一条银灰色的蛇，在酷热中散发着腾腾蒸汽。慵懒的漩涡是这条河的自述，阳光炙晒的地方，蒸汽从曲流中盘旋升起。两只鹳拍打翅膀向西飞去。矮树篱里啤酒花、金银花丛生，墙上满是涂鸦。一个人骑着自行车飞奔在尘土飞扬的路上，那人的膝盖弯成了锐角，车子对他来说太小了。东边目不可及处，褐色的土地和海洋的气息，被笼罩在锋利刺眼的光芒里。

皮亚韦河中满是山上滑落的泥沙，河水如青灰色的炖汤，肉眼看来石头比水还多。在北边看不见的地方，似有高峰耸立，那边天色渐暗。玉米地。野生的金合欢树生长在天桥下的荒地里。灰白的鸽子成群结队飞离褐色土地。废弃工厂房顶铺着波形瓦，窗框上爬满了醉鱼草。农舍几乎消失在常春藤中。炎热如一件斗篷，披在万物之上。

最后是伊松佐河，它标示出通向喀斯特的路。石灰岩卵石，似乎由内而外发着光的湛蓝河水，几十只白鹭飞越绿油油的葡萄园，向东而去。

我在伊松佐河附近的小站下了火车，除了我，这里没有人上下车。月台尽头有人在等我，冲我招手，那是卢西恩。卢西恩和玛利亚·卡门住在的里雅斯特的喀斯特高地上，他们的房子附近有个落水洞。

卢西恩抱着我说："来吧！终于在这儿见到你，实在太好了！"

我们开车经过十四世纪的杜伊诺城堡，城堡位于的里雅斯特海湾灰白色的岩石岬角上。一九一二年，里尔克（Rainer Maria Rilke）从这里开始创作充满神秘色彩的《杜伊诺哀歌》(*Duino Elegies*)。后来，走出一战引发的消沉后，用里尔克自己的话说，他以"无限的狂风暴雨"般的创造力在瑞士写完了那些篇章。也是在这里，他开始写作关于地下世界的名著——《致俄耳甫斯的十四行诗》(*Sonnets to Orpheus*)。这部诗集献给十九岁便去世的年轻女孩薇拉·科普，成为她的墓志铭。"最底层的老人，含混不清，/ 一切被建物的 / 根，他们从未望见的、/ 隐匿的源。"①第十七首诗的开篇如此写道。

在离杜伊诺城堡不远的地方，我们转而上坡，登上卡尔索高原。之字山道从海平面爬上石灰岩高原，卢西恩的车沿着山道奋力行驶，不时发出轰隆声。

"照理说，现在它总该适应了。"卢西恩向前倾了倾身子，充满爱意地拍着仪表盘说。

沿途经过一些老房子，房顶都压着厚厚的石灰岩。卢西恩一边指着被石头压实的房顶，一边简洁地解释道："我们现在处在布拉风带，这是种重力风，从山峰刮向山底，在这儿时速可达两百公里。它能让人发疯，让狗数天号叫不停，掀翻房顶就像开罐头那么简单。不过，必须得说，这风脾气温和的时候，对晾衣服倒是很有帮助。"

玛利亚·卡门在门口迎接我们，一看到我就立即伸出双臂将我环抱。

"罗伯特！大教授！欢迎来我们家！"

门廊处散发着石榴香。玛利亚·卡门抓着我，和我保持着一臂长的距离，将我上下打量了一番，才放开。她是阿根廷人，喜欢穿红色

---

① 引自[奥]赖纳·马利亚·里尔克：《里尔克诗全集（第一卷）：生前正式出版诗集》，陈宁译，商务印书馆，2016年。

和黑色，最喜欢的动物是粉红琵鹭，其次是火烈鸟和美洲红鹮。她不相信白纸黑字的资格证明，更愿意凭同理心判断一个人。她和卢西恩中年相爱，现在和一只叫拉菲的银灰色猫，一起生活在喀斯特高原上。

卢西恩是位译者，毫无私心，慷慨到了不切实际的地步。他有一双非常友善的眼睛，精通西班牙语、法语、英语和意大利语，四国语言转换自如，就像火车在岔道平滑地切换轨道。他曾环洪恩角航行，多次去巴塔哥尼亚探险。眼下，卢西恩的船停在干船坞里，需要做些整修，一旦有了时间，以及换一副新柚木甲板的钱，他梦寐以求的便是驾着自己的小船到巴塔哥尼亚一座少有人攀登的山峰脚下，那座山海拔三千英尺，他打算从齐海平面的地方开始登山。不过在那之前他必须穿过状况复杂的南方山毛榉林和灌丛沼泽，那儿会比任何冰川地带都更难走。他在书桌上方挂了一幅巴塔哥尼亚之旅的路线图：海峡和岛屿群，每当咬文嚼字的翻译工作做得疲累了，那就是他的白日梦。

"他一定要为别人付出，非这么做不可。"在我借住的几周里，有一次玛利亚·卡门小声跟我说，"可他有时候实在为自己考虑得太少了。"

玛利亚·卡门在社会保障部门工作。"回报那么少，她却一如既往地付出。"某次我和卢西恩在外散步时，他向我这么吐露道。

卢西恩是一位被困在二十一世纪经济环境里的十九世纪探险家；玛利亚·卡门是贫乏文化中天生的利他主义者。这对夫妇是我一生有幸结识的人当中最温柔善良的两位。

卢西恩和玛利亚·卡门的房子面朝西南，对着亚得里亚海，不过大海恰好不在视野内，只看得到卡尔索山坡茂盛的橡树和松树林上方，大海映出的银色光线。他们有个杏园，盛开着金黄色的番红花。

房子里很凉爽，关上窗户，热气便被隔在了户外。为了应对布拉风，房顶被压得很紧实。玻璃门的木书柜里，放满了关于登山、洞穴探险和航海的不同语言的书。我们在橡树的树荫下吃午饭，有斯洛文尼亚苹果挞、硬奶酪，还有玛利亚·卡门种的土豆。野生仙客来生长在落水洞边缘的斜坡上。吃剩下的苹果核被我们扔进了落水洞。

"落水洞也会饿啊。"卢西恩说。

猫咪拉菲像烟雾一般蜷绕着我的脚踝。

"其实我说不上来自己是哪里人，不过可能绝大部分还是卡尔索人。"吃完饭后，卢西恩说道。

他父亲年轻时在诺曼底登陆中担任坦克指挥官。"他在首次登陆两周后到达法国，那是他一生的辉煌时刻——十九岁，负责一辆坦克，还能说一口流利的法语。你想想，当地人得多欢迎他啊！"

第二次世界大战后，卢西恩的父亲被派驻到的里雅斯特，在这里他遇到了一位意大利姑娘。一年后，二人在伦敦结婚，父亲接手家业，制作石楠木烟斗。他们一家经常回的里雅斯特度假，卢西恩从小就在卡尔索漫步，慢慢探索并理解这里光明与黑暗中的秘密。

"我从小就学到的一点是，一定得看清楚自己把脚落到了哪里。这既是个隐喻，也有实际的地理含义。这个地区过去发生过很多暴力事件，但很少被人提及。这里的河流和故事会整个消失，又在令人意想不到的地方冒出来。"

多年来，卢西恩潜心研究卡尔索及其地下深处的历史，在他看来，"卡尔索"这个课题是无限的，而且几乎可以确定，它不可能终结。"我花了二十年才意识到，我对这片土地隐藏的东西知之甚少。"他轻声感叹——与其说他是在对我讲，不如说是喃喃自语。

犬蔷薇攀缠着花园里的下层林木生长，开出许多粉色白色的花。蜜蜂在花丛中穿游。我想起里尔克写给《杜伊诺哀歌》译者的奇怪诗句："我们是不可见之物的蜜蜂。我们疯狂采集可见之物的蜂蜜，贮藏在不可见之物的巨大金色蜂巢里……"[5]

空气如岩石般冷硬，小鸟在橡树间跳跃。

"用你的话来说，我想卡尔索就是典型的'地下世界'，"卢西恩说，"这儿有洞穴，成千上万，人类曾在其中生活，祭祀，疗养，杀戮，寻求彼此和世界的保护，制造恐怖主义，挖掘冰块。史前时代，人们不只在这里修建堡垒，也曾退到山体内部避险。罗马人还在这儿为地下神密特拉建造洞穴神庙。还有一点你肯定有兴趣，地狱的入口之一就在这儿：罗马人声称，这里可以通往冥府，就是蒂玛沃河进入地下的下水口，在斯科契扬溶洞里。"

他停顿了一下。

"快进到十九世纪，玛利亚·特蕾莎（Maria Teresa）将的里雅斯特打造成自由港口，城市迅速走向繁荣，可水资源极为短缺。于是的里雅斯特派出一系列勘探队，寻找消失的河流，以补充城市水源。他们的确找到了，可那条河被埋在地下深处。一战时，奥地利人和意大利人都曾在这里的石灰岩地带挖洞，或作为战壕，或拓宽岩洞当医院和军火库等。不仅在这儿，尤里安阿尔卑斯山脉和白云石山脉也有多处战时挖掘的洞穴——二战时情况如出一辙。战时和战后，敌对双方都曾在这里处置战俘和投敌者，有的直接射杀，有的推入落水洞。"

他皱了皱眉。

"这里的洞穴系统中，有的有活动冰川，有的地方生活着一种难以形容的盲眼橙色甲虫，叫'盲眼希特勒'，不过由于新纳粹主义者的收集热潮,它们濒临灭绝。这里还有酒窖,照我看,酿酒的人似乎不在乎它们最后变成什么样。"

"这里的土地像潮汐一样起伏,真的!这儿的岩石对月球的引力有反应,就像海水一样。石灰岩先受引力拉扯又被释放,地壳也会经历大潮和小潮。当然,跟海水相比,地壳的涨落要弱得多。海洋的潮差可高达十六米,而石灰岩的潮差只有两厘米左右。地下世界的潮起潮落就发生在脚下,但你毫无知觉。的里雅斯特大学还举办过关于陆地潮汐的专题研讨会。"

亚得里亚海闪闪发亮。

"也许首要的是,我们对绘制完整的蒂玛沃河很着迷,不,应该说痴迷。这儿的人有时候会将蒂玛沃河称为'夜之河'。"

气 气

斯洛文尼亚和克罗地亚交界处的斯奈热山,有"雪山"之称。山南麓松树林里的蒂玛沃河被称为雷卡河。河水汇聚在伊利尔斯卡·比斯特里察镇周围平坦的农耕河谷内,随后在无法渗水的复理石基岩上以半英里为一循环缓慢蜿蜒,直到斯科契扬村,复理石与石灰岩相遇,在地质的奇妙魔法下,雷卡河消失了。

斯科契扬峡谷就是雷卡河潜入地下的地方,气势超凡。数百万年间,流水切割出全世界最大的地下峡谷之一。河水冲过石灰岩峭壁上的巨大石拱,奔流向前,从一些直径几百码的落水洞俯冲而下——水雾和水花形成了局部小气候,落水洞的垂直面既是猎鹰筑巢之处,也给橡树幼苗和粉色仙客来提供了生长的条件。下落的水流在石灰岩壁上凿出一条陡峭的地道，石灰岩恰在此抬升，形成卡尔索高原。雷卡-蒂玛沃河在地下奔流约二十二英里后，在杜伊诺附近重新露出地表，汇入亚得里亚海，将淡水和盐融合到了一起。

"蒂玛沃河从山间流下，坠入深渊，在地下流淌了大约一百三十斯塔德①之后，涌向大海。"6 公元前一百年左右，来自古阿帕米亚的波西多尼斯（Posidonius）这么写道。斯科契扬"深渊"在一五六一年拉齐乌斯（Wolfgang Lazius）、奥特柳斯（Abraham Ortelius）所制地图，以及一六三七年墨卡托（Gerardus Mercator）的《新图志》（Novus Atlas）中都出现过，相当有名。对这条河地下部分的系统性探索，开始于十九世纪三十年代末，部分原因在于的里雅斯特地区饮用水匮乏。井业专家伊凡·斯文蒂纳（Ivan Svetina）深入斯科契扬峡谷，到达被他称为"第三瀑布"的地方，由此开启了探索蒂玛沃河的第一个黄金时代，一直持续到一九〇四年。

无星之河早期探寻的本质是工业性的。在峡谷侧壁上凿出安全通道，人便可以像蜘蛛一样在峭壁上攀行，如遇峡谷水位骤升，这些通道也是逃生之路。不过地势险峻，就算是从下往上看，都会令人眩晕。要到达更远的区域，得靠船，可驾船的风险也很大——很难逆着水流回到原处，且船易被掀翻。探测队每到一个洞穴、瀑布或河道，都会给它们一一命名——汉克河道、马特尔洞穴、鲁道夫厅、穆勒厅、死湖、静寂洞。然而到了一九〇四年，一切探测活动戛然而止，一停就停了将近一个世纪。原因是探测队遇到了一个完全灌满了水的地道，地道太长，单人无法闭气游过去。

直到一九九一年，探测活动才终于迎来突破，一方面水下呼吸技

---

① 古希腊长度单位，1 斯塔德约为 185 米。

术有了进步，另一方面洞穴潜水发展成为一种极限运动，沿着这条路向更远处探索便成为可能。同年九月，两个斯洛文尼亚潜水者游过死湖附近的一条地下水道，发现了一系列新的通道和洞穴，他们还观察到蒂玛沃河时而流动，时而积聚成湖。现在，每年夏天都有世界各地的潜水队来到这里，试图从目前能到达的地点出发，沿着地下河道将探索的边界再推远一点。他们在黑暗中安营扎寨，一连数天甚至数周，只为等待一个好时机，潜入如墨一般的暗河里。[7]

"蒂玛沃是一个梦，一个我们试图一米一米实现的梦。"[8]年轻探险者、亚得里亚洞穴学会会员马可·雷斯泰诺这样说。这个梦在它的信徒心中如同魔咒。信徒间存在竞争，可他们也明白，为了找到大家共同的"圣杯"——对蒂玛沃河的路径和流量进行完整测绘，他们必须合作，将各自所知合而为一。

卡尔索高原的地表上有几处可以到达无星之河。这些入口分别"归属于"不同的探险者联盟，几乎都需要探洞而入。探险者们把持着去往蒂玛沃河的通道，他们跟这条河的关系混杂着探险、制图、科学，还有一种绝对会令弗洛伊德着迷的、让人欲罢不能的梦的工作。（弗洛伊德曾探访斯科契扬附近一处大型洞穴，不出所料，他被钟乳石和石笋吸引。同样令他感兴趣的还有洞穴看守者格雷戈尔的潜意识，格雷戈尔住在充满了阳具崇拜意味的地下世界，他用来访者给他讲的某个地方或某件东西——"克利奥帕特拉的针""埃菲尔铁塔"等，逐一命名石笋。）

通往蒂玛沃河的其中一个入口是个塌陷的落水洞，在特雷比齐亚诺村附近的山毛榉林里。从落水洞底部向下直降一千英尺是狭窄的水蚀天然井，最窄处恰好能容一人通过。天然井通向一个如教堂大小的石穴,蒂玛沃河就从这穿过。这里是"特雷比齐亚诺深渊"的一部分,我来到卡尔索,就是想去特雷比齐亚诺深渊一探究竟。

无论怎样到达蒂玛沃河,旅程都充满了危险、困难和黑暗。大雨过后,蒂玛沃河的水位有时会比平常高出两百英尺,被困在洞穴和地道里的所有人都会没命,洪水还会以巨大的压力将空气通过天然井压进河中。尽管信徒们已经努力了两个多世纪,但到目前为止,蒂玛沃河的地下河段仍只有约百分之十五为人所知。

仔细想想这些蒂玛沃河测绘者——绝大多数为男性——的行为,便可从他们的执着和他们遵循的惯例中,看出某种宗教崇拜的意味,无星之河就是他们隐秘的神。

与 与

"我想带你看一个很有力量、很神圣的地方,大体上它也属于这片区域的地下世界。"有天早上卢西恩对我说。

海边一英里左右有一间废弃农舍,这附近是一条路的尽头。我们从那里步行出发,穿过山坡上的矮树丛,时不时被荆棘钩住脚踝。踩过野生墨角兰和百里香,香气四溢。蚱蜢跳来跳去,蜥蜴飞速掠过,尾巴在身后的尘土上留下一道痕迹。空气随着高温震颤。其实并没有上山的路,但卢西恩仍满怀自信地向上攀登,一直朝东南方走。跨过光亮的铁轨,在略低于林木线处,卢西恩带我到了一个地方,这儿像是贫瘠之地中的一小片绿洲:山腰上有个较浅的落水洞,里面生长着金合欢和青草。

"几乎没人知道入口就在这儿。我喜欢的正是这种感觉,它就在一眼看得见的地方，挨着铁道和威尼斯-的里雅斯特的主干道，但所有人都视而不见。"卢西恩说。

我们拨开恰好形成一道门的两棵树，沿着石阶走下去，落水洞底部赫然出现了一个入口。门口有几个石灰岩雕成的基座，基底呈圆柱形，其中一个基座的部分石块可活动。

进去后，我们发现这儿无疑是个祭祀场所。中央有两条长石凳或祭坛横跨洞穴，石凳中间放着些方形石头。洞穴侧面有两座石灰岩浮雕，刻的都是一个人单手紧拉一头公牛，另一只手将匕首插进牛的胸部。

"这是什么地方，卢西恩？这些都是什么意思？"

"这里是一个地下神庙，为密特拉神而建。"卢西恩说，"密特拉神是古罗马军团之神，在万神殿中鲜为人知，我想他现在已几乎被人遗忘了。他从岩石中诞生——这么看来是位真正的地下神，他的信奉者在全帝国境内举行地下祭祀仪式，这里就是祭点之一，大概使用了三百多年，在公元四百年左右被废弃。最初发现这处遗址时，还找到了几百枚钱币，以及几十件油灯和瓦罐。"

我们俩在其中一个石凳坐下。洞口的阳光中，蝇虫上下飞舞。

"人们还像过去一样虔诚地来到这里。"卢西恩说，"有一次，我发现了个木盒子，里面装着钱币，有些钱币非常古老。盒子就塞在那边一块石头的后面。当然我原封不动地放了回去。可下次再来时，钱币都不见了。"

密特拉教曾被视为神秘的邪教，公元一世纪到四世纪时，曾在罗马帝国广泛传播，和早期基督教激烈对立。基督徒认为，密特拉教仪式是对早期基督教新兴仪式的"邪恶模仿"。它的神秘主义本身就是秘而不宣的，几乎没留下任何解释其信仰和仪式的原始资料。我们对它的了解，大部分从密特拉神庙的石刻和绘画内容倒推而来，以及古典文学中一星半点的相关描述。

我们只知道，密特拉教的中心在罗马，其神庙却遍布罗马帝国，甚至延伸到伦敦。一九五四年，在伦敦沃灵福德街现彭博大楼的地下室，发现了一处密特拉教遗址，发掘物中有一件琥珀雕成的小型角斗士头盔。

我们还知道，从很多方面来看，密特拉教都是一个地下组织。从政治上说，它保守着自己的秘密，处在大众视野之外，早期信徒互相问候时还会用加密暗号。从神学上说，它崇拜的神就是从岩石中诞生的。从地形学上说，密特拉教的主要神庙几乎都在地下：住宅的地下室、天然洞穴或专门修建的地窖，还有被称作"spelea"或"crypta"的神圣洞穴。

和卢西恩坐在那里时，我明白了为什么说这是一个"有力量的地方"。人们来这里休息、供奉，已有两千年的历史。最早的拜访者多是古罗马军团的战士，从遥远的战场回到罗马或家乡，或者即将离开意大利去往远方的驻地。这些人当然需要信仰。

我和卢西恩在凉爽的洞穴里惬意地休息，倾听着这一景观的伴唱声：火车铁轨的咔嚓声、道路的嗡嗡声、矮树丛里蚱蜢的窸窣声。

"密特拉教是战士的宗教、男性的宗教，只有男性能加入。"卢西恩说。

蒂玛沃河的潜泳探险者在地下"圣所"里努力拼搏，寻找新的空间和新的发现，如果把他们视为现代密特拉教徒，倒让我想起地下世界历史性的性别特征。回溯古典文学中的地下探险，总是描写男人去地底营救被困、被掠或迷失的女性：比如俄耳甫斯寻找欧律狄刻，或赫拉克勒斯寻找阿尔刻提斯，都是这样的英雄壮举。在神话中，地下世界里的女性总是沉默的，或是要为男人的错误付出惨痛的代价。阿里阿德涅帮助忒修斯走出迷宫，却又被他抛弃，有些版本的故事说她后来死于阿尔忒弥斯之手。安提戈涅安葬了兄长波吕涅刻斯，克瑞翁便威胁要将她活埋。克瑞翁还剥夺了安提戈涅的权力，最终她在绝望中自缢身亡。哈迪斯关押了珀耳塞福涅，即便在她被德墨忒尔救出后，哈迪斯仍强迫她每年回到他的领地。

然而，现在也出现了一些光彩夺目的反例——女性凭借过人的勇气和专业能力改写了这些古老的神话。乌兹别克斯坦的"暗星"探险，旨在探索一处可能是世界最深的洞穴系统，"暗星"的先驱就是一群女性洞穴探险家，她们一路穿越地下湖和充满蓝冰的裂隙。还有由女性古人类学家和生物学家领队的"明日之星"探险，在南非布鲁班克白云石山脉发掘早期人类的墓葬场所。每个女考察员都必须钻过一处宽度小于一英尺的缝隙，才能到达化石所在地，这个考察队后来也被称作"地下宇航员"。微生物学家、洞穴探险家海兹尔·巴顿（Hazel Barton）的工作是收集极端地下环境中的微生物，用它们做抗生素抗性研究。她的左臂文着达科他风洞的地图，那是她主要的研究场所。她就像所有现代密特拉教徒一样，被未知吸引。"在洞穴中的感觉，就像第一次踏上月球，"巴顿说，"你是有史以来第一个看见它的人。去一个未知的地方，一个别人根本不知道它的存在的地方。如今能让你拥有这种探险体验的地方已经不多了。"[9]

我和卢西恩离开了洞穴。阳光如青铜盘重重落在我们身上。下方的海岸上蜷伏着色彩生动的工业港，里面有黄色集装箱，一架架红色起重机的吊臂悬停在水面上方。

"这是个专门生产游轮的造船厂,生产像菲亚特'熊猫'①那样的船。"卢西恩说。

蚱蜢窸窣,蜜蜂嗡鸣,青草飘香。我们向锡箔般平静的大海走去。

⇆

无星之河和含水洞穴很多,它们吸引着人们前往,有时甚至一去不返,蒂玛沃只是其中之一。"一座山峰可以产生令人无法抗拒的吸引力,如同一处深渊。"[10]泰奥菲尔·戈蒂耶(Théophile Gautier)在一八六八年如此写道。其实反之亦然。

马塞尔·鲁邦(Marcel Loubens)是法国洞穴界的"堕落天使",用英国洞穴探险者詹姆斯·拉夫洛克的话说,鲁邦在很小的时候就"对深处的世界产生了极大的热情,想要超越所有先行者,到地球更深、更远的岩石心脏中去"[11]。在现代法国洞穴探险之父诺伯特·卡斯特雷(Norbert Casteret)的指导下,二十世纪中期,鲁邦在对比利牛斯山的诸多探险中打头阵。比利牛斯山在当时被认为是洞穴界的喜马拉雅。

一九五一年和一九五二年的夏天,鲁邦参加了前往皮埃尔·圣-马丁裂坑的探险。那是一个流水侵蚀形成的石灰岩天然井,位于比利牛斯山西部,从入口到坑底深度超过一千一百英尺。以圣-马丁裂坑为入口,可以进入当时人们能到达的、世界最深的洞穴系统——一连串洞穴逐渐深入,最终通向一条地下河。圣-马丁裂坑一度是洞穴考

---

① 意大利国民轿车品牌"菲亚特"旗下的一款紧凑型轿车。

察活动的焦点区域。一九五二年，为了加快上下速度，人们在坑口安装了一架电动绞车。

鲁邦是皮埃尔·圣-马丁裂坑最具献身精神的探险者之一，他自愿第一个尝试用绞车进入裂坑。他将自己挂在线缆上，背靠坑壁，向卡斯特雷道别："再见了，老爹。"[12]便消失在人们的视线中。他在井道逐渐下降，蓝色的天空从圆盘逐渐缩小成一个点，直到它那注视之眼消失不见。井壁有些地方光滑如抛光的玻璃，这是流水冲刷的结果。

鲁邦安全到达井道底部，在地下度过了五天，朝着无星之河的方向，对洞穴系统进行了更深入的探索。他和同伴被发现的东西惊呆了。"好戏还没开始呢。"[13]准备返回地面时，他这样对朋友说。

返程升至大约三十五英尺高时，连接鲁邦和线缆的绳扣变形了。他大叫一声，滑下线缆，重重摔入井道底部的巨石区，在岩石间被反复撞击，被弹起又落下超过一百英尺。

同伴们找到他时，他已奄奄一息。鲁邦脊柱骨折、颅骨碎裂，伤处过多，伤势也过重，根本无法被移动。尽管队友们尽了最大努力营救，但坠落三十六小时后，鲁邦还是不幸身亡。

地面上的同伴用电石灯在附近一块岩石上烙下一句话："马塞尔·鲁邦在此度过了他勇敢人生的最后时光。"仍在裂坑底的人将他的遗体埋在巨石下，用涂了发光颜料的铁十字架做了标记。鲁邦实现了他的愿望，在地下深处找到了安息之所。

鲁邦去世两年后，一九五四年八月十二日，一个名叫雅克·阿图（Jacques Attout）的比利时年轻牧师自愿下到皮埃尔·圣-马丁裂坑底部。阿图以医疗箱为祭坛，诺伯特·卡斯特雷作为助祭，为鲁邦举行了纪念弥撒。他后来回忆这次仪式，写下了一段话。这段话将神学与地理学优美地融合，成为洞穴文学中最为人称颂的段落之一：

> 我不会再有机会在如此神圣的场所主持这样一场弥撒了。在这巨大的洞穴中，我们一定看上去更像昆虫而不是人类。然而，我们灵魂的激情在燃烧。我们离周遭环境如此遥远，就算我们能感受到环境的存在，也是因为它的物质性消失了，变得空旷而明亮。[14]

鲁邦这种对于地下知识的热切追求，在人类历史上并不是最近才有之事。据古典文献记载，人们曾利用松果和木杯作为标记物，放入喀斯特地区的消失河中，让它们随河流漂走，观察最后会在哪里重现。他们用这种方法追踪地下河的流动。不过，现代之后，这些深入绘图的实践已发展至危险甚至极端的程度。

在西班牙北部的欧洲之峰国家公园，一场探险活动已持续了四十年，探险者试图连接阿里奥洞穴系统各处，实现对整个系统的完整测绘。理论上说，阿里奥洞穴的垂直深度可达六千英尺。这个项目由来自多国的几代探险者共同参与，被称为"阿里奥之梦"。它的目标是实现世界最深的穿越之旅，一个人从山峰间的某个裂坑下去，几天之后出现在某个峡谷的暮色中。阿里奥系统过于庞大，探索过程堪比远征考察——在地下深处建立大本营和前进营地，用作存放装备和休息。登山者攀登珠穆朗玛峰就是采用类似的方式，一边爬升，一边建营。阿里奥洞穴深处已被淹没，在探险时洞穴潜水技能至关重要。潜水者在黑暗中前进免不了碰壁——通常他们会因遇到"窒息区"或"死路"被迫返回；潜水者还会进入山脉内部未经测绘的区域，沿用十九世纪帝国制图学传统，它们被称为"空白区"。面对"为什么攀登珠峰?"这个问题,乔治·马洛里(George Mallory)的回答广为人知:"因为它就在那儿。"[15] 极限洞穴探险者风趣地修改了马洛里的答案,当被问到为什么要冒着生命危险进入超深的洞穴系统时,他们会回答:"因为它不在那儿。"

"联结"与"完成"是许多洞穴研究者的志向:证明一条河的贯通并找到它与其他河的汇流点。在《黑暗召唤》(*The Darkness Beckons*)[16] 中,马廷·法尔(Martyn Farr)讲述了洞穴探险者吉奥福·伊登和"狗熊"奥利弗·斯坦森的故事,他们花了四年时间尝试连通英国约克郡谷地的两个洞穴——金斯登·马斯特和凯尔德·海德洞穴。两地相隔一点二五英里,由一系列地下水道连接。这条路径被称为"地下艾格①",可见其险要。通道寒冷的水中含有大量泥沙,能见度很低,且可供潜水者浮上水面更换氧气瓶的气穴极少。在伊登和斯坦森考察早期,曾发现一具五年前遇难的潜水员的尸体。他们二人最终在一九七九年一月十六日成功实现两个洞穴的连通,鉴于条件如此恶劣,这着实是非常了不起的成就。八个月后,"狗熊"斯坦森在自己塞德伯的陶器工作室中自杀。他将一副全脸式潜水面罩和调节器套在头上,连上窑炉的燃气设备,然后在沙发上躺下,就这样死去了。

世界上长度排得上名号的水下系统,很多都经由地上毫不起眼的池塘进入。德国名为"蓝泉"的小湖就是这样的一处入口;还有一处位于挪威中部,名叫"普鲁拉",已夺去两位潜水者的生命。南非北开普省的卡拉哈里沙漠边缘的"博斯曼斯加特洞",又被称为"布须曼人洞"。看上去只是个小池塘,实际上这儿是一个深达八百八十五英尺且被水淹没的洞穴的入口。

---

① 指瑞士境内的艾格峰,海拔 3970 米,因山势险峻被称为"欧洲第一险峰"。

历史上利用潜水设备潜至七百九十英尺深的人只有几十个。挑战这个潜水深度，死亡率很高。而即使是幸存者，超深潜水也会对其身体造成可怕的损伤，包括肺部损害和听力丧失。一九九四年，年轻的潜水者迪恩·德雷尔在布须曼人系统深处遇难，他的遗体嵌在底部的泥沙中，十年后才被人找到。为了给他悲痛的家人一个交代，人们绞尽脑汁制定了计划，试图取回遗体。领队是个英国人，名叫戴夫·肖，在试着将德雷尔的遗体放进事先准备好的丝制包袋时，他被自己的安全绳缠住了。另一边，因在水中浸泡了十年，德雷尔的脖子软化了，当肖设法移动德雷尔的头部时，后者的颈部松动，头便与身体彻底分离，从肖身边漂过，德雷尔的眼睛似乎正透过黑乎乎的护目镜凝视着肖。这一幕被肖的头戴式摄像机拍了下来。惊慌之下，肖的呼吸和心跳加剧，没过多久，便因为二氧化碳积聚而窒息身亡。

肖遇难四天后，其他潜水者返回该洞穴。令人吃惊的是，肖的身体漂浮在洞穴顶部附近，手电筒依然亮着，挂在他身下。手电筒的光柱正对着德雷尔的无头遗体。肖在死后实现了他此行的初衷——让前辈的遗体重回光明。

多年来，我只能将这些对深水、暗河和深渊的追求，理解为死亡本能驱使下的一种激烈状态，其激烈程度甚至胜过最无畏的登山者。极限洞穴探险术语往往跟向死而生和神秘主义有关：延伸的通道叫"死路"，还有一些通道通向"终点坑""窒息区"，最深最远的区域被称为"死区"。不过一段时间后我发现，极限洞穴探险和极限登山一样，这类出于死亡本能的行动还有另一层意味。潜水者和洞穴潜水者常用狂喜和超然形容他们的经历。曾潜至布须曼人洞七百九十英尺之下的英国潜水者唐·雪利（Don Shirley）说："在水里的时刻太美妙了。

你处在一个绝对的、完全的真空中,就像在外太空。没有上帝,没有过去,没有未来,只有现在和接下来的千分之一秒。那环境不会给人任何威胁感,只有彻底的平静。"[17]

自由潜水者纳塔里亚·莫尔查诺娃(Natalia Molchanova)也有过类似的描述,她形容在水下时仿佛自我消解了。莫尔查诺娃是最早在蓝洞进行自由潜水的人之一,蓝洞是红海的一个落水洞,深三百九十英尺。蓝洞的侧壁上有一个开口,被称为"拱门",由此可以进入公海。据说在这儿遇难的自由潜水者和水肺潜水者超过一百人,他们受复杂渴望的驱使来到了蓝洞深处。莫尔查诺娃仅凭一口气就安全完成了蓝洞潜水,这是相当惊人的成就。在二〇一五年八月的一天,她在西班牙伊维萨岛海岸进行一次消遣性的潜水,深度不过在一百至一百三十英尺之间,对她这种天赋异禀、经验丰富的潜水者来说,本是轻而易举。但是她再也没有浮上来,遗体也未被找到。

"我感受到了非存在。"莫尔查诺娃在一首题为《深度》(*The Depth*)[18] 的诗中写道:

> 永恒黑暗的寂静,
>
> 以及无限。
>
> 我越过时间,
>
> 时间注入我身体
>
> 于是我们变得
>
> 不可撼动。
>
> 我的身体在海浪中迷失
>
> ……变得像它的蓝色深渊

还触摸到海的秘密。

在探索地下世界的这些年里，我只去过一次水下迷宫，那次经历让我稍稍理解了雪利所说的"平静"。那个迷宫在匈牙利布达佩斯市中心下方，多瑙河的布达城一侧。和我同行的是匈牙利地理学家、洞穴探险者、登山者绍博尔奇·莱尔－奥西（Szabolcs Leél-Őssy）。布达佩斯城的一部分建在石灰岩上，它的"看不见的城市"既包括矿道网络，也包括因温暖上涌的溶蚀性水流而形成的洞穴系统。一个炎热的夏日夜晚，街道两旁的树上虫鸣阵阵，我和绍博尔奇钻过厚重铁门的缝隙，打开嵌入基岩的门，进入一条从石灰岩里炸出的地道，来到城市下方被水淹没的洞穴。这里超过四十五万立方英尺，是城市地道网络的入口。多年来，洞穴潜水者从这里出发，绘制布达佩斯水下迷宫的地图。[19]

我和绍博尔奇从洞穴边缘进入水中，在这城市下方的隐秘空间里惬意地漂浮了一个小时。每当我回想这段经历，都觉得如在梦中。那里的水来自地底深处，温度维持在二十七摄氏度。黑暗中，能感觉到极大的深渊在身下和周围展开，可我并不觉得眩晕，只偶尔感受到精神的冲撞。水清澈得出奇，我的四肢在水里动来动去，似乎它们并不属于我了。

绍博尔奇说："这儿，我在石头里找到了安宁。"

我们偶有交谈，此外便是大段的沉默。在子宫一般的空间里，我感到罕有的放松。

"离开之前，你应该看一看真正的迷宫入口。"绍博尔奇说。他游到洞穴深处的一面墙前，我跟上去。他说："现在，沉下去，睁开眼睛。这里的水对眼睛没有伤害。"

我做了几次深呼吸，将手举过头顶，双脚并拢，排掉肺里的空气，缓缓沉了下去，留下一串迅疾的气泡。在大概十英尺深处，我的头颅和皮肤感受到水的压力越来越大，我扇动双手保持平衡，睁开了眼睛。水温柔地压在眼球上，我面前是个黑洞洞的地道入口，通向石头里面，洞口大小足以将我吞没，石头边缘很是平滑。在那异常清澈的水中，洞口产生了巨大的吸引力。就像人站在高塔边缘时会很想跳下去一样，我当时也产生了向那洞穴深处继续潜泳的强烈渴望，这时，我的氧气刚好耗尽了。

≒ ≒

卡尔索高原的山毛榉林深处，我和卢西恩在森林中穿行，一步步靠近特雷比齐亚诺深渊入口。金合欢树中传出阵阵蝉鸣，叫不上名字的长尾鸟横穿过小路。前方的地下之物令我浑身神经紧张。我很好奇将会看见什么，以及能到达何处。我一边的口袋里装着骨雕猫头鹰，另一边是铜匣子，也许那即将揭开面目的深渊就是它的最佳安身之处。

塞尔吉奥正在林中等着我们。空气中飘来烟草的味道，未见其人，先嗅其味。塞尔吉奥正倚在一间小屋的墙边。我猜他约莫七十岁，矮个子、宽肩，头戴鸭舌帽，抽着一根石楠木烟斗。他是深渊的看门人，也是向导。

塞尔吉奥在战后的卡尔索长大，第一次下到深渊时他还很年轻。那次经历对他影响很大，深渊底部的那条河让他一生魂牵梦萦。五十年来，他一直在参与蒂玛沃河的测绘和勘探工作。

"你下去过几次？"我问塞尔吉奥。

他耸耸肩，想了一下，说："可能有……四百次？"

"为什么呢？"

这个问题让他感到困惑，他想了好一会儿，卢西恩帮忙翻译了他的回答。

"很多年里，这儿没有别的事可做。另外，自一八四一年被发现，此后八十年里，它都是全世界已知最深的洞穴。现在我们研究它，逐渐了解它和它的特性。政府和科学家认为这里的工作并不重要，但我们仍在继续。在这深渊里，我们从事着……浪漫的科学。"

他笑了一下，接着说："那么。"随后，他带我们走进一间小屋。

墙上挂着该地区十九世纪的凹版版画地图，衣钩上晾着橙色的洞穴探险服。几排监测设备静静闪着光。塞尔吉奥打开一张卡尔索的横断面示意图，平铺在桌上。看着地图，我的胸腔缩紧了。图上展示着石灰岩下蒂玛沃河的流经路线，从斯科契扬的消失点，直到亚得里亚海的入海口。图上也标出了深渊，塞尔吉奥用手指比画着：一条金线一直旋转下落，穿过石头，到达一个看上去像是大房间的地方，蒂玛沃河就从这里面流过。

"那么。"塞尔吉奥说。他的话很少，我听到最多的词就是"那么"——"现在""我们开始吧"。

我们离开小屋，穿过甜栗和山毛榉林，树荫下很是凉爽。爬上被覆了土的落水洞的边沿，这里开口宽阔，洞底长满了修长的树，有些甚至高至四十英尺。这些树几乎没有放射状枝条，树冠形成了一个远远高于我们的海平面，一切都沐浴在绿光中，这让我想起了艾坪森林里的截梢林。一条小路顺着落水洞边沿蜿蜒而下，经过大块的石灰岩，一直到达最底部的红砖小屋。这间小屋就建在深渊入口上方。

塞尔吉奥解释说，这小屋新修不久。几年前一场大雨后，他来到落水洞，发现先前的小屋已经塌成碎片。四面墙都被夷平，房顶也被掀翻。一开始，他猜是洞穴俱乐部的竞争对手在小屋里引爆了炸弹，后来他才意识到真正的原因。大雨倾泻使蒂玛沃河的水位急速升高，大水冲入落水洞的速度太快，洞上方空气来不及逸出，于是小屋就成了气仓。最后，它就像一个充气过满的气球，爆炸了。

塞尔吉奥打开门，向我展示这个淋浴室似的小房间，不过看不到花洒。蒂玛沃河"怒火爆发"时，翻腾的河水还是会涌进来，所以小屋铺着棕色纹理的地砖，这样更易清理。

一面墙附近的地面上，嵌着道小门。

"那么。"塞尔吉奥说着，打开了小门。

我的胃里翻江倒海。又一扇通向黑暗的大门，又一个进入地下世界的传送口——这扇门连接着水蚀岩石地道，穿过岩层，通向一条野生河流。熟悉的恐惧像蝙蝠一样扑来，成群结队地纠缠着我。

"另一边见。"卢西恩说，他决定留在地上。

我们开始下降，时而借助梯子和平台，时而徒手攀岩。很多梯子都缺了横档。有些地方只能攀在一根单杆上摇晃，试探着向下摸索可以落脚的位置。井道在脚下向深处坠落，要将我吸入腹中。我在安全点之间游移，随后是小的立脚点、侧道和狭窄的竖井段。那种感觉——现在的我已经很熟悉了——渐渐滋长：地上世界变得越来越远，这里恍如异世，岩石愈发庞大、深厚。

塞尔吉奥行动缓慢却平稳，每一步，每一次下落，每一次钻行，他都很熟悉。他的喘息声从前方传来。墙上的泥线标示出蒂玛沃河在不同泛滥期的水位高度。

说不清走这段路花了多久，一小时？两小时？时间变得无关紧要，除了重锤般跳动的心脏和沉重的喘息，没有什么能够记录它。

我们向下爬了很久，塞尔吉奥停下来抬头看向我，他将一根手指放在嘴唇上，另一只手放在耳边。我却什么都没有听到。

"声音很小，"他说，"非常小。"

我尽可能轻地呼吸，单手悬吊，双腿支撑在井道两侧。是的，我听到了——远处传来细微的轰隆声，像某种嗡鸣的白噪音，沿着井道传过来，冲刷着我们的双足和双耳。

"是那条河。"塞尔吉奥说。

我们继续往下，轰鸣声也越来越大。井道突然转为横向，我们钻过转角，地道的地面又一次下沉为天然的活板门，通向纯粹的黑暗。塞尔吉奥示意我先走。

"那么。"

他指着门下的黑暗。我转身面朝岩石，伏身穿过缝隙，两只脚晃动着寻找可供踩踏之处。我感到自己被巨大的空间包围着，在经历竖井的封闭后，这种空间感令我惊奇。现在轰鸣声已有高速公路噪声那么大了。某个东西，好像是一个平面，从黑暗中升上来，向我靠近。我跳下去，软软地落在了沙中。

黑色的沙子。

黑色的沙丘，黑色中夹杂着金色颗粒。并且，沙丘仍在流动。

塞尔吉奥出现在我身旁。

双眼因空间陡变而努力适应着，头灯探查着信息。我的头顶和身后都是连绵的岩石；黑色的沙丘则在前方绵延，于我的左侧上升，又在右侧沉落。

巨石，超大的巨石，嵌在右边的沙里，左边却没有。轰鸣声从右侧很远处传来，空气中充满了沙子——黑色的细沙，有些被我们吸入，有些在光柱中缓慢地旋动。

我的头灯照到了远处的岩石，那是洞穴对面的石壁。我环顾四周，穹顶没入黑暗，它的顶点附近隐约可见一个入口，通向类似竖井的地方，那里无法从地面直达。入口的岩顶悬挂着一根粗壮的钟乳石。

我们是地下宇航员，从这个洞穴的顶部落入另一个星球，落入一个由黑金相间的细沙构成的地下沙漠。我在惊奇和恐惧中摇了摇头。塞尔吉奥静静地站在我身边，他已不是第一次目睹这里带给人的震撼了。

他抬手关掉了头灯，我也照做。我们在柔软的沙子上，在那厚重的黑暗中站了几分钟。强烈地包围着我们的，是密特拉神——石之神的奥秘。

之后，塞尔吉奥划了根火柴点燃他的烟斗，黑暗瞬间便围着那小小的火焰形成了某种秩序。烟草味弥散开来，烟斗发出光亮。塞尔吉奥等了片刻，随后惬意又慢悠悠地抽起烟斗来。

"那么，"过了一会儿，他说，"去河边。"

我走在前面，依靠声音和坡度导航。我们在黑色沙丘间穿行，先绕开右边的峭壁，下至洞穴的中央高地。我发现，我们行经的这片区域只是暂时存在，它处在不断的变动中。每次河水泛滥，这些巨石都会变换位置，沙丘也会随之重塑。我们沿着一处丘面艰难下行，钻过两块石灰岩巨石间的窄缝，这两块石头从顶部落下，都高于十二英尺。

我的钩环碰在岩石上的铿锵声、塞尔吉奥的呼吸声、脚步落在细沙中的簌簌声。灯光下满是石尘。河水的响声越来越大。登月之旅。在夜里攀爬一座沙漠之山。

沙子突然改变了特性，变得更暗、更潮湿。这里是河流最新的高点。我们在巨石堆中择路而行，顺着湿润的沙子滑至一个小峭壁边。

现在，响声震耳欲聋，我们几乎无法交谈。峭壁中有条裂缝，我从中钻过，向下爬至一片坚实的泥沙地上。无星之河到了。这是一条有生命的河，完整而有力。它从左手边的岩石拱门中倾泻而出，冲我这边弯曲，切出一个河湾，之后再次转弯，消失在我的右侧。激流冲撞，声如雷霆。

无星之河的声音，是我从未听过的。这声音仿佛具有具体形态，而且内部有凹洞，每一声都有来自体内的回响。

我放下背包。塞尔吉奥靠着岩石，往烟斗里塞了些新鲜的烟草，再次点燃。我的头灯光束直射河底，水是银色的，裹挟着淤泥。而且——我的天哪——河中还有生物，河湾中水流较缓处，一些白色的东西在云朵般的淤泥里穿梭。河流涌出的地道口石拱就像布达佩斯迷宫的入口，有着奇异的吸引力，让人有种冲动，想和那些白色生物一起畅游这无星之河。我告诉塞尔吉奥这个主意，开始脱衣服。他看了我一阵，思考着如何回答，最后只是简单而坚定地摇了一下头。

我不能像鱼一样游泳，可我多么希望自己有一双猫头鹰那样能够暗中视物的眼睛，或者千里眼，能在这里看清上游、下游，看到斯科契扬地狱之口和威尼斯湾的蓝色海水。我知道，这儿不是放置铜匣子的好地方，这里只是中转地而不是存放地。

我走到水边，来到白色生物所在的河湾处，借助灯光在水中探索。

我一靠近，那些白色生物就缩回去，躲开了。我跪下来，喝了两口无星之河充满石头味道的河水，洗去脸上因恐惧冒出的冷汗。

我在无星之河中将沾满泥沙的钩环冲洗干净，让卡扣扣得更牢固，便于攀爬时使用。我想到这里冬季河水泛滥，水量大大增加，从地道口的石拱进入，填满整个洞穴，翻滚的黑色河水将沙掀起，空气受到挤压，冲出我们进出的这条井道。

河湾旁的岩石凹口里插进一根铁桩，塞尔吉奥走过来，压着水声冲我耳边喊话。他说，前不久有一队法国潜水员在这儿活动，他们在洞穴里待了一周，每天一点一点向上游推进，直到实在太过危险才停下来。他们到达的最远处，距我现在的位置约一千英尺，那是一个微不足道，却也意义重大的地方。我钦佩他们的坚持不懈，同时又有些不解。"无用的征服者"[20]，莱昂内尔·泰雷（Lionel Terray）曾这样评论登山者——眼下无疑是另一种无用。

"那么。"塞尔吉奥说。

我们沿着沙丘面爬回先前洞顶的下降口。在洞穴的墙边，有一艘黄色的小型充气皮艇——"海洋285"，里面整整齐齐地放着一对塑料桨，就像海滨小店卖的那种。

塞尔吉奥用头灯沿着洞穴的穹顶巡视，最后光束落在我之前看见的最高点附近的竖井上。

"洞穴被淹时，探险者要往高处去就用得到它。"他用脚推了推皮艇，"漂到上面就能抓住石头，爬上岩缝。"他朝洞顶点头说道。

他耸耸肩。"这非常危险。没人想掉下来，所以必须非常了解洪水，要是等水把洞穴填满，会丧命的。"

他又耸了耸肩。"不过他们还是照干不误。"

短暂的沉默。

"我也这么逃过……水往上升的时候,会把人推得很高。水流的力道非常大,你就像身处……暴风雨中。"

"那么。"本趟旅程塞尔吉奥最后一次这么说。接着,他移动到岩石中的活板门那儿,钻出洞穴。我们回到山毛榉林和"不可见之物的蜜蜂"中,卢西恩正在那里等着我们。爬出出口时,我双眼放光。

"你看上去就像刚从别的星球回来一样。"卢西恩说。

≒ ≒

接下来的几天,我和卢西恩一路追踪蒂玛沃河地上和地下的河道,对这条地下河展开了一次陆上探寻。我们追踪到它露出地面的出水口和再次潜入地下的消失点。这条河比我所知的任何河流都更有活力,它对惯常的"行为规则"视若无睹,在黑暗中依然欢欣愉悦。一日将尽时,我们的睡眠也像是某种洞穴探险:每晚到地下休息,早晨再回到地上来。

在蒂玛沃河第一个潜入点附近,我们来到一个叫作穆萨贾马的地方,这是处一百五十英尺深的石灰岩裂隙,自公元前十二世纪到公元前八世纪,约四百年的时间里,一千多件青铜器和铁器时代的手工制品被扔入裂隙。从考古记录可以很清楚地看出,这里是重要的祭祀场所,人们从意大利中部和潘诺尼亚平原远道而来,携带着套斧、长矛、剑、头盔、酒杯等被认为是具有特殊力量的物品,在按照仪式扔进深渊之前,这些物品就会被破坏或烧毁。

另一个下午,卢西恩带我去了蒂玛沃河的天然泉,绿色的泉水从岩石中涌出，灌入一片干了的灌木丛。清泉一如既往地令我震撼。它本是落在高地上的雨水，在地下经历长途跋涉后，又出现在这里，将能量和色彩灌满一个又一个池塘，随后向西奔流汇入大海。

生命在清泉附近聚集：松柏林投下树荫，豆娘如珠宝镶嵌在叶子上。空气中鸟鸣萦绕，翡翠色的青蛙从岸边扑通跳进水里。

为了标记泉水的位置，两千年前，人们在这里建造了一座会堂。流水从前廊和中殿流过，水也是其崇拜架构中的一部分。水道上方有用大写罗马字体写就的祈愿语："献给蒂玛沃神"。

卢西恩指着蒂玛沃河涌出的石拱说："当然也有潜水者去那附近潜水，他们试图从上面的山洞出发，溯流而上。游不了太远，但在水下大概八十米深处，他们在被水淹没的洞穴里发现钟乳石，远在海平面之下，却因河流系统的压力充满了淡水。"

我们在泉边坐下，脱掉鞋子，把脚伸进凉爽里。我想起我所知的各种泉水，想到它们共有的堪称日常奇迹的能量，以及泉水开辟地球内部空间的感觉。英国凯恩戈姆高原的迪之井，约旦河西岸占领区的泉水，还有离我家不到一英里的九泉森林，那里也有一湾泉水，从白垩中汩汩流出。

"泉水的确有种平静的力量。"我对卢西恩说。

卢西恩摇摇头，说："不一定。这里在'白色战争'[①]时期，也就是第一次世界大战时，可是前线，罗伯。我们现在坐着的地方，曾经战火弥漫，是死亡地带，无数人在这里丧命。这周围所有的树，没有一棵树龄超过一百年，因为战火曾将这里夷为平地。连泉水都曾来回改

---

[①] 1915年至1918年间，在奥匈帝国和意大利边境发生的一系列战争，因主战场多为雪山和冰川区，故得名。

换位置。"

又过了两个晚上,我和卢西恩、玛利亚·卡门在黄昏时分来到亚得里亚海岸,那里是杜伊诺城堡附近,紧挨蒂玛沃河最终汇入大海的地方。海滩上的石头光滑而洁白,仍留有白日的余温。有些石头呈浅紫色,上有植物化石的图案。一艘白色游艇乘着晚风缓缓向威尼斯驶去。

一轮圆月早早升起,低挂在空中。地壳的潮汐正难以察觉地在我们脚下移动。我和卢西恩走下水,纵身入海。嘴里充斥着咸味,海水的触感柔软而温暖。我转身和岸平行,游向北边布满礁石的海岬。月亮像一个银色的地道入口。

接着,我惊讶地感觉到腿边涌动着一股冰凉的水流,一股不同的水流。那是无星之河的蓝色手指。初生时是斯奈热山上的雪,而后俯冲入地下,穿过黑暗的洞穴和激流,最终来到这里,出现在月光下。这是一个令人惊叹的时刻,可以相提并论的,是后来我和卢西恩在山中的经历,不过,那是另一种截然相反的体验了。

## 空洞的土地
### （斯洛文尼亚高地）

我们差点就错过了。

夏末的傍晚，是卡尔索以北山区的收割时间。空气中有柴火和青草的气味。斜檐的木屋讲述着冬季的大雪。一位老人坐在西边山墙尽头的椅子上，闭目养神，享受这天的最后一缕阳光。长柄镰刀倚墙靠着，刀锋上还沾着草叶。阴影里长着几株仙客来，紫色的真菌从山毛榉树下的落叶中钻出。随处可见的苹果树，被小小的黄色果实点亮了。地面上点缀着大大小小的坑洞，里面长满青草。这是我路过的最安宁的景色之一。

我们沿一条小路走着，好奇它通向哪里。路渐渐远离了草甸和木屋所在的开阔地，弯曲地穿过山毛榉和橡树林，之后又向上折转。树木稀疏了些，却也更高大了，是白杨树，叶子在风中沙沙作响。

我们天真地走在这条小路上，对终点一无所知。透过白杨树林，我们看到金色的云层在海面上积聚，镶着黑色的底边。阳光照在脸上很暖，青草的味道越发浓郁。接着，我们看见了第一个标记，深深刻进浅色的树皮。这里就是裂坑的边缘了。

我们面前是一个坠入黑暗的落水洞。四周是灰色的石灰岩壁，爬满了柔软的苔藓。坑口最宽处约二十英尺，向洞底望去，立刻便感受到那毫无防护的边缘所产生的诱惑——令人想要纵身跃下。洞口上部的坡地长着山毛榉树苗，它们在洞壁扎根，树枝则伸展在深渊上方。石壁凹陷处，蕨类植物郁郁葱葱。

落水洞周围一些更粗壮的树干上刻着"纳粹卍字符"。有些印记很旧了，树皮已有愈合的迹象。有些还很新，刻痕中的木色很浅，也许是今年，或者前一年才刻上去的。还有些"卍字符"被刀尖划花了。树皮就是标记创作的冲突地带。

洞边的一棵山毛榉上钉着块金属牌，约两英尺高，覆在上面的藻类让它显得有些脏。牌子上用黑色墨水写着一首斯洛文尼亚语长诗，题为"Razčlovečenje"，诗的末尾潦草地写着："PAX"。

卢西恩轻声说："题目的意思类似'丧失人性'或者'变得不人道'。我的斯洛文尼亚语不足以读懂剩下的部分了。"

他指着诗的最后一行，那儿画了个星号，表示这句是诗歌正文的附录。

"不过，这个嘛……"他顿了顿说，"这句是某种诅咒，诅咒或警告企图破坏这首诗的人。"

这句警告似乎没太被当回事。诗的一部分已经被刀尖或石头刮花了，明显是想抹掉这些文字。还有人在诗文上写了别的字，这些字又被什么人划掉。在金属牌的一个顶角，刻着一个"卍字符"，新鲜又扎眼。

我从落水洞边探身向下望，心脏突然被一阵恐惧攥紧。这里曾发生过相当恐怖的事情，而恐怖的气息至今仍在回荡。

"看。"卢西恩指着北边的天空说。从树冠望出去，雷雨云正在山峰上方聚集。遥远的西边大雨如注。远远地，我们感受到某种狂怒。海面上的金光变成了一种光滑的黄色。

这里发生过什么？深坑张口无言，树木亦无声。越过坑洞的边缘向下望，唯见一片黑暗。

彐 彐

早些时候，我和卢西恩离开他在卡尔索的家，向北前往斯洛文尼亚，那里的石灰岩剧烈起伏，形成陡峭的山峰和深邃的河谷。从那儿向北可以望见尤里安阿尔卑斯山脉的山巅，那高塔般耸立的石灰岩山脉是当年"白色战争"最激烈的几场战斗的发生地。卢西恩说，他想前往其中的一座高峰，和当时前线的很多山峰一样，它也在战争中被掏空了，人们在其中躲避弹火、掩埋尸体。

按计划，我们打算在尤里安阿尔卑斯山脉兵分两路，我从那里向东出发，用三天时间翻过该地区最高的特里格拉夫峰，抵达蓝色的布莱德湖。不过，天气预报显示特里格拉夫会下雪，这无疑使徒步更艰难。在到达尤里安阿尔卑斯山脉之前，卢西恩希望带我看看斯洛文尼亚的喀斯特高地，那里广阔的山毛榉林里，不仅有狼和熊藏身，还有一处惊人的洞穴系统。

离开卡尔索时，我同玛利亚·卡门拥抱道别，感谢这几日她为我所做的一切。在门口那盆干枯的石榴树旁，她伸出双臂将我揽住。

"罗伯特，你真是个……是个……绝妙的动物！"

"玛利亚·卡门，这真是我听过的最好的夸奖。如果我有名片，一定把它印在职业那栏。谢谢你，衷心地感谢你。"我说。

我们驱车北行。在之字形路上慢慢爬升时，我问卢西恩，我把玛利亚·卡门的评价理解为夸奖是否正确。

"噢，当然，最高的夸奖。"他说，"玛利亚认为动物比人类动人得多。对她来说，良心和善意比任何荣誉或学位都更重要。"

我们行驶在多波尔多湖的湖岸公路上，这个湖占地好几英亩，已完全干涸，野草蔓生，其间有石灰岩裸露。

"多波尔多，对应的英语词大概是'turlough'，意思是季节性湖泊。雨水丰沛时，水位上升，湖水就从地下和岩石中涌出。而到了夏季的几个月，则会干涸。"卢西恩说。

公路两边的柏树，是为纪念两次世界大战中在此阵亡的军人而种下的。它们有着烛火状的优雅树形，燃烧着绿色的火焰。

卢西恩说："两次世界大战仍未真正离开这片土地。去年夏天，维帕瓦山谷的灌木火灾引爆了一战时遗留的炸弹。这片区域的政治局面也是如此，没有比这更贴切的比喻了。"

我们穿过边境城镇新戈里察，出城的路面上用蓝色油漆喷着"TITO"（双向车道出入）字样，道路中心线两侧各一个，方向相反，这样来去的司机都能看到。

这条道路爬升上山口，又落下，到达伊松佐河上的一座桥。伊松佐河是我见过的最蓝的河，是切伦科夫辐射所发出的那种美丽又冰冷的蓝。

卢西恩把车停在桥上的路侧停车带。

"一百年前，要想从这儿去上面，是会送命的。"他指着桥两侧高耸的石灰岩绝壁说。我这才注意到岩石纹理非常不自然,布满了一排排孔洞和入口。

"这叫'瑞士奶酪'。"卢西恩说,"战争期间打出来的。高地像蜂窝一样,到处是炮台、地道和洞穴。低地上则全是战壕和散兵坑。他们在山里挖洞,把这里变成了战争机器。等我们登上尤里安山,你会看到更多这样的东西,都是一战的遗物。那里雪更大,战况也更惨烈。"

我再次强烈感受到,在这片土地上,人的感知方式会因地质而产生,并为地质所确证。在这片中空的喀斯特土地上,历史记忆如流水一般,毫无征兆地消失,随后带着全新的力量,以另一个名字于另一个地方重新出现。黑暗的过去隐藏在无数洞穴和秘密地点中,而后又重见天日。

我们进入一处有争议的边界区,是如今意大利、斯洛文尼亚、克罗地亚乃至奥地利卡林西亚边境的一部分,这儿被称为尤里安马奇。文化和语言在此创造性地融合,同时这里也是不同种族、不同国籍的人们交锋,甚至互相残害的地方。冲突的痕迹依然深深烙印在现实的地理环境中——战壕、万人冢、纪念碑,它们永久地记录了现代人文地理学中谈及的暴力和流离失所。

海拔越来越高,海面反射的银光依旧映衬着南边的天空。公路远处的田野里是一排排颜色宜人的蜂巢,路旁还有野花开放的草地、小葡萄园。

我们穿过两座高峰间的宽阔山口。山脚的山毛榉和松树枝叶茂密,清凉的空气中飘来树脂的味道。山林荒野的气息越来越浓,这里广袤的森林使人类的边境线失去意义。山毛榉处处越界生长。

树影斑驳，阳光荡漾。一处空地，一片草甸，一间小屋。洞穴遍布峭壁，隐藏在森林中。一些落水洞塌陷又被填满，里面长出植物，成为树木间的洼地。大片阳光从山坡滑落。一座山的山脊高处被流水洞穿，像是开了扇窗，这是一条消失已久的河流的古老遗迹。透过那扇窗，可以看到蓝天白云，就像一幅被石头装裱的超现实主义油画。

远处，林木线在峭壁上断裂，岩石旁排列着齐齐整整的山毛榉树干。两年前的冬天，斯洛文尼亚西部遭受了特大暴风雪，数百万棵树被冰雪覆盖，冰冻的树冠异常沉重，树根无法承受其重量，成千上万棵树因不堪自身的重负死去。

还有这样一个山谷：它的东侧山壁非常陡峭，四百英尺高的白色崖壁几乎是从平地拔地而起。崖壁正中恰好有个洞口，银色的河水奔腾而出，飞流直下，在崖底形成瀑布潭。飞溅的水花中，升起道道彩虹。

我从未见过类似景象，它有悖于所有地质和水文常规。一般认为，河流不会从峭壁之中流出。不过话说回来，土地也不该有潮汐现象，山峰也不该有窗户，山洞也不该生成冰川。

在群山高处，我们发现了冰川山洞，那附近的山毛榉长到六十英尺甚至更高，树冠厚重，遮天蔽日。我们沿着一条弯弯曲曲的小径穿过森林，地面因树根盘结崎岖不平。空气滞重炎热。

一边走，卢西恩一边解释冰川的存在，可我几乎无法相信他的话。这么热的天，这样高的海拔，怎么会有流动的冰河呢？方圆数英里甚至都没有积雪。

"这个洞穴系统长约一英里，将近四百米深，从山的一侧一直延伸至另一侧，贯穿山体。洞穴内风穿堂而过，再加上岩石本身寒冷，使洞内部的温度远低于冰点。冬天，洞口的积雪被北风刮进山洞深处，嘿！一眨眼几千年过去，积雪变成了一条细长的冰川，在山体中蜿蜒。"卢西恩说。

小路左侧的地面开始下沉，很快，我们到达一个巨大的落水洞，它大概有一百五十英尺宽。离我们较远的那一边几乎与洞底垂直，不过我们这边的洞壁坡度约五十度。一条之字小道通向坑底，那里有个张开的洞口。

走在小道上，每个拐弯处都有冷风在我们身边打转。我还从没体验过这样突兀而疾速的降温，落水洞边有三十摄氏度，而垂直高度仅下降了十六英尺，气温就已降至二十五摄氏度。我们一路下行，温度也一路下降。一开始我们身处暖风之中，很快便被一种夜间的凉爽包围，等我们到达一百英尺深的洞口时，吸入鼻腔的空气冷得如金属般刺痛，呼出的气则像羽毛飘在眼前。接着，我们走入一团银色的薄雾中——这是冰川自己的呼吸。

骤降的温度带来了急剧变化的生态。小路每转一次弯，周围的林木就小一些，从高塔般的山毛榉到中途盆景大小的松树——它们在近乎北极圈的温度下顽强生存。到了洞口，这里的温度极少会高于冰点，因此只有苔藓和地衣，类似极地苔原。气味跟卡尔索或森林里的完全不同，闻不到热浪、青草、树脂和石头，只有苔藓、冬天和寒冰的味道。

我和卢西恩爬下矮石坡，跨过洞口，踏入黑暗。透过那薄雾回望，依稀可见一小片间杂着山毛榉树枝的新月形蓝天，这让我想起进入巴黎地下墓穴前看到的那道光拱。我感觉到山洞深处的角落里有些动静，似乎是某种庞大有力的生物。

寒冷灼烧着我的耳朵,牙齿咯吱打战。我脚踩着由岩石和地衣、树枝、骨头等碎片构成的硬壳,这些碎片都是从坑边掉下来的,却给人一种奇怪的稳固感。接着,在两条横卧的树枝间我看见了一块闪着光的蓝黑色金属,我用脚尖踢它,不想却脚下一滑。那不是金属,而是冰。

"我们就站在上面呢!"我喊道,"卢西恩,我们站在冰川上呢!它确实存在啊!"

卢西恩做了一个脱帽的手势,行了个弯腰礼。

我们小心地继续走向山洞的另一端。地上那层碎片的硬壳渐渐变薄,我们脚踩着蓝冰,而它一直延伸到下方的角落——那"生物"的蛰伏之地。

那"生物"其实是冰里的一个落水洞,是融水在冰川上打出的一口竖井。冰向落水洞倾斜,光线也如此,仿佛是被拉进去的。我们小心翼翼地靠近这个蓝黑色冰面上的黑洞,深知若自己脚步不稳,极容易滑倒。走到洞边几码外,我们停下来看了一会儿,就冷得瑟瑟发抖。

我和卢西恩回到先前爬下的石坡,忽然听到一声呼喊。

"嗨!你们好啊,需要帮助吗?"一个男人站在坡顶,向我们伸出手,我们终于先后完成了艰难的最后几步。一个女人站在旁边的平地上,裹着件长及脚踝的羊皮大衣御寒。她胸前有什么凸起物动了动,接着一只小贵宾犬从大衣前襟间探出头,朝我们叫起来。

"你这暖宝宝倒是真不错!"我说。

"我们这是互相取暖!"她抚摸爱犬的头,笑着说。

一只在高空盘旋的老鹰,透过阳光照耀的绿金色树冠俯瞰我们。它的目光,越过高大的老山毛榉树,越过挂在低枝上的缕缕青苔,越过落叶间绽放的蓝色龙胆，越过落水洞边缘，越过苔原和盆景大小的松树，落在我、卢西恩、男人、女人和小狗所在的地方。寒冰洞口萦绕着我们的欢笑声。

∽ ∽

傍晚时分，我和卢西恩来到一个恐怖之地，在高地山毛榉林的另一处。[1]

我们穿过木屋边的草地，沿着小径又穿过树林，经过刻着"纳粹卐字符"的树，来到落水洞边缘，那棵山毛榉树上还钉着写有诗文的金属牌。这时，云层正在海面上积聚。

在一九四一至一九四五年间，中欧南部的石灰岩地区——从白云石山脉下的康西格里奥高原一直深入到当时的南斯拉夫境内——曾是残酷的战场。一九四一年四月，南斯拉夫遭轴心国入侵，意大利占据斯洛文尼亚南部和卢布尔雅那，匈牙利控制了普雷克穆列地区，纳粹德国则占领了斯洛文尼亚北部和东部。很快，德国和意大利在这些新占领区内开展种族清洗，遣散、驱逐、再安置，甚至屠杀了数千斯洛文尼亚人。

于是，尤里安马奇附近逐渐形成党派组织，抵抗占领。这些反法西斯抵抗团体的绰号为"伐木人"。随着占领的持续，这些团体越来越倾向左翼，终于，一九四三年三月，它们与铁托（Josip Broz Tito）的军队联合，正式宣布结为共产主义同盟。铁托的军队基本以喀斯特地区的森林作为堡垒和战地，长于利用林木打丛林战。英美两国意识到抵抗军的力量，开始为他们提供军备和情报支持。协助抵抗军的人中，有一人叫菲茨罗伊·麦克林（Fitzroy Maclean），后来因写出了《东线行动》（*Eastern Approaches*）而闻名，这本书描写的正是他在南斯拉夫山区与抵抗军并肩作战的经历。还有一人名叫约翰·厄尔，是麦克林与斯洛文尼亚和意大利北部抵抗团体之间的联络员。

在占领区内，喀斯特高地是打游击战的完美场所。林木茂盛，空军很难侦察到地面行动。山谷陡峭，遍布坑洞，又使重型车辆无法离开主干道。狭窄的山路适合铺设埋伏，偷袭者向车辆开火后可迅速借树林掩护逃走，根本无法被追击。天然洞穴无处不在，而且石灰岩山体很容易通过爆破或挖掘，拓展成地道和作战室，这无疑是游击战的理想地质环境。武器库、兵营，甚至战地医院都建在岩石中。而且，借助狡猾的地道系统，地下生活用火产生的烟散向别处，也不会因为烟雾暴露位置。

从一九四二年夏天开始，意大利当局为了对付逐渐壮大的抵抗团体，开始在斯洛文尼亚人中培养自己的"反共"军，一开始他们被称为"白色卫队"，后在纳粹指挥下更名为"斯洛文尼亚国民卫队"。一场残酷的内战在喀斯特高地的森林和村庄中愈演愈烈，对抗双方主要是法西斯军和共产党军，不过斯洛文尼亚抵抗团体和天主教激进分子之间也燃起了战火。民族主义、宗教、复仇，种种因素搅成一团。后来，不仅军队，连平民中也发生了大规模的报复性互戕。

这些报复性杀戮有两个高峰期：一是一九四三年秋意大利投降后；二是残忍的"的里雅斯特四十日"期间，即一九四五年五月，的里雅斯特被新西兰军队攻陷又被南斯拉夫管控的这段时间。在这两段恐怖时期中，暴行与地质情况交织在一起：曾经被抵抗团体用于躲藏和隐匿的喀斯特山地，如今被用于大规模杀戮。

威尼斯朱利亚和伊斯特里亚的石灰岩地区，广泛分布着落水洞、洞穴、峡谷和矿道，这些地方成为共产党游击队和法西斯民兵组织进行个体处决和集体屠杀的刑场。他们把平民或敌军俘虏运到洞口边缘，不论生者、伤者、死者，一概推进石灰岩裂缝。有时，还会用铁丝把受害者绑在一起，其他人则在森林里挖个坑一埋了事。喀斯特地貌的洞穴和林间空地掩埋了成百上千具尸体。如今的人们，尤其是意大利人，将这种法外杀戮称为"坑杀"，"坑"特指用于杀人的落水洞。至今，人们还常常在森林深处的浅层土壤中或落水洞里发现被处决者的骸骨，洞穴探险者也不时会碰到人骨、子弹和生锈的铁丝。

历史自有其埋葬和发掘之法。坑杀的历史如今仍备受争议，其中一个重要原因在于几十年里一直有人试图掩盖它。战争结束初期，意大利和南斯拉夫战略上的"友好睦邻"政策鼓励人们忘记过去的暴行。意大利政治家试图重新建立统一的意大利，认为纠缠于双方游击组织过去的罪行，没什么好处。南斯拉夫领导人拒绝承认共产主义同盟军有过屠杀行为，转而强调法西斯统治给斯洛文尼亚人造成的伤害，并象征性地把这种伤害和大屠杀这一终极暴行联系起来。尽管尤里安马奇的战乱给这里的居民带来了毁灭性的后果，但在公共话语中它被轻描淡写地称为"la politica sommersa"——隐匿的政治。

过去三十年间，"坑杀"重新出现在公共视野中，成为该区域最具争议性的话题。在斯洛文尼亚人和左翼人士看来，右翼严重夸大坑杀细节，以实现其政治斡旋和宣传目的。而在意大利人和右翼人士眼中，坑杀暴行是战争中，乃至战后对意大利人进行报复性杀戮、监禁和驱逐的最便捷的手段。它们也反映了，战后这些地区的共产主义政权是如何对待这段迫害历史的。这场仍在持续的争论所使用的语言充满了对地下世界的明指和暗喻。光明与黑暗，埋葬与挖掘，隐匿与发现，这类概念贯穿于讨论，历史叙述和地质描述纠缠在一起。在不同语境中，坑杀遇难者的数目和身份往往有很大出入，数字大小取决于研究者归属的政治阵营。无论在哪种情况下，"本土权利"[2]都是关键，这是帕米拉·巴林杰（Pamela Ballinger）在巴尔干半岛边境的"记忆地理"[3]研究中提出的一个概念，即争取真正"属于"某特定区域的每一块岩石、每一片土地及土壤的权利。

当代右翼势力和法西斯团体每每搅动人们的爱国情绪，向政府中的左翼力量开火时，"坑杀"便会成为焦点话题。落水洞还成了意大利民族主义者和流亡者举办仪式的地点。他们举行纪念游行，落水洞便是游行终点。洞里常常出现"纳粹卐字符"，以及其他标记或格言的刻印。牧师每年也会在此主持纪念仪式。遇害者的遗骨还被作为圣物陈列展示。卡尔索东北部，距离的里雅斯特几英里处，有个名为巴索维扎（意大利语为巴佐维卡）的村庄，最臭名昭著的葬坑——其实是个矿井——就在这儿。这里建立了两座对比鲜明的纪念碑：一座是为了纪念那些被南斯拉夫游击队员坑害于矿井中的遇难者，另一座则是纪念"巴佐维卡的英雄"——一九三〇年因参与反法西斯活动被枪杀的四名斯洛文尼亚人。因为战争时井内放置了大量炸弹，遗体发掘工作无法安全进行。这座矿井于一九五九年被封，人们为此举行了仪式，由天主教牧师主持，共两千人参加。由于无法详细探查井中的情况，矿井至今仍像个黑洞，各种信仰和主张围绕它存在。如今，这个村庄是的里雅斯特同步辐射国际实验室（Elettra Sincrotrone Trieste）的所在地，研究者来自周边多个国家和组织。该机构也在地下。

巴索维扎已经成为皮埃尔·诺拉（Pierre Nora）所说的"记忆之

场"⁴：历史的多重意义在这里产生、彼此争辩。坑洞拒绝封闭，它将继续保持"敞开"，所以过去的历史仍将持续伤害现在。

⇌ ⇌

西南方向的天空，似有暴风雨愈演愈烈，而在斯洛文尼亚的山毛榉森林里，我和卢西恩走到了一处坑洞的边缘，这里叫作"野苹果树坑坟"。和这里所有坑洞一样，这儿发生过什么仍不清楚且充满争议。大概在一九四五年五月，有四十到八十人穿过树林，沿着我和卢西恩走过的这条小路，被押送到这个坑洞边。这些人中有意大利警察，有斯洛文尼亚国民卫队的士兵，还有平民。他们要么在这里被杀后抛入坑中，要么直接被活生生地推进深渊。

树干上的"卐字符"是右翼抗议者新近刻上的，他们和其他人一样，结队来到这里，抗议屠杀，纪念死者。他们的反对者又将"卐字符"划掉。那首诗也是他们为纪念遇难者写的，以免这反反复复的斗争淹没了他们的声音。

后来，一位斯洛文尼亚的朋友帮我翻译了这首诗。我应该提前告诉她这首诗是在哪里发现的，以及它可能包含什么内容。我事先并未预料到这些文字拥有如此恐怖的力量：

> 人性的灭绝
> 而无论如何，这些人和你我一样。
> 你们是谁？被抛入疯狂的活人，
> 被乱棍打死，被尖刀刺穿，

被钉上十字架,但无人为你们祈祷。

噢,你们这些人,

你们的尸骨沉入无尽的深渊,

他们和你我一样,

在金色的自由中被杀死。

你们经过,稍作停留,

想到你在黑暗中流血的手腕,

绕着一圈圈带刺的铁丝,

而他们,咒骂着,推着你往前,

你挨了打,赤裸着,如行尸走肉,

你听到步枪的呼啸,

那叫喊,那呻吟,那恐怖转为

临近死亡的甜蜜。

那恐惧,那疼痛,正在消失,

脚步声勾起回响。

无尽的深渊中躺着数不尽的他们,

而无论如何:这些人和你我一样。

(注:任何人若试图抹去本文,将遭到诅咒。)

请想象自己是一位受害者,这首诗如此命令读者。设身处地,将自己当作另一个人,活在他的肌肤之下,那样,你会发现自己无法再去伤害别人。这首诗令人惶惶不安:对行刑现场的生动描写,对外力破坏行为的严词诅咒。这首诗对它的读者同时发出挑战和命令,既禁止回应，又要求回应。最重要的是，这是首移情之诗，让你感受到他人感受的东西。对诗的作者来说，"无尽深渊"的黑暗象征着人类共情的彻底失败，它不只确切地形容了这片地区的战争，任何地方、任何时间的战争必然也如此。

≒ ≒

路旁，苹果树上黄澄澄的果实如一盏盏灯。天空湛蓝，地面平稳地抬升，河谷宽阔，两侧白色的石灰岩山峰高耸。岩石反射着强烈的阳光。驱车行驶在这山间天堂，我和卢西恩沉默不语。那些坑洞深深震撼了我，卢西恩大概也有同样的体会，尽管他早已熟知这片景观下隐藏的暴力。

转弯处，桦树闯入视野，树叶如硫黄色火焰燃烧。轻柔的南风中，杨树微微摇摆。树篱间点缀着白色的旋花。随着海拔升高，空气变得凉爽清明。那些"从未发生"的事塑造了阴暗的过去，它像是喀斯特地区的雨水，潜移默化地溶蚀着当下……[5]

在这样的景观之中，美丽与恶行是什么关系？在这儿，享受快乐是可能的吗？负责任的吗？安塞尔姆·基弗（Anselm Kiefer）是怎么写的？"我认为无辜的景观是不存在的……"[6]我想起基弗画中的德国森林，遮天蔽日的林地往往令观看者头晕目眩，深陷其中，林中发生过的残忍的事滋养了那里的树木。高大的松树下面是累累白骨。基弗眼中的欧洲承载着深植于历史中的愧疚与伤痛。基弗渴望大地身上的圣痕能免除我们的罪，让我们得到救赎，但又认为这种渴望终将落空。[7]

尤里安阿尔卑斯山脉真正的高峰慢慢出现在地平线上，群山透出哥特式的梦幻。石灰岩山峰如高塔般盘旋向上升，中空和褶皱结构上下复制着，出现在山脊、山谷，乃至一块巨石的水痕上。万物改变面貌，调换位置。云、雪原、白色岩壁，一眼望去难以分辨。

我想起 W. G. 塞巴尔德（Winfried Georg Sebald）关于景观和暴力遗迹的书写。《土星之环》(*The Rings of Saturn*) 中，讲述者走在平静却遍布军事遗迹的东英格兰海岸线上，一度感到"令人瘫软的恐惧"。一方面，那里的环境让他感到了"不自在的自由感"；另一方面，"漫长历史遗留下了无数破坏痕迹，偏远如此地，竟都这样明显"。[8] 我记得自己曾带朋友去英国萨福克郡海岸附近的奥福德岬，那里曾是核武器试验基地，塞巴尔德也去过。那天，北海卷起褐色的浪花，那位朋友站在卵石滩上泣不成声。奥福德岬潜藏的暴力，令她猝不及防地想起一段折磨了她多年的感情。暴力事件就像人眼睛里的碎玻璃，它发出的光不能帮助我们看见什么，只会让人失明。[9]

我们现在来到了尤里安阿尔卑斯山脉的中心地带。在一座桥边，道路的转弯处，一位老妇人独自坐在河边的卵石滩上。轮椅停在岸边的巨石中，她戴着一副琥珀色的大墨镜，双腿裹在绿色的毯子里，两手交叠放在毯上。她目不转睛地注视着湍急的蓝色河水。我们不知道她是怎么来到这里的，又将如何离开，此时此刻她看上去格外平静。

曾经暴行累累，如今却壮美迷人，这样的地方总会让人有种不和谐之感。但只依靠那段黑暗的历史去解读一个地方，相当于剥夺了它未来的可能性，拒绝修复，放弃希望——会成为另一种压迫。如果有一种方法可以观看和理解这种景观，也许就是"顿光"（occulting）。"顿光"是航海术语，指的是一种忽明忽暗的光，且"明"的时间比

"暗"长。从这种意义上说，斯洛文尼亚的喀斯特高原是一片明暗交替的景观，定义它的是光明与黑暗、过去的痛苦与如今的美丽之间的复杂作用。这些年来，我看过无数"明暗交替"的风景：苏格兰北部的无人山谷，散落的石头、废弃的民居，都交由云雀照看；西班牙马德里北部的瓜达拉马山，古老的松树林间曾发生过激烈的游击战，秃鹰将这一切都瞧在眼里；巴勒斯坦西岸的峡谷，雄狐在铁丝网的缝隙中窜行。所有这些景观都证明了大自然终将回归平静的力量，也煽动了深切痛苦与蓬勃生命不甚和谐的共存。

从河边老妇人所在的位置向上走一英里左右，一条溪流从峡谷奔流而出，汇入主流。地图上，它被标注为"白色激流"，我们将从这儿前往山顶——整整一百年前，战争曾在顶上打响。从路的尽头出发，我们沿着溪边山毛榉林中的一条细道登山，细道几经磨损，基岩裸露，像一道白色的闪电，顺着山势在林间跃动。

山毛榉树干上有一个个小洞，里面仿佛蕨类植物和苔藓构成的微型花园。河岸的巨石间生长着矮小的松树。风信子、龙胆、火绒草星星点点，散布在下层林木中。在稍大一点的池塘里，小鳟鱼迅速游动，来去如影子般不可捕捉。前方高耸着碎石斜坡和骨白色的山峰，从山脊线算起，约有几百英尺高。我们真能爬上去吗？白色溪流一直在我们左侧流淌，水花飞溅。它神秘而率性，对于在炎热天气登山的我们来说，倒不失为良伴。很快，我就无法抗拒它的邀请了。

"卢西恩，我打算沿溪流上山。"

"祝你开心，我还是想走陆路，我们上面的洼地见吧！"他向上指着云层里的某处说，"一直朝峡谷相交处走，然后左转往上，会看见一片很大的洼地，那儿有间用钢缆固定在岩石上的露营小屋。大概三四个小时后吧，我们那里见！"

他继续在林中行走，我则爬下山道，到了小溪边。

石头反射着耀眼的阳光。我在石头间跳跃穿行，爬上巨石和瀑布潭的岩壁。小溪变深变宽时，干脆涉水而行，享受融化的雪水轻咬双脚和小腿的感觉。流水打磨过的石灰岩像肌肤一样平滑。小小的溢水池有自己几英寸宽的白沙滩。上行中小溪的每个新的部分都提出不同的谜题。

溪流散发着白色的光芒，因而美不胜收；它又因"诡计多端"，显得很奇特。静水池中，水透明得仿佛不存在，我不止一次停下来，伸手试探究竟有没有水。

真正的挑战其实是继续前进，因为每处小池塘都在邀请你停一停，玩一玩，每条支流都想让你随它同行。终于，在一个被流水打磨光滑的石灰岩瀑布潭中，我游起泳来。潭宽十二英尺，是天然的无边泳池，它的下缘可以鸟瞰整个山谷，一直望向对面一座枕状山峰。我在水里扑腾了差不多五分钟，让瀑布拍打着我的后背，直至麻木。

从水中出来，我悠悠然地继续往上爬，在巨石间跳跃，走走停停，急流鼓舞我前进，池塘则怂恿我休息。直到峡谷侧壁越来越高，再这样下去，会有被困的危险。于是我以树根为绳，爬了出去。七只羚羊假装不经意地偷看——一个只背着个帆布包的半裸男人从河谷边缘爬到林间空地，又重新穿好衣服。

从林间空地出发，地势继续抬升，小路弯弯曲曲绕过一片开阔地上的小屋。随着海拔上升，树木越来越矮小。紫色的山萝卜让我想起家乡的白芷地。原本高塔般的山毛榉树收缩成十英尺高的成龄树，接着又变为一大片灌木林，许多分岔的小径分散在林间。这里的树种主要是松树和光叶针枥，一开始它们和人一样高，然后齐肩高，再后来到腰部，最后完全消失不见——因海拔和雪崩，我脚下这块空地上几乎不见草木。

岩石裸露着，土拨鼠尖锐的叫声回响，周围的山峰逐渐逼近。石塔高耸入云，与天空中一团团镶着白边的雷雨云相连，又与地下那些看不见的裂坑和岩洞系统相续。

一群雀鸟掠过我下方的松树林，扑棱棱消失在树叶间。我穿过巨石堆，爬上半山腰的一处洼地，卢西恩提到的露营小屋就在那里，看上去不过金属舱大小。它被人用钢缆固定在一块平坦的巨石上，以抵御冬季猛烈的暴风雪。我打开前门，屋子的高度刚够让人站立。里面六个铺位，左右各三个，几条毯子整整齐齐叠放在床上。还有两只装满水的桶。这是一个救生前哨站。不过卢西恩在哪儿呢？

我在小屋附近一片隆起的草地上躺下等他。温暖的风。软垫般的高山植物。云、岩石、土拨鼠的叫声，幸福感。渡鸦飞离悬崖，哑哑鸣叫。石块坠落声，野山羊的蹄声——野山羊！——就在离我二十码处。似乎有什么东西发出低鸣，却又好像寂静无声。这片洼地呈马蹄形，被巨大的弧形石灰岩包围，往上是高峰，往下是深谷。我知道最终的目的地在西面，但并不知道怎么才能到达。

半小时后，卢西恩出现在洼地边缘，满头大汗，却兴高采烈。我可能是在灌木林中的某处超过了他，当时并没有意识到。我们在小屋旁吃苹果，从河里取水喝。

"冬天，这里的积雪有十五到二十英尺厚，"他说，"这些都会被雪埋住。"

"这地方让我很开心，"我对卢西恩说，"谢谢你带我来这儿。"

"我也很高兴，罗伯。"他说，"很遗憾，这里也发生过战争，尽管环顾四周未必能发现这个事实。他们凿开岩石，攀上峭壁，跟敌人周旋。不过在这儿，冬季天气造成的死伤比子弹要多。"

白云石山脉和尤里安山脉附近，由于冰川退行，一个世纪前的战争遗迹正慢慢显露：步枪、成箱的弹药、未寄出的情书、日记和遗体。两个十几岁的奥地利士兵在特伦蒂诺的冰川中浮现，二人肩并肩躺着，颅骨上各有一处枪伤。三个哈布斯堡士兵则从一面融化后的冰墙中露出，他们头朝下倒挂在海拔一万两千英尺的圣马特奥山顶附近。问题的关键不是这些东西会埋藏在地层深处，而在于它们非常持久……

我们离开小屋，真正开始登山。前面是一处山脊凹口，脚下则是碎石坡——进两步，退一步。接下来是糖霜般的雪地，每一步都重重踏进雪中。这项任务艰难、孤独，令人燥热。因为有落石危险，我们戴上了头盔。凹口到达，这是个非常奇特的地方。我们面对面跨坐在凹口岩石上，就像骑在马上，这块岩石像约一英尺宽的脊骨。南边是巨型悬崖，高几千英尺，其下方是伊松佐河宛若白练的石灰岩河道。即便从这么高处望去，依然能看见河水在河谷深绿色的松林中闪耀着蓝光。

我们前方是山峰、山鳍和断层，它们是"白色激流的小山峰"。翻越这些山峰，只能借助钉在岩石里的铁索和支架。这条路被称为"钢铁小路"。卢西恩和我套上装备，我的钩环上还沾着特雷比齐亚诺深渊里的泥沙，看到它们，我的思绪一下飞回了那处漆黑洞穴，它就在我们身下约七千英尺深的地方。

"那儿就是卡宁峰。"卢西恩指着山谷另一侧一座低矮的白色山包说。看上去，似乎有广阔的雪原从鲸鱼背般的山峰向下铺开，光芒熠熠，布满孔洞。但那儿不可能有雪原。

"卡宁峰是货真价实的喀斯特山峰，那儿能看到石灰岩的不同特性。我们脚下的这座更易碎且更尖锐，而卡宁峰的外形像个长条状面包，质地更接近月球。你还可以想象一下它的横截面，内部有许多天然洞穴，如同蜂巢。有些洞穴的入口就在山坡上，垂直高度接近两千米。"

"山是有内在的。"[10]娜恩·谢泼德（Nan Shepherd）在《活山》（*The Living Mountain*）中写道，这本书记录了她对苏格兰凯恩戈姆山脉的杰出研究。多年后我才理解这句话的意思，因为那花岗岩山脉怎么看都是外向的。而在尤里安山脉这里，娜恩的说法不过陈述了个显而易见的事实。这里有很多中空的山脉、暗淡的山峰，而且处处是峡谷和山洞。

我们正打算翻越小山峰，突然听到西北方传来持续不断的滚滚雷声。

"现在可不是出发的好时机。"我对卢西恩说，"我们被金属钩环固定在金属绳索上，背包里还有露头的金属冰镐，到时这些都会暴露在山脊上，雷电马上就要来了。"

"要不，我们回洼地那儿等风暴过去，或者跟风暴抢一抢时间，希望它能跟我们擦肩而过，或者等我们躲进地道后才到来。"卢西恩说。

我们选择了跟风暴赛跑，在一场两小时的冲刺中，一个山顶接着一个山顶，我们挨个标记这些小山峰。我还记得有些山石发出快门似的咔嚓声，有些山峰则布满尖锐的碎石。手掌下是晒得发烫的岩石。断崖在向我们召唤。第一个，第二个，第三个山顶。肾上腺素，渗血的指甲，酸痛的双腿和双臂。我们活在世上，很高兴能这样活着，雷暴从我们北边几英里处缓缓滑走了。

"钢铁小路"的铁索跟一战时期的工事有关。铁索间的木板步道一百年前就钉在了岩石里，我们战战兢兢地保持平衡，借锈迹斑斑的铁梯翻越岩石凹口。到达第九个山顶时，前方赫然出现一个地道口，在阳光照耀的地上世界，它的黑暗显得有些突兀。这条地道是被炸出来的，贯穿整个山顶，战争时期，在这片致命的冲突地带中，它一定是最安全的地方之一，可以抵御战火、雷电和雪崩。

进了地道，我们感到非常庆幸，一来它让我们得以喘息，二来就算风暴真的来袭，也可以在这里躲避。接着我们朝山里走去。地道大约深六十英尺，转过两个弯后，彻底没入黑暗，我们只得把头灯打开。再之后，我们互相帮扶着爬下一个生锈的梯子，来到了更低的一层。

光线亮了起来，我们转过一个弯，发现石灰岩墙壁上开了个射击口，这里的炮火可以跨越峡谷射向对面的卡宁峰。石头里嵌着曾经的环形铁枪架，枪放上去可以东西方向转动。内墙里还有凹形的后坐力空间。在这封闭的空间里，炮弹每次的爆炸都震耳欲聋，曾在这儿操作机枪的人肯定即刻失聪。

又一个转弯，光再次透进来，这次到了门口。在这座空心的山峰里面，我们接连经历了不同阶段——光明，黑暗，光明，黑暗，之后又是光明——终于到达山脊的尽头。脚下是通向山坳的碎石斜坡。我突然想起巴黎地下墓穴里，那个破墙而出的《穿墙人》雕塑。

我跑下碎石斜坡，滑进绿油油的斜坡牧场，其间有一条铺满羚羊骨的人造小径。山峰的背阴处躺着几摊发黄的旧雪。我看到一两英里外有栋小房子，旁边是深达几千英尺的悬崖。这意味着我们能歇歇脚，好好吃一顿，还有人作陪。战争之事一下被抛诸脑后。朵朵白云快速拂过太阳，在大地上投下时明时暗的光。

⇌ ⇌

打理房子的是七岁的特蕾莎和她的白猫露娜。其实她父亲才是这儿的管理员，不过他总待在后屋。我们没有见到特蕾莎的母亲。晚餐特蕾莎准备了意大利面，迎接我们时，她脸上还沾着面粉，一只胳膊像夹着橄榄球一样夹着猫咪露娜。她对我讲意大利语，我跟她说英语，我们谁都听不懂对方在讲什么，可这并没有什么关系。

看到特蕾莎，我想起自己的孩子，心中一阵刺痛，已经快两周没见过他们了。这片美丽土地的黑暗面似乎也有一丝渗入了我的内心，让视野和精神染上了黑色的晕影。我想和孩子们在一起，保护他们。

这栋房子是"白色战争"的圣物箱。窗台上排列着多年来徒步者捡到的死亡碎片。炮弹残片、弯折的刺刀、子弹、靴扣、头盔钉和下颌带，还有在爆炸冲击下像香蕉皮一样剥开的炮弹外壳。这儿就是一座残酷的屠杀博物馆。

这里有间小阅览室，藏书多半与战争相关。我坐在长木凳上读着这里发生过的故事。书里有一些前线的黑白照片，展现了这片山区各个地方发生的战斗，还有那些曾经的战士。山体被挖出一条又一条地道，一个又一个洞口。战士们躲在阴影里，监视着对面被敌军占领的山峰，那峭壁就像远洋游轮船身的一侧，布满了一排排窗口。要想躲避致命的雪崩、寒冷和敌军炮火，唯一的办法就是躲进山洞里。阿尔卑斯山的这些山峰变成了武器，其天然的地质条件经由强力改造，以满足战时隐蔽之需。仅仅炮火这一个因素，就将其中一座山削低了二十英尺。"白色战争"的舞台穿过被挖空的山腹，从山顶向下延伸到山坡和山谷的洞穴中。[11]

我又一次联想到埃尔·魏兹曼（Eyal Weizman）关于巴以冲突地区地面建筑的研究——《空心大地》（*Hollow Land*）。他提出了"弹性地理"概念，意即，地理空间不仅是冲突发生的背景，更应将其视为"一种媒介"，"每次行动都会挑战、重塑或调整它"。[12] 魏兹曼绘制了以色列和约旦河西岸的"弹性地理"图：为了封锁领土，两国边界建起密不透风的墙和护栏；与此同时，巴勒斯坦人又在这些防御工事下方挖掘了许多地道，用来走私人口和武器；哈马斯激进分子从加沙发射出的火箭，在空中划出一道道弧线。根据他的观察，交战双方都对地理空间进行了"概念重建"——从对远远高于地面的垂直领空进行的军事控制，到争夺西岸几千英尺深的石灰岩含水层。魏兹曼将这一变动中的空间称为"空心地"，"它的建筑结构很复杂，进出口位于不同地层，还有许多守卫森严的安全廊道和检查点。重重障碍将它分隔、封锁，地道洞穿其间，立交桥又把它连接起来，还会受到管制空域投下的炸弹轰炸。空心地是一次次分割的实体体现。"[13]

"白色战争"期间，类似情况曾在尤里安山脉上演。这个"极端实验室"[14] 研发出了新的战争形式和新的地理空间重塑方式。群山不再是坚固的结构，而变成可以打开的蜂巢，内部通行无阻，墙壁也可洞穿。景观本身变成了演员、特工、战士。在第二次世界大战中，它又承担了不同的角色，甚至成为一种行刑手段，正如卢西恩和我在杀人坑洞所见。

特蕾莎带露娜来见我，把它放在我腿上，双手抱住猫耳朵，在它嘴上结结实实亲了一下。露娜号叫了一声表示抗拒，爪子深深刺入我的大腿。我也叫了一声以示反抗，攥紧拳头，指甲扎入掌心。特蕾莎跑到一边，开心地看着这一切。

和我们在这里同住的还有四个的里雅斯特人，是两对夫妇，他们是这儿的常客，经常从城里过来玩，冬天滑雪，夏天登山和探洞。他们上前攀谈，向我们讲起山里的故事。其中一位身形健硕，虎背熊腰。他穿一件橙色羊毛衫，围着蓝色围巾，由于热出了汗，头发紧贴头皮。他诚恳地表明自己是极限洞穴探险者。我很惊讶，他的身材看上去并不适合从事这项运动，不过我并没有表露自己的想法。那人指了指对面的卡宁峰。

"按从地面到最底端的距离算，欧洲最深的一些洞穴就在那儿。"他说着便走过来跟我们坐在一起，在我们的地图上指出洞口的位置。

那天晚上，远处的闪电照亮了卡宁峰，卢西恩和我在阳台上观赏这场"灯光秀"。火焰一般的光芒中，坑坑洼洼的石灰岩平原就在眼前，它看起来就像被小行星撞击后的月球表面。一切是如此奇异而美丽。

我们关注着暴风雨的进程，同时计算每道闪电和随之而来的雷声之间的间隔。

"再晚些时候，你还能听见山谷里牡鹿的低吼声。"卢西恩过了一会儿说，"那声音很是狂暴。它从山下飘上来，在圆形谷地里不断回响，挥之不去。"

过了一会儿，暴风雨降临，雨水如子弹一般砸在锡制房顶上。

## 与与

我们在安宁与奇迹中醒来。

脚下的风景被大片的云海填满。山谷成了峡湾，我们所在之处成为一个小岛。就在我们注视之时，云层缓缓升起，越来越高，以至于让人产生正在下沉的错觉，仿佛环礁颤动着沉入白色的海水。青松在雾霭和山棱间一点点显现，如一幅缓缓展开的中国卷轴画。

上方的峭壁拔地而起，下方的断层深不见底，一条小路切入其间。我们沿路西行，于云海中穿入穿出。当有瀑布从悬崖落下时，我们必须蜷着身子穿过水帘，任冰雪融水砸在头和脖子上。

雪径上有猫科动物的足迹。一对黑色火蜥蜴正在路边的白色石头上交配，它们长长的足趾热切地彼此按压着。一只野山羊在远处张望。更多的洞穴，更多的地道，出现在每一处峭壁上。整条山脉像个蜂巢，一个可怕的战争蜂巢，这一点不假。我们是不可见之物的蜜蜂……

一群红嘴山鸦哑哑叫着，俯冲到远远低于我们的下方。两头羚羊跳跃着逃开，又停在巨石上，回过头来看我们。尽管已覆上茵茵青草，岩石和土壤中的沟壑仍依稀可见。我们在侧谷中任意穿行，这里的开阔曾经意味着死亡。成圈的带刺铁丝网已经被草皮和石头埋藏。

从高处的小路下来，我们换了一条深入云层的环线，进入了白色的世界。经过一片野生树莓，我们停下来尝了尝果子——酸极了。我们继续下行了几小时，下山的同时，太阳渐渐升起，点燃了云彩。

刚过正午，我们抵达谷底，年轻的伊松佐河便从这里流过。它在这儿流经卡宁峰的喀斯特地貌，河水呈冰蓝色。我真想钻进河里，随它漂到亚得里亚海去。我和卢西恩在深潭边的鹅卵石滩停下休息。鳟鱼的影子倏然跃动，悬停在上游晃动的水中。既是登山家也是神秘主义者的 W. H. 穆雷（William Hutchison Murray）曾在德国和意大利战俘营关押多年，他被释放时说了什么呢？寻找美丽，保持镇定。[15]

　　水面上升起一层薄雾，轻纱般笼罩在河流上方，因此水比空气更清澈。河边的树上满是青苔。这里不是雨林，而是雾林，这条宛若来自异界的河流贯穿林中。在卵石滩上，我发现了一块扁平的黑色圆石，遂将它抛入河流中央。石头穿过冰蓝色的河水，沉至河床，半埋在白色的沙子中。

## 第三间石室

　　那棵树干开裂的老白蜡树下的迷宫中,还有最后一条路。这条路迅速伸入地下,回环转折,又渐渐平缓,之后到达一片碎石滩,一旁是漆黑的深水潭。潭顶很低,几乎贴到水面。想要继续前进,唯一的办法就是进入水潭,从水下通道穿过去。

　　潭水漆黑如石,冰冷如雪。那寒冷迅速触到骨头,没有光线,无法视物,只能摸着潭顶的岩石继续蹚水。现在胸中的气息又热又涨,脑压越来越高,越来越高……最后,终于走出来,在水潭另一端的黑暗中大口喘息。莫非这就是死亡的感觉?或者降生的感觉?

　　进入另一间石室。钟乳石从洞顶垂到地面。打开灯,举起它,光柱移动起来。墙上的图画和故事亮了,石室一下子活了过来。每块石壁上都画着一幅地下世界的场景，描述鬼魂出没与来世之事，尽管时空各异，却又彼此呼应。

公元前四世纪，在希腊塞萨利，一具女性遗体正待安葬。她的嘴唇被一枚刻有蛇发女妖头像的硬币封着，这枚硬币是付给摆渡人的船费，他将载着她横渡黑水河，去往死亡之境。女人胸口放着两枚心形的金叶子，上面蚀刻着金属文字。这两枚叶子共同构成了亡灵书，是死亡通行证或死亡地图。上面的文字可供她在冥界阅读，为她提供指引，珀耳塞福涅将接管她的命运。文字警示她留心别人犯过的错误，他们因未能按照正确的行程安全抵达地下世界，不得不沦为孤魂野鬼，永远逗留在尘世。在冥府大厅的右侧，你将看到一口泉水，旁边有棵幽灵柏，死去的灵魂会在这里洗去他们的生命。千万不可接近此泉……[1]

十九世纪六十年代，一个男人正在美国宾夕法尼亚西部的旷野上行走。他手拿探测杖，衣服口袋里还装着一枚银币。男人走一走，停一停，等一等，像在倾听什么。他弯下腰，让耳朵离地面近一些，再听，再看探测杖，期待它们会突然震动。但什么都没有，探测杖毫无反应。他继续走着。这人是灵媒，是巫师，也是地质学者和石油投机商。石油是上帝给人类的礼物，藏在地下，取之不尽。人只需要找到它。石油会发出"气光"[2]，即地面空气的闪光，只有极少数敏锐的人才能察觉到。

男人继续在草地上走，手中的探测杖突然开始震动。他终于在精神向导指引下到达目的地，将在这里开凿哈尔摩尼亚之井。他停下来，侧耳倾听，确认听到的响动。随后，他露出微笑，跪在地上，从口袋里拿出那枚银币，深深揿在草皮里。这儿就是钻机将要落下的地方，这儿就是石油将涌出来的地方。

一九七一年，一台苏联钻机停在土库曼斯坦达瓦扎村附近的卡拉库姆沙漠上。突然传来巨大的爆裂声，随后是一阵轰鸣，沙漠中一块直径两百三十英尺的圆形地面突然碎裂、塌陷，落入下方张开的深渊中。短短数秒之内，岩石、沙土连同钻机，都被吞没。虚空浮上了表面……钻井刺穿了一个天然气洞穴，洞顶坍塌，大量有毒气体涌向地上。人们决定，引燃天然气并将其燃尽。据估计，这个过程只需几周。可四十年过去了，那矿坑还在燃烧，它也因此得名"地狱之门"。每到夜晚，橙色的火焰便映亮了方圆数英里的沙漠。人们从世界各地来到这儿，靠近它的边缘，在火光的映照中扎营休息。

本世纪初，在闷热的印尼爪哇岛北岸，有一处蔓延四平方英里的有毒泥沼。有毒物质从地坑中央溢出，伴以一股恶臭冲天的气体，这片泥沼已经淹没了十二个村庄。十年前这座"泥火山"开始喷发，某跨国公司在地下约两英里深的晚中新世地层开采石油时，冲破了一处高压含水层，导致地表出现一连串破口，从那以后，古老的毒性淤泥便不断从这些地方涌出。[3]

在一些人看来，这座泥火山是跨国公司贪婪行为的后果，是一场非自然的灾难。也有些人认为这是冥界的发声，是地下世界神秘力量的显现，那些居于地下、不受人世约束的幽灵和鬼魂，来到了地上。

二〇一六年，一大群雪雁正飞越美国西部的一处平原，其数量超出两万五千只。因为暴风雪侵袭，这些鸟偏离了以往的路线。它们急切地寻找可以躲避风雪和寒冷的地方。雁群经过一片发着红黑色光的水域，这里曾是露天铜矿场，后来被水淹没。这似乎是个可以避难的地方，于是一只雪雁落了下来，接着十只雪雁跟上了，再接着是一万只。它们扑腾羽翅，引吭啼鸣，在水边安顿下来，抖动羽毛，开始感激地喝水。不过，这片总共四百五十亿加仑熠熠发光的水，是有毒的——由于开矿，此处的水酸性很高，且含有重金属。成千上万只鸟死去，几百英亩的水面上漂浮着死去的雪雁，黑色的条纹，白色的翅膀，一只叠在另一只身上。这里形成了新的地表景观。

同年，一个一身白色、全身武装的男人躬身穿过由框架支撑的窄门，进入漆黑的"墓室"。墙壁由厚重的混凝土浇筑而成，厚度超过两英尺，因而被称为"石棺"。墙壁围出的这个空间是反应堆洞室。这个人脖子上挂着相机，继续在洞室中穿行，他的灯光照亮了周围超现实的景象：上方落下的变形钢块、弯曲的横梁、扭曲的管道、垂落半空的控制面板。这里被无法想象的可怕力量改造得面目全非。这儿原本有七个房间，上下重叠分布，可如今都已不在原先的位置，也不是之前的顺序了[4]。一块熔岩钟乳石从天花板垂至地面，比正常人的胸围还要粗一些，构成它的是熔融的岩石、橡胶和铀——只要在附近站几分钟，人就会没命。这个人最多只能在石棺中待四十分钟，否则会遭受过量辐射。他站在这个曾经的控制室里，举起相机，拍摄了一张慢门照片。

后来，他将这张照片冲洗出来。照片里本应是一片黑暗，可下方却有一片散落的白色尘点，像静电，又像是细雪。这些白点并不是尘埃，而是纯能量留在光敏胶卷上的印记。在那石棺中，他被看不见的放射性物质包围，蜂拥。那是铀、钚和铯令人目眩的放射线"亲笔签名"——那夺目的光点如鬼魂一般飘过人的眼前。

Part 3

第三部分

# 萦绕

- 北方 -

## 红色舞者
### （挪威，罗弗敦群岛）

越过海湾遥望北岸，闪着微光的白桦林旁，一个暗影伫立在高地上，那里本不应该有人。

两只蛎鹬从我们中间穿过，掠向水面，叫声迅疾，它们飞翔的身影吸引了我的目光。

再望向北岸，白桦林边什么都没有了，人影就这么消失了。

≒ ≒

几天前，在恶劣的天气下，我在挪威的西峡湾中航行，按照行程，我会在黄昏之前抵达莫斯克内斯。阳光照在南边，转瞬又被阴影浸透。一小阵暴风雪被卷到船上，短暂地遮住了船上的视线。雪花在空中急速翻飞，嗡嗡作响。

西面不可思议地出现了岛屿。依稀可见一片黑白相间的地带，低垂的灰色云层和高涨的灰色海面之间是峭壁和雪原。白雪泛着光，遍布沟壑和石翼。雪比我想象的要多很多，山峰也比预想的更陡峭。我们逐渐靠近，那片带状的陆地渐渐变得宽阔。

狂风怒号，群山映入眼帘，如同一张逐渐显影的照片。视野中散落着几座红墙黑顶的民居。几千条冻得硬邦邦的真鳕被勾住嘴部，成排挂在 A 字形木架上，在风中咔啦啦作响。暴风雪从东边袭来，呼啸声越来越大，我心里一阵不安。

后来回忆起那些天的经历，总带有一种金属般的质地：路途是白银，海湾和云层是铁块，天空是稀有黄金，风暴最盛时是锌，我逃离时途经的南部海域则是青铜和黄铜。

≒≒

"注意看。"在奥斯陆时，考古学家海恩·毕约克（Hein Bjerck）对我说，"那海岸上还有别的人影，毫无疑问，还有别的呢。"

他顿了一顿。

"不过你先得安全翻过'墙'，我只在夏天绕远路乘船去过那里。冬天，必须徒步过去。"他笑了笑。

"你想过学抽烟吗？活到老，学到老！"

他顿了顿，又笑了。

"在那种环境里，吸烟有时可是个不错的生存技巧。"

≒≒

欧洲大部分史前洞穴壁画，分布在法国西南部和西班牙北部的大小洞穴中。在此以北，这类史前艺术逐渐减少，创作时间也较晚一些。到北纬六十度以上，这一艺术类型几乎就不存在了。

洞穴壁画在高纬度地区之所以非常稀少，主要因为直到最后一次冰河时代将近结束时，那里大部分区域都被埋在冰川之下。大约两万年前，在如今法国多尔多涅省拉斯科洞穴主厅处，那头十七英尺长的红色原牛被画出来之时，整个斯堪的纳维亚半岛、英国和爱尔兰的大部分地区，仍被冰川覆盖着。后来，冰川逐渐消融，留下一片破碎的、毫无生机的土地。人类向北开拓这片贫瘠土地的过程非常缓慢。

北半球高纬度地区洞穴壁画艺术稀少，还有一定的地质原因。这类艺术最安全的"画廊"是洞穴，且洞穴多为天然石灰岩属性。拉斯科壁画、肖维壁画、阿尔塔米拉壁画——所有最著名的史前壁画都存在于石灰岩洞中，或是在石灰岩石壁上创作出来的。石灰岩有种独特的"艺术管理"能力，会在壁画上形成一层透明的碳酸钙，相当于上了层防腐清漆，从而减缓颜料褪色的过程。北欧的石灰岩比西班牙、法国少，火成岩和变质岩较多，这类岩石由冰川或海水侵蚀而成，形成的洞穴或悬垂物较浅且粗糙。岩石内壁不似被流水打磨光滑的石灰岩，适合作为画布。粗糙的花岗岩洞无法提供钟乳石林立的石灰岩洞那样的绘画条件。不过，欧洲高纬度地区确实有史前壁画艺术。在遥远的挪威北部，一个叫阿尔塔的地方，人们发现了极为惊人且集中的艺术创作——以岩刻为主，数量超过六千幅，在被冰川抛光的岩石上描绘了驯鹿、熊、人类的形象，以及狩猎场景和极光景观。创作时间大约在距今七千至两千年前。绘画比雕刻图画更脆弱，容易被破坏或风化，因此也更为罕有。

北方景观里最惊人的彩绘壁画都保存在挪威西海岸的海蚀洞中。

到目前为止，已发现了十二个有壁画的海蚀洞，它们分布在奈勒伊峡湾到罗弗敦群岛，这从南到北共五百多英里的范围内。这些洞穴通常在荒野的海岸边，位置偏僻，山峰仿佛垂直地落入了大海。千万年间，海浪如重锤般将一个个洞穴凿成海崖或峭壁。在这些壁画诞生的年代，有些洞穴乘船才能到达，而航行在岛屿和半岛裸露的海岸附近，要冒相当大的风险。

这些彩绘洞穴中总共包含了约一百七十个简单的线条形象，都由手或笔刷蘸着氧化铁颜料画就，大部分是人形，偶有人和动物的混合体，还有个只有一条胳膊的形象。它们手脚张开，似乎在跳跃或舞蹈。要鉴定画作年代并不容易，不过，洞中发现了手工制品——板岩打磨制成的箭头，一根钻了孔、类似笛子的海鸥腿骨，还有一个大海雀护身符，进行碳同位素测定后，一个最可靠的推测是，它们创作于两千至三千年前。

这些彩绘形象是北极地区青铜器时代的艺术。诞生于自然条件最严酷的地区，彩绘创作者以狩猎、采集和捕鱼为生，在与世隔绝的海岸线附近活动，依靠墨西哥湾暖流的温暖馈赠勉强存活。这些人生活艰辛，寿命短暂，因而有理由认为，他们并没什么艺术创作的空间。

然而，那些红色舞者形象的的确确存在着。

最偏远的一个彩绘洞穴位于罗弗敦群岛西端。群岛约在北纬六十八度，探入挪威海，绵延近一百英里。这个洞穴则位于莫斯克内斯岛顶端的西北海岸，无人居住，现被称为库尔赫拉伦岩洞，即"地狱之洞"。

到达库尔赫拉伦岩洞有两条路。一条要徒步翻越"罗弗敦墙"，即一条向下延伸到岛正中心的险峻山脊，在冬季，仅有少数几条路线。

另一个方案要乘船绕过群岛顶端，途经恶名昭著的莫斯肯漩涡——世界上最强劲的漩涡系统之一。埃德加·爱伦·坡（Edgar Allan Poe）曾在一八四一年的短篇小说《莫斯肯漩涡沉浮记》（*A Descent into the Maelstrom*）中描写过它，小说中它化身为通向地心的地道入口。古斯堪的纳维亚语则直率且实在地将其命名为"havsvelg"，意为"海洞"，海洋中的空洞吸引一切流入其中。

一个岩石入口，一个流水入口，两个地下世界的入口紧挨着，分别封印在崇山峻岭和汹涌海域中。

两千五百多年前，那些在库尔赫拉伦岩洞里作画的人，在进入洞穴前，必须闯过大自然设下的险关。仅仅是到达这里，就得冒着相当大的风险。

彐 彐

我登上罗弗敦群岛时，已是冬天。前一周，自西而来的极地大风刮了四天，迎风坡上疏松的雪被剥得一干二净，积雪悉数涌进罗弗敦墙东侧的沟壑里，那儿变成了"风砌雪板"。雪崩风险从低升到中等，并仍在上升："东侧和东南侧可能发生风砌雪板雪崩，三百米以上的过度负载也有可能触发雪崩。"我计划徒步前往库尔赫拉伦岩洞观看壁画，这可不是我想听到的天气预报。

在冬天，可由两处翻越罗弗敦墙到达库尔赫拉伦附近，不过照目前的情况看，两条路都很艰难。一条路借道呈扁斧形的曼能峰下的一条冲沟。另一条则要登上一处山肩。我拿出地图仔细考虑：冲沟地势较陡，不过预计积雪较少；山肩坡度较缓，但发生雪崩的可能性很大。

我决定走冲沟，我喜欢冲沟，它环抱着你，让人觉得就算脚滑也不会摔出去很远，相比山脊或山肩，冲沟让人更安心，尽管事实并非如此。

前往岩洞的前一天，从黄昏起就一直下着雪。我所在的欧村位于几乎贯穿整个群岛的公路的尽头。除了村庄，只有湖泊、山峰和大海。我和一个叫罗伊的退休渔民住在一起。六年前，罗伊从欧村码头的一个绞车上摔下，骨盆和腿骨骨折，那是他打鱼的第三十八个年头。从那以后，他便提前退了休，国家会发补贴金，他则干起了摄影。

"你不应该去翻'墙'。"那天晚上罗伊说，"时节不对。墙的西侧什么都没有，没房子，没人，没有手机信号，只有峭壁和大海，还有雪。你究竟为什么非要去库尔赫拉伦岩洞呢？"

我想了想：自从多年前第一次听说这些壁画人物，我就着了迷。我想知道创作者为什么要历尽险阻到那里，留下他们的印记。可这个理由太脆弱了，恐怕经不起袒露，而此时我正需要信心。

"我就是想去看看那个洞穴和里面的画，然后，我也想去西侧看看，待段时间。"我说。

罗伊耸了耸肩说："自打斯林斯比（William Cecil Slingsby）[①]，总有英国人来这儿这么干。"

我们转而聊起他在印度尼西亚的假期，还有他和一位印尼女士的恋情，开始一切都很美好，后来却糟透了。他给我看了一段视频，是他为恋人建的一间黑色大理石、粉色泥墙的小房子，用来经营她的美甲生意。我们还看了些照片：罗伊跨坐在电动小摩托上，小车就停在那宫殿般的小房子前，那房子有着糖果色的屋角和倾斜的石板屋顶；

---

[①] 英国著名登山家。1872 年，他初次到访挪威，后成为登上诸座挪威山峰的第一人，又被称为挪威山峰的发现者和挪威登山之父。

罗伊光着上身，满脸笑容地和恋人在餐厅吃饭。

那天晚上，我辗转难眠。我站到窗边，拉开窗帘，在罗弗敦群岛最后一盏路灯的灯光下，翻飞的雪花仿佛闪耀的火星。眼前的景象奇异而静谧，可我知道，这意味着山峰和冲沟的雪正越积越多，发生雪崩的可能性也越来越大。

第二天一早，我正准备离开，罗伊在冰箱里翻找了一阵，拿出一个塑料袋。

"这有五个鱼饼，是用两天前在赫勒附近捕获的北极鳕鱼做的，赫勒离你要去的地方不远。"

背包已经很沉了，可我还是接过来，把它们塞进了外侧的网袋。

≒ ≒

墙的另一侧，有危险，也有奇观。每次回想起来，这场徒步留在脑海中的只有一片空白的漩涡，夹杂着一些关于决策的记忆碎片，混乱而模糊，一切充满了不和谐。

清晨时分，我沿着那条直通罗伊家的死巷离开了，出了欧村。雪静静地下了一整夜，积雪有六英寸高。新鲜的雪在我的脚下吱吱作响。地上只有我一个人的足迹。村庄依然在沉睡。一切被消了音。

冲沟的起点在一个狭长湖泊的顶端，湖位于低处，名叫阿格瓦涅，沿着欧村向西延伸，将北、西、南三面的山峰连成马蹄形。下了雪，岩石十分湿滑，沿湖岸行走非常困难。湖水冻得像钢铁一样，在洋流作用下只有入海口处的水依然流动。近日的大风把碎冰堆在了湖湾的岸边。湖心岩岛的背风峭壁上栖息着一群海鸥，它们热闹的短鸣长啼为冷峻的山谷带来了一丝温馨：一派欢快友好的生活景象。前方远处，乌云笼罩着山峰，只有山脚露出。我有些担心无法准确定位冲沟。

我在被雪掩盖的巨石和湿滑的石面上缓慢行走，绊脚，打滑，摔倒。背包太重，就连摔倒后爬起来也很吃力。途中要翻过四个小峭壁，手抓脚踏处结了冰又有点斜，攀爬时需要格外细致谨慎。

又往前走了一段，地面稍平坦些，湖湾顶端往上有块碗状开阔地，此处地势缓缓抬升了半英里左右，延伸至一座峭壁的底部。这里有一片低矮的白桦林，我在林中艰难开路，身后留下一串洞坑。环状白云低垂，迅速飘移，时而将地面遮掩，时而又露出。这里没有日光，只有水纹岩石、呼啸的狂风和小型雪崩的隆隆声。我强烈地感受到这片土地的冷漠，换成别处，我倒乐于沉浸在这种气氛中，但现在，感觉到的只有威胁。

我在一块可以避风的巨石后稍事休息，整理背包。不远处，罗弗敦墙耸入云中，却仍看不到山顶，小型旋风在山坡上游荡。前方是三条冲沟的起点，向上伸入云中。还堆积着雪崩残雪，幸好只是大一点的雪块，不是整片雪崩扇，不必太担心。根据我手上的照片，只有一条冲沟走得通，另外两条都通向悬崖。

此时的能见度很低，要怎么选呢？左手边的冲沟似乎向西偏得太多了，不像是正确路线。右边这条看起来最有可能，但和云雾交接后，它似乎突然变窄了。我记得手机里有那张照片，我翻出来，比照着冲沟分辨地形，照片拍摄于春末，只见黑色的岩石和几条雪线，和我眼前这白茫茫的雪墙并没有任何相似之处。

有零乱的落石声传来。

我半是凭直觉，半是碰运气地选了中间那条路，如果走不通，只能折返重选。

　　装好冰爪，戴上头盔，拿出冰镐。我走到冲沟口，在陡坡上凿了一个孔，测试雪崩风险。顶上的雪很明显有一定弹性，应该是新的风砌雪覆在了坚硬的旧雪上，情况不太妙。不过冲沟的风砌雪体量应该不足以埋住我——如果真的发生崩塌的话。

　　所以，前进吧。

　　我完全进入冲沟，脚下的地势倾斜，必须要用到冰镐。冲沟喉部的雪比想象中深，已齐大腿，我仿佛在陡峭的白色河流中涉水行走。偶有小型雪崩发生，让人惴惴不安。于是我走到冲沟左侧，这侧边缘像沟槽一样微微卷起，岩石较多，雪偏薄又结了冰，发生雪崩的概率小一些。不过，这里人坠落的风险更大，还可能遭遇落石。在雪崩、坠落和落石之间做权衡，成了这次攀登的关键点：要选择总风险最低的路线。

　　时间放缓，回环，重复。每一步都很艰难，上坡时，沉重的背包有时拖着我向后翻，有时又压着人往前倾。海浪般的雪花嘶嘶地擦过脸颊，一阵刺痛。我默诵着咒语：慢慢来，花点时间。慢慢来，花点时间。

　　你为什么来这儿呢？你为什么来这儿呢？岩石和风对问。

　　还是看不见路。是这条冲沟吗？地面突然断裂，我猛然下坠，砰！硬雪猛击胸膛。我的双臂卡住，腿悬在某种虚空中。我对自己说：快想，快想，这是一条冰隙。我一定是掉进了旧雪和巨石之间的裂缝里，我实在不想整个人都掉到下面。虽不清楚下面的空间有多大，但想要爬出那鬼地方一定难如登天。于是，我小心地试着分离，拉拽，游动，漂荡，挣脱，就像摆脱流沙那样。我把冰镐伸得尽可能的远，结实地钉住，然后用膝盖和脚发力往上挪，终于逃出来了。这时，瞧！就在我头顶八十英尺左右的地方，是冲沟顶和晴空。我选对了，从这里可以翻过罗弗敦墙。

距顶部三十英尺左右的地方，斜坡愈发陡峭，上面积了厚厚的风砌雪，斜坡边缘还形成了一个小雪檐，大约五英尺长，向外卷起，悬在我的头顶。那是一截横向的冰冻雪浪。

无论雪檐还是负载过重的斜坡，我都不喜欢。我决定在冲沟左侧的岩石中找找其他可能。但这儿的地形更加严峻，或许只差十五度便是垂直的了。冰爪在裸露的花岗岩上屡屡打滑，我无法只靠一只冰镐往上爬。为了抓握，我不得不把手伸进雪中，左手手指渐渐冻僵。这时，我感到脚下有个非常危险的裂口，我当机立断往回撤，一点一点原路折返。慢慢来，花点时间。

那么，只好向雪檐处行进了。一步，一步，斜向上走在积着厚雪的坡道上。每一步，都有差不多一码宽的雪板从我脚下掉落。现在，我的一举一动都有可能引发真正的雪崩。继续向上的每一步都如临深渊，最后，我终于到达雪檐下。我尽可能地站稳脚跟，用力把冰爪插得更深，再用冰镐凿雪檐。雪大块大块地掉在身边，又滚进脚下的冲沟里。凿了六七次，终于在雪檐中开出一条通道。我探身钻进缝隙，铛，猛力将冰镐凿进稍远处山脊的冰冻草皮中，接着用力一蹬，穿过了雪檐。最后，我大叫一声，将自己拉上关隘的鞍部。

我躺在地上，像一条离了水的鱼，大口大口地喘气。就在那时，头顶的薄雾中低低地盘旋着一只海鹰。那卡在喉头、令人发呕的恐惧感瞬间消失了，这只出现在这非凡之地的非凡之鸟，令我的心脏突然欢跃起来。接着我又想：它不过看看你有几斤几两，能不能当午餐罢了。我因自己的愚笨和这片土地的淡漠，笑出声来。

≒ ≒

到达并进入挪威海岸的岩洞，是一场"通过仪式"，需要经过"身心的双重考验"，海恩·毕约克如此写道。[1] 海恩曾发现许多岩画洞穴，我来罗弗敦群岛之前曾在奥斯陆见过他。考验是多重的：先是抵达洞穴，然后要深入洞中，这意味着经过了两道关键的门槛——第一道是洞口，第二道是光明与黑暗的交界处。海恩认为，当时艺术家们颇具挑战性的短暂拜访是种"仪式行为"，是进入"人类世界边缘地带"的旅程。[2] 他还提到，教堂之洞、地狱之口、地狱之洞、山精之眼等流传至今的名字也强调了洞穴的特殊意味：表演空间，或进入危险的异世界的入口。

毫无疑问，这些洞穴都充满了戏剧性。"山精之眼"是一处海浪侵蚀形成的地道，直径约一百英尺，从东到西贯穿了整个小岛。一年一度，橘黄色的夕阳会被地道口框住，宛若一只眼睛。"巴克哈默洞"位于极陡峭的海崖中，只能从水路到达。天气晴朗时，从海上好几英里外就能看见它。"索尔森洞"里有块面积超一百平方英尺的垂悬岩石板，上面画着一个巨型十字图案。所有彩绘洞穴中，"芬加尔洞"最靠南，洞穴通道分成了两条主要岔道，分别延伸到岩石深处。岔道口竖着一座石碑，一年两次，阳光会短暂地照到石碑正面。库尔赫拉伦岩洞则是一个朝北的巨型十字岩洞，入口高一百五十英尺，洞穴系统全长六百英尺。在盛夏的某几周里，岩洞外的部分区域会淹没在午夜的金色阳光中。

在所有考古研究中，对史前岩石和洞穴艺术的研究最具推测性。图像创作本身是没有争议的事实，但当时的创作条件几乎无法查证。放在当时更广泛的文化习俗中，这些个体艺术创作究竟有什么目的或意义，我们也很难下定论。

但我们依旧可以说，挪威的彩绘洞穴艺术是欧亚大陆北部居民在青铜器时代创造的，是他们文化生活的一部分。这一时期还诞生了瑞典南部布胡斯的石刻艺术。这类艺术多出现在"界地"——海岸、河岸、岩洞，正如理查德·布拉德利（Richard Bradley）在《自然环境考古》（*An Archaeology of Natural Places*）中所说，这些是大海与陆地、光明与黑暗的交界处，也是不同世界间最接近彼此的地方。[3]

北方海蚀洞中的红色舞者壁画诞生的同一时期，布胡斯海岸附近的过渡地带形成了一处密集的仪式性景观。大量石堆纪念碑出现在海面上方的高地上。裸露的基岩经冰川侵蚀形成了理想的石刻表面，数百件石刻作品就此出现。令人难忘的是，其中很多作品刻的都是脚印，一串串图案连成足迹，顺着倾斜的岩石向下走远。除了足印，那神秘的创作者没有留下任何痕迹，鬼魅般的足印似乎记录了他们从高地的古坟一路向下走到海边的旅程，就像灵魂离开坟墓后，徒步走向死亡之境的最终之旅。布拉德利将布胡斯的石刻和挪威传说联系起来——刚去世的人将在"亡灵鞋"的帮助下去往另一个世界，那特别制作的鞋底，会使死者的旅程顺利畅通。[4]

挪威北部的彩绘岩洞也有强烈的过渡意味。岩洞中至少有一个头戴礼冠的形象，这可能和萨米族的三层级宇宙观有一定联系。萨米族将宇宙分为纵向的三层——天空、地面和地下。只有萨满巫师和死者才能通过世界之轴跨越层级，而世界之轴通常以一条河或一棵树的形象出现，把上下精神界和人类生活的中间界相连。泰耶·诺斯泰德（Terje Norsted）和海恩都提出，先民曾在这些彩绘洞穴里举行"通过仪式"，让死者通过石之膜，进入地下或地上宇宙。[5]

也可将极端地理环境中的彩绘或岩刻视为地景艺术的早期形式。当时，人们之所以选择岩洞内部等地点来创作，不仅出于保护、存储方面的实用性考虑，还认为这些地方从属一个充满了力量的、更大的空间，它既连接外部（峭壁、海湾、海岸线），也通向内部（形而上的，以及实际的深层空间）。以库尔赫拉伦岩洞来说，与它距离极近的莫斯肯漩涡显然会被视为这个创造之地的力量的一部分。

无论古代还是现代，任何与这些绘画相遇的人，都一定会深受触动。不仅是因为墙上的红色形象其本身，还因这里地理环境的细节和透出的氛围。在明暗交界线以外，是偶尔落下的阳光或雪，性格暴烈的大海，滑翔的鹰和游动的水獭。当然，最难忘的要数去往洞穴的这段旅程。

⇆ ⇆

狂暴的西风如一记鞭子抽来，打断了我的笑声。之前因为罗弗敦墙的庇护，登山时我并没有感受到它。这风力道极强，来意不善，接下来几天我都会在西海岸活动，将完全暴露在风中，让人十分困扰。冰雹如针一般落在我的外套上，响声不绝。脚下的陡峭斜坡已一片雪白。眼下我只能看清十五码内的情形。大雾之中，在不熟悉的地方下行非常危险，但又绝不可能再沿着冲沟原路返回。下山途中，我再次感受到在门迪普巨石阵中，一扇扇门在我身后关上、锁住的感觉。

幸好，这条山脊西侧的坡度比东侧冲沟稍缓，走在冬季的复合地层上，倒让我稍安心些，过去我常在山上这么干。必须要一点点摸索着找出可行的线路。我在几条冲沟之间测试，在云雾中，通过山坡和峭壁的走向，来判断哪条路是通向悬崖的死胡同，哪条路能安全下山。

沿着山侧下行，花了我不少时间。只要有机会，我就向下走一点。借助雪舌下降，再跨过岩石扶壁到达下一个雪舌。走在光滑的岩石和茂密的草丛中，要格外小心。我感觉到西南方可能有一个大型落崖，并设法避开了它。

这样艰难地走了二十分钟，云层渐薄。白雾中出现了断断续续的黑色、青灰色线条，看不太清楚，倒像是抽象画。空中的呼啸声愈发强烈，云层被撕开个裂口——是海岸线，就在两百英尺下。白色的海浪在黑色巨石上激起重重泡沫，浮木散落四处，不过有一点令我很是疑惑：那里有几百个暗橙色的球形物，形状完美，却不知是什么。

半个小时后，终于来到了海边。我放下背包，在一块岩石上稍作休整。沿海岸线向西南方望去，还得再走几英里才能到达库尔赫拉伦岩洞。

湿滑的黑色花岗岩巨墙耸立在海面上，从这里望去，几乎不可能翻越。棱角分明的礁石小岛伸向大海。这个海湾铺满沙子，再远处的那个则多是岩石。

从冲沟下来，我已经全身湿透，寒气渐渐浸入骨髓。在我到过的所有地上景观中，这儿大概是最令人恐惧的，我不得不调动起全部的意志和信心。

现在我看清了，散落在周围海滩上的，是些空心铁球，拖网渔船上的渔用浮球。数量壮观的铁球在海滩上搁浅、生锈，像极了异形卵。

它们周围则是大堆的塑料垃圾：塑料瓶、一团团尼龙网、装鱼的板条箱碎片等，在荒野的海滩上令人极其反感。

远处，东北方的云层中露出了一片蓝，海面上闪过波光。就那几秒钟，我打心底里爱上了那片蓝，幻想着潜入其中，哪怕沉溺也在所不惜。

≒≒

在海岸上徒步，依然道阻且长，尽是石堆、矮树、峭壁。东临绝壁，西迎白浪，这倒是一直没变的景观。

一对雷鸟扇动银翅翩翩起飞，雪兔在爬满青苔的岩石上停下脚步，幽绿中现出一抹亮白。

欧洲越橘、帚石楠、苔藓。可是没有水，没有淡水。被西侧的海水和东面的冰夹在中间，我只能用雪来润一润干燥的喉咙。

我穿过一处海湾，那里的石头个个都像房子一样大，行走其间像是在峡谷迷宫中穿行。时不时还能看到一团团滑溜的海藻。

冰雹落下来。

一个石滩的石头上铺着厚厚的苔藓，双脚甚至感受不到石头的存在。发育不良的矮白桦树的树干上，也长出了胡须般的地衣。

冻雨落下来。

一个海湾的黑金色沙土覆满滨草，从冰雪覆盖的峭壁底部延伸到远处，形成斜坡。

雨落下来，接着又是冰雹。

一片白桦树和柳树支起了六英尺高的树冠，白桦树树干在阳光下熠熠发光,柳树刚发出第一批新芽,毛茸茸的。

爬上峭壁和巨石,来到一个岬角的肩部。风更冷了,每迈一步,我都觉得腿脚发软。背包很沉,我的头更沉,喉咙也像结了冰,身体仿佛一下子老了好几岁。

一个接一个的岬角,终于,我看见了西边的一处海湾,它后面可能就是岩洞的入口了。两边的岩石和山峰如伸出的手臂围住海湾。海湾内十分平静,碧绿的海水下是白色的贝壳沙。而靠近莫斯肯漩涡的外海则一片混乱。

五座锥形山峰在海岸陡然拔起,一座比一座高,每个峰顶都飘着一缕羽毛般的云彩,柔缓地弯向东方。它们被称为"赫尔塞加"。就是这儿了,那黑色的洞穴,就在其中一座尖峰的山腹中。

ㅋㅋ

一波波海浪撞击着近海的礁石,两只海鹰无声地盘旋,不为狂风所动。乌鸦的叫声遇峭壁反射而回荡着,发出铿锵的金属声。渡鸦也在哑哑鸣叫。

我来到赫尔塞加下的海湾的北边,地图上这儿叫"雷弗斯维卡湾"。这里障碍重重,异常难走,每走一英里,都要花一个多小时。我筋疲力尽,又非常兴奋。

我在一块高地上找到露营的好地方。两块巨石挡住了西风。唯一的缺点是,若风扫到北边来,这儿就完全暴露了。

最重要的是,附近苔原上的一块洼地积聚了大量雨水,形成深潭。背风处的水面上漂着许多白色的海鸥羽毛。水潭东侧凝结了一团团早前降下的冰雹。我喝了一捧又一捧水，直到冻得头骨生疼。

我的脚下是一层帚石楠、苔藓和地衣，像冬天的羽绒被般柔软。我舒展全身躺下，感觉身体下沉了一英尺，帚石楠变高了，压向我，像是要为我遮风避雨。我躺了一会儿，望着天空和四周，白天的焦虑和紧张都从身上流走了。近晚，向西望去，地衣上的每一滴雨，苔藓上的每一颗水珠，都闪着霞光。

我竟然躺在那里睡了半个小时左右。雨将我吵醒，一阵短暂的呼啸声后，风也停了，从早上出发到现在，这还是第一次。我搭好帐篷，把骨雕猫头鹰放在帐篷角落的一个口袋里，铜匣子则放入另一个。这一整天，沉甸甸的铜匣子无疑增加了我的负重，一直让我很心烦。搭好帐篷，品尝着罗伊给的鱼饼，这是我吃过的最好的食物，没什么能跟它相提并论。

凯尔特基督教传统中的"薄弱地点"[6]，是指不同世界或时代之间，界线较为薄弱的某些特定地方。对于大约公元五百年到一千年的"外邦人"和游方教士来说，薄弱地点一般位于靠西的海岬、岛屿、洞穴、海岸或者其他地形的边缘。而眼前的这个地方，可以说是我见过的最"薄弱"的了。

∽ ∽

在雷弗斯维卡湾的第一个晚上是不安而破碎的。又变了天，狂风冲撞着帐篷的外帐，时有时无的冰雹击打在帆布面上，雨也一连下了几个小时。早上五点，正下着雨夹雪，我彻底醒了，起来吃了点东西，从漂着羽毛的池子里取了水喝。一夜之间，瀑布竟结了冰，挂在高高的悬崖上。

要跨过两个海湾才能到达库尔赫拉伦岩洞，第一个海湾是一个聚居地的遗址。

十九世纪中期到二十世纪中期，一个小型社群生活在雷弗斯维卡，它仅有少数几个家庭、少数几栋房屋。一九〇〇年，这儿有二十二个居民，到一九三九年时，增加到三十八个。他们养的牛在悬崖和海岸间的青草带觅食。男人们在赫勒水域打鱼，这里的水产资源很丰富，冬季和早春有真鳕，别的时候有狭鳕和蛇鳕。天气经常十分恶劣，每当这时，人们便把牛群赶到库尔赫拉伦岩洞里躲一躲。海湾地形的封闭性很好，即便在冬季暴风雪来临时，也足以让渔船安全停泊。进出该地只有两条路，一条是乘船越过莫斯肯漩涡，另一条则要徒步登山，即便在夏天，这都算得上是长途跋涉。而在冬季的绝大部分时间里，雷弗斯维卡的居民都过着与世隔绝的生活。直到这个小村落存在的最后十年，这儿才通上电。

一九四九到一九五一年间，和挪威沿海地区的许多聚落一样，雷弗斯维卡的居民也接受了"引入"政策，即从政府领取一笔津贴，搬迁到更大的聚居区。雷弗斯维卡居民搬到了莫斯克内斯岛背风侧的索尔瓦根。他们离开时，拆除了原先的房屋，用船将大部分石材和木材运到了索尔瓦根，以建造新房。

我从营地出发，沿着陆地的曲线前进。随着我步步靠近，蛎鹬发出警惕的尖叫声，四下散开。五只绒鸭朝着海湾口划去，看那姿态，仿佛它们不是在海面上游动，而是成了海的一部分。我从两块圆形巨石间穿过，石头上铺着一层我叫不出名字的黄色地衣。

余光瞥见些动静，接着我便发现聚居地的废墟中还生活着一个家庭：四只海獭，一对父母和两个宝宝在巨石堆中穿梭自如。它们的皮毛非常光滑，在岩石间像液体一般流畅地游移。它们叽叽喳喳地聊天，没有看我一眼。我靠在北边一块巨石上，看它们行走，看它们流动，看它们一个接一个地把自己倒进石头间长满青苔的洞里，消失不见了。海獭一家在栖居的家园中如此惬意，我打心眼里欣喜。

我走到残存房屋中的第一栋，如今它只剩下地基的基石。我想起了苏格兰高地和岛屿上荒废的小农场、已空无一人的村庄。这里和那里一样，苔藓和地衣正在重新夺回石头。这里和那里一样，在石头的背风处，笔直的小白桦树和柔嫩的小花楸树渐渐茁壮。我一边走一边数，总共十二栋房屋残骸，基本上都只是一层石基的高度，每一处残骸里都长出了树苗。那些人们曾经凭借这么少的资源，在这儿生活了这么久，适应力之强让人无法想象。如此小的社群，如此恶劣的环境，作为其中的成员，面对的究竟是怎样一种生活呢？

海湾里铺着粗糙的白色贝壳沙，点缀着海螺和贻贝的碎片。其间散落着人类留下的垃圾：一个玩偶的头、两支牙刷、塑料瓶和陶罐碎片、几截蓝色绳子、几团挂着生锈钩子的尼龙绳，和杂草缠在一起的渔网。

在奥斯陆，我曾听过的一位考古学家关于深时的评论，此刻又回荡在耳边：时间并不"深"，它本就一直包围在我们身边。过去如鬼魅一般萦绕着我们，它并不是一层一层的沉淀物，而更像是某种漂浮物。[7]以这里来看，我想他的话是对的。我们是过去的幽灵，是过去的怪物。

峭壁上挂着一道道蓝色冰瀑。我的目光被一线绿色吸引，不禁看了过去。那是乱石间的一条小径，在荒野的草地上画出细细的线，它把此前的各家各户连在一起，又绕过整个海湾，上面长着亮眼的苔藓，让它分外显眼。这条小路差不多修建于一百年前，如今它还留在这片土地上，海獭和其他动物让它保持着畅通。

此刻，这条小径上多了我的脚步。它优雅的弧线、柔软的触感，以及它连缀起的时空，所有一切都令我感激。

ㅋㅋ

三千年前的一个夏夜。在这样的纬度，这样的季节，黑暗几乎不会在这里降临。潮水很低，海面平静。一小队人正沿着海岸行走，从一块石头，到另一块石头。洞口很大，其下缘几乎挨着水面。

人们在洞口前停下。远处传来大漩涡的低吼，一只海鹰在头顶盘旋，翼尖几乎擦过垂直于水面的峭壁。人们一个个依序进入洞穴——来到另一个世界。

色彩渐淡，金黄色的晚霞如潮水般退去，绿色也消失了，灰色则越来越多。这是岩石的颜色，夹一点棕，夹一点红。脚下湿润的沙子是白色。岩洞更深处的阴影透出黑色。石头散发着潮湿的气味。在峭壁内一百英尺深处，最后一道亮光落在正当中的一块浅色石壁上。洞穴中的空间在此分裂开来。这里很适合作画，但它离外面的世界太近了，海浪和鹰都在不远处，这里的时间也太过寻常。

石壁右侧的通道是条笔直的上坡，坡道尽头是一个石瀑。一条狭窄的地道朝西南方向切入山中；还有一条比人稍高的、横截面似泪滴形的裂缝在岩石中朝东北方向爬升而去，完全陷入了黑暗。

那一行人沿着泪滴形的裂缝，在落石之间向上攀爬。

黑暗中，时间和空间相互融合。若这里有生命存在，它便是岩石那缓慢的生命，是大海对大山内部的耐心探索。

走到一处高高的石壁，这些人停了下来，开始做准备。在岩石上作画的工具还是岩石。他们在石杯中磨碎赤铁矿，再混合唾液、泥土和雨水，制成红色颜料膏。

绘画开始了。

指尖蘸一点颜料，一条红线清晰划过浅色石坡。弧线弯曲向下，勾勒出舞者的胸膛和一条腿，正跳跃着。

再蘸颜料，伸出手，画出舞者的另一条腿的弧线。

再蘸颜料，画上交叉的线条，这是舞者伸展的胳膊。继续，下一位。

蘸一点，画一笔——一条条清楚的红线在岩石上跳动，坡面上渐渐布满了舞动的小人。

火把上火光闪烁，远处夏日阳光的光线微弱却稳定，在两种光的映衬下，石头上的小人像是动了起来——随着阴影与火焰的嬉戏而摇摆。这些在黑暗中创造出的存在，或许也能战胜黑暗。

蘸颜料，画一笔，指尖画出的线穿越了时间，来到了一九九二年的一个夏日。

年轻考古学家海恩·毕约克正在罗弗敦群岛遥远的西海岸调研一处岩洞。天气很好，海面平静，这样的天气在海岛上被称为"通行天"，拥有"油膜般的平静"。那天一早，他和朋友乘小船出了海。岩洞就在海边高耸的山峰下。此前在岩洞地面的泥沙中发现了三万三千年前的贝壳碎片。他们想在这里打几个测试孔，研究该地古人类历史的细节，看看能否在这时空舱似的岩洞中，追踪到曾在洞中躲避风雨的远古猎人的遗迹。

他们在岸边下锚停船，把小船拖上岸，爬过青草和岩石，来到洞口。

他们在洞口站住脚。苔藓的气味，石头的气味。远方，海浪撞击着礁石，大漩涡水流急转。一只海鹰在头顶盘旋，翼尖几乎擦过垂直于水面的峭壁。

二人进入洞穴——来到了另一个世界。岩洞在山体中蜿蜒，时间扭转了空间——他们越深入，洞内空间越发年轻。通往黑暗的旅程，就是通向现在的旅程。大海在岩石中开拓的每一码，都要花费数千年。

海恩歪了一下头，头灯的光晃过洞穴西侧的石壁。那是什么？他看回去，寻找，站定，什么都没发现，再找，有了！是一条淡淡的红线，线条清晰且牢固，不大可能是石头的纹路。红线并不依随石壁的坡度，这违反了重力，不可能是径流沉积造成的。果然，那里还有一条相交的线，果断穿过第一条线。突然，就在这一刻，那黑暗中闪现出红色人影，一个跳动的红色人影，接着是另一个，再一个。

用海恩的话说，这次发现就像"一颗流星"[8]——不期而遇，不劳而获，震撼人心。他渴望再经历一次这样的时刻，再次成为数千年后第一个看见黑暗中的舞者的人。

接下来的许多年里，他沿着群岛的西海岸探索，有时驾船，有时徒步，从一个山洞到另一个山洞。渴望变成沉迷。无论是清醒时还是睡梦中，他都越来越迷恋山洞，或者用他的话说，迷恋"洞穴景观"[9]。

海恩发现了更多的壁画人物，满足了他的那份痴迷。这些人物都是红色的，形态很简洁，在海岸附近的黑暗山洞中跳跃、舞蹈。他已经很熟悉这些形象了，但它们的诞生依旧是团无法捉摸的谜。每一次发现都让海恩心跳加速。昏暗的光线中，跳舞的小人身影闪烁，而他感到了时间塌陷，或者说多重时间共存。

蘸颜料，画一笔，指尖画出的线穿越了时间，来到现在的深冬某日，一个男人独自来到岩洞附近的海湾。

走完最后几百码，我发现通往洞口的路从悬崖陡然跌入海中。我别无选择，只能紧贴着峭壁，必须加快脚步，因为这里还有落石的风险。峭壁下的雪堆浸湿闪着光的黑色岩石。鸟鸣遇岩石发出回响，落及海面，又折返穿过一片裸土和青草，传至洞口。

我在洞口停下脚步，回望身后，环顾四周。远方，海浪撞击着礁石，大漩涡水流急转。一只海鹰在头顶盘旋，翼尖几乎擦过垂直于水面的峭壁。

地下岩洞高达一百五十英尺。入口之大，令人震惊。海湾壮阔的弧线，洞穴无尽的深渊：这些奇观都在暗示这里无疑是个表演的空间，一个充满了力量的意义制造场所。这个岩洞是一个光滑的裂缝，由此通入黑暗，在那里时间将暂停，切换，折叠。

水滴从高处的花岗岩落下，滴答一声，在空中划出银色的线。地衣将入口染成了橙色和灰绿色。迈入洞口时，我的肩膀一阵刺痛。

沿着主山洞，径直往深处走，瞳孔随之扩张。仍有光，但色彩已然淡去。在一百英尺深处，洞穴呈十字形结构。有左右两条侧道，中间是一块堡垒似的白色岩石，将空间一分为三。我张开手放在石头上，冰冷的触感沿着胳膊迅速蔓延。

大海和风驱赶着空气来到这个中空地带，气流无处可去，只好自转起来，混乱地冲撞着，发出声响。这里已被海浪和战争占领。

我走向左边的侧道，由此向上，进入岩石深处。较高的一侧分布着黄白色的花岗岩，斜向前方，我头顶上是一块红黑相间、颜色较深的石头，表面坑坑洼洼，有叶脉般的纹理。回头看向堡垒石，泪滴形光斑清晰可见。

经过漫长、寒冷的跋涉，终于到了。我靠着身后的石头休息，眼睛逐渐适应周围的阴暗，随后定睛望向前方的花岗岩石壁。

石头上没有任何人影。

什么都没有。

我再次望过去，寻找。

依然什么都没有。

走过了千山万水，迢迢长路，那些舞者竟无影无踪。它们真的存在过吗？

我靠回身后的石头上，任石头托住我的头颅，阴影缓缓沉入疲惫的双眼。

我睁开眼再次看过去，是的，有了。一条线闪过，显然不只是石头本身的纹理。它跟另一条线相交，随后是第三条。没错，就在这儿，这里有一个红色的舞者，颜色很浅，几乎不可见，又确定无疑——一个红色的幽灵舞者，在岩石上跳跃着。接着我又看到了第二个、第三个，这里总共有十几个。它们个个仿佛幽灵，现在却都出现在我面前，双臂伸展，双腿分开，在岩石上跳跃、舞蹈。每一次眨眼，它们的线条似乎都在变换、绷紧。

那红色的边缘并不清晰，因水汽和冷凝作用渐渐淡入岩石背景中。模糊的轮廓、昏暗的光线、我的疲惫和眨眼，都为这些形象赋予了生命，让它们在岩石画布上不停舞动。阴影、水、岩石和疲劳，"艺术家们"在此齐聚。这一刻，在这个空间里，古老的鬼魂概念显得如此新奇和真实。这些身影是一起舞蹈的鬼魂，我也是一个鬼魂，在它们之中，在我们之中，在这舞蹈永不停歇的数千年之中，有一种生机勃勃的欢愉。

毫无预兆地，头突然刺痛起来，前胸后背也随之颤动，我哭了。在泪滴形的山洞里，抽泣让我全身颤抖，此时此刻，我远离了所有人类，却与这些慷慨的身影如此之近。一路上的危险已慢慢被淡忘，因他们的舞动而来的喜悦在心底升起。讶异、无助，在花岗岩与黑暗的深处，我因为无法言明的情感，失声大哭。

海鹰在悬崖边盘旋，海浪撞击着岩洞下的巨石，大漩涡旋紧又松开。逝者在另一边伸出手，通过石头和生者的手相触，手掌相抵，指尖相碰……岩洞外，时间以它惯常的节奏流逝着，但在这方狭小的空间中，并非如此。

≒ ≒

"艺术就像一匹生下来便会跑的小马驹，"约翰·伯格（John Berger）写道，"创造一种艺术的才华，总是和对这种艺术的需求相伴而来。"[10]

一九九四年十二月，由让－马林·肖维（Jean-Marie Chauvet）带队的法国洞穴三人探险队在法国阿尔代什峡谷探险，地点就位于"艾斯特马戏团"大曲流附近。他们利用蚊香的烟测气流，在峡谷侧壁的高处发现一个被巨石堵住的石灰岩裂缝。他们设法移开石头，结果挖出了洞口，后面是个倾斜向下的地道。地道刚好能让队伍中最瘦的女孩艾利耶特·布吕奈尔爬进去。布吕奈尔用凿子和锤子清掉障碍物，其他两位身形较大的队友紧跟其后。斜着爬行了三十英尺后，地道骤然转弯变为几乎垂直的通道，似乎通向一个较大的石室。他们顺着通道下来，兴奋地发现来到一处容量惊人的空间。据日后测量，这里长约一千三百英尺，宽约一百六十五英尺。一些地方，钟乳石如巨柱林立，从洞顶直达洞底。三人边走，边在惊异中用手电筒扫视四周。这是每个洞穴探险者的梦想：成为发现这种巨型空间的第一人，探索与之连接的洞穴系统。

接着，艾利耶特发出一声惊叫，三个人停了下来，目瞪口呆。根据她后来的回忆，当时她的手电筒"照到了一头猛犸象身上，接着是熊，然后是一头狮子，狮子的口鼻处还有虚线画的半圆形，宛如血滴。我们还看见了人手印——有凸起的也有凹进去的。还有一条三十英尺长的其他动物的图画带。"[11]长着惊人鹿角的巨型牡鹿在石壁上漫步；犀牛头角相抵，正在激战；一只猫头鹰兀自待在石头的边缘。有些图像是刻上去的，有些则是用红色和黑色颜料画出来的。在一块位置较高的石板上，还放着一块熊的头骨。

他们三人进入了后来被称为"遗忘之梦岩洞"的"肖维岩洞"，是迄今为止发现的最伟大的史前艺术"画廊"。三个现代人第一次来到这儿，发现整个空间萦绕着一种奇异的当下感。三万多年前的调色板，还有一些弃置在原地，其上方是借由它们创作的画。那些用来照明的火把也丢在它们曾被举起的位置，黑色的灰烬散落在石灰岩上。很多石壁在绘画或雕刻前做了处理，表面刮得很干净，以此加强画面和岩石之间的对比。

岩洞中的艺术，有种惊人的生机。尽管画材简单，且就我们所知，当时的这些艺术家也没有任何成体系的绘画训练或传统可以沿袭，肖维岩洞中的动物却似乎都已做好准备,随时从石头上跃出。野牛的角和偶蹄被画了两遍,两次的线条挨得很近,牛仿佛在摇头顿足。马的脸和唇部被画得很柔软,让人不禁想伸手抚摸、喂食。十六头狮子——肌肉紧张,双眼机警,紧紧盯着猎物,正沿着石壁从右向左追逐一群野牛。原来这就是早期的定格拍摄,一部原始电影。艺术就像一匹生下来便会跑的小马驹……

令人惊讶的是,岩洞的画作中几乎没有前景,没有地形、植被等生物赖以生存的环境。仿佛除了岩石和黑暗之外,它们再没有别的栖居地,也正因如此,动物们仿佛不受束缚地自由漂浮着。它们同时以精妙解剖画的形式存在,体现出一种与我们完全不同的世界观。正如西蒙·麦克伯尼(Simon McBurney)所说:

> 这些动物生活在广袤的此刻,此刻包括了过去和未来。此刻,自然彼此相接,前后相继。周遭是连续的整体,任它们自由进出,就像那些动物自由地进出岩石。石头是活的,动物也是活的,一切都是活的。[12]

麦克伯尼总结道:"也许,我们与那些艺术家的真正区别,不在于所处的时空,而在于对时间的感知不同。我们把生活中的每一个时刻切割为毫秒,生活和周遭的一切便分隔开了。"显然,一九九四年的那一天,三位洞穴发现者在那里感受到了古老的存在感。肖维写道:"时间仿佛被废除了,上万年的间隔不再存在,那里并不只有我们,绘画者也在周围。"[13]

洞穴艺术的现代发现史上,有诸多类似的"流星时刻",而肖维岩洞是最耀眼的一个。还有一处重要的洞穴——拉斯科洞穴,关于它的发现有很多说法，其中一个是这样的：一九四〇年九月的一天，在德国入侵法国四个月后，一个名叫马赛·拉维达的少年带着他的狗，在多尔多涅省蒙提涅克村附近的树林周围，发现了一道石灰岩裂缝。裂缝位于一棵被连根拔起的树旁边，宽度刚够一个人挤进去。当地曾传言附近有处秘密的藏宝地，在流言的诱惑下，拉维达叫上三个朋友再次来到这儿，爬进裂缝，经过一条长长的通道，四个年轻人来到岩石深处的一个洞室。这里的确贮存着宝藏，不过不是他们想象的那种。这座圆形洞穴的石壁跟肖维岩洞里的一样，画满了壁画，就像一部奇迹般的动物寓言集，在昏暗的光线中栩栩如生。这一圈壁画，共画了三十六只动物，包括六头牡鹿、一头熊、十一头原牛、十七匹马，还有一只类似独角兽的奇特生物。这儿还连通着其他洞穴，那些洞穴的墙壁上也有创作于一万五千多年前的惊人壁画：几百匹鬃毛竖立的骏马；一头长着弯角的牡鹿，仰着头，双眼转向后方，发出低吼；原牛、公牛、猫和熊；还有一个鸟头人身的生物与一头野牛对峙，野牛弯着脖子，露出一对牛角，似乎正在反抗鸟头人。

在发现拉斯科洞穴五年后，欧洲其他地方也陆续发现了黑暗的洞穴。一九四五年一月二十七日，经波兰向西进发的苏联军队进入了奥斯维辛集中营。这时德军已撤离十一天，撤离后他们迫使集中营的幸存者开始了一场残酷的西征，这个过程中又有超过一万五千人死亡。德军匆忙离开，没有销毁设施，苏军便见到了毒气室黑暗的内部空间，已死之人和垂死之人的躯体，以及无法想象的大规模屠杀的遗迹：几十万件堆叠的裙装和男士西装，成堆的假牙和眼镜，还有数以吨计的女性头发。接下来的几个月中，苏联军队和盟军陆续走进几十所集中营，目睹了有史以来人类犯下的最可怕罪行的罪证。许多当时

"解放"集中营和毒气室的人一生都无法描述他们在那里见到的一切。凯瑟琳·尤索夫（Kathryn Yusoff）在一篇颇有见地的文章中写道："如此一来，拉斯科洞穴的慷慨秘密为人所知，就像一切浮出表面被人看到的东西都曾埋藏于黑暗，正是破坏照亮了它们。在这断裂的地形中，这样的宝藏像是从天而降的大礼，向我们展示这个宇宙有走向另一种面貌的可能性。"[14]

哲学家乔治·巴塔耶（Georges Bataille）在一九五五年探访了拉斯科洞穴，这时距它首次被发现已经过去了十五年，核武器军备竞赛正迅速升级，原子弹试验率先在地下洞穴和沙漠地区开展着。世界面临着新的毁灭性事件——一个物种的湮灭，甚至是整个星球的毁灭。

从拉斯科洞穴出来后，巴塔耶如此写道："我只是很震惊，当我们意识到死亡的那一刻，我们的诞生也被照亮了。"[15]

⇆ ⇆

我在岩洞口停了停，然后走出岩石，来到户外。雨更大了，风景恢复原样，先是有了光，随后有了色彩。海水汹涌，身后的岩洞响起海浪的回音。我沿海岸线返回，朝聚居地遗址走去。

我有一种奇怪又强烈的被监视感。

海鸥正从海湾里沾着鸟粪的石头堆中望向我。

我在黑暗中看到的是什么？过去的皮影戏，拒绝被排序的种种事件，在远离光明的地方用指尖画出穿越时间的线条，这一切都发生在那个幽深的洞穴中。这个空间会吸引来访者跨越洞口，就像吸引我那样，我也因此变成了黑暗中的意义追寻者和创造者，进入它漫长的历史中。

一只海鹰在赫尔塞加凝重的空气中望向我。

我想到以前去过的其他黑暗的地下。当时的我并不知道,我还会再去一处,那儿可能是我经历过的最黑暗的地方,就位于此地东南方向四百英里处。

蛎鹬从海湾的沙堆中望向我。

海浪在沿岸的巨石间起伏,有时还冲上来围住我的双脚,仿佛从地底灌上来似的。我心里涌起一阵渴望,想再次拥抱那些我爱的已逝之人。

海獭从雷弗斯维卡布满青苔的石头间望向我。

我的目光越过海湾投向北岸,那儿,闪着微光的白桦林旁,一个暗影伫立在高地上,那里本不应该有人。那是个剪影,一动不动,看上去像是一个人,正对着我。

那人从白桦林边望向我。

片刻后,两只蛎鹬从我们中间穿过,掠向水面,叫声迅疾,它们飞翔的身影吸引了我的目光。当我再次望向海湾北岸时,高地上什么也没有,人影消失了。

ㅋ ㅋ

逗留海湾的最后一天,傍晚时分,海风几乎已完全平息。在经历了连日狂风后,这种寂静令人惊讶。挣脱狂风的裹挟后,一切声音都变得更加清脆。我在帐篷附近一块平坦的石头上坐下来。

此时群峰的峰顶变得清晰,白雪露了出来。天空湛蓝,阳光透过薄雾射向大海。这半个小时平静无风,海浪依旧冲击着礁石,我的心中一片安宁。

接着,我听到一声巨响,仿佛喷气飞机突然发动似的。一阵阵粗粝的响声传来,音量越来越大。我不知道那是什么,它让人很不安。气温渐渐降低,山峰上羽毛般的云并没有向东边的赫尔塞加飘去,而是转向南边,飘向内陆,变得更长了。又起风了,真正的北风,强劲又凛冽,愈演愈烈。我明白了,那响声是这股北风刮过花岗岩山峰的动静。大海已翻动、鼓噪起来,从灰绿变成了灰黑。我的帐篷在它脆弱的停泊处经受着强风撕扯。

一堵白墙横扫而来,胡椒粒大小的冰雹砸在我身边的地衣上,接着是雪花和雨夹雪。

那晚,入睡无望。北风越来越大,发出狂吼,我心里的忧虑也不亚于此。要怎么逃出这封闭的空间、海湾的陷阱呢?海浪砸在礁石上如爆炸一般,每隔几秒就引爆一次。

午夜时分,暴风雪把我的帐篷砸得一塌糊涂,地钉被拔起,只有两根还留在原地。我别无选择,不得不挣扎着走出垮塌的帐篷,将它整个拖到一片洼地上,用岩石压住边角,勉强爬进残余的遮蔽空间。

清晨四点,天蒙蒙亮,我在湿透的帐篷里缩成一团,实在太冷,待不下去了。我走到地势较高的地方,透过暴风雪,望向大海。眼前的一切令人震撼,在海湾这一圈防护墙之外,是一番地狱景象,灰色的巨浪狂舞而起又重重落下,海浪撞上礁石激起的水花,飞溅到五六十英尺高的空中。

雨雪交加,北方的天空一片乌黑。一只海鸥在比海浪稍高的地方翻飞,似乎对风暴习以为常。接着,在那里——那是真的吗?朝大潆涡的方向望去，一道细细的光在暴风雪中闪动。那是一线金光，意味着风雪之外，阳光照亮了某处水面。这是在告诉我，暴风雪快停了，我可以借这个天气窗口离开岩洞以及岩洞里的一切。

自从在红色舞者岩洞度过了那些天，很长一段时间里，我一直有种感觉，仿佛自己将某个自我留在了那个海湾——将一个身影留在了海岸上。之后的旅程中，这种感觉依然强烈地伴随着我。从罗弗敦群岛出发，我继续沿着挪威海岸向北走，去往西奥伦群岛中的大型极地岛屿，安多亚岛。那里，正在进行一场海洋地下空间的争夺战。

# 边缘

## （挪威，安多亚）

"我有四只宠物，"在北纬六十九点三一度，比约纳尔·尼科莱森告诉我，"两只猫，两只海鹰。我在海边的'王座'旁，喂它们吃全世界最好的鱼！"

他放声大笑，从客厅的窗户指向东边：铺满白雪的山坡下是一片石滩，毗邻一道几英里宽的峡湾。峡湾里的水呈钢青色，洋流经过处波涛汹涌。峡湾对面，几排雪峰在夕阳中熠熠闪光。它们的姿态比我所见过的任何山峰都任性，像女巫帽、鲨鱼鳍还有撑开的手指，个个都如被擦亮的白瓷。不过我没看到他说的"王座"。

"用这个试试。"他递给我一副望远镜，镜片擦得很亮。镜筒套着黑色皮套，有些地方已磨成了棕色。左镜筒背面刻着一个纳粹鹰徽。

"纳粹国防军军用品，"比约纳尔说，"镜片做得漂亮。原本属于一个纳粹军官。我父亲去世前，问我想要他什么东西。我说：'就一件，你从德国人手里弄来的那副望远镜。'"

我举起望远镜，海岸线近在咫尺，仿佛伸手便能摸到。十字准线漂浮在视野中,我沿着海滩往右扫视,没看到,又向左扫回来,果然看见一个像椅子似的东西,高六七英尺,用漂流木连捆带钉制成。它看起来正像是维斯特洛的铁王座。

"每次打了一整天鱼回来,我都会喂一条真鳕或绿青鳕给我的鹰吃。就在我那椅子旁。"

"比约纳尔,你是我认识的唯一一个把海鹰当宠物的人。"

"我还是更喜欢猫。"比约纳尔说。

"和狗或鹰比吗?"

"跟人相比!"

比约纳尔笑个不停。那笑声从他胸腔深处发出,爆炸般洪亮。

⇆⇆

北上安多亚的途中,罗弗敦群岛的暴风雪渐渐减弱,最终平息。在安多亚的第一天结束于一个无云的黄昏,我在群岛最北端的小镇安德内斯落脚。这儿有着宽阔的街道、难挨的冬季,还可以夜间航海。当地的烟囱都装着镀铬的盖子。一只喜鹊在路灯上叽叽喳喳。空气中飘着一团紫罗兰色的薄雾,寒冷逼人。山峰都带着精巧的雪脊。小镇远处是开阔的海面。从这里向北一百英里全是海洋,再过去便是斯瓦尔巴群岛。

日落景色堪称"富丽堂皇",群山之后,仿佛铺满了紫色和橙色的缎子。晚些时候,海面上升起一轮白月。

第二天早上,我去看望比约纳尔和英格丽德。他们住在安德内斯以南几英里处,房子背对道路,东面是将该岛和挪威大陆分开的海峡,车库边立着不少滑雪橇和滑雪杆。

我按了按门铃，门开了，是比约纳尔。他格外热情地迎接我，伸出一只大手握住我的手，另一只手则紧紧抓着我的胳膊。

我一下子便落入比约纳尔·尼科莱森手中，接下来很多天，我都不会离开这儿。

"进来，进来！"

我猜他大概六十岁，也可能五十或七十吧。黑色皮质鸭舌帽，花白的短胡子，灰色的羊毛渔夫套头衫。他手臂粗壮，胸膛宽阔，两腿距离稍宽。他一笑便笑得很开，大笑时更甚。他还拥有一双我见过的最奇异的眼睛。

比约纳尔的瞳仁是白蓝色的，颜色浅得仿佛失明了似的。那是一双先知之眼，目光极其坚定。他抓着我，上下打量了一番，我感觉那双眼睛直指人心，要将我看穿。

接着他说："这是英格丽德！"

英格丽德穿着红色毛茸茸的利物浦足球俱乐部拖鞋，抱着一个小婴儿。她无比友善地冲我微笑，对不能和我握手表示歉意。

"这是我们的孙女，西格莉德。"英格丽德说，"壶里有咖啡。来，坐下，随意一点就好。"

一只玳瑁色、长了双蜥蜴眼的猫在客厅的地毯上打着哈欠。墙纸上不是飞翔的鸭子，而是四只黄铜色的海鹰排成一线，整齐地高飞，身形渐小。烧柴壁炉的铁门上嵌着两只北极熊。窗户外的木板上，无头的鳕鱼干成排挂着，像风铃一样在微风中轻轻摇摆。

比约纳尔是一位渔民，一位斗士，他了解海底世界，这也是我来见他的原因。冬季，他每天的工作时间很长，从清晨五点一直到晚上七八点。冬季是真鳕季，我来到安多亚时，冬天已近尾声。当真鳕鱼群在附近游动时，在这高纬度地区，他摸黑出门，又于黑暗中归来，他在海上工作的大部分时间也处于黑暗中，只有中午的几个小时能见到阳光。

比约纳尔独自一人打鱼，没人知道他会不会翻船，或船是否进水。周围的温度低至零下十五摄氏度，但他仍坚持每天工作十五小时。不过，真鳕就是他经受一切危险和艰辛的奖赏——丰厚的奖赏。这儿是全世界最好的真鳕水域，有最好的鳕鱼，一条真鳕可重达七十公斤。最大的鳕鱼绰号叫"咖啡鳕鱼"。

和许多从事艰苦且危险工作的人一样，比约纳尔毫无兴趣谈论自己的艰辛。打鱼是任务，辛苦是代价，而回报对他来说也很清楚：做他那"漂浮王国"唯一的统治者，他以此为生，也以此满足自己对大海深深的热爱。他从没想过放弃打鱼，除非哪天身体实在不允许了。其实陆地上的生活，危险也不小。十五年前，比约纳尔从工厂二十英尺高的地方摔下，手腕和前臂骨折，同时骨盆断裂。对于我的关切，他只是轻描淡写地挥挥手说："在医院待了几个礼拜。"

比约纳尔有种北极熊的气质：比如他雄壮的体格、对北方的热爱、那双白色的眼睛，当然还有他的名字——比约纳尔，来自古斯堪的纳维亚语"björn"，意思就是"熊"。他机警、聪明，这种人，你会希望和他成为盟友，绝不想与之为敌。他有时也会扬扬自得，但并不让人反感。

比约纳尔透出一种强烈的神秘感，这让人有些意外，毕竟每天的工作要求他必须独立、务实。我渐渐发现，他总能一眼把事看透，用那双浅色的眼睛一下子看到内里，再穿出来。他能看穿人心，看穿别人的鬼话，甚至看穿海面。

比约纳尔坐在窗边一把很大的黑色转椅上，这个位置能随时看到峡湾水面的状况。我将胖乎乎的西格莉德放在膝盖上轻轻摇晃，获得婴儿的信任令人十分高兴。

"罗伯，你知道吗，我年轻时就决定了，永远不离开我的安多亚岛。"

"现在很少有人愿意这样扎下根生活了。"我说。

"可能吧。对我来说这却是水到渠成的事，岛上有我这一生所需要的一切。而且我爱它。"

他停顿了一下。

"昨天英格丽德和我看到了杀手鲸，就在那儿，"他指着东边的海峡说，"也就是虎鲸，一大群。我们可以免费看！"

比约纳尔总是**重重吐出每句话的最后几个音**。他能讲一口流利的英语，但口音很有冲击力。他的 r 是卷起来的，p 和 b 则喷薄而出，在很多单词末尾，他还会多发一个重读的弱央元音 [ə]，读成"STOPPP-uh""BOAT-uh""RRRROB-uh"。

"奥斯陆我当然去过，不过我从不喜欢离开这个岛，除非是坐在自己的渔船里。罗伯，这个岛让我成长。"

英格丽德在附近坐下。西格莉德开始嘤嘤啜泣，英格丽德递来一个婴儿咬环。我问起英格丽德的童年，她讲了一个动人的故事。她在一个非常小、非常偏僻的岛上长大，那儿到最近的大岛要乘船两个小时，从大岛再到挪威大陆又要走很久的水路。

"我出生时，岛上只有十户人家。"英格丽德说，"所有居民就像一个大家庭，岛就是我们的家。"我想到了雷弗斯维卡聚居地，但英格丽德的故乡比那儿还要远，还要小。

"哦，当然了，我对岛上的每一寸土地都了如指掌！"她笑着说，"我们小时候总是到处探险，那时候除了自己，没有人照顾我们。岛上的每个地方我们都很熟悉。"

不过，人们还是一户一户地离开了，到英格丽德上中学时，岛上只剩下两户人家。

"因为政府的关系，在那儿生活变得越来越难，所以我们也被迫'进了'大陆，后来我在那儿认识了比约纳尔……"话音淡去，她的脸上浮起微笑。

比约纳尔发出一阵大笑。

"绝对不要离开你的岛！这就是故事的寓意，罗伯！你马上就会发现自己在接下来几天会碰上一堆麻烦！现在，过来，坐到桌子这边，我把海图拿给你，看看下面几天我们要去的地方。"他说。

他将海图铺在桌子上。图纸卷了角，上面还沾了像是血的污迹。图上画了很多紫色弧线，此外还点缀着深度标记和浮标位置标记。这张图展示的是安多亚北半部分、被海峡隔开的大陆西缘，以及海岸线西部、北部大约四十英里的公海区域。等深线标出了逐渐加深的海床。

"这儿是安德内斯，我们明天就从这儿出发。"比约纳尔指着地图说，"看这里！"他将手指向北移了四五英里，等深线挤在一起，几乎重叠。如果是在山上，这代表一个贯穿大型断崖的峡谷。记忆一下闪回在罗弗敦群岛和翻越罗弗敦墙的时候。

"在安多亚，我们叫它'大边缘'。"比约纳尔一边用手指着线条来回比画，一边说，"在安多亚，我们住在——那是什么词来着——一个书挡上。这个断崖就在离海岸只有几英里的地方。这就是为什么这里的鱼类资源这么丰富，捕鱼这么容易，因为鱼都聚集在大边缘附近，用不着走很远就能捕到。"

他摇了摇头。

"我不认为沉入大海的陆地就不再是陆地了，它还继续存在。我对海下陆地的了解和地上世界一样多。我看得很清楚，就像你看那儿看得很清楚一样。"他朝窗外的峡湾比了个手势。

"一直以来，正是关于海面之下的知识让我们这些海岸居民生存下去，也保持着这条海岸线的生机。"

他用手指不停点着图上的大边缘，接着说："这里，整个北极地区最好的渔场之一，却有人在这儿搞声波爆破、石油探测。那些白痴竟然想在这儿打钻井。"

≒ ≒

一九七一年六月十五日，挪威大陆架西南部的离岸油田埃科菲斯克，开始了采油作业。那时，挪威的石油储量依然是未知的，但是埃科菲斯克的迅速成功，立即引发了挪威西部和西北部沿海的石油投机热。挪威政府反应迅速，于一九七二年成立了挪威国家石油公司，并确立了一条重要原则：所有获开采许可的贮藏水域都需要国家参与运营。

石油是挪威的命脉。这个国家的政治系统、基建系统，都被石油浸透。挪威很大一部分税收来自石油和天然气收入：不到半个世纪，石油工业创造了挪威的国家主权财富基金——石油基金[①]，金额超过

---

[①] 随着《挪威养老基金法》的通过，挪威政府将石油基金纳入政府退休基金体系，挪威主权财富基金于 2006 年由石油基金正式更名为挪威政府全球养老基金。

七千五百亿英镑，相当于每位公民十五万英镑。石油行业的产值几乎占全国总产值的四分之一，挪威的实质投资中有三分之一都来自石油。国家和企业共同将巨额资金投入石油勘探和油田开采，以及运输、供应和相关支持设施的建设。

正是石油和墨西哥湾暖流造就了挪威的现代化。这个国家最显著的特点之一，就是基础建设和荒野风光的结合。贯穿罗弗敦群岛的公路就是一个工程奇迹，全长一百多英里，连接各个岛屿，包括海底隧道、山岭隧道、有雪崩防护的公路和几十座桥。这条公路的建造费用有一部分就来自石油收入。挪威人崇尚自然，也热爱技术，他们认为这二者是互补而非对立关系。

不过，挪威的石油储量正在下降。世纪之交时，北海的石油日产量峰值曾达到三百四十万桶；二〇一二年则降至一半左右，挪威主权财富基金的收入也随之下降。面对日益减少的产量，最直接的对策当然是开辟新油田。于是，他们把目光转向了北挪威海和巴伦支海。二十一世纪初，人们对开采罗弗敦群岛和西奥伦群岛附近海域可能存在的石油，产生了日益高涨的兴趣。据预测，这些群岛附近的石油储量约有十三亿桶。采油区域均位于较浅的水域，离陆地较近，优越的地质条件保证了持续稳定的收益——巴伦支海以北的采油区，因极地自然条件，开采成本大大升高，相较之下，这儿的石油物美价廉。

然而，这儿也是世界最大的冷水珊瑚礁区之一，罗弗敦群岛和西奥伦群岛美丽的海岸风光举世闻名，吸引了全球无数旅游者，为挪威带来了相当丰厚的旅游收益。群岛附近水域渔业资源丰富，在发现石油前的一千年里，这才是挪威的黄金。据推测，维京人在开赴冰岛、格陵兰岛的旅程中，曾以来自这片渔场的风干真鳕为主食。真鳕是挪威的立国之鱼，是它的原始财富基金。

过去十五年中，是否在罗弗敦群岛和西奥伦群岛附近海域开采石油，成为了事关挪威灵魂的战争。[1]这件事牵涉的利益太多，战况激烈。一边是被石油收入滋润的国家机器，以及深受石油之恩且被石油文化浸润的国人；另一边则是挪威绿色国家的自我定位——整个国家都致力于缓解全球变暖，对抗气候变化，虔诚信奉自然这一"世俗宗教"。而且，渔业国家本就是挪威的旧身份。挪威宪法第一百一十二条称："对自然资源的管理应基于长远考虑，必须对自然资源加以保护，以飨后人。"[2]许多挪威人都认为，依据该条宪法，应撤销对新油田的开发命令，尤其是在脆弱的北方水域。

二十一世纪头十年，对罗弗敦群岛和西奥伦群岛的初步开采计划逐渐成形，相应的抗议活动也日益发展起来。反对采油者组织逐步壮大，形成了罕见的联盟：国家绿色组织（尤其以年轻人为主）、各个岛屿的本土活动家、保守主义者、环保主义者、渔民，这些人联合成了一体。倡议者们很快学会了如何获得更多关注。他们将"战役"打上了报纸、广播和电视，甚至打到了首都，在全奥斯陆举行火把游行。仲夏傍晚，他们还在受威胁地区的小岛海滩上召开公开会议。

抗议活动中涌现出一批领军人物，比约纳尔·尼科莱森就是其中之一。

⇁ ⇁

清晨时分，我们出发前往大边缘。走在安德内斯港的防波堤上，脚下发出嘎嘎的响声。引擎轰鸣，天色湛蓝，海面平静。阳光通过我睫毛上的冰晶，折射出绿光和红光。除了西边那两片薄薄的白云，天空晴朗、宁静、寒冷，是北方海域完美的钓鱼天。

我们经过了最后一个码头，东、西、北三面雪峰，脚下就是大海。海浪中有一排绒鸭，还有一只孤单的鸬鹚停在潮水标记上，它面朝太阳双翅展开，像极了铁十字架。三只天鹅缓缓从身后赶超我们，翅膀像门似的吱呀作响，昂首向北极飞去。

"到了那边该做什么，不该做什么，你告诉我规则，我会遵守的。"我对比约纳尔说。

他回头看我，疑惑地歪着头说："你遵守规则？我可从来不！"接着他又大笑几声说："不过，今天我就给你一条规则——别掉下去！除了这个，怎么都可以。"

比约纳尔戴着一顶浣熊皮的帽子，浣熊头就在比约纳尔额头正中，望向前方；身体蜷曲，按无边便帽的形状缝好，尾巴垂在帽后。这只浣熊看起来很舒服，像一直蹲在那儿似的。

浣熊的眼睛换成了闪闪发光的黑色假眼球。跟比约纳尔说话时，总感觉有四只盲眼望着我，两只乌黑发亮，两只鬼魅般苍白，让人心里不安。

过了防波堤，浪潮像是连绵起伏的小丘，一会儿朝我们涌来，一会儿又钻到船下，将船掀起二十到三十度。每次起伏，平衡环里的罗盘都晃动不止。比约纳尔在船上行动自如，好像船停在陆地上一样。

这艘船叫"特隆朗号"，长三十三英尺，属挪威制造的"天秤"等级。十五年前比约纳尔花了一百万挪威克朗，从芬马克郡的某人手中买下了它。船里只有最基本的必需品，凌乱但高效，一看就是个踏实苦干的好地方。船上驾驶舱的门可关闭，以便在大浪中航行。右舷上有两个绞车，分别连着船头、船尾处的两条缆绳，船尾的缆绳夹在一条金属臂上，与螺旋桨分离，可以摆动至右舷。每条缆绳上都有四个挂钩，挂着沙鳗或鱿鱼诱饵。船上的装置简单得不能再简单了，在这丰饶的水域、严格的捕捞限额下，使用起来已绰绰有余。

驾驶舱门边的磁板上吸着几把刀。舱内桌子边上挂着一排排红色、黄色的鱼饵。比约纳尔穿着带防滑底的橡胶靴，黄蓝相间的防水工装裤，上身是橙色外套和浣熊帽子。大约每半小时他就从锡盒里拿出一小块黑色嚼烟，扬起脸塞进嘴里，就像是插入了一个什么新软件。

驾驶舱的仪表板上挂着一顶棕色的棒球帽，上面粘着盐渍和血污，还有闪着光的鱼鳞。我用手敲了敲，帽子硬得像化石。探鱼仪发出连续的嗡鸣，多画面显示屏上能实时看到它的位置：橙色、绿色和白色，像是锯齿状的罗夏墨迹测验。

"白线是海床，"比约纳尔指着显示屏说，"它上面的橙色表示的是鱼群。"

"那海床下面的橙色和绿色是什么呢？"我问。

"那就是地下世界啊，罗伯！那就是石油！"

我们继续在这些蓝色的小山上漂流。

"现在，"过了一会儿，比约纳尔说，"我们要越过大边缘了。这里，怎么说呢，陆地会猛地下沉到离我们很远的地方。"

我感觉自己的胃也沉了下去，顿时想到几年前在伯毕矿道中越过海岸线进入北海海底的经历。

一群海鸥跟在我们后面，在风中鸣叫。船驾驭着更大、更绵长的海浪继续前行。安德内斯灯塔的塔尖越来越远，越来越细。我把铜匣子带在身边，打算一过大边缘就把它扔出船外。几乎没有比这儿更深的地方了。

"作为一个渔民，"比约纳尔说，"你必须能看透水。在这儿，你什么都看不到；可我呢，我能看得出水下的起伏，有山峰山谷，还有流动的小溪和溪中游动的鱼。要想象这些，你必须得动脑子，同时还得观察仪器，跟朋友用无线电沟通。"他用手敲了敲收发两用的无线电，"有时候，天很冷，浪很大，我们还是要迎风而上。没错，渔民必须得是个多面手！"

他大笑了几声。随后，收敛了笑容。

"我们每天早上冒着生命危险出海，把食物带回来给岸上那些白痴。"他竖起拇指朝身后指了指，"白痴政治家。他们竟然想把这片海床炸开，就为了再多弄点石油。"

这时，一只三趾鸥加入了身后那群海鸥。

"发现石油前，真鳕早就已经在这里了；只要人类不肆意妄为，石油耗竭之后，真鳕还会在这里存在很久。真鳕喂养了维京人，助他们完成征途，现在又喂养着我们。如果人类疯狂到甘愿用食物换石油和金钱，那就是彻彻底底的疯狂，我们就再也没希望了。"

比约纳尔跟大石油公司的对抗从二〇〇七年春天开始，当时，负责监管大陆架油气资源的政府机构——挪威石油管理局，来到了安多亚。此前管理局已和海洋生物学家、挪威北部的渔民联盟，进行了多方接触，为在安多亚和罗弗敦的游说活动做准备；现在又要渔民们为他们在大边缘外开发新油田的计划背书。

管理局展示了支持采油计划的证据，其中就包括用地震映像法收集的数据。地震映像法是观察海洋地底世界的一种方式，由一艘装有低频、高音量气枪的船向水下射出脉冲声波,这些脉冲声波非常强大,能够穿透一定距离到达海床,再反射回来,船后由长线缆连接的地震传感器则会将反射波记录下来;每次声波发射的间隔不到一分钟,一次往往会持续几周甚至几个月。尽管在海面上几乎听不到声音,但声波在海底不断游走探寻,其冲击甚至能横向移动数百英里,在海洋中发出霹雳般的巨响。地震映像法不仅应用于石油工业,还可以勘探深海沉积层,了解过去气候变化的性质和诱因,从而对未来的气候变化进行建模,并测试、改进模型。现在,大多数探测船会设有观测专员,他们负责观察是否有鲸目动物出现,如果有,会立即停止声波脉冲,并且他们还负责制定最佳探测计划,以避开海洋动物有规律的迁徙。这项技术尚有争论和不确定性,尤其是对鲸鱼、海豚和其他海洋生物的影响。

公开会议在安德内斯举行,石油管理局的代表同安多亚的居民进行了所谓的"磋商",讨论进一步石油勘探的可能,其中包括更多次的地震映像探测。

比约纳尔边说边检查夹具上的诱饵。

"我记得当时坐在椅子上,听第一个人发言时,我想,完了,他们早都计划好,定好了。探测早就开始了,磋商会只是走个过场,根本就是骗局!完了!他们冲海床来了,很快就会把我们的生活全毁掉。"说到这儿他停了一下。

"同时,我想象了一下,等我老了,坐在椅子里,动也不能动时,我回想起这一天,自己没有做任何事情来阻止这一切。于是我决定,必须开始抗争,就在今天!"

他说话时非常沉着,每句话讲完后都沉默良久,显然那段记忆在他脑海中依然非常清晰。他检查完最后一个鱼钩后，放缆绳下水，然后用他那令人不安的双眼直盯着我。

"罗伯，我有个天赋，怎么说呢，就是能看到未来。"

一看向那双白色的眼睛便被望穿的我，没法不相信他。

哪怕石油公司已经开始了地震映像探测，比约纳尔也义无反顾地加入了抗议运动，一边捕鱼，一边战斗。他被选为当地渔民联盟的秘书长，多了些政治上的威信，他用这个身份争取到了更多发声机会和关注。他在报纸上撰文描述地震映像和钻探的危险，敲遍各个岛屿上住户的门，呼吁挪威人回归对真鳕的古老信仰，抵制对石油的新式信仰。他在报纸杂志和电视电台上和石油公司代表辩论，质疑对方所谓的科学解释，游刃有余地嘲笑讽刺对方及其计划。

"某种层面来说，我的主要策略就是拖延。"比约纳尔说，"我深知时间会慢慢让人清醒，让抵抗生效。如果能拖住他们的行动，新信息就会进来——新信息总是会对工业造成打击。"

比约纳尔的语速越来越快，滔滔不绝，无论打断还是提问都让人插不上嘴。说话时他的情绪也时时变换，一会儿微笑，一会儿大笑，片刻后又变得失落、悲伤。讲自己的工作时他有些夸大，在我看来，这不是自吹自擂或某种标榜，而是种自我英雄主义的回响。这对比约纳尔来说十分必要，他凭借这种英雄主义作战，抗争，以及消化因此受到的伤害。

在与石油公司对抗了六个月后的一天，英格丽德发现了键盘旁已经神志恍惚的他——压力实在太大了。在精神科病房待了几周后，他花了三个月重建自我。随后，他又投入了斗争。

引擎轰鸣，海浪涌动，现在海鸥群里出现了两只管鼻藿，三趾鸥已经飞走了。

比约纳尔说:"那次精神恍惚后我脑子里出现了一个画面,画面中我好像站在离海岸最远的半岛那一端。"他说"海岸"时,回过头指了指远方安多亚海岸的群山。"我的靴子踩在海水中,面朝岸上,跟人类对抗,背后的大边缘则随时准备将我吞没。这就是那时我脑海里的画面。太疯狂了,你能想象吗?"

"特隆朗号"在小丘般的海浪上颠簸着驶向西北方。锁定航线。船设置成自动驾驶。比约纳尔停下了检查渔具的工作,靠着驾驶室站着,目不转睛地看着我,故事继续如潮水般涌出,且此时更加汹涌了。

"不过,慢慢地,开始有岸上的人站到我这边。越来越多的环保组织也来到这里,加入我们。零零散散的人们聚在一起抗议。"他张开双臂,做了个抱拢的动作。"我的计划一直都是把所有这些组织联合成一个大军团!"

"'共存',比约纳尔,"我说,"看来你从大石油公司那儿学到了几招啊。"

他大笑说:"是啊,我们共存,一起反抗,我们在外面搞出了很大动静,创造了历史。局势开始对那些大人物不利。他们本来快要赢了,那时他们几乎要强占这里了。可是我们阻止了这一切。"

"地震探测季从五月持续到九月,他们做了三年探测,我们就对抗了三年。这期间,我在丹麦的哥哥得癌症死了,我在巴黎附近的姐姐也死于癌症;我每年都会在神志恍惚中进一次医院。"

海鸥叫声尖锐,而三趾鸥叫声细长。

"我不后悔那几年的斗争和精神恍惚,罗伯。毋庸置疑的是,我学到了很多,尽管那些经历对所有人都很残忍。那几年里,就连我那当渔民的儿子,都视我为陌生人。如果没有英格丽德,我撑不下来。她真是个意志坚强的女人,非常坚强。她一直在我身后,照顾着全家……"他语意未尽,我点了点头。尽管只相处了很短一段时间,可我很清楚英格丽德拥有超出常人的坚定和敏锐。如果比约纳尔是激流,她就是基岩,以平静应对他的风暴。

故事的潮水缓缓落下,他的语速慢了下来。

"局势变了。少数派联合起来阻止了开采,这是我们的胜利。现在我们更强大了,大多数挪威人都会对石油说不。那些年的石油斗争后,发生了很多改变。年轻人开始回到乡村,回归渔业,重新拾起原来的生活方式。全国人都目睹了沿海地区的这场战斗。"

然而,那些年抗争的余波给比约纳尔的健康和海底世界都造成了灾难性的后果。

"自从地震映像探测后,这里的一切都变了。你知道吗?我们今天要捕的那种鱼,一度消失了。探测前,用渔线一天能捕获多达三千公斤的鱼。这也是我买这艘船的原因之一。"他深情地拍了拍"特隆朗号"的驾驶舱。

"在探测的第一年,绿青鳕就消失了,直到六年后——二〇一五年,才重新出现。鲸鱼也受到了很大影响,虎鲸也离开了。那时我们能在峡湾附近看到抹香鲸,它们是因为饥饿才游到了那儿。"

他扳动节流阀,让引擎慢慢停下。他双手合十,歪歪扭扭地做了个祈祷姿势,微笑着冲我躬身。

"现在,我们开始钓鱼吧。"

≒ ≒

和比约纳尔乘"特隆朗号"出海前一晚，我熬夜读了埃德加·爱伦·坡一八四一年那篇描写罗弗敦外海的大漩涡的短篇小说——《莫斯肯漩涡沉浮记》。那个漩涡，在看红色舞者的那几天里我已听过，也见识过。有些人认为这个漩涡是一个穿透地层、通向波的尼亚湾的大洞。该想法的代表人物之一是阿塔纳斯·珂雪（Athanasius Kircher），他的《地下的世界》（*Mundus Subterraneus*）是现代早期关于地下的史诗性研究著作。

爱伦·坡的小说从赫尔塞加峰顶附近的两个人讲起，赫尔塞加峰是雷弗斯维卡湾南边一处突兀的山峰。这二人坐在一块"乌黑发亮的岩石峭壁"³的边缘，望着远方的瓦洛伊岛。其中一人是无名的旅行者，另一个是罗弗敦当地人，来自莫斯克内斯，有一头耀眼的银发。

脚下的大海第一次出现在二人的视野中时，是"一片狂野、汹涌的海浪，看起来极不寻常"。旅行者仿佛瞥见了什么，隐隐产生了一种不安。接着，传来巨响，且声音越来越大，像"一大群水牛在低吼"。海面立刻变了样，"速度骇人"的洋流奔腾起来，大海被撕扯、割裂成"上千条彼此冲突的水道"，慢慢形成大量小型漩涡，又逐渐消失，接着，"突然之间"：

> 一个直径超过半英里的漩涡出现了。漩涡边缘环绕着一条宽阔且闪着光的浪花带，可没有一颗水珠滑进中心那可怕的漏斗口。肉眼可见的是，那漏斗的内部是光滑、闪亮、漆黑的水墙，与水平面大概成四十五

度夹角，以令人窒息且头晕目眩的速度旋转，向风中发出一种骇人的声音，半是尖叫，半是咆哮。

故事的讲述者感觉到脚下的山峦都因水流的狂怒而震颤不止，他吓得倒在地上，喃喃道："除了莫斯肯漩涡，不可能是别的。"银发的当地人告诉他，这的确就是。多少年来，这个深渊吞噬了无数松树、鲸鱼和船只。甚至有一只北极熊也曾被吸了进去，在"漩涡的深渊中"消失得无影无踪。⁴

当然，爱伦·坡关于海上的描述不无荒谬之处，他从来没去过罗弗敦群岛，也从没跟亲眼见过漩涡的人交流过。他对莫斯肯漩涡描绘的依据来自海图、民间传说和道听途说。那连通海床甚至通向更远处的漏斗形象，跟现实情况毫无关系。莫斯肯漩涡既不是整齐的双螺旋形，也不是海面上一个中心漆黑的洞。它更像是一片海水旋转流动的圆形区域，直径一英里左右。在这个粗略的圆形区域里，水流高耸成海浪。而在圆圈外侧，漂浮的水沫带出条条细丝，紧随不断汇聚过来的水流，就像星系的旋臂一样，它们共同构成了莫斯肯漩涡。

爱伦·坡笔下具有超现实色彩的席卷一切的漩涡，呼应着人们一贯对漩涡的想象——小到浴缸出水口的小水涡，大到宇宙黑洞。我们对这一结构着迷，在于它有一种远距离的吸引力，建立起一种"事件视界"（event horizon）①，猎物往往毫无知觉地落入了圈套。

小说里，当地人告诉叙述者，他和哥哥有一次外出打鱼时，就掉

---

① 一种时空的曲隔界线，是从黑洞中发出的光能到达的最远距离，也是黑洞最外层的边界。在事件视界以外的观察者无法利用任何物理方法获得事件视界以内任何事件的信息，或受到事件视界以内事件的影响。

进了莫斯肯漩涡。船被拖向漩涡中心时，他竟感到异常平静，恐惧被一种奇怪的宿命之爱取代："我对漩涡产生了强烈的好奇心，真想上前一探究竟，哪怕丢了性命也在所不惜。"[5]他们的船在莫斯肯漩涡巨大的离心力作用下疯狂地旋转，一点一点滑下漩涡黑暗的侧坡。当地人回忆道："船身像被施了魔法一般悬在半空中，挂在巨大深邃的漏斗内壁上，要不是因为它正在飞速旋转且闪着光，那平滑的表面可能会被误认为是乌木。"飞溅的水花在漩涡上制造出一道奇异的月虹，悬在地下入口的上方。

爱伦·坡这篇小说基于十九世纪广泛流传的一种想象，即地球内部存在一个地下世界，可以通过某些特定的入口进入完全中空的地心，或者至少是个比较空旷的内部空间。一八〇〇年前后，地下小说的一个分支发展起来，在这些小说中地壳和地幔往往布满了地道，通向可居住的地心。一八一八年，一位名叫约翰·克利夫斯·西姆斯（John Cleves Symmes）的美国军官认为，地球是由一系列同心球构成的，两极各有一个直径约一千四百英里的巨大洞口，并将该观点作为事实大肆宣扬。西姆斯呼吁人们前往北极深入同心球体，探索其资源储备和居住潜力。[6]

这样的探险从未得以实施，不过在一八〇二年，一部名为《西姆佐尼亚：发现之旅》（*Symzonia: A Voyage of Discovery*）的早期科幻小说中，一群旅行者从北极进入地球中心，的确发现了一片内部大陆。该小说的作者自称"亚当·西博恩①船长"。爱伦·坡也在其一八三八年的小说《亚瑟·戈登·皮姆的故事》（*The Narrative of Arthur Gordon Pym of Nantucket*）中发展了西姆斯的理论。一八六四年，这类幻想小

---

① 即 Seaborn，字面意思为"生于海洋"。——译注

说里最有名的一部出现了——儒勒·凡尔纳（Jules Verne）的《地心游记》(*Journey to the Gentre of the Earth*)。小说中探险者们从冰岛的一座火山进入地下，到达距地面垂直距离八十七英里的深处，随后在地下海中航行，最后从西西里海岸的斯特龙博利火山口出来。第二年，刘易斯·卡罗尔（Lewis Carroll）出版了《爱丽丝梦游仙境》(*Alice's Adventures in Wonderland*)，原书名为《爱丽丝的地下世界冒险》，它描绘了一种完全不同的地下旅程。

到了二十世纪，地心幻想文学持续发展一段时间后，发生了突变。一九二三年，俄罗斯神秘主义者兼画家尼古拉斯·洛里奇（Nicholas Roerich）跟他的哲学家妻子海伦娜远征喜马拉雅，试图找到香巴拉城的入口，由此进入"地心王国"。他们从印度大吉岭骑马出发，开始了一场徒劳的探索。他们还将一面美国国旗插在蒙古矛上，旗帜一路翻飞。途中，他们可能还得到了苏联情报人员的帮助。一九四五年后，一种令人不安的后纳粹时代的地理幻想志出现在人们的视野中，它们都写到希特勒和亲信在苏联军队进攻柏林时，从地下堡垒逃脱，躲进了地壳内部的洞穴，因此，雅利安势力在未来还有可能卷土重来。

那晚在安多亚，我将爱伦·坡的小说看作石油梦的前兆。在小说中，莫斯肯漩涡既有类似钻探的功能，又是一种观察海床的手段，因为海床就暴露在漩涡下方。爱伦·坡对漩涡中的海水的形容也让人联想到石油："顺滑""闪亮""漆黑""乌木一样的光泽"。像石油一样，它是神奇的也是致命的。像石油一样，它将时间重新排序。

通过爱伦·坡的小说和其他同类小说，十九世纪中期人们对地球内部"石油海洋"[7]的梦想可见一斑。这类叙述强化了全新世的一大妄念，即地球内部蕴含着取之不尽用之不竭的资源和财富。即便在爱伦·坡的小说诞生两百年后的今天，在扩张主义者的石油话语中，依然看得见这种妄念的影子："我们需要探索新的空间，我们的探索活动应该进一步扩大。"[8] 在我的北方之旅开始前的秋天，挪威国家石油公司如此宣称道。几个月后，澳大利亚油气巨头 Karoon 宣布，希望在大澳大利亚湾开发新油田，因为那儿拥有"未充分开发的白垩纪盆地"[9]。

二〇一〇年，"深水地平线漏油事件"的诱因之一，就是为开发新油田进行了过度深钻。那年四月二十日，距离美国路易斯安那州东南海岸四十一英里，一个半潜式钻井平台的钻孔爆炸，随后平台发生井喷，导致十一位工作人员丧生，熊熊燃烧的火球在岸上便能看见。两天后，钻井平台沉没，位于五千英尺深处海床上的油井泄露。二点一亿加仑的原油流入墨西哥湾，浮上海面，形成巨大的油膜，从太空中都可以看见。这些石油摧毁了海平面上的海洋生物。成千上万的焦油球被海浪冲上岸。条纹原海豚常在漂浮的油膜中跳跃。直到秋天，油井才被成功遮盖并封闭，美国正式宣布其被"有效封死"，但它对生态系统以及墨西哥湾生物族群的影响持续至今。"深水地平线漏油事件"罕见地暴露了全球采掘业的黑暗运作。消费者与这些油气公司心照不宣，开采行为及其代价基本被保留在公众视野之外，免得让既得利益者承受心理负担。这些公司深知，市场需要异化的劳动力、隐蔽的基础设施，需要策略性地隐藏环境恶化的慢暴力和事故爆发的快暴力。而"深水地平线漏油事件"打破了这种心照不宣，让人们看到石油虽支撑着大部分现代人的生活，却少有人亲眼看见其原始状态。

从挪威回来后，我才知道确实有人论证过把莫斯肯漩涡用于石油工业的可能性。二十世纪八十年代有一位叫比约恩·吉耶维格（Bjørn

Gjevig）的古文物研究者，他同时也是数学家、航海爱好者（听上去像是爱伦·坡创造出来的人物，可他真实存在），对莫斯肯漩涡的流体动力学产生了浓厚的兴趣，于是他航行到漩涡附近收集数据，并对其水流进行数学建模。在罗弗敦群岛发现石油后，他意识到，自己的数据可以投入应用了：石油公司必须了解这等海洋力量，才能建起受得住"莫斯肯漩涡的毁灭性潮流"[10]的钻井。

在爱伦·坡小说的高潮部分，人完全失去了对身体的控制力，只能随波逐流，在"毁灭性潮流"中无助地旋转。那个当地人和他哥哥在漩涡中一点一点下沉，他感到自己被卷入了一台巨大的分离机，这机器会估量被拉进来的东西——东西越重、形状越不规则，就会越快被转移到底部摧毁。

大脑灵光一闪，他突然醒悟，沉重的渔船让人直觉上很有安全感，但想活下来，必须放弃渔船，依靠更轻便的木桶。毫不意外，他没能说服哥哥，所以不得不放弃了哥哥和渔船。如他所料，木桶带着他慢慢升到了安全的水面，而渔船以及四肢摊开死死扒在甲板上的哥哥，则被拖向了毁灭。

十九世纪关于空洞地心的所有文本，现在读来，既是来自虚空深处的召唤，也是对于虚空的警示。这些都是"人类世"一词出现前的人类世作品，讲述了人类探寻地球内部财富的渴望。它们预示着采掘业将以巨大的力量席卷而来。如今庞大的采掘工业设施遍布整个地球，不断从地下提取原材料，从尼日尔三角洲焚烧的荒原，到中东燃烧的油井，再到遍布休斯敦的炼油厂和储油仓，形成了一幅石油工业景观。人类的现代物种史，就是一部冷酷无情的加速掠夺史，仅伴以补偿性的小规模保护和偶尔唱响的挽歌。为了攫取资源，如今我们已挖掘了长达三千万英里的地道和钻孔[11]，将我们的地球变成了一个真正的空心星球。

≒ ≒

"特隆朗号"的捕杀空间被简单设置在船尾：一个固定在右舷的锌制水槽，上面盖着一块活动的木头案板。比约纳尔转动绞车，放下渔线。按一下按钮，又拉起渔线，鱼的重量令绞车嘎吱作响。

绞车嘀嗒一声，渔线也跟着咔嗒一声。比约纳尔凝视着船缘，一团银色游进视野，银色聚拢，挣扎着跃出水面。比约纳尔一只手扯着渔线，另一只手用手钩将鱼一条一条拉进水槽，动作简洁熟练。他摇晃鱼饵，脱下鱼钩，所有鱼一下子落进水槽里，蹦来蹦去的。橙色的鱼鳔像派对上的气球一样从鱼嘴里挤出来。这些是绿青鳕，有点像我在英国海岸附近捕到的狭鳕和黑鳕，不过它们要大得多，有七磅、十磅甚至十二磅重。每条鱼身体两侧的中央都有条鲜明的白线，就像是探鱼仪上的那条线。白线以上是乌铜色，以下是青铜棕色。即便死了，它们看上去也非常美。

比约纳尔说："每次在家里吃自己亲手捕的鱼时，我的祈祷词总是这句：'妈的，我们都不知道自己有多幸运！'"

收获一批后，比约纳尔再次把渔线放下海。紧接着，他从磁板上取下把红柄刀，手指勾着鱼鳃把鱼拎起来，手腕一转，鱼背对着刀锋猛地一拉再一划，一刀便割喉断头。鲜血滴到水槽下的甲板上。

"这把刀可真快啊，比约纳尔。"

他像看棍子似的看着刀。

"这刀不算快。等会儿让你见识一把真正的快刀。"

三趾鸥、管鼻藿和黑背鱼分食着残渣。比约纳尔提着水管哗哗地冲洗甲板上的血迹,绞车嘎吱作响。

绿青鳕中出现了一条真鳕:麦芽棕色的鱼身上遍布斑点,鱼肚雪白,嘴部有触须。

"你应该冬天来看真鳕,跟它们一比,绿青鳕瘦得像沙丁鱼。我今年捕到过一条大的,足足有三十二公斤!真鳕这两周刚走,我大儿子应该已经追着它们到了北开普吧。"

说话间手钩已被血染红,还挂着些残留的鱼肉。突然出现了一条奇怪的鱼,身体细长,鳞片反着光,像彩虹一样绚丽,眼球大而平,那习惯了幽暗深海的瞳孔,在阳光下大如瓶盖。

"这鱼是不是很漂亮?"比约纳尔感叹着却没有说鱼的名字。他把鱼叉起来,抖到一个金属盘上。手钩让鱼眼凸了出来,身体慢慢渗出红宝石色的血。彩虹般的鳞片、宝石般的眼睛,让它看起来像是法贝热的模型[①],仿佛拧上发条,就会动起来。

我的思绪一下飞到了北方的斯瓦尔巴群岛,离我们的船大概一百英里远,全球种子库就建在那里。这个耗资十亿美元的储藏库被封存在永冻层之下,用于保存生物多样性,应对未来物种灭绝或基因改造导致的物种减少。接着,我联想到水下的地震映像探测、在海底落下探钻的采油船、"深水地平线"的爆炸,以及我们人类的一种本能——总是迫不及待、不计后果地打开封存之物。

"我们回家吃饭吧!"捕了大概三十条鱼之后,比约纳尔说道。他

---

① 法贝热(Fabergé)是俄罗斯著名珠宝大师,除了独特的艺术风格外,他将动物微雕和上釉工艺引入珠宝,制作的复活节彩蛋精巧别致,久负盛名。

重新启动引擎，调转船头，心满意足地大笑一声，向安德内斯灯塔驶去。

≒ ≒

我们回到码头，停船。阴影中的甲板室很冷，船周围的水面因燃油反射出七彩的色泽。

"这刀才叫快。"比约纳尔说着，从磁板上取下一把黄柄刀。

他手伸进水槽，抓着鱼尾拎出一条，拍在刀痕斑驳的木案板上。他一根手指插进鳃部，固定住鱼，随后从鱼头沿着身子一刀划下来。刀仿佛没有切进鱼身，更像是放在上面——似乎是出于对刀锋的敬意，鱼肉瞬间落下。刀划到鱼尾，翻过来又是一刀。把切好的鱼柳翻面，去皮，再撕开。微微泛黄的白色鱼肉像面团一般柔软，半透明。鱼头和鱼骨丢进海港，鱼肉则放进盛了水的桶里。

一个戴着毛绒护耳帽的男人从跳板上走过来，停在船边，冲比约纳尔点了点头，也看了看我。

"啊哈，这是斯文，"比约纳尔说，"老朋友了。我们经常一起出海捕鱼。"

比约纳尔一边干活，一边跟他聊天。聊捕鱼的情况，探测还会不会再开始，以及真鳕最近离开北边游去了芬马克。

"我明天要去追真鳕了，"斯文说，"可能要去两三周吧，我还有些捕捞配额，也看看能不能找到海参斑什么的。"

捕海参斑主要为了取鱼子，这种鱼子是鲟鱼鱼子酱的廉价替代品。通常人们切开海参斑，只把红色的鱼子刮出来。

"取鱼子之前，我一定会先割断海参斑的喉咙。"斯文谦逊地说，好像在做一笔重要的慈善捐赠。

"有些'环保主义者'说我们不应该为了鱼子捕杀海参斑，"他接着说，"可这鱼其他部分没什么好吃的，也就脸颊上还有两片肉。所以我们一般只取这两样，鱼剩下的部分就还给海洋，喂养海洋系统。他们不理解海洋是需要喂养的，跟人类一样。"

比约纳尔咕哝着说："怎么说呢，我下辈子也想做条海参斑。所以我取鱼子前一定会先割喉，如果有人来取我的鱼子，我也希望他们能先割断我的喉咙。"

"己所不欲，勿施于人，轮回转世的黄金法则。"我说。

ㅋㅋ

那天下午，我们吃着绿青鳕，搭配黄油和土豆，那只长了双蜥蜴眼的猫一直在角落里看着我们。英格丽德用勺子将绿青鳕鱼块盛入盘中，比约纳尔双手握拳捶了捶桌子，开始念祈祷词："见鬼！锅里的鱼们，谢谢你！"

"这句比你之前在船上跟我说的要礼貌些。"我说。

比约纳尔大笑，又捶了一下桌子："海里一套，陆上一套！"

午饭后，比约纳尔带我在岛上转了转。他又戴上浣熊帽子，我们还拿上了那副纳粹国防军的望远镜。比约纳尔边开车边向我讲解安多亚复杂的古今。从生态上来说，这个岛屿分为四部分：山峰、泥煤、沼泽和海滩。冰川将岛东部夷为平地，西部则保留了诸多山脉。岛屿的大部分对外开放，还有一块封闭区域由北约控制，被高高的防护栏围起。泥煤地、偏远、空旷——这让我想起苏格兰外赫布里底群岛的刘易斯岛，二者在工业采掘和军事殖民方面都有诱人潜力。

我们沿着岛屿西海岸的一条小路磕磕绊绊地走着，比约纳尔说："你知道，罗伯，如果这些油井中有一个爆炸了，整条海岸线就全毁了。墨西哥湾暖流在所有峡湾间进进出出，泄漏的原油会分散到各地。如果罗弗敦发生爆炸，原油会向北漂过我们这儿，一直扩散到芬马克郡。墨西哥湾暖流就成了原油的传送带。"

比约纳尔的担忧正是"乡痛症"的一种表现，这个词是格伦·阿尔布雷奇特于二〇〇三年提出的，意思是"由环境变化引起的精神或存在危机"。[12] 当时他正在研究澳大利亚新南威尔士州的长期干旱和大范围采矿对当地人的影响，他发现人们面对景观变化却束手无策时，普遍会产生一种忧虑感，尚没有任何一个词可以妥帖形容这种感受，于是提出了"乡痛症"，描述这种独特的思乡情绪。乡愁是随着人们远离故乡而产生的，乡痛则是人们留在原地的痛苦。前者可以通过返乡缓解，而后者似乎是不可逆的。乡痛症不是人类世特有的病症，比如我们就可以将约翰·克莱尔（John Clare）视为"乡痛诗人"，一八一〇年前后，他便目睹了英国圈地运动给他位于北安普敦郡乡村的家乡带来的破坏。不过乡痛症大范围出现，的确是近来的事。阿尔布雷奇特在一篇较早的文章中写道："如今从全世界范围来看，生态系统失调综合征普遍增加，相应的人类失调症状也在增加。"[13] 乡痛症涉及一种可怕的现代处境，熟悉的地方因为气候变化或企业行为而面目全非，身在家园，却似流离失所。

比约纳尔看到海岸上有一只海鹰。车子缓慢驶过海滩附近的一排木屋，沿着侧道我们离海鹰越来越近。我用望远镜观察它，它栖息在一块马形水怪造型的巨石上,四英尺长的翅膀垂在身旁,如同一件宽大的披风。

一栋木屋里有动静,一根手指掀开窗帘,露出了一张脸,紧张地看着我们。

"那人为什么这样看着我们?"比约纳尔疑惑地问。

"作为一个读过不少斯堪的纳维亚犯罪小说的人,我告诉你,咱们现在的行为举止太像杀人犯了。两个戴墨镜的男人开着一辆黑色大车,一人头上顶着只死浣熊,另一个拿着望远镜扫视这些孤零零的房子。我们不该怪那人如此担心。"

洪钟般的笑声又响了起来。"你这个人真不赖,罗伯。"他接着开车,窗边的人脸消失了。

雪映出了冰蓝的色泽。海滩上一架木秋千在风中摆荡。紫色的阴影爬过东侧的山峰。远处结冰的湖面上,几只海鹰在啄食一具黑色的动物残骸。

≒ ≒

接下来几天里,北风的势头越来越劲,没法出海捕鱼,我便常在安多亚西部登山,下午或晚上再回到比约纳尔家。

天气一直晴朗无云,白天闪耀着金属般的光芒:雪面上是银,日光中是金,阴影里是铁。夜晚,群星密布,雪冻得很坚硬。正午时分,森林中的温度达零下十摄氏度。安多亚山峰的迎风坡上,风卷着雪片形成移动的旋风,有些风柱高达数百英尺,比我在苏格兰和阿尔卑斯山见到的要大得多。它们扫过峡谷,时不时突然改变方向和速度,旋风顶端像风中的树木似的舞动着。

一天,我在积着厚雪的山谷里滑雪,穿过矮小的白桦林,来到山肩下,放下装备,徒步往前走,每一步都重重穿过雪壳。道路艰难,却也令人兴奋。雪地里留存了丰富的足迹档案:雪兔、狐狸、渡鸦。寒风敲打着皮肤,压迫着我的双眼。一个五十英尺高的"雪魔鬼"缓缓向我飘过来,嘶嘶声渐渐变为咆哮,它撞了我一下,随后顺着山坡飘下,在寂静中远去。那感觉,就像幽灵穿过了我的身体。高原上,风在雪中雕出绝妙的雕塑。巨石结了一层雾凇,像羽毛一般。云影滑过山峰,向西而去。下方山谷的白桦林里,一只猛禽在猎食。这是我见过的最原始的地方之一,可我又知道不被人类染指只是一种幻想。我在石头的背风处坐下来,很感激它能为我挡风。

我找到来时的脚印,沿着这条足迹径直返回高原。风扫去了脚印周围疏松的雪,那些印记在雪地里愈发显眼——仿佛时间倒流,原本表面之下的东西,正浮现出来。

下午时,我来到安多亚西北边的海滩。离海岸几百码处有个鲨鱼背鳍形状的礁石小岛,数百只海鸟四下环绕。现在是低潮期,海湾的沙滩上遍布海洋垃圾,几乎全是塑料。这里和罗弗敦群岛一样,人类废弃物之多之密,令人震惊。渔用浮标、牙刷、清洁剂瓶、缠结的渔网,还有成千上万无法辨认的碎片。

走在满是垃圾和废墟的海滩上,我感到一阵恶心,海滩与高原的对比令人震惊,身处其中,我似乎也难辞其咎。这一切都曾是石油。这个"猛兽改造者"[14],存在于所有这些东西之中。仅一个世纪前,人类首次合成塑料,而石油是制造塑料的关键。我想起最近看过的一些照片,在太平洋上遥远的亨德森岛的环礁上,一只寄居蟹把塑料娃娃头当作它的壳，另一只则寄生在一个空的"雅芳"晚霜瓶里。[15] 塑料曾是我们最完美的容器，而今它已完全超出了人类的控制。我们制造的物质正一刻不停地累积在我们周围，过去以这种方式在当下显现。在过去的两个世纪里，尤其是近五十年中，我们的大规模生产、消费和废弃，制造出一个"物的帝国"[16]，而它却难以控制自身残酷的后世。波拉·佩图尔斯多蒂尔和比约纳尔·奥尔森（Bjørnar Olsen）写道："（这是）充塞着废弃物的现代地貌，尽管废物处理机制日益高效，但可怕的现状仍日复一日困扰着我们。"[17] 核废料在玻璃化的烧瓶中静静等待着葬入地下墓穴；海洋和海岸布满塑料垃圾；大气中二氧化碳积聚。我想起唐·德里罗的小说《地下世界》（Underworld）中的一句话，简直一针见血："我们的排泄物反过来吞噬了我们。"[18]

这些五花八门、不断涌现的人类世物质，被提摩西·莫顿（Timothy Morton）称为"超物体"[19]。作为一种实体，它们弥散而"黏滞"[20]，我们既无法清晰感知，也很难准确谈论。我们持续不断的活动甚至产生了一种新型岩石——"塑料聚合岩"（plastiglomerate）[21]，即人们用篝火燃烧海滩垃圾产生的熔化塑料，与沙砾、贝壳、木头和海草等凝结形成的坚硬聚合物。塑料聚合岩最早由地质学家在美国夏威夷卡米罗海滩发现，因耐久性和特殊构成，被认为是人类世未来可能会出现的地层标识之一。它无疑也是我们这个时代的一种象征物：依靠"黏滞性"四处捡拾其他实体，并凝结聚合；它的形成不合时宜，是一种结合了采样与合成的全新地质；无论在自然意义上还是合成意义上，它都呈现出一种怪异的杂糅性。

在那海滩上我想到，也许黏滞性正是定义人类世最重要的生活体验之一。我们每个人都卷入了人类世的影响中，每个人都既是这个时代的创造者也是承受者。身处人类世,我们很难跳出自然之外,镇定地审视它或表达对它的喜爱。自然不再只是远方明媚阳光下的一座山峰,或者一只在白桦林上空捕猎的猛禽,它是漂着厚厚塑料垃圾的潮汐线,也是数百万平方英里正在融化的永冻层中慢慢降解的可燃冰。这种新的自然正在包围我们,而我们才刚意识到它。在约翰·温德姆(John Wyndham)一九五五年的预言性小说《蛹》(*The Chrysalids*)(最初的标题为《攸关时刻》)的结尾,"新人类"[22]的直升机上挂着一条条黏着的软塑料,它们越缠越紧,正印证了我们如今的处境——越挣扎着想要逃离人类世,陷得越深。

≒ ≒

"来吧,罗伯特,再一起出去走走,这次轮到你坐王座了!"

耶稣受难日,是我跟英格丽德、比约纳尔在安多亚一起度过的最后一天。我们一同进餐,吃了真鳕舌、真鳕排、绿青鳕鱼片,以及可以用叉子剥皮的粉皮大土豆。

我们走到海岸边,尽量让双脚脚掌紧贴地面,小心翼翼地走在坡地的薄冰上。北风剥皮刺骨般寒冷,噬咬脚踝,烧灼小腿。我们的呼吸像钢丝球一样。

水边矗立着由浮木制成的王座。旁边一块不大的石头深深埋入地下,只余一截露出水面。

"我只信石之神,"比约纳尔静静地微笑说,"我不需要任何别的神。"

接着他又爆发出一阵大笑,边笑边拍了拍王座的扶手。

"来啊，麦克法伦！上来坐，当几分钟的安多亚之王！"

王座的椅腿和靠背都是用如我手腕粗的桦木做的。靠背和底部是剥了皮的浮木钉成的架子。扶手是浮木的两条分支。王座大概有八英尺高，座位离地面有四英尺。想坐上这把椅子，还得爬上去。

我坐在王座上，眺望峡湾。一团白色的翅膀扑棱棱作响——许多雪鹀从我们身边飞过，掠过海浪。

"我一般在这儿喂鱼给那些鹰吃。"比约纳尔指着王座前面的石头说，"如果虎鲸来了，在附近的海峡就能看到。它们从一个狩猎场游到另一个狩猎场，总是对下一个目的地胸有成竹。"

离王座不远的岸边，竖着一根生锈的管道，高出海岸线约六英尺，拖着三个塑料瓶。

"那是什么，比约纳尔？"我问。

突然间，他看起来格外疲惫悲伤。他的眼眶红了，默默咬着牙，仿佛上下颌卡在了一起，嘴巴也粘住了。起初他没有回答，片刻后才低声开口，仿佛他此前没有告诉过我，又仿佛在自言自语或向风倾诉："他们搞了三年探测，我就斗争了整整三年。现在他们又回来了。一切都回来了。"

接着，他说："好了，罗伯。别再往前走了，太冷了。"

我们小心翼翼地穿过冰原，回到屋中。

那天下午，我和西格莉德小宝贝一起玩，我将她放在膝盖上一边摇晃，一边哼着《威廉·退尔》序曲（*William Tell Overture*）和《睡吧睡吧，胖娃娃》（*Bye, Baby Bunting*）。她真漂亮，有一双淡蓝色的眼睛。

临行前，我帮忙搬运按摩椅，这把椅子是比约纳尔的儿子从废料桶里抢救出来给他的。我们从汽车里拖出按摩椅搬进地下室。它非常重，由黑色皮革制成，带一个遥控器，可以调成不同模式放松不同的肌肉群。

"这对他的背有好处。"英格丽德温柔地说。

# 时间之蓝
## （格陵兰，库鲁苏克）

夏末，格陵兰岛东南部的库鲁苏克岛海岸，海峡中的一座冰山"大汗淋漓"。冰山非常庞大，从海平面到顶部大概有一百英尺高，形状像圆顶的主帆。它如湿蜡般闪着白光，水下的部分像一个深绿色的光环。

海峡是深沉的蓝，万里无云的天空是锐利的蓝。盾牌似的山峦上方，挂着一轮白日的月亮。海峡远处大约六英里，一座冰川斜伸入海，冰川崩解形成的峭壁隐约可见。

现在是低潮。在海湾的前滩上，一个男人正俯身看着什么东西。他穿着亮黄色工装马甲和防水服，绷直着腿，弯着腰，袖子卷了起来，从小臂到肘部都红彤彤的。一具鼠海豚的尸体沉沉地横在海草丛生的石堆中。他一只手抓住海豚黑色外皮的一块皮瓣，一边剥皮，另一只手一边用弯刀割肉。看上去就像他在帮海豚脱潜水服。

大约一百栋木房子，每栋都坐落在一块冰雪覆盖的、光滑的片麻岩石台上。这就是库鲁苏克——更像鸟舍而非村庄。房子外立面板涂着鲜艳的彩漆，红色、蓝色和黄色，面板上的钉头还涂着白色的防锈漆。大多数房子用钢缆捆着，以抵御冬季的大风暴。在这里，从冰盖刮来的重力风堪比飓风，能把地表剥成光秃秃的岩石，在建筑物背风处摞起高高的雪堆，还能粉碎海岸线上的海冰。

今天没有风。空气是温暖的，前所未有的温暖。冰山大汗淋漓。那人在给海豚剥皮。防波堤的一侧，一大团浅色的什么东西用绳子拴在铁梯末端，在离岸一英尺左右处漂浮着，随着海浪微微摇晃。那是环斑海豹的躯干，头和前鳍被切下，尾巴被绑在一起。这些死海豹在那里有段时间了，散发着淡淡的绿光，内脏垂在海藻间。对于库鲁苏克的猎人来说，这个月的收获十分可怜。

在海湾东侧，一个峭壁的背风处，竖着一大片白色的木制十字架，几乎延伸到潮汐线附近。十字架大小不一，有些横木已摇摇欲坠。从远处看，它们就像是顺着陡峭的地面流淌下来的一片雪地或一个小冰川。这其实是墓地，是村里为数不多的表层土厚度足够掩埋尸体的地点之一。

一声高亢的呼号撕破天空，随即三四十声号叫加入合唱。库鲁苏克的雪橇犬挺直脊背坐在那里，对着天空发出狼一般的号叫。其中一只叫得格外卖力，以至于身上的铁链一下子抻得像根铁棒那么直，项圈随之一勒，又切断了它的叫声。

四个孩子和一只雪橇幼犬在大蹦床里跳来跳去，孩子们蹦得蹦床网底几乎贴上下方的基岩。小雪橇犬张开双腿支撑着自己。号叫声一起，小狗跟着叫，然后孩子们也号叫起来，一边蹦跳，一边号叫。

冰川在消融，一个男人在给鼠吻海豚剥皮，孩子们和狗在跳跃呼号。

与与

二〇一六年的炎夏，在我前往格陵兰岛之前，世界各地的冰层都在逐渐泄露它们隐藏已久的秘密。冰层正在融化，本应埋在地下的东西，慢慢露出了地表。

在喀拉海和鄂毕湾之间的亚马尔半岛，四千五百平方英里的永冻层融化了。人类墓地和动物墓场都变成了泥泞之地。七十年前死于炭疽病的驯鹿尸体暴露在空气中，二十三人被感染，他们的皮肤因病变成了黑色，其中一个儿童死亡。俄罗斯军队高温焚烧感染者的尸体。俄罗斯兽医身着白色防护服在这里四处走访，为驯鹿和牧民接种疫苗。俄罗斯农学家宣称，该地区再也不会生长任何作物。据俄罗斯流行病学家预测，未来北极地区的埋葬场和浅坟还会释放出其他病毒：十九世纪末致命的天花病毒，还有长期潜伏在猛犸象冰冻尸体中的巨型病毒。[1]

自一九八四年以来，印度和巴基斯坦军队在喀喇昆仑山脉持续着一场几乎被人遗忘的战争，在这里的锡亚琴冰川上，冰雪不断消融，双方用过的弹壳、冰镐、子弹、废弃制服、汽车轮胎、无线电设备，以及被屠杀的人类尸体都渐渐暴露出来。[2]

在格陵兰岛西北部，一处被掩埋的冷战时期的美国军事基地，及其内部的有毒废料逐渐露出地表。一九五九年，美国陆军工程兵团建造了"世纪营"。他们在冰盖中挖掘地道，创造了一个隐蔽城镇：两英里长的通道网络，连通了实验室、商店、医院、电影院、教堂和两百名士兵的住所，为这一切提供动力的是世界上第一台移动式核能发电机。一九六七年，基地废弃，士兵离开时带走了核发电机的反应箱，其余基础设施则原封不动地留在了冰层之下，包括各类生物、化学和放射性废料。当时五角大楼的关闭报告宣称，这一切将被格陵兰岛北部持续不断的降雪"永久封存"[3]。约二十万公升柴油、未知数量的放射性冷却剂，包括多氯联苯在内的其他污染物，将一直埋葬在那里。然而，随着全球气温上升，世纪营地区的融雪量预计将超过积雪量。类似的动态过程在地下世界屡见不鲜，已经成为一个重要比喻，埋葬已久的棘手历史，将再次出现。

那年夏天北极的气温打破了高温纪录，冰雪融化量也破了纪录，北极海冰覆盖范围则创下新低。格陵兰省府努克的最高气温达二十四摄氏度。丹麦气象学家重新检查测量数据，并无差错。过去十年里，冰盖体积减小的速度是上个世纪的两倍。那年，冰川开始融化的时间也比往年提前了一个月，冰川融水河流的流速超乎寻常。冰川学家也检查了他们的模型，同样并无差错。

从四月份开始，冰川融水加剧，在冰盖上汇集成蓝色和绿色的湖泊，在冰川上如河流般奔涌。冰盖上越来越多的融水改变了光线反射率，更多的阳光被吸收，融水温度升高，融化加剧，冰盖继而吸收了更多阳光，就这样形成了典型的恶性循环，只等冬天才暂停。

格陵兰岛冰川的崩解声轰隆作响。峡湾中，冰山大汗淋漓。极地科学家纷纷预测北冰洋冰盖完全消失的时间。冰川融化速度最快的地区是格陵兰岛的西北部和东南部，正是我要去的地方。

随着冰川消融，一些令人不安的失踪故事流传开来。据说一个俄罗斯商人穿着骆驼皮大衣，提着公文包，从东海岸搭飞机来此，却有去无回。一名日本徒步旅行者曾在该岛西部失踪，一连消失了数周。当地人半开玩笑地说起神奇的野生动物"奇苏瓦克"，它在冰面上游荡，抓走毫无戒心的旅行者——除冰川裂缝或薄如丝绸的海冰外，这是一个有生命的"凶手"。

在这个地方，在这个时候，似乎有很多地方可以让人从地表掉入地球之中。[4]

≒ ≒

马特说："今年很特别。六月份峡湾里的海冰就已经消失了。整个冬天的降雪量也很少。没人见过这样的年景。正常情况下，海峡里现在满是冰才对。两周前有人看到一只熊在库鲁苏克附近游泳。它一定是走投无路了。没人朝它开枪。"

马特从十九岁起就一直住在库鲁苏克，今年是他在这里生活的第十六年。他和伴侣海伦住在一栋蓝色木板房里，就在商店和学校的上面。他们二人都是经验丰富的登山者、滑雪者和向导，却都深藏不露，即便野外能力出众，但若非必要，他们不会试图证明自己。他们对这个格陵兰社区全心全意，饱含忠诚。马特在这儿生活的时间和建立起的深厚友谊都是有力的证明。

"欢迎来到我们的家！"到达时马特说道。房子里光线充足，通风良好，有着浅色木地板和白墙。一面墙上挂着一幅该地区的大比例尺地图，错综复杂的海岸线好像珊瑚。我们坐在一起喝茶。除马特、海伦和我外，还有两人：比尔·卡斯拉克，作曲家、指挥家，举止温和且风趣，我们认识二十年了；以及另一位海伦，海伦·莫特，我认识她才一两年，却已视她为我见过的最有才华的人之一。她是攀岩者、跑步者，也是才华横溢的作家。她天赋惊人，为人却极谦虚，无论是与人交往还是跟自然接触，处事一贯机敏而细腻。为了区别两位海伦，登山时我们叫她"海伦·M"。我们这些人一起登上了格陵兰岛东海岸的山峰，探索这片仅次于南极洲的冰川的地下世界。

我走向西边的窗户，从这里可以看到海湾的对岸。母亲和孩子们正沿着海边的小路散步。他们都戴着黑色的头网，带子紧紧系在脖子上，像送葬队伍，或是养蜂人在郊游。

马特也走到窗边，说："这是库鲁苏克的新景象。二十年前这里没有蚊子，现在，随着天气变暖，出现了蚊虫，有些人整个夏天都套着头网。"

库鲁苏克是格陵兰岛东海岸为数不多的几个小定居点之一，在这座巨大岛屿的边缘，定居点不过像指甲盖那么大。在一千六百英里长的海岸线上，居住着不到三千人。和许多较小的格陵兰定居点一样，转型造成了库鲁苏克社会的断裂——从半游牧式的狩猎文化，转变为如今充斥着酒精且陷入停滞的现代社会。

海伦向我介绍吉奥，一位六十出头、体格健壮的格陵兰人。

"吉奥是我的父亲。"马特说，"我并不是感情用事。他的确成了我的父亲，我成了他的儿子。"

吉奥经常面带微笑，一笑起来眼周皱纹几乎从一边的耳朵延伸到另一边。他是非常优秀的猎人，以驾船、驯狗的技能闻名，他的坚韧毅力也常为人称道。

马特说："两年前的冬天，一场大风暴来袭，人们刚打完猎，在回家的路上。风雪来得很快，地面马上积起了厚厚的雪，狗都拉不动雪橇了。必须过一个很高的山口才能到达村庄，但人们已步履蹒跚，形势十分严峻。吉奥走到队伍的最前面，低下头，启程开道，一走就是六个小时。最终他们都安全到家了。"

吉奥一只胳膊撑着身子，像罗马人似的躺在大厅的沙发上，静静地微笑着，听马特复述这段往事。吉奥、马特和海伦用蹩脚的英语和蹩脚的格陵兰语交流。语言不通并不影响他们的亲密，他们相处得很自在，经常一个人的手臂环着另一个的肩膀，或者腿紧挨着腿。

吉奥还是个孩子时，曾在丹麦生活了一年，那是二十世纪六十年代"北方丹麦人"计划的一部分。这是个非常糟糕的政策，它强迫格陵兰儿童与丹麦家庭生活在一起，试图同化格陵兰人，让他们接受丹麦人的生活方式。

海伦说："你要是现在问起这件事，吉奥还是会不寒而栗。"

他曾两次去英国拜访马特和海伦，两次旅行在他前臂各留下了一个文身。他卷起袖子，指着右前臂上的十字架说："这个，格拉斯哥。"又指了指左边的一只锚："这个，肯德尔。"

"我带吉奥去格拉斯哥城玩了一整晚。"马特说，"最后去了几家相当硬核的酒吧。吉奥一看就是个人物，在'下流坏'酒吧，坐对面的人在瞟吉奥，也许是想过来小便，但又看了一眼后觉得还是不过来比较好。他们没看错，即便放在周五晚上的格拉斯哥，吉奥也是个不好惹的家伙。"

吉奥拿起角落的吉他，唱起了一首安静而忧郁的东格陵兰歌曲。

有人敲门。是西吉，一位冰岛水手，他穿着绿色的斜纹棉布裤子，说话时表情平静。马特曾经和他一起沿着海岸向北航行。西吉有一艘漂亮的半新的船，船壳是木质的，他就是驾驶这艘船从雷克雅未克来到这儿的。西吉说："今年海面上没结冰。我们去哪儿都行，可以自由探索。我们在甲板上一直都穿着 T 恤。"

他耸了耸肩。"天气不应该是这样的,可对我们水手来说,日子倒是好过了些。"

我想到了古英语中"unweder"一词,即"unweather",本意是天气太过极端,简直像另一种气候或来自另一个时空。如今格陵兰就在经历这种反常天气。

吉奥放下吉他,用笃定的语气说:"十年之内,没有雪,没有冰,没有狩猎,没有狗。"

海冰正逐渐变薄,便于外来者航行,可对格陵兰本地人来说,想要狩猎几乎不可能了。每年海冰都会循环经历复杂的硬化过程,从针状冰到脂状冰,到尼罗冰,到灰冰。但这个过程在许多地方已无法完成,因为那儿的海水温度已超过二十八点六华氏度[①]的关键冰点。不能在海冰上安全行走,狩猎益发困难。海豹游离海岸,熊死于饥饿而不是子弹。跨越入海口和峡湾都很危险。驾驶雪地摩托车有连人带车砸破冰壳掉进水中的风险。狩猎是格陵兰岛为数不多留存至今的传统生活方式之一,如今也濒临消失。罪魁祸首是全球气温变化。

冰也有社会生活。[5]它的易变性塑造了附近居民的语言、故事和文化。在库鲁苏克,近来变化的后果显而易见。在这个变幻莫测、快速扭曲的星球上,该村庄的居民属于朝不保夕型群体。冰川融化,被迫迁居,再加上其他因素,严重损害了当地人的身心健康,抑郁、酗酒、肥胖和自杀的概率皆有上升,这种情况在小型社区尤其严重。研究格陵兰岛抑郁症发病率的安德鲁·所罗门(Andrew Solomon)写道:"冰川的消失不仅是环境灾难,也是文化灾难。"[6]加拿大北极地区巴芬岛的因纽特人已有一个专门的词,来指代天气、冰层的变化以及随之而

---

① 约为−1.89摄氏度。

来的人的变化,这个词就是"uggianaqtuq"[7],意思是"表现异常,不可预测"。如果说有人了解在不可预测的冰层中生活是什么感觉,那一定是因纽特人,他们已经适应了数千年。

那天晚些时候,海伦介绍我认识了弗雷德里克和克里斯蒂娜,他们是库鲁苏克社区的两大顶梁柱。克里斯蒂娜是土生土长的库鲁苏克人,是村里的教师。弗雷德里克来自西格陵兰岛,多年前和克里斯蒂娜一起搬到了库鲁苏克。他们都受过良好的教育,有清晰的自我认知,抵触任何形式的浪漫主义。他们很清楚,这里的生活需要人学会忍耐,同时也为库鲁苏克的持续存在以及它彰显的坚韧品质感到骄傲。

"我们这儿对气候变化的感受非常强烈。新物种不断到来,旧物种不断消失。秋天时偶尔还会有雷电。"弗雷德里克说,"过去,海冰总有那么深——"他从房子的地板指到天花板,有八九英尺高,"可海冰每年都在变薄,今年春天就只有这么薄了——"他双手比画出一只前臂的长度,"狗拉雪橇变得危险,我们没去更远的地方,狩猎也更难了。"

他耸了耸肩:"这改变了我们的精神,也改变了我们的生活。"克里斯蒂娜在旁边看着,听着。她走进一间侧屋,出来时拿着一只画得十分花里胡哨的小木舟,大约两英尺长,一匹斑马、一头狮子、一只老虎和一头长颈鹿在船里一字排开。

克里斯蒂娜说:"这是我们儿子在学校做的。他取名叫'诺亚的皮艇',因为小船会把这些动物从全球变暖引发的洪水中拯救出来。"

皮艇上没有人类。

在一些人看来,冰川消融意味着机会,而非损失。格陵兰岛绝佳的矿产资源因为冰层消退变得更容易获取,吸引外国投资者纷纷在此聚集。来格陵兰岛前，一位地质学家告诉我："冰川融化会造就一大批亿万富翁。矿业公司很快就会登陆格陵兰岛，而且阵势极大——这儿还从来没有比采石场挖得更深的地方呢。"

在过去几年里，格陵兰发放了五十多个采矿许可证，允许勘探开采黄金、红宝石、钻石、镍、铜以及其他矿物。格陵兰岛南端的纳萨克小镇失业率很高，其附近却坐落着世界上最大的铀矿之一。一九五七年，曾参与"曼哈顿计划"①的诺贝尔奖获得者、原子物理学家尼尔斯·玻尔（Niels Bohr）在纳萨克矿藏发现后不久便访问了那里。中国和澳大利亚的联合采矿项目现提议在纳萨克后方建露天矿场，不仅能开采铀矿，还能获取稀土矿物，用于制造风力涡轮机、手机、混合动力汽车和激光器。

那天晚上，库鲁苏克上空酝酿着一场艳丽夺目的晚霞，丁香紫色和橙色照亮了锯齿状的峰脊，条状棱纹云仿佛耀眼的珊瑚礁。这有点像高山上的朝霞，辉煌得令人难以置信。

"是冰盖造就了这样的日落。"马特解释说，"这可能是世界上最大的一面镜子——数十万平方英里的冰面在太阳沉入地平线时一起反射阳光。"

我们沿着蜿蜒曲折的小路走到一块巨岩的顶部，村庄就是围着这块岩石形成的。为了更好地欣赏峡湾里的日落，我走到岩石的西边，停了下来。

脚下的小海湾是村里的垃圾堆。成千上万的垃圾袋、大量塑料箱、破裂的皮艇、密胺制橱柜和白色冰箱，全都被人从悬崖边倾倒下去，

---

① 二战期间，一项由美国领头，集中纳粹德国外西方各国最优秀核科学家的原子弹研制计划。

形成一个巨大的垃圾堆。暮色中,这垃圾堆看起来就像一片冰舌,向水线漂去——这座冰川没有后退,倒是在步步前行。

≒ ≒

冰是有记忆的,它能记得细节,而且能记住一百万年甚至更久。

冰层记得森林大火和海平面上升;记得十一万年前,上一个冰河时代开始时空气的化学成分;记得五万年前的夏天有多少天的阳光洒在它身上;记得全新世早期降雪时云层的温度;记得一八一五年坦博拉火山、一七八三年拉基火山、一四八二年圣海伦火山和一四五三年库瓦厄火山的喷发;记得罗马冶炼业的繁荣;记得二战后几十年里汽油中含有致命量的铅。它记得,并且能向我们讲述——我们生活在一个变化无常的星球上,它能迅速变化,也会逆转。

冰有记忆,它的记忆是蓝色的。

在冰盖高处,雪花落下并摞成一层层柔软的雪层,被称为粒雪层。粒雪层形成过程中,雪花间尚有一些空气,还有灰尘和其他粒子。越来越多的雪落在已有的粒雪层上,并将其中的空气密封住。雪越来越多,越来越多。雪的重量也越来越大,最早的雪层被重力压缩,进而改变了雪的结构。雪花复杂的片状结构崩塌,凝结成冰。随着冰晶的形成,封存的空气被挤压成小气泡。这种埋葬是一种保存形式。每个气泡都是一座博物馆,一个银色的圣骨匣,里面保存着第一次降雪时的大气状况。一开始,气泡呈球形。随着冰层越来越向下移动,压力也越来越大,这些气泡就被挤压成了长条棒状、扁平圆盘状或曲环状。

深处的冰是蓝色的,这种蓝与世界上任何一种都不同——这是时间之蓝。

时间之蓝在冰隙的深处隐约可见。

时间之蓝可在冰川的崩解面上得以一瞥，在那里，拥有十万年历史的冰川从远低于水平面的地方涌向峡湾表面。

时间之蓝如此美丽，引人将全副身心都投向它。

冰是一种记录介质，也是存储介质。它收集并保存了数千年的数据，不像硬盘和兆字节块，很快就会更新或过时。数百万年来，冰的存储技术一直保持不变。一旦了解如何阅读这份档案，那么无论时间多久远，无论埋藏得多深，只要是冰记录过的，一切都清晰可查。冰层里的气泡保存了大气成分的细节。雪中水分子的同位素记录了温度。雪中的硫酸、过氧化氢等杂质，表明了过去的火山喷发、污染程度、生物体燃烧等情况，以及海冰的范围及其接近程度。从过氧化氢含量可推测照射在雪上的阳光量。从这个意义上来说，把冰想象成一种媒介，也许就是把它想象成超自然的"灵媒"：通过它，人们可以跨越深时的鸿沟，与死者和埋葬物交流，读取来自遥远的更新世的信息。

冰川有非凡的记忆力，也遭受着记忆丧失的痛苦。

有两千年历史的冰层每平方英寸[①]所承载的重量可达半吨。冰层中的空气被急剧压缩，由深孔钻取出来的冰芯会因空气膨胀而断开或爆裂。这就是冰川听起来像射击场的原因。这也是为什么如果你将一块非常古老的蓝色冰块放进一杯水或威士忌中，杯子可能会碎掉。

在更深的冰层中——年龄在八千年至一万两千年间，压力大到空气无法再以气泡形式存在，而是与冰结合形成一种被称为包合物的冰－气混合物。包合物更难阅读，其包含的信息也更模糊，更难被破解。

---

① 1 平方英寸约为 6.45 平方厘米。

在一英里深的冰层中，单个冰层非常难以辨认，"在光纤灯的聚焦光束中"，每一层都只能被识别为"灰色的、鬼影般的带状物"。[8]且冰会流动——即使在巨大的压力下它也会继续流动，所以它的记录是扭曲的，冰层也会发生折叠和滑动，而我们几乎不可能辨别其顺序。[9]

在格陵兰岛和南极冰盖的最深处，冰层深达数英里，且有着数十万年的历史。超重的冰层将其下方的岩石压入了地壳。在那样的深度，被压缩的冰层像毯子般截留了基岩散发的地热。最深处的冰吸收了一部分热量，慢慢融化成水。这就是为什么在南极冰盖下数英里处存在一些淡水湖——这样的冰下水库有五百多个，在该地区的地图上以鬼魅般的虚线标示。数百万年来，它们一直深埋在冰面下，如同土卫二上被冰层封盖的海洋一样，让人感到陌生。

人到了晚年，往往会努力回忆人生最初的一些时刻——它们都被随后的记忆深深掩埋在最底层。同样，冰最远古的记忆更难找回，更易失去。

≒ ≒

涨潮时，我们给船装上了船链。随后，我们往船上搬蓝色防熊桶、武器和背包，脚踩着海草丛生的岩石，不住地打滑。

"注意放东西的地方。"海伦说，"这些岩石上总有海豹内脏和真鳕鱼头之类杂七杂八的东西。"

装船和检查花去半个小时。随后，吉奥发动了雅马哈1200，我们的船便调转方向离开码头，咆哮着向海峡对岸驶去。此行的目的地是一座叫"阿普西亚吉克"（意为"小冰"）的冰川与大海相接的地方。

空中传来一声嘹亮的鸟叫，萦绕，淡去，继而重复，这声音仿佛有着银金色的光泽，听得我颈背一阵酥麻。

那是一只红喉潜鸟，不，三只红喉潜鸟，列队向北飞越海峡，前进方向和我们一致。这些鸟儿身型庞大，线条优美，它们流畅的身体轮廓仿佛是从水里倒出来的，而非由羽毛构成。我已经有十年没听过潜鸟的叫声了，上一次还是在苏格兰西北部休尔文山，我在背阳处的湖上看到了一只正在猎食的潜鸟，再上一次又是十年前，那是在加拿大不列颠哥伦比亚省森林中的一个湖上。

"真是北方的鸟。"马特说。

潜鸟在视野中消失良久，我们仍能听到它们的叫声。

小船劈波斩浪，颠簸不停。水花如盐雾，冷空气削着脸颊。四面八方升起尖尖的山峰。峡湾远去。我越来越强烈地意识到，这片土地的宏大，超出了我经历过的或想象到的一切：浩瀚无边的海岸线，还有永远在海岸线西边某处的冰盖，它实在太大了，大到淹没了自身以外的地貌，大到消除了白和蓝以外的色彩。我胃里嗡嗡作响，即将开始的精彩旅程令我兴奋不已。接下来的几周，我们都不会再见到库鲁苏克了。

下面的山上积满了雪。裸露的岩石呈金黄色、棕色、红色、白色，温暖的大理石色。这是世界上最古老的地表岩石之一，据我所知，数亿年前，这条海岸线曾和外赫布里底群岛的海岸线接合在一起，我脚下的岩石也曾和那儿的片麻岩拼合。这个极其陌生的地区，和苏格兰岛屿间存在着跨越深时的血缘关系，让我仿佛回到了家。

从库鲁苏克横渡海峡到阿普西亚吉克，航程共六英里，看上去似乎人能直接游过去。冰川本身有五英里长，望过去似乎几个小时内我们就能双手插兜溜达上去。当然，真要这么做，我们就死定了。

这里空气纯洁，清晰度格外高，导致透视缩短错觉非常明显。我将在格陵兰岛无数次体验比例失调，这只是个开始。后来，我慢慢了解到，这里的景观时常会愚弄双眼，欺骗感知，营造一片清晰的视野，实际上却是错觉。岩石和冰墙会反射声音，改变声音的方向，误导人：有时明明是前方有状况，声音却从后面传来。双眼熟悉的事物，这里一样都没有：没有建筑物，没有汽车，没有远处的人。这儿的地形仅由几种元素构成——岩石、冰、水，它们都像是对各自形态的重复，只在体量上有所不同。

吉奥熟练地单手驾船，在海峡中部附近绕过一组黑岩小岛。

"几天前这附近还有虎鲸，"马特说，"还有塞鲸。我们听到声音后，才看到它们，喷水时还会发出'呜呜'声。"

我们离阿普西亚吉克越来越近了，水中的蓝白色碎冰越来越多，小如卵石，大如巨岩，不断撞击着船身。吉奥掌舵，驶出一道优雅的航线，可最后冰层越来越厚，已避无可避，于是他只得降低速度，破冰前行。砰，啪，砰，砰，哗，我们逼近了冰川鼻。

阿普西亚吉克正跌落至海水中。潮汐线上的冰川崩解面大约有两千五百英尺长，最新的崩裂点透出淡淡的蓝色。在崩解面上方，一块冰从峭壁滚落，视野中可见中央有块隆起的岩石，正劈开滚动的冰，在融水中划出一道道黑色纹路。

"这是新的。"马特说，"几年前还没有这些，只有纯冰。"

好多天后，我还会再想起这个刚露出岩石的小岛。那时我们已经到达了更大的冰川上，那儿也有一个由于冰川融化刚显露出来的小岛，而我们选择在小岛上过夜。

吉奥让船慢下来，把引擎拉回怠速状态。我们与冰川崩解面平行，保持着一千五百英尺左右的距离，以便在发生大型崩解时有充足时间逃离。吉奥指了指冰川，然后转身正对着库鲁苏克和一个从冰川延伸出来探入海峡的半岛，岛上岩石裸露。

他指着半岛说："五十年前，我还是个孩子时，冰川在那儿。"

然后他指向海峡更远处的一个小岛。

"在我父亲的时代，冰川在那儿。"

他指着库鲁苏克，然后把手捂在耳边，做了个手指握住又弹开的手势，模仿爆炸。

"以前，在库鲁苏克我们能听到冰川爆裂的声音！现在，什么都听不到了。"

吉奥的一生，见证了阿普西亚吉克冰川的急剧退行。冰川退得太远了，村子里再也听不到它崩解的声响了。冰川融化改变了日常生活的声音环境。如今人们对冰川的体验，只余寂静。

≒≒

落潮时，我们卸下船链，将装备搬到石滩上，白色石英和黑色云母间杂其中。潮水落下，一些浮冰搁浅在海湾沿线的沙滩上，在近晚的光线中闪着蓝银色的光，仿佛有些疲惫。其他浮冰则一波波拍打着陆地，或者在近海洋流中打转。

我们背着装备走了大概九百英尺，折返四次，穿过一个较浅的巨石山谷，来到覆盖着苔藓和巨石的平原。平原上，一条小溪缓缓流入大海。

冰川退行时会经过这里，向海的冰碛石透露出冰川曾经的规模和移动轨迹。我们便在这冰川的鬼魂中安营扎寨。

我想起读过的报道：一些小船环绕格陵兰岛海岸线航行时，GPS导航设备有时会发出碰撞预警。地图中记录着此前冰川的坐标及范围，可冰川退行得太快了，他们驶入并穿过的，不过是冰川留下的数字幻影。

帐篷周围的空气中弥漫着我无法辨认的白色斑点，既不是雪，也不是尘埃。大气似乎通了电，闪着光。

两只灰色海鸥在渐起的东风中展开翅膀，飞过我们头顶。一只渡鸦盘旋，鸣叫，继而俯冲向地面，落在我们堆放装备的漂砾上。它收起光滑的羽翅，晃动身子停下来，斜着脑袋好奇地看着我们。

我们把帐篷排成一行，一个挨着一个，彼此间相隔六英尺。接着便开始设置防熊区。北极熊可以在二十英里外嗅到食物的气味。如果你看到了一只熊，可以肯定的是，这只熊已经注意你很久了，它是过来调查的。为了我们自己好，也为了熊，我们谁也不想遇上它。我们带了两种武器：大口径步枪，里面填着改装的散弹枪子弹，弹壳里是单发子弹而非散弹珠；此外，每人都随身携带着照明弹。

我们在营地周围设置了矩形绊索区，一旦触发，就会向地面发射空炮弹，吓跑好奇的熊。我们将绊索系在离地面约两英尺高处，免得被觅食的北极狐勾住。

我们边工作边唱歌，花了两个小时才将营地安置成马特满意的样子。比尔是专业歌手，天生一副浑厚洪亮的低音嗓。我高兴地用颤音高声唱着歌。太阳西下，两座冰山从左向右漂过海湾。

在广袤的北极地区，目之所及，满是令人讶异的细节。虽然营地周围的表层土只有几英寸厚,却孕育了各种各样的苔藓和植物。巨石的背风处生长着茂盛的石松,岩石则被地衣涂上了色彩:石黄衣的橙色斑点、黄绿地图衣绘制着复杂图形,还有一种外形如生菜、看上去脆生生的地衣,我叫不上名字,青绿色,摸上去硬邦邦的。

小矮柳树翠绿的叶子到处都是。我捡了一片,只有小拇指指甲的一半大。在阳光下,它闪着亮绿色的光芒,标志性的红色精致叶脉格外分明。我只知道,在凯恩戈姆山脉也有这种柳属植物,那里算是英国的北极了,它们稀疏地生长在高原的最高处。而在这里,矮柳覆盖着地面,向一旁蔓延,它漆黑的树枝最多只有几毫米粗。

我们在森林的顶部搭起了帐篷,成了"树冠栖居者"。

我想起在雷克雅未克听到的一个笑话,问:"在冰岛的森林里,怎么才能找到离开的路?"答:"站起来。"

时不时传来低沉的隆隆声,柔和而有力,仿佛直接推向耳膜,在身体里共振。这是冰川崩解的声音,声源就在四下的山中,一块冰板从阿普西亚吉克表面冲入水中的动静。声音是一种撞击,经过空气,穿过耳朵,落在大脑和血液中,再传送到灵魂……[10]

巨大的冰山缓慢地穿越海湾,似一艘受损的德国潜艇,似一艘游轮,似《大富翁》游戏中的苏格兰犬,浑身洁白而干净,在夜航途中一顿一顿地前行。

"幻日!"海伦喊道。她微笑着指向天空。太阳上方有一道闪闪发光的"彩虹",虹身的弧线恰好与太阳自身的弧线相对。

冰在入海口,冰在天空中,冰在海湾里,冰在我们头顶的空气中。我们听着冰川的声音,睡在它昔日的地盘。

那天晚上,此行中的第一道北极光现身了。一条幽绿色的纱巾在空中飘动。群山向太空发射出一道道翠绿色的探照光。

我们仰面躺在寒冷而漆黑的空气中，静静地观看这场演出，目瞪口呆，满心震撼。

≒ ≒

造访格陵兰岛的前一周，我来到剑桥郊外的英国南极调查研究所，拜访科学家罗伯特·马尔瓦尼（Robert Mulvaney）。他是冰芯研究、古气候学和冰川学方面的专家，整个职业生涯都在研究冰下世界：通过阅读冰的记忆，了解过去的气候和环境，预测将来的气候变化。

马尔瓦尼在南极工作了十个勘测季，在格陵兰岛工作了五季。在野外时，他会蓄起大胡子，回到办公室再把胡子剃得一干二净。他用力地握了握我的手，健步如飞地带着我穿过研究所的走廊。

"我可能看起来像个放松的人。"他说话时语速也很快，"但我不是，完全不是。"

其实，他看起来并不是一个放松的人，而像个不凡之人，似乎他一生中大部分时间都在高效地应对极富挑战性的工作。

年轻时的马尔瓦尼是个厉害的登山者，也是个出色的洞穴探险者。我向他讲述了蒂玛沃火山之行，还有塞尔吉奥边抽着烟斗边下到特雷比齐亚诺深渊的经历。

"啊，那么你也到过喀斯特里面了。我去探过那边的洞穴，走得算是相当深了。我在南斯拉夫考察时，也乘木筏漂进过含水洞穴系统，等等。不过，我还是更喜欢约克郡较干燥的石灰岩。"他看起来有点怀念地下探险的生活。

他把我带到了书房，指了个座位让我坐下。"我有太多朋友因为洞穴探险和登山而受伤甚至死亡，所以我放弃了，改当水手。"

他办公桌上方有块公告板，板上钉着一面破烂的三角旗，由牙买加国旗的黑、金、绿色三色组成。

"那是我自己缝的，在我第一次穿越大西洋之旅的尾声，即将抵达陆地时。"说话间，他毫不掩饰自己的骄傲。

三角旗旁是一张泛黄的照片，照片上，一艘游艇搁浅在湿泥沙中，歪得很厉害，他的妻子和两个女儿在驾驶舱里冲着镜头挥手，不好说是在打招呼还是表达无奈。

"我们当时本想绕开埃塞克斯附近的这处泥沙坡。"马尔瓦尼说，"如果从未在东海岸搁浅过，那就算不上在这附近航行过。"

他的电脑后面支着张明信片大小的手写卡片，上面用大写印刷体写着一行字，字迹已有些褪色，非常孩子气：

**罗伯特·马尔瓦尼曾到过南极**

当梅林和他的真菌学家同事们俯身研究土壤这个"黑盒子"时，马尔瓦尼和他的古气候学家同事们则在俯身研究冰这个"白盒子"。他们使用能穿透冰层的相敏雷达，这种雷达遇到反射性平面可以返回信号，从而描绘出能够显示冰川深处的内部分层和折叠情况的详细图像。他们还用上了声呐技术，制造爆炸并绘制反射回来的声波图。他们也会用到钻芯探测技术——使用这项技术的先驱是世纪营的美国科学家，不过这些军方背景的科学家主要是用来秘密挖掘冰下导弹基地。

钻芯技术发展初期马尔瓦尼便开始利用它，他还亲自研究设计了几种用于英国气候科学的标准钻头。

他说:"二十米左右的浅层钻探——那差不多是两百年前的事了——是手工完成的。这种程度的钻探做起来很快,你站好,准备好,直接用手把钻头往下拧就行。超过这个深度,就得用机电钻头了。电钻由发动机驱动,钻下去后,再用绞车拉上来。"

他向我展示了一把手钻,是个醒目的模拟工具。一点五米长的金属套筒,带钢齿的内钻头,可以向上引出钻头和套筒间冰屑的螺丝形外构件,还有一些弹出式鳍片,它们可以防止钻芯时筒身扭转,一旦筒身被拉回地面,鳍片便会收回。

放下钻头,切割冰芯,收回钻头,取出冰芯,再放下钻头。放下,打眼,钻取,抬起,取出;放下,打眼,钻取,抬起,取出。如此重复大约七百次,便可以钻透一千米厚的冰层。

冰芯科学是工业作业,是一项艰苦的劳动。马尔瓦尼曾经在零下十五摄氏度的环境中,每天工作十四个小时,连续工作九十二天。冰芯科学家绝对不会因为办公室的空调温度过低,觉得不舒服而提起职场诉讼。

研究冰芯也考验人的耐心。马尔瓦尼告诉我,有一次他在一千米深处丢了一个钻头。就只能这样了,毫无办法,不可能找得回来。

"建设钻孔地点花了一年,钻至一千米深处又是一年,而丢掉钻头只用了一秒。重新安置钻孔地点,又需要一年。"

取出冰芯后,需要将其切割成标准"袋长",包上包装,贴上标签,准备运往世界各地实验室的冷库。到实验室后,根据标准剖面,每枚冰芯被横向切割成六段。其中一段作为"永久档案"封存,以防其余冰段丢失。其余冰段则用于研究工作。

在格陵兰岛，马尔瓦尼参与了"北格陵兰岛埃姆间冰期冰芯钻探项目"（North Greenland Eemian Ice Drilling Project, NEEM）。NEEM 的目的是钻取并分析埃姆间冰期的冰芯，埃姆是上一个间冰期，大约在十三万年至十一万五千年前。埃姆间冰期引起了科学家极大的兴趣，他们认为，这一时期的气候状况与二十一世纪末可能出现的气候进程和反馈最为接近。马尔瓦尼说，它已经成为热门的预测性研究。目前已有十四个国家参与了该项目。

在格陵兰岛西北部的 NEEM 研究基地，有个二十五英尺深的钻孔。它是从冰中开凿出来的，加上盖子，形成一个"冰洞"。在冰洞下，环境温度为零下二十摄氏度。在野外工作季，科学家们每天二十四小时不间断工作，提取和分析冰芯。两年间，他们钻透了两千五百多米厚的冰层，至基岩面，提取出的冰芯是第一份完整的埃姆间冰期记录。

这个冰芯揭示，在温暖的埃姆间冰期，格陵兰冰盖发生了大幅度的融化。融水渗透至下层积雪中并重新结冰，在冰层中留下了明显的长期痕迹。令研究人员不安的是，在二〇一二年夏天的取芯工作中，类似情况再次出现了——气温上升，降雨增加，融水形成了重新冻结的地层，这是埃姆间冰期在人类世的回声。

马尔瓦尼从电脑后拿起两件小东西。

"伸手。"

他把其中一样放进我的掌心。是个个头不大，却沉甸甸的灰色尖齿。我认出这是取芯钻头的钢齿。齿刃变了形，就像撞击后的子弹。

"这是碰到了南极洲岩床的钢齿之一，"马尔瓦尼自豪地说，"就在伯克纳岛地下九百五十米的地方。"

它现在看起来除了涂黄油，别无用处。

"撞到岩床会让冰芯科学家大喊哈利路亚吗？"我问，"就像石油大亨开采出了油？"

"对啊！没有比那更好的了。来，再看看这个。"

他递给我另一个东西，是个小小的透明塑料瓶。我举到灯光下，那里面有一小撮金黄色的沙子。

"在伯克纳岛碰到岩床前，我们取出的最后一块冰芯中的沙砾，是底层沉积物。如果用放大镜看，就会发现这些都是圆形的颗粒：它们是风积沙，具体来说是风蚀性石英碎片，直径约为零点二毫米，表面平整且有磨砂感。"

"拿给任何一个地质学家看，都会告诉你，这些沙砾是在类似沙漠的条件下形成的，被风吹成了圆圆的形状。由此可知，如今冰层下一千米处，曾经是一片类似撒哈拉沙漠的地方。"

"真漂亮，"我说，"来自世界底部的沙漠钻石。"

"看得出你不是个科学家。"他说。

马尔瓦尼带我去参观冷库。我们打开一扇沉重的门，里面挂着一些厚厚的塑料条，走过去像是穿过了一个肉店。

冷库中致命般的冷，像刀切入皮下般的冷，针刺入眼里般的冷。我钢笔里的墨水在一分钟之内就结成了冰。马尔瓦尼并不在意似的只穿了件衬衫，还卷着袖子。而我穿着三层衣服，仍担心自己还能在这儿活多久。

马尔瓦尼撬开一个白色聚苯乙烯盒的盖子，盒里装着用带标签的透明袋子分别封好的冰芯样本。他翻找了一阵，拿出一个袋子，袋子侧边用黑色记号笔写着"140,000YA"（十四万年前）。

"这块是上一次间冰期之前的。"他说着便递给了我。这块冰已经很老了，我却像抱新生儿一样抱着它。我轻轻地把它放到工作台上，尽量远离工作台边缘。

他又从塑料套筒里拿出一样东西递给我。这是个几毫米厚的冰盘，从一段冰芯的末端切下来的。

马尔瓦尼说："这块冰很年轻，是冰宝宝。最多不超过一万年。你可以举到灯光下看看。"

我迎着灯举起它。像是被施了巫术，它瞬间变得美极了：银白色，通身半透明，里面大量的冰泡像星星一样闪闪发光。

"真正的金矿就在那儿了，每个冰泡都是一座博物馆。"马尔瓦尼说。

我想起托马斯·布朗在《瓮葬》中使用的"贮室"这个词，指用于保存某种东西的空间。冰一直是我们最杰出的"贮室"之一：早在冰箱发明之前，人们曾用冰室储存桃子和草莓来保鲜；海运冷藏集装箱将昂贵的易腐物品运往世界各地；冰川保存了逝去已久之人的遗体；妄想像拉撒路一样死而复生的亿万富翁们，已在准备必要的技术，计划死后将自己的大脑冷冻在低温设备中。无论哪种情况，冰都起到了减缓变化的作用，也影响了遥远的过去和未来。

马尔瓦尼说："目前大家在寻找最古老的冰层。我们希望在南极洲获取至少有一百万年，甚至有一百五十万年历史的冰芯。"

"这是一个至少十年的项目。"他继续说道，"首先，我们需要找到完美的超深钻探点——关于这一地点存在很多争议。奇怪的是，日本人认为该地点在他们的地盘附近，俄罗斯人认为在沃斯托克湖附近，他们的基地就在那里。而英国人和美国人则认为在他们工作的冰穹 C

周围。"

他自豪地谈论着冰芯科学取得的成就。

"我们帮助去除了汽油中的铅，绘制了二氧化碳－温度曲线图，这个曲线图敲响了气候变化的警钟。几年前，我以为这门科学基本上已经走到头了。我们呼吁大家关注全球变暖、使用新能源汽车，之后还能干什么呢？现在，在寻找最古老的冰的过程中，我看到了全新的前景。有一个气候之谜至今还没有人解开。大约一百万年前，气候变化的周期从四万年变为十万年。为什么呢？没有人知道。如果不能解释这一点，又怎能自称了解关于气候的一切呢？如果能找到并且钻取出最古老的冰，也许我们就能解开这个谜团。秘密就藏在深处。"

离开之前，我问了马尔瓦尼最后一个问题，和此前我在伯毕地下深处问暗物质物理学家克里斯托弗的差不多。

"你的工作要面对的是十万年、一百万年这么长的时间跨度，这会不会让你觉得人类的现在，我们的小时、分钟更加真实动人？还是相反，这一切都显得无关紧要了？"

他想了一会儿。

他说："有时候，我会拿一块石头和一块冰在手中，它们都来自地下深处，承载着前人类时期的信息。十分钟后冰就会消失，石头则仍在这里。"

他停顿了一下。

"这就是为什么冰比石头更让我兴奋。这也是为什么我研究冰川，而非地质。尽管这么多年来一直在研究冰芯，可冰的耐久性和易逝性依然让我着迷。"

≒ ≒

冰块在我们脚下仿佛玻璃破碎般噼啪作响。一枚火热的格陵兰太阳高挂在空中，闪耀着白色而非金色的光芒。天空中没有一片云彩，海湾里漂着许多冰山。我们排成一列，彼此用绳子相连，队形整齐，兴奋不安。

那天早晨，我们从海湾的营地出发，沿着小溪上山，进入一处悬挂在山峰之间的宽阔山谷。我们来到一个浅湖边，远处的湖岸嵌入东边山峰的阴影里。出乎意料的是，远看时冰封的湖面走上前才发现，那些误以为是冰的东西其实是冲积层，即冰川冲刷岩石产生的泥沙，冰川融水滋养了湖泊，湖面上才焕发着光泽。我们的到来惊起一群海鸥，它们拍打着翅膀从湖面起飞。

我们沿着湖的西岸前进，从一块巨石跳至另一块上，落脚处，软垫似的苔藓拥抱着我们的双脚。低矮的植物群生机勃勃：成片粉红色的杂草，鲜红的地衣，黄色的矮柳。

一小时后，我们来到湖泊上方一个低矮的山口，这是夹在两块巨石间的峡谷。踩在细沙砾的地面上，脚步声听起来也不一样了。我们停下休息，马特解下背着的武器，转动肩膀稍事放松。雁鸣声清晰可闻，随着它们的靠近越发响亮，回荡在我们东边的山间环谷中。

"那是个完美的纯四度！"比尔高兴地说。此前，我的旅伴里从没有人像他这样去"倾听"风景，他的所见所闻充满了音乐感。

约有十来只大雁排成紧密的 V 字形，飞过我们头顶。这些应该是粉脚雁，大概刚刚开始秋季南迁。它们的下一站很可能是冰岛，再从冰岛飞往英国，它们或许会落脚在坎布里亚郡我父母家周围的田野上，继续鸣唱。

"这个山谷是这片地区最好的'高速公路'之一，"马特说，"对动物和人来说都是。从库鲁苏克到北部峡湾如果坐狗拉雪橇，这是主要路线。海冰够厚的话，你可以从村庄出发直接穿过海湾，在离我们营地不远的地方登陆，接着往上走，翻过这个山口，再往下就是伊戈特拉吉皮玛和谢尔米利加克。我和吉奥、海伦已经走过几十次了。若不用狗，我们也经常滑雪走这条路。对我们来说，它就是一条主干道。"

我想起前一天晚上的极光，那条长长的绿纱巾在山谷里闪闪发光。巴里·洛佩兹（Barry Lopez）将这古老的迁徙和出行路线称作什么来着？呼吸走廊[11]。没错，那极光就像是一种鲜活而奇异的呼吸。

这个铺着沙砾的峡谷曾是一条冰川溪流的河道，现已干涸，它将直接引我们去冰川鼻。这是阿普西亚吉克的背面，即面向陆地的一面。冰川由此沿着造就它的山脉向东流去。冰川舌向下垂落触及岩石，满是灰尘岩屑，显得很脏。融水小溪从地下涌起，在冰川舌中掏出一个洞，留下拱状的褐色硬冰壳，架在融水地道口上方，地道则延伸至冰川深处。

我们陆续踏上冰壳，跺跺脚，试探冰面是否坚固。每踏一步，声音隆隆，在冰川鼻的悬垂部分回响。

走在冰川上，实际上就已相当于进入了它的空间。声音变幻，温度下降，危险增加。寒气不是伸出手指一点点朝人摸索过来，而是像一团云、一个光环，笼罩着你，驻扎进你的内心：现在你在我的地盘上了。

冰山的大部分都在水面以下，冰川的大部分都在冰面以下。河流静静流过平缓的地面，冰川也是如此。当冰川经过更陡的坡面，比如峭壁或拐弯处时，冰便会破裂。冰川的裂缝就相当于河中的急流——一种流动中的混乱状态。

登山者常说冰川上有"湿润"地区和"干燥"地区。在湿润地区，冰上覆盖着一层雪；干燥地区则没有这样的覆盖层。湿润地区通常更好走，也更危险，因为雪层遮住了裂缝和冰后隙①，雪的承重能力也很难预测。在湿冰川上行走，经历的是一种近乎持续性的威胁。你会越来越强烈地感觉到脚下的存在，那感觉久久挥之不去：积雪下是巨大的蓝色深渊，是永恒的冰的地下世界。你会清楚意识到每一步都要小心谨慎。

那天，冰川下游比较干燥，我们能看到冰层深处：一些眼睛形状的小落水洞里，钴蓝色的融水闪闪发光。有些细小的裂缝只有手指、手掌或小臂那么宽，窄窄地延伸至我们下方的蓝色中。也有些裂缝张开大口，足以吞下一辆汽车或一栋房子。还有些垂直向下的管形孔道，笔直得仿佛射支箭它就能通过孔道直击基岩。

冰川下的每一处，与其说通过结构来呈现自己，不如说是借助色调。每条裂缝或孔道中，都洋溢着蓝色的光芒。在斯堪的纳维亚，这种蓝光有时被称为冰川的"血液"——对奇异现象的一种奇异形容。

我停在一处融水池边喝水，把脸浸在冰里，感受那蓝色的血光浸透我的双眼，我的头骨。

那天的目标是一座无名山峰，是孕育了阿普西亚吉克冰川冰雪的众多山峰之一。这个地区仅有一版比例尺为1∶250000的地图，并不可靠，上面也没标注出这座山。山的顶峰是一块从冰斗上升起的黄褐色岩石，有一道优雅的弧线，非常迷人。而它不过是这片海岸连绵起

---

① 冰川顶部或其附近的深度裂缝。

伏的冰川和峡湾之后的，千万山峰中的一座。

在冰川上方远处，我们发现了一个冰臼，这样的冰臼我们还是第一次见。许多天后，在北边更远的库纳德·拉斯穆森冰川，我们又发现并且进入了一处冰臼，跟这里的完全不一样。冰臼——也就是"moulin"，在法语中的意思是"磨臼"，通常在冰川的斜坡上缓慢形成。融水在斜坡聚集，温度略高于冰点，这儿的冰因此变暖。坡度变大，又吸收了更多的水，随后在日益变强的水流和重力作用下，融水钻得越来越深。在某些情况下，融水会在冰川上钻出一个洞，磨穿冰，凿出竖井式通道。有些冰臼很窄，只有几英寸宽，有些则直径可达数百码。有些深度只有几十英尺，随后便汇入侧边水道或完全封死。有些垂直深度可达一英里，一直通向基岩。

冰臼越来越受到冰川学家和气候科学家的关注，原因有二。首先，它们标示着冰川和冰盖表面融化率的上升；其次，最深的冰臼会将水直接输送到冰川底部，由于融水温度比冰高，热能便传递到冰川深处，继而融化更多的冰，这就是所谓的"冰冻圈水文变暖"。现在人们还认识到，水有时还会起到润滑剂的作用，加快冰川在其底部岩石上滑行的速度。如此，冰川便"乘着"自身的融化而移动。

换个角度看，加速滑行也使冰川崩解入海的速度加快，进而加快了海平面上升的速度。整个格陵兰岛、整个南极洲的冰川都在加速萎缩。现在，东格陵兰冰川的融化速度和流动速度是全球最快的。气温较高时，几天内冰原上就可以形成一个融水湖，然后几小时内融水便全部流入自制的冰臼中。

目前，已经出现了洞穴冰川学这一分支学科，科学家们进入冰臼获取关于温度和流速的信息，或者在其深处放置数据监视器。在格陵兰北部，美国国家航空航天局科学家阿尔贝托·贝哈尔（Alberto Behar）将一组黄色橡胶鸭放入一个长一英里的冰臼，观察它们是否会在冰川的潮汐口再次出现：这是种较原始的冰川内部绘图方法，令我想起在希腊和意大利，人们把松果丢进喀斯特河，借此探测河道。

那天我们发现的冰臼，宽约四英尺，入口呈完美的圆形，蓝色孔道倾斜着滑入冰川深处。在冰臼水道系统深处的水流驱动下，空气在冰臼内部以及它所连接的一个隐形融冰地道系统中流动。这处冰臼在歌唱，歌声高亢且稳定，令人脖颈发麻。

比尔侧头倾听冰臼，随后惊奇地抬起头来。

"这是A、D和升C三个音，一个以D为基音的泛音列啊！"他说。

冰臼就像冰川这个巨型管风琴中的一根管子。真希望我们可以收听、记录它的声音，理解它想要说的话。

"海冰有惊人的音乐感。"海伦说，"在冬天，它真的会发出嘶嘶声和哨音，尤其在潮汐线附近，海水像在哼着歌。"在这片土地上，冰川反复的歌唱、多变的形式，及其巨大的、塑造性的景观，让我再次产生了那种诡异的感觉——冰仿佛是活的。

随着我们更加接近冰川高处的冰斗，冰变得更加扭曲，裂缝几乎已被完全覆盖。我们走过柔软的白雪地，非常清楚地意识到脚下的深不可测。每个人都保持警惕，系紧绳子，以防突然坠落。门在身后关闭的恐惧再次袭来，我想起以前涉足的那些可怕的迷宫——门迪普巨石阵、巴黎地下墓穴、特雷比齐亚诺深渊。在这里，我们的脚印就是阿里阿德涅的线，这条蜿蜒的细线将在这天结束时为我们指出安全的出路。

马特考虑到冰后隙可能无法通行，也许我们要先吊绳进入冰后隙，再从较远的那边爬上来，但这样需要花费相当多的时间和精力。到达冰后隙时，一路的攀爬令人浑身发热，却发现这里有另一条可行之路：有一处冰后隙两侧相距不到几英尺，中间由雪桥连接。

我们一个接一个通过，尽量放轻脚步。绳索前后的人分别在雪桥两头稳力支撑着，万一桥塌了，也可以保护桥上的队友。

轮到我时，我本打算快速通过，可由于某种说不上来的原因，我在桥上停了下来。我向右边的冰后隙深处望去，胸腔中涌起一股恐惧，像一滴墨在水中蔓延。雪桥下，冰后隙的侧壁陡然直下，像蓝色的峡谷，深度超过一百五十英尺，足以吞下一辆带拖车的卡车。峡谷上部的峭壁悬垂，真实的深度则隐没在阴影中。

"继续走，罗伯，别停下来！"海伦在我身后急切地喊道。

我这才意识到自己停在了桥上，那虚空允许人凝视深处，也命令人凝视深处，我是被它拦下的。

半小时后，我们从冰川高地下来，来到土黄色的山脊岩石上。我们脱下冰爪，建了一个临时装备仓，系好绳索。马特仍背着那把步枪。

"你确定可以把东西留在这儿，回来时再取？我们不会在这里碰到熊吧？"我问他。

"一九一三年，人们第一次登上这个地区的最高峰，他们在海拔两千米的地方碰到了北极熊。"马特说。

"噢。"我应声。

没必要绕过山脊，我们径直爬了上去。

在山顶巨石上的地衣里，我发现了一支用渡鸦羽毛制成的浅色羽毛笔，还有一枚令人难以置信的纯白色贝壳。

我们一起静静地沐浴在阳光下，坐在温暖的岩石上，眺望着我毕生见过的最壮观的荒野。一条条绵延的山脊，一座座耸立的高峰，南北延伸，直至肉眼能见到的最远处。

峡湾之后又是峡湾，入海口之后又是入海口，岛屿成链，山峰相继。

东边是一望无际的蓝色海洋，冰山在其中闪闪发光。

海岸线闪烁着白色的光芒：那是海滩上成千上万的小冰山。

绿色的河口，褐色的冰水沉积物翻卷成花朵般的形状。

越过山谷，和我们同一海拔的地方，有一个圆形的冰斗，绿色的圆形小湖被冰塔环抱，坐落其中，像教堂的圣洗池，以平静的湖面捕捉移动的云朵和阳光。

"看看你身后。"海伦·M指着什么东西说。

西边的远处，冰盖在最高峰的山脊之间横向延伸。

它看起来像一条漂浮的白练，高得不可思议，微微地闪着珠光。它被称作"内冰"，绵延数万平方英里，延伸至北冰洋的西面和北面。这些冰厚达一万一千英尺，有数万亿吨重，如此巨大的体量将其下的基岩挤压至海平面以下一千一百八十英尺的地壳中。假设这些冰突然融化，岛屿中心就会出现巨大的凹陷：高山被荡平，山谷被压碎。

内冰看上去仿佛不是属于这个世界的东西。我产生了一种冲动，想要攀登它，穿越它，在那漂浮的白色世界里待上个三十天。

"嘿，看啊！在海湾那里，水中有个黑影。我猜是鲸鱼！"马特的眼睛实在锐利，空气也是一样——由于没有灰尘，空气的透镜效应把距离变短，实际上，我们离海湾至少有两英里，却能裸眼看到那头鲸鱼。

那不是一头，而是三头鲸鱼。三个影子出现在碧绿的海湾中，两大一小，分别是鲸鱼父母和小鲸鱼，正在冰川融水的入海口觅食。它们在两座大冰山之间游动，水下的冰山是两个青绿色的巨块。

我们举着双筒望远镜观察鲸鱼，它们先是暴露出自己黑色的身形，随后又沉入看不见的地方，时而出现，时而消失。

一群海鸥飞过，抖动着的银色，它们活动的踪迹。

在下方约半天路程的远处，散落着零星的橙色斑点，那是我们的帐篷。在这个高度，能清楚看到尾端和侧边的冰碛石。它们标示出冰川沿着山谷倾泻而下时覆盖范围的最前端，我们的营地也会被淹没在白色之下。

马特说："因纽特人① 不到山顶上来。他干吗要来呢？吉奥时不时会用因纽特语中的'美丽'一词形容某个冰川或地方。但大多数时候，这片土地对他来说意味着工作、生活，还有危险。当然，他也热爱这片土地。记得有一次我们乘船靠近一座冰川的崩解面，他转过来对我点点头，微笑着说：'我想十月份来这里打猎。'"

冰山沿着海平线滑动。发生崩解的几分钟后，碎片就会到达我们这里。一只雪鸮的身影从岩石间穿过，朝北方飞去，速度惊人。

我们在那奇异的山顶上，沐浴着阳光，就这么待了一个小时，或者一个世纪。彼此没怎么说话，在那里，语言无关紧要，甚至毫无道理，于是它便笨拙地从这景观中滑走了。这里的宏大，令明喻暗喻都变得荒谬可笑。故事在它面前不值一提，通常的意义制造模式毫无用武之地。我还从没见过这样的地方。

冰盖闪闪发光，鲸鱼破出水面，泥沙在出海的水流中打转，裂缝遍布冰面，如蓝宝石色的血管。

---

① 此处代指吉奥。

一种强大的不和谐感涌上心头，一切看上去都远在天边同时又近在咫尺。我仿佛可以从山顶俯下身来，把手伸进冰川裂缝中，在冰塔环抱的池里蘸一滴水，用指尖将冰山轻轻推到天际线的另一边。同时我也意识到，高度互联网化的生活改变了我对空间距离的感觉，在网上，一切触手可及，却都不在掌控之中。

冰的浩瀚和活力是我从未见过的。纵观深时，哪怕只是从上一个冰期到现在这段相对较"浅"的时间来看，"人类统治地球"的观点都显得如此贪婪虚妄。

在这处山顶上，在这个时刻，站在内冰上凝视遍布冰山的海洋，人类世的想法往好里说是一种自负的幻想，往坏里说是一种危险的虚荣。我想起在加拿大北部第一次听说的一个因纽特语词"ilira"，意思是"恐惧和敬畏感"。这个词的含义暗示着这片土地有感知。是的，这正是我此时此刻的感受，"ilira"，它带给我安慰。

我转念又想起已经发生、正在发生并且还在加速的冰川融化。随着二氧化碳含量上升，全球变暖加剧，地球冰冻圈的变化令人担忧。冰臼在咆哮，冰山在"流汗"，永冻层在崩塌，可怕的埋藏物暴露在外。吉奥描述了他所在村庄的声音如何随着冰川退行而改变；我们的营地设在"幽灵冰川"中；海冰在缩小；马尔瓦尼从几千米深的冰面下钻取冰芯，预测未来的气候……我想起了克里斯蒂娜的儿子在学校做的手工诺亚方舟——为这新近融化的世界打造的逃生船里，并没有人类的位置。

从山顶向外望，我不再感到敬畏和狂喜，反而稍有些晕眩。不仅是因为格陵兰的广袤，还有我们对它的压迫和包围。[12] 无论冰本身还是冰的融化，都有某种骇人的特性——它太宏大，又太脆弱。冰似乎是一种我们有能力摧毁，却无法理解的东西。

三座巨大的冰山悄悄出现在地平线上，像三艘白色帆船正偷偷越过地球的曲线。太阳捕捉到第一座冰山的上缘，擦出银色的火花，照亮了顶端，于是整座冰山变成了一团火焰。

≒ ≒

在埃斯库罗斯（Aeschylus）的《阿伽门农》(*Agamemnon*) 中，有一篇名为《迈锡尼瞭望台》(*Mycenae Lookout*)。故事讲了一个看守塔楼的人，他的任务是观察地平线上是否有人点燃火盆，如果有就证明特洛伊陷落，他就得大声呼救。守望了多年，终于有一天，他看到远方的地平线上有火光燃起，却发现自己无法喊出那些重要的话，他震惊到发不出声来。埃斯库罗斯的描绘令人难忘：这位看守人感到仿佛"有一头巨牛站在我的舌头上"。对此，谢默斯·希尼（Seamus Heaney）的诗则这样写道：看守人感觉他的舌头"麻木了，如牛车上掉落的踏板"[13]。

试图说起人类世时，我便想到那个"有一头巨牛站在舌头上"的看守人。他无法发出警报，危险便越来越近。人类世的概念令我们一再瞠目结舌。从纳米级到行星级，从皮秒到万古——人类世结构的复杂性以及时间和空间的尺度范围，给我们带来了巨大的挑战。如何理解它，甚至如何称呼它？它的能量是交互的，它的特性才刚显现，结构则是内向的。即便身处人类世中，谈论人类世也很困难。也许最好把它想象成一个失落时代——物种、地域、人，都在消失，为此我们正在寻找一种悲伤的语言，而更难的是，找到一种希望的语言。

文化理论家西安内·倪（Sianne Ngai）认为，感到震惊或悲伤时，我们描述自己的经验就会变得"笨嘴拙舌"[14]。因为这时我们通常运用自如的解释和回应能力受到了挑战。言语突然变得"迟钝、重复"[15]，这是疲劳和混乱在修辞上的展现。时态互相冲突，次序"倒流"[16]，丧失因果关系，一张口总是犹豫不决、吞吞吐吐。我们的语言像是被搅动着，几近凝滞。

几周里，在格陵兰岛一天天变薄的冰层上，我体会到了这种"笨嘴拙舌"。为了不让语言卡在喉咙里，我常常陷入挣扎，笔记本上的黑色字迹迟缓而滞重。在那个非同寻常且不合时宜的冰雪世界里，书写失去了意义，变得毫无目的。保持沉默往往更加容易，或者只观察就好，不要妄图理解。我那全新世的舌头上站着一头人类世的巨牛。

ᄏᄏ

我们沿西北侧山脊下行，在山顶寒冷的阴影中，海伦·M 突然大喊了一声。

"快抬头看啊！流星！"

大白天怎么会有流星呢？我回头看了一眼峰顶，不禁惊讶地停下了脚步。阳光映照出山峰的轮廓，山顶上空的蓝色天空中有一团团细碎的银色光点，它们仿佛有生命，背负着能量和意念，盘旋着，飞舞着。成百上千个闪闪发光的小精灵，一旦离开日光进入阴影，便立即消失了。我们都被迷住了，就这么默默看了一两分钟。这些闪耀的银色火花、这些散落的星星碎片，是我在山中见过的最精致、最怪异的景象之一。

后来，我们意识到那很可能是柳树上的雪。一条条白色的矮柳枝正在播撒"种子"，它们被东风扬起，越过山顶，飘到距山谷两千英尺的上空。北极猛烈的阳光将它们点亮，镀上银色，北极的寒风又令它们翩翩起舞。

我们沿原路安全返回，反方向打开上山途经的一扇扇门：冰后隙、冰川裂缝、峭壁……最后，我们陆续跳下冰川鼻，回到碎砾石地上，脚下一阵窸窣。

穿过巨石，走出山谷，一直来到湖岸边，我们又一次看见群鸥乱闹，叽叽喳喳。

那晚的营地，白日低垂而明亮，阳光穿过平原，点燃了大地。羊胡子草的顶端像灯泡一样发着光，苔藓仿佛燃烧着的绿色火焰。每一片柳叶，每一块卵石，每一座搁浅的冰山，都染上了那一抹暮色。

那晚的极光就像绿色的雾堤，时而翻滚，时而聚合，时而消散。第一颗星出现在冰川之上，而后又消失了，再之后，群星越来越快地闪现在空中。

我们再次一起静静地坐在外面。

大概过了一个小时，极光燃尽，被升起的月亮遮掩了光彩。一轮满月很快便出现在营地上方的山肩上，就像从我们攀登的那座冰川上升起来似的。我们轮流使用望远镜，透过镜片看去，月亮简直亮得过头。我们能看到它的火山口环、撞击点、低的月海和高的月山。它从太阳那儿借来清辉，又将阴影借给岩石、帐篷和我们。月光带来强烈的寂寥感，那力量令我惊讶。

当晚两点，冰川传来惊雷般的巨响，我被惊醒，走出帐篷。

三趾鹬在黑暗中发出尖锐的叫声。月亮依然巨大而金黄。北极光仍在闪烁，像挂在冰盖上的绿色帘幕，又像一条飘带，环绕着我们曾登上的山顶。

冰川再次咆哮起来，令人不解的是，其回响不绝，足足二十秒后才静了下来。

第二天早上，我们醒来时发现整个营地笼罩在浓浓的白雾中，仿佛一夜之间冰川又回来了，淹没了我们。绳索上结了一串露珠。一只渡鸦在头顶盘旋，不见其影，只闻其声。

两天爬过两座山峰后，我们拔营出发，前往库纳德·拉斯穆森冰川，寻找蓝色深处的一个冰臼。

## 融水

### （格陵兰，库纳德·拉斯穆森冰川）

见到冰臼之前，我们已经听到了它的声音：低沉的隆隆声，随着我们的靠近，声音越来越大。冰臼位于一个较浅的洼地中，花一天时间攀登冰川便可到达。三条融水河蜿蜒着汇向这里，就像罗弗敦群岛的洋流泡沫旋转着汇向莫斯肯大漩涡一样。

我绕着这个冰臼转圈，尽量远离它的边缘，直到找到可以安全观察其深处的位置才站定。这无疑是我见过的最美丽也最可怕的空间。穴口呈椭圆形，最宽处约十二英尺。侧壁是蓝色的冰，像玻璃一样光滑，有些地方有圆齿。它从冰川表面垂直通向地下，如同一口竖井。大约到二十英尺深处，便没有任何光线了，视觉也随之消失。看样子，这个冰臼很可能贯穿冰层，通到几百码深处的基岩。一股融水从它的西侧倾泻而出。

那天，我们或多或少都感受到了冰臼的吸引力。它对周围事物的影响，就像漩涡对海洋的影响。在它面前，我胸口有股冲动，想要一点一点靠近其边缘。冰臼本身明确而强大，它是通往蓝色冰下世界的入口。

彡 彡

在找到冰臼的七天前,我们先到达了库纳德·拉斯穆森冰川。这是个巨大的冰体,甚至能形成自己的小气候。

我们到达的那个下午,并没有看到冰川,它藏在笼罩整个海峡的浓雾里,浓雾宽约一英里,高度不过几百码左右。雾气上方是蓝色的天,之下是蓝色的水,其后方则是蓝色的冰。潮湿的空气因看不见的冰而凝结,形成了悬浮的浓雾。

冰川虽看不到,却能听得到。跟库纳德·拉斯穆森冰川相比,阿普西亚吉克冰川显得过于腼腆。放下包几分钟后,我们就听到了它的第一声怒吼。放包处是块片麻岩壁架,秋天到来之前,这儿都会是我们的家。巨响毫无征兆地从浓雾中传出,震得我们像果冻一样摇晃起来。

"砰!欢迎来到库纳德·拉斯穆森,冰说话了!"海伦说。

在我们头顶四五英里的对流层上层,阳光经空气中的冰晶折射形成淡淡的彩虹,点缀着高空。

又一轮爆炸声从雾堤后滚滚而来。

我们虽看不到冰川,却能感受到它。它散发的寒气,令周围空气降低了五摄氏度甚至更多。我们的露营地,离冰川崩解面超过一英里,即便如此我们仍处在冰川的寒冷气场之内。在库纳德·拉斯穆森度过的那些天,冰成了我们的一部分,喝的是冰,用来洗东西的是冰,躺下睡觉的地方也是冰。冰钻进了我们的耳朵、我们的梦境、我们的语言,填充了水、空气和岩石。我们进入冰中,冰也进入我们之中。

≒ ≒

去往库纳德·拉斯穆森，我们经由阿普西亚吉克冰川向遥远的北方前行，进入一种偏远且广袤的新秩序中。途中，我们穿过大峡谷般的峡湾，两侧是数千英尺高的片麻岩石壁，顶部是高耸的尖峰。这里有种我不认识的岩石：宽约一百码，质地疏松，颗粒粗糙，呈巧克力色，往往被夹在片麻岩之中，遍布这里的山峰和山谷，绵延数英里。沿着岩石脉络追踪，它们潜入海岸峡湾的水下，又在远处再次出现。

即便在这种荒无人烟的地方，也留下了人类冲突的痕迹。在一座鱼尾形峰顶的山麓侧谷中，我们经过了被遗弃了半个世纪的美国冷战基地。锈迹斑斑的飞机库骨架，大梁已被冬季频繁的雪崩压弯。一辆前部装着铲雪机的拖车，已陷入浅层冻土中。几千个油桶被腐蚀成橘黄色，或摞在一起，或站成蛇形。这儿看上去像座孵化所，让我想起了罗弗敦群岛莫斯克内斯海岸聚集的那一大片生锈的渔用浮球。基地里所有的人造物都呈现出苔原的颜色——褐橙色、棕色和绿色。地衣和苔藓在这军事遗迹的壁龛中放肆生长，仿佛北极的迷彩。

沿着峡湾往下走，在一个有淡水溪流注入的海湾里，有座美得让人震惊的冰山。它在阳光下闪耀着白光，狭长而低矮，只比环绕着它的幽暗水面高出不足十五英尺。冰山上缘有着优雅的弧线，不过最引人瞩目的是侧壁上深深的沟槽，一条一条笔直且相互平行，就像特意雕刻似的。沟槽发出独特的蓝光，每一道都略有不同。沟槽变浅处的冰面上闪着波纹，凸起处、低陷处都反着光，像刚负伤的血肉。

峡湾呈 Y 字形分岔，一支向东北蜿蜒，一支几乎朝向正北。目光越过北边那支的峡口，远处是卡拉雷冰川，一直延伸至潮汐线。它西侧还有一座小一点的冰川,已经退回到水面之上,成为一道冰拱,我估计宽几百码。冰拱闪耀着旧冰的蓝色光芒,一条充沛有力的融水溪流从中涌出,奔流入海。

马特说:"有一次,我和吉奥乘狗拉雪橇,只用两天就从库鲁苏克到了卡拉雷,每天走八十公里,当时天气恶劣,海冰蚀损,情势相当凶险。很多时候,我们必须用鱼叉在雪橇前探路,试试冰面是否够硬,免得栽下去。"

我们沿着峡湾的东北分支前进,快要走出浓雾时,水中多了碎冰和随潮汐滑出的不规则冰山。在离浓雾不到一英里处,水边一座山峰下有片漂砾地,我们在那里找到了一块适合搭帐篷的平地。雪地里有条小溪可以提供淡水。斜坡上,一丛丛欧洲越橘已开始结果。我们正前方的峡湾上,一座尖峰拔地而起,其上也嵌着一块巧克力色的岩石,形如闪电。

我们离峡湾边缘不到几百码,那山体是一整块片麻岩,沿着峡湾海岸绵延数百码,有着曲折的纹理,线形分布的石英石和黑云母一同闪着光。

蓝色的小冰山漂离了海岸。

"我愿意死后在这里重生成为一块巨石。这是我去过的最不寻常的地方之一。"我说。

"那倒是很好。"马特说。

彡彡

终于抵达库纳德·拉斯穆森,日落前一小时雾堤散开,露出了这座冰山的崩解面。崩解面与峡湾同宽，从东海岸弯曲而出，形成一个尖角，随后便向西折去，看不见了。

融水从峡湾下看不见的地方涌出，泥沙泛起。崩解面周围的海水被泥沙染成了棕褐色，与奶绿色的外海水形成了鲜明对比。群鸟聚集在泥沙周围，啄食里面丰富的食物。它们如蚊蝇般大小，是当前视野里唯一能让我感受到比例的事物。崩解面附近的鸟儿时不时扑飞起来，盘旋集结，又重新落在水面上。十秒或十二秒后，一次小规模的崩解声传入耳中。

裂缝深达数百英尺，崩解面暴露了冰川的深度。那些圆形的竖井是冰臼融水系统的延伸。即便离得这么远，冰川的沉积层依然清晰可见。上半截冰层较白、较宽，至下方深处渐渐变成蓝色，不再有分层。

崩解面仿佛一座被推入大海的哥特式城市。塔楼、钟楼、烟囱、大教堂、尖顶，一切都将越过冰川边缘。地道、地窖、墓地，一切都将碎成大大小小的冰山。我想到在圣婴公墓里，上层遗骸的重量层层下压，最终死者闯入了墓地周围的其他空间。

"冰是由数万年前大冰期的落雪凝结而成的，崩解面则是冰的尽头。"海伦说。

最新的崩解面上，冰色最蓝。这些破裂的痕迹不是伤疤，而是启示。这些冰数万年来第一次见到阳光。

一只环斑海豹浮出海面，瞥了我们一眼，又沉了下去，消失在奶绿色的海水中。我想知道，在海豹眼里崩解是什么样？听上去又是什么声音？

马特说："在这里有些冰川恶名昭著，其中有一座，库鲁苏米人根本不会靠近。如果你不得不从它附近穿越，一定要不言不语、不吃不喝,甚至看都不看冰川一眼,因为它的崩解发生在水线之下相当深的地方,不声不响便杀人于无形。他们把这叫作'puitsoq',来自下面的冰。"

在营地上方一块巨石的背风处,我发现了一片松散的储藏地,那里堆了成千上万片矮柳叶,呈黑褐色,质地很脆,大概有三四英寸厚。它们一定是被风吹到这里,堆积了多年,每到冬天便结冰,到夏天又解冻。我抓起一把来,叶子在指尖沙沙作响,叶片锋利,几无重量,每片叶子上的叶脉仍然清晰可见。空气这样干燥,表层土又少,大大减慢了有机质的腐化速度。在这片土地上,时间的作用是多样的,既有冰川崩解这种突发灾难,也有风堆柳叶这样平缓耐心的过程。

一座状如屋檐的冰山从我们身边滑过。冰山的迎风脊上停栖着十七只海鸥。

≒ ≒

住在库纳德·拉斯穆森冰川旁,就像把家搬到了暴风雨的隔壁。每个白天,我们都在附近攀登和探索,晚上,再回到冰川边的帐篷里。冰川整日整夜地高喊,低吼,回响。气温和崩解面的活动似乎并没有直接的联系。最响亮的声音有时在夜最深、天最冷时爆发,我们从睡梦中惊醒,蒙眬中满怀对北极熊的恐惧。

"你认为这就算活跃了吗?"一天早上马特说,"瑟默苏克附近的赫尔海姆冰川,现在大约以每天三十五米的速度流入大海,这是世界上流速最快的冰川之一。"

这座冰川是以挪威神话中逝者的地下世界命名的:"赫尔海姆",

意为"地狱之境、隐藏之地"，埋藏在世界之树伊格德拉修的根部。和英语的"hell"（地狱）一样，冰岛语的"helvíti"在语言史上渊源甚深，来自重构过的原始日耳曼语名词"*xaljo"或"*haljo"，意为"地下世界""隐藏的地方"。而这两个名词本身又源自原始印欧语词根"*kel-"或"*kol-"，兼有"遮蔽、隐藏、保护"的意思。

在格陵兰岛周围，一些融化的冰川正在退行，而另一些的流速越来越快，导致顶部冰层锐减。据估计，近四年里因冰盖软化而减少的冰已约有一万亿吨。在冰臼的润滑作用下，更多的冰和融水不断涌入峡湾和外海，全球海平面一再上升。

一个休息日的炎热早晨，我躺在伸向潮汐线的片麻岩石板上，眯眼看着冰川，希望能目睹一次冰川崩解，而不是只听到崩解的动静。可那天早上冰川纹丝不动。我闭上眼睛，凝神倾听——用一种我极少使用的方式，分辨每一个响动，让声音像一根根金线似的从编织物中单独跃出，再顺着这根金线推断声音的来源。我努力倾听这里的伴唱曲——来自基底某处的律动，及其周围那些常被忽略或至少未被认真倾听的低语。

我们虽看不到身后之物，却可以听到它们的声响。声音从四面八方奔涌而来。

闪闪发光的海鸥在大声鸣叫。

搁浅在附近潮汐线上的冰山碎裂，温暖的阳光敲破了古老的气泡。

碎冰块在水中如陶器般叮当作响，涌入的潮水推挤着半融的冰沙发出唰唰声，一座稍大些的冰山因融化或洋流的推动，重心变换，不时摇摇晃晃地翻滚着身体。

峡湾远端有一道瀑布，水流从高高的冰斗上落下，发出持续不断的撞击声，就像一大斗玉米粒正从料斗里倾泻而下。

基岩就像白噪音一样，我无法用这双人类的耳朵捕捉到它，但就在这一切之下，在伴唱曲中，我还是听到了一丝遥远的嗡鸣，更细微的声音也渐渐可闻。

砰！一声枪响刺破相互交织的脆弱声线，回声在峡湾的冰墙和水面上回荡。我猛地转身。马特正站在潮汐线上的一块岩石上，他将武器一一拿出，依次向峡湾射出两枪来清理枪筒。砰！砰！他的肩膀因后坐力向后抽动。水花如大鱼破出海面一般喷溅四散。枪声大得惊人，每一响都要十五到二十秒才会消散。

≒≒

那天下午，我们一起聚在帐篷附近，一边站着闲聊，一边享受休息日的慵懒。事情就是这时发生的。

开启一切的，是一声短促的炸裂，仿佛一记鞭鸣，响彻峡湾和山壁。

"猎人？"我问。

可那不是猎人，而是冰川。伴着巨响，一块公共汽车大小的冰块从崩解面高处崩落。没人看到它是如何落下的，我们只看见了冰块的震动和摇晃。

如果没有这个预告，我们很可能错过接下来的奇景，用海伦的话说，这种情况"极少有人能亲眼看见"。

"在那儿！"比尔喊道。他喊之前我们已经望了过去，在第一块冰掉落处，仿佛有一列白色货运火车正快速驶出崩解面，先是雷霆般从侧面穿出，落入水面。接着，不知怎么地，白色火车突然从冰川中拉出一节节白色车厢，就像魔术师不可思议的戏法。车厢后竟是教堂——一座蓝色的冰雪大教堂，有塔楼和扶壁，结构齐全，这一切共同形成了一栋非自然之力所为的侧向坍塌的宏伟建筑。教堂之后，一座白色的城市出现了。尽管这一切发生在一英里远处，可在那雄浑巨力的震慑下，我们还是不由自主地一边大叫一边后退了几步。在那巨响传来之前的静寂中，我们彼此相距不过几码远，却忍不住互相呼喊了起来。之后，那成千上万吨的冰城全部坍塌落入峡湾中，击起高达四五十英尺的巨浪。

随后，可怕的事情发生了，从我们站着的地方看，就在那冰城坠入水中的地方，似乎升起了什么东西，它正位于崩解面的顶端，像一座亮闪闪的黑色金字塔，头部尖锐突出，闪着光泽。构成它的只可能是冰，但看起来和我们见过的冰毫不相同，倒类似想象中的陨石金属。它来自时间深处，已失去了所有颜色。我们手舞足蹈，大喊大叫，这可怖的、精美的、本不该外露的事物让我们震惊和激动。这座宛若星辰般坠落的冰川，花了三分钟又十万年终于平息。

二十分钟后，峡湾恢复了平静。

潮水在石潭里轻轻地拍打着。片麻岩上一圈圈的水痕，融冰一阵阵裂响，水面上波光粼粼，莎草在风中摇曳。

这可怕的事情或许从未发生过。

最后，那冰山像一张倾斜的蓝色桌子漂浮在水中，约有数百平方英尺。海鸥成群结队地落在这片新领地上，抖动着翅膀，时而蹲伏下来，时而把一条腿缩进胸前的羽毛里取暖。

在一处青铜色的片麻岩褶皱里，我惊动了一只藏身于此的三趾鹬。

第二天，在潮汐线附近，我发现一个圆形的深蓝色小冰山，搁浅在岩石水潭里。它是暗星的遗迹。我赶紧呼唤其他人，双手环抱住它，将将能举起。它实际的重量比预想的沉得多，我的手和前胸都麻了。我跌跌撞撞地爬上山，朝营地走去，将它放在帐篷边一块巨石上。

阳光穿透了小冰山，内部银色的气泡清晰可见：像虫洞，有的呈直角弯状，有的则是奇特的之字形，层次锐利。

那晚，一只北极狐造访营地，留下顽皮的蓝色影子。

这小冰山用了两天时间才彻底化完，在黑色的岩石上留下了不会消失的瘢痕。

彡彡

冰，和油一样，在很长一段时间里都不愿服从人类的分类。它会滑落，会移动，从不静止。它混淆了概念，扰乱所有试图将它变得平庸的行为。十九世纪六十年代，冰川学这一分支学科诞生时，对冰川的描述就充满争议，究竟应归为液态、固态还是某种类胶态物质，众说纷纭。

事实证明，人类制造意义的习惯在冰面前一筹莫展，这毫不奇怪，因为冰能变换形状和状态。它能飞翔，能漂浮，能流动，还能像变色龙一样变换色彩。三万英尺高空中的冰晶，在太阳和月亮周围形成耀眼的光晕和幻日。冰落下来，变成雪，变成冰雹，变成雨夹雪，它的结晶如羽毛，光芒如明镜。冰可以抹平高山，也能把小小的气泡保存上千年，甚至温柔到将人的身体完好无损地保存几个世纪。它有时寂静无声，有时会发出或尖锐短促，或重如雷霆的声响。它既能让人的视野更清晰，也擅长制造海市蜃楼。

如今，我们切身体会到冰是一种全新的活跃物质。许多个世纪以来，人们一直认为极地地区并不活跃，是位于南北两极的"冰冻废土"。而现在，在全球变暖的大背景下，无论在我们的想象中还是实际的自然环境里，冰都再次活跃起来。曾经封冻的两极正在融化，而融化带来的后果是全球性的。俄语词"вечная мерзлота"直译是"永远冻结的土地"，然而这个词越来越不合时宜。格陵兰岛、南极洲和北极如今都是前线地带，在这里，冰的命运将塑造地球的未来。

"冰川步伐"本形容移动缓慢，几近静止。而如今的冰川却会涌动、退行、消失。喜马拉雅冰川的退行威胁着亚洲逾十亿人的生计和生活，他们依赖着这些冰河季节性储存和释放的水源。南极西部冰原正在破裂，分解成任意漂移的冰山和冰床。地图测绘跟不上海冰缩减的速度，地球仪制造商在描绘白色冰盖时，也不再信心十足地大面积使用白色了。按照玛丽·道格拉斯（Mary Douglas）对污秽的著名定义——那是"不合时宜的物质"[1]。冰变脏了。

在与冰密切相关且彼此适应的土著文化中，冰川一直是种模棱两可的实体。冰川的故事往往模糊了人类活动和非人类活动之间的界线。在这些故事中，冰川都作为演员出现，有着清醒的意识和目的，有时是善意的，有时则相反。比如，在阿拉斯加西南部的阿萨巴斯卡和特林吉特的口语传统中，正如人类学家朱莉·克鲁克香克（Julie Cruikshank）记录的那样，冰川"既富有生命力，又能为其所在环境赋予生命力"。[2] 该地区的语言中有特殊的动词专门描述这种生命力，而在英语中，这类词则可能归为被动的景观存在。这些特殊动词意识到了冰的行为，更重要的是，意识到了其行为的潜在力量。语言人类学家指出"活化"这些动词的影响:它们深刻认识到环境的知觉性,环境既能倾听也能言语,令人想起罗宾·沃尔·基默勒对"生命性语法"[3]的期望,那种语言体系甚至认可植物的生命自主性。

在冰川地区旅行的这些年里,我读了许多译作,关于北方土著文化中冰川和冰的传说。很多故事都涉及危险的冰下世界——一个致命的国度。有一个家喻户晓的故事,在不同地区版本不一,故事是这样的:一个旅行者"穿过冰层掉了下去"(有的版本是掉进海冰,还有说掉进冰川裂缝的),人们都以为他死了,他却走出了那无人之地,回到了地上,还带回许多关于幻境、苦难和幸存的传说。几乎一模一样的主题和情节也出现在乔·辛普森(Joe Simpson)的《触及巅峰》(*Touching the Void*)中,这是现代西方关于冰川地下世界最广为人知的故事。所有故事都与从地下深处奇迹般重现人间有关。目睹冰川崩解的那天,我们也亲眼看到了"重现"——不过重现的不是人,而是冰本身,它曾藏于深处,后又重见天日。

自那之后,我常想起我们当时的反应。当那个闪闪发光的黑色金字塔从水里突然冒出、海水从其中涌出时,我们的叫喊声从惊讶变成了某种恐惧。冰层浮起,我的胃也翻江倒海,这番异世景象,让我心中的崇高感被一种更接近本能的反应替代。我常常感到山对物质的漠不关心,这种感觉令我振奋。不过,那黑冰展现出了另一种回避,过于极端,甚至令人不适。加缪将物质的这种性质称为"稠密性"。在面对物质的原始形态时,"陌生感便悄悄产生了",他如此写道:

> 我们感知到世界是"稠密的",察觉到一块石头对我们来说是多么陌生,多么难以消灭,而自然或景观对我们又具有多么强大的否定力量。

> 在一切美的中心，都存在某种残忍。千万年之间，世界向我们展示着它最原始的敌意。世界的稠密性和陌生性，就是荒谬。[4]

在格陵兰岛，我目睹了这种"稠密"和"荒谬"，获得了一种全新的体验。在这个地方，致密物质无关乎语言，冰让语句搁浅，物质抗拒被赋形。冰拒绝产生意义，岩石和光也一样。所以，这是一方古怪的世界，这种古怪古老而强大，人类无法用语言或任何方式与这片土地交流。我又想起了梅林，想起了真菌和那灰色的地下王国——是他帮我看到了那个颤抖的、蠕动的地下世界。

格陵兰岛，这里的物质能越过常见屏障，泄露而出。当冰川崩解、黑冰浮出时，小小的渗漏变成了洪流。之后，我在冰臼蓝色光芒的深处，再次看到了这股洪流。

≒ ≒

攀登冰川和冰峰的大日子来了又去。矮柳树叶由黄变橙。一天早晨，我们打开帐篷，发现初霜在大地的虚空中闪耀。

我们计划攀登营地后方那座无名山。从下往上看，因为透视缩短的缘故，看上去像个单一的板面，高达数千英尺。其实它也展示出了更多的复杂性，其内部隐藏着丰富的特征，山腹中有个冰斗，山肩处是一些小湖和永久性雪原。

我们由海伦·M领队，在山坡间的较缓处择路攀爬。用七个小时爬完了七个路段。无论封闭的深沟还是平整的路面，我都毫不紧张。可登上山脊时，恐惧压迫着我的心。

这座山的山脊由五座鳍峰相连，由干净的金色岩石构成。站在那里，我们看到东面是巨大的马蹄形冰斗。冰斗周围环绕着陡峭的山峰，中心是塌陷的冰塔，一堵六百英尺高的高墙将薄荷蓝色的碎冰撒在下方的雪原上。刺骨的寒风从冰斗升起，立刻削弱了我的信心。

马特带领我们走完最后一段路，这是条由冰冷、坚硬的岩石构成的狭缝，我们以搭桥、侧拉的方式登了上去。攀登过程中，冰塔面坍塌了三次，碎裂声遇冰斗墙反射，回响阵阵。站在山顶上可以看到很远处的库纳德·拉斯穆森冰川，这么望去，它似乎不是冰川，而是一片冰海，淹没了周围的山峰。

我们从峰顶原路返回，双手冰冷。荚状云悬停在卡拉雷冰川上方，冷锋要来了。晚些时候，金色阳光斜穿过云层，从我们脚下峡湾中的大冰山背后透出，闪耀出蛋白石般的光芒。

那天晚上，我们筋疲力尽地坐在一起，彼此友善可亲。这是一个交会时刻。九月初的黄昏，北极圈下，格陵兰岛东部潮汐线冰川旁。季节交会，日夜交会，地带交会，海陆交会。那只北极狐又一次来到营地，依旧是一抹蓝银色的阴影。

我们在外面待到很晚。最后一抹日光洒在峡湾的水面上，落在冰山的边缘，聚集在片麻岩中的石英层接缝处。暮光精心照亮细节，刻画这里的景观，同时也消解了它。物与物之间的关系变得松弛，物的形状发生了变化。夜幕降临前的最后几分钟里，我体验到了一种强烈的幻觉，在我疲惫的双眼中，帐篷周围每一块苍白的巨石，都不是岩石，而是白色的北极熊，蜷伏着等待春天的到来。

夜里，一次大型冰川崩解将我唤醒。几分钟后，海浪汹涌而来，冲击着岸边的岩石。

第二天早上，九座跟人差不多大的冰山趁夜漂入我们的海湾，在岸边搁浅，融化时滴答作响——它们是九座冰钟。

≒ ≒

隔日一大早，我们背着沉重的背包离开，里面是接下来几天的装备。我们打算沿着冰川向内陆前进，深入库纳德·拉斯穆森冰川建一个前进营地，以此为基地探索更远处的山峰和山口。

我们还想找一个宽度容人进入的冰臼。

我们将通过冰碛石登上冰川，穿过崩解面上方破裂的坚冰，到达冰川中心较平坦的冰面，在这里，我们的行进便快得多了。至少计划是这样。后来，马特将我们在库纳德·拉斯穆森冰川上的遭遇称为"大轰炸地形"，而我觉得那是一片迷宫，相比之下，阿普西亚吉克的冰裂迷宫就像儿童益智题。迷宫之外，是又一个弥诺陶洛斯。

我们沿着峡湾海岸来到崩解面，登上长着欧洲越橘和矮柳的山坡，来到冰川侧碛坡。这是一堵瓦砾墙，被向海逼近的冰川推向山谷一侧。

陡坡上任何一块巨石地都是危险的。我认识的一个人，就在美国西南部某处巨石坡上遇难了。当时他独自前往一个二面体尖顶，甚至还没走到攀登路线的最下端；攀爬巨石坡时，他不小心触动了其中一块，巨石砸向腰部，碾碎了骨盆，一下子就困住了他。

所以，在满载冰碛的斜坡上，你必须像猫一样走路。最好连一粒石英砂都不触碰。你必须动作和缓，脚步轻柔，每一步都要先放平脚掌，而不是腿脚径直踏下去。绝对不能用手扒拉岩石，而要用手掌或手指尖向下按，这样你施加的所有力量只会让岩石在原处更加稳固。

如果没有先测试好，绝对不能把整只脚的全部重量放到一块石头上。如果有人在你的下落线正下方，绝对不要移动。绝对不能将脚或手臂伸进岩石间的缝隙里，以免落石。小腿和前臂在岩石的狭口中，一折就断。

我们安全地爬上了冰碛面，前面是四只"猫"排成一列，最后是我——一头笨拙的"牛"。从山肩看去，冰川的起伏尽收眼底，之后视线又转回崩解面。距离如此之近，足以令我们感受到崩解面的规模之大。它是一片海崖。海鸥看起来就像淤泥沟壑上的滑冰者。

我们从那儿小心翼翼地沿着冰碛面的远端下山，脚下那些桌子大小的石头因承载了重量摇摇晃晃，轰隆作响。最后，我们陆续踩上冰川与冰碛面相交处如黑色玻璃般的边缘。随后，我们来到了库纳德·拉斯穆森冰川的下部。

夜幕降临，池塘积水结了一层冰。这种薄冰破碎时，会发出清脆的响声。这座冰川是一片非常平静的冰冻海洋，所以我们尚不需要绳索或冰爪。

向冰川中心走了半英里后，海面变得汹涌了。冰浪卷起，轮廓更加尖锐。冰浪不是冰浪，更像野猪的脊背，而后又变成鲨鱼的背鳍。我们结好绳，拿起冰镐，装上冰爪，往上走去。这时候，脚下打个滑，或者绊一下，后果都不堪设想。我们的速度慢了下来，马特正在寻找穿过冰裂迷宫的路。彼此间的交谈也逐渐变少了。

裂缝在周围一点点打开，起初只有几英尺深，很快便深达二十英尺、三十英尺、五十英尺，直到深不可测。冰川的颜色也有变化，表面的冰比冰川鼻处更白，裂缝则透出不可思议的蓝色，和我们在阿普西亚吉克看到的相似。不过这里的蓝色更强烈，更明亮，更古老。

冰之所以呈蓝色，是因为当光穿过冰时，会被其中的晶体结构折射，碰到另一个晶体再次发生折射，接着是下一个，再下一个，如此这般，最后才跃入人眼。因此，穿过冰层的光比直入人眼的光经过的距离要远很多，这个过程中，光谱的红光那一端被吸收，只剩下了蓝色。

穿行在令人担忧的冰川中，人也像穿过冰层的光线一样，时间旋转，空间失调。花去一个小时，却只朝预定方向前进了半英里。到目的地的直线距离已无关紧要，因为冰川会将人送上一条跳跃且曲折的路线，那是曲径而非捷径。

我们在迷宫里待了四个小时。最后，马特找到了一条通往平坦冰面的路。我们可以在那儿解开绳子，吃东西，喝点水，安全放心地站一会儿。我紧张的神经终于松弛下来。我们中有人忍不住哭了出来。大家都感到了冰的围捕和纠缠。

从那里出发，无论向上攀登还是向内陆跋涉，都很艰难。不过好在冰面平静了下来，我们的进展还算顺利。随着我们的行进，新的冰川支流向两侧打开。地平线上出现了新的山峰，都还没被人类征服，而它们在诱惑我们。我们期望当晚能在高处露营，第二天出发攀登其中一座山峰。这是一场探险，我们对前方的地形知之甚少，也没有地图可以参考。

现在阳光炙热，我们能看到甚至听到冰川表面正在融化。在白霜森林中形成的小冰块，每天黎明时分都凝结至一厘米左右的高度，它们渐渐倾斜，眨眼间便化成了水。冰川发出嘶嘶声、噼啪声。有时还能看见半融的冰沙崩塌成融水河，冰晶沿着河道奔流向下，仿佛铁板上嗞嗞作响的肥肉。

"这些融水要往哪儿流？"我问马特。

"冰臼。我们会找到它们的，等着吧。"

我们确实找到了。先是两个小冰臼，比我们在阿普西亚吉克见到的稍微大一点。之后，我们见到了那个大的，在一条冰川侧碛带附近，张开大口。三条小融水河蜿蜒地流向它，在最后一段空地上编织成一股水流，倾入洞口。

我们小心翼翼地环绕冰臼，仿佛在接近一只野生动物。我套上绳子，马特将我牢牢系住，固定在冰臼边缘。我稍探出身，直直地望向冰川那幽深的蓝色血液。我感到自己的腹部和骨头都被那蓝色吸引，于是赶紧往回退了一步。虚空浮上了表面……

"就是它了。"马特说，"我们可以从这儿往下探险，不过得趁冰川还冻着，在融水流动前尽早出来。而现在我们需要先找到今晚的扎营地。比起睡在冰上，我还是更想睡在石头上。"

在冰川支流向下注入库纳德·拉斯穆森冰川的地方，我们发现了一个岩石小岛。它是最近才出现的，也是冰川加速融化的结果。又一个人类世地标，它在现有的任何地图上从未出现过，甚至"谷歌地球"上也没有。它像激流中的一块巨石般突出，在这里，冰流直落四百英尺，汇入库纳德·拉斯穆森。我们在两英里以外就看见了它，不知道有没有足够宽敞的平地供我们扎营。

接近黄昏时，我们爬上灰色冰坡，来到了那个小岛，约半个网球场大小。当然，我们是历史上第一批踏上这个曾被冰层覆盖的新世界的人类。

"就像行走在月球上。"海伦·M 惊奇地说。的确如此。岩石维持着冰刚消失时的原貌，一切都覆着一层厚厚的灰色石尘。基岩已经被流经的冰川磨平，但表面还散落着一些松散的小圆石。我们像醉汉一样跌跌撞撞地走在上面。

岛上有巨大的冰穹顶，紧随其后还有凸起的冰块，我们满怀感激地将这些冰块的融水装进瓶中饮用，解决这一天漫长旅途带来的干渴。

我们花半小时搬开石头，铲走灰尘，清理出搭帐篷的场地。我和比尔、海伦·M一边干活一边唱歌。日落时分，比尔浑厚的嗓音回荡在冰川之上，让人精神为之一振。接着，我们搭起帐篷，用石头和绳子加固，以抵抗夜间的风。每个人满手满脸都是灰尘。

"看，山着火啦！"海伦喊道。

确实如此：一道强烈的光线从西边划过山顶，灼烧着最高峰峰顶的岩石，颜色火红，仿佛正在流淌的熔岩。

≒ ≒

第二天黎明，一片低云划过大地。一夜狂风后，我们在寂静中醒来。空气很平静，寒冷的夜晚仿佛让冰川石化了。

那天，我们打算去攀登一座远处的山峰，长途跋涉却没能到达山顶。

翌日早晨五点，我们在熹微中醒来，紧张且迅速地拆除岩石岛上的营地。空气依然平静。我们爬下山坡，来到库纳德·拉斯穆森。我们挑选了一条路，踩着冰碛碎片，到达那个冰臼。

未见其穴，先闻其声，即使如此寒冷，冰臼也已经搅动起来，磨臼正转动。在冰臼西侧，一股小溪正缓缓地流入其中。

海伦说："太阳在给所有的东西加温，流量每分钟都在增加。"

我们赶紧动手。马特准备装备，两条绳子，四个保护点，即每条绳子有两个固定点。先清除已松动的冰，露出能固定冰锥的可爱坚冰。垂直于冰面打进冰锥头，直到它咬紧，然后一只手扶稳冰锥的螺杆筒，另一只手摇手柄。任何外物都能吸收热量，令冰融化，所以我们必须在冰锥和钩环附近堆些压实的碎冰块。

半个小时准备工作后，马特确认一切妥当。瀑布般的水流声和冲击感明显大了许多。一进入冰臼，人不大可能靠话语来沟通了。我们定了一套简单的手势系统：上、下、停，前臂交叉举高呈 X 形的意思则是——快他妈的把我弄出去！

系好下降绳，拉一拉绳子，反复检查绳结。跺跺双脚，拉好防风帽，最后再确认一遍手势系统。冰臼深不见底，这条蓝光闪耀的科幻式地道，准备将我传送至下方。越过边缘，我没有感受到恐惧，也不该感受到恐惧——只是头颅里响起熟悉的嗡嗡声，仿佛戴着一个满是蜜蜂的罩子。

一进去，我便感受到了冰臼那令人震撼的美。空气中弥散着蓝色的光晕，周围的冰摸上去很是光滑。我一步一步向下，头顶那白色的椭圆形洞口一点一点缩小。我向下一瞥，看不到底，儿时的记忆不禁浮现：一次，乘船在地中海上航行，我站在船上往清澈湛蓝的海水中投了枚硬币，盯着它打着转沉了下去，银色的光旋转着，闪烁着，持续了三十、四十、五十秒。

下得越深，就越接近流进冰臼的融水河。我的冰爪在冰上滑了一下，身体一下从冰面旋开掉入水中，水流用冰冷的拳头捶打着我的头。这股力量又把我推出了水流，但我抓不住冰臼玻璃般的侧壁，再次跌入水流又被抛出。我就这样在水流内外摆来摆去，仿佛被困在永动机中，就算我一动不动，这台机器也能永远运转下去。冰冷的水每冲击我一次，我的力量便消耗一分。

我一边摇摆，一边抬头，只见马特探出头来，低头看我，嘴巴冲我喊着什么。可眼下他在上面，我在深处，两种处境完全不同。他所在的地方，是镶着白色和金色光芒的天窗，而我这里，没有时间，没有多余颜色，只有一片冰蓝。上方，比尔、海伦·M 和海伦正在冰川上行动自如；而下方只有玻璃般的冰、水流和它们那强大的力量。

这么奇特的地方，如非必要不该离开。于是我向马特做了个手势，让他再往下放一些，我觉得再往下点，或许我能把自己从水里拉出来。我一边下降到更深处，一边转着圈，这时我看到了一处平台——在冰川内六十英尺深处，要花上十几个世纪才能有此深度。水流在平台上又钻出个扭曲的孔，可它太小了，我进不去。旁边还有一条通向远处的蓝色侧道。我利用摆动的力量，抓住侧道口边缘的冰，把自己拉了过去，离开了水流，我的下方有一块状如长枪的冰，约十二英尺长。不知为何，它是自下而上生长的。我用一只脚钩住它，爬上了冰尖。终于安全了，我一只手抓住通道边缘，一只脚踩在枪头上。我停下喘了口气，冲上面的天窗看了一眼，朝马特竖起大拇指，表示我没事。撑在这儿的同时，我可以研究一下周围的空间。

在我脚下二十英尺处，融水钻入了冰川深处的地下世界，我无法跟下去查看。旁边是一条地道，能看到尽头处有个更蓝的冰穴，我想沿着这条通道过去看看。不过我也知道，一旦离开竖井到侧道去，绳索就会产生拉力，很难再前进；同时也意味着如果在侧道中滑倒，我就会以相当的速度跌回竖井。如果带了冰锥就好了，我就能用一个滑行装置来调整绳索，进而穿越这个侧道。可是我并没有冰锥，别无选择，只能在这个奇境中的冰尖上多待一阵，然后半是感激半是不情愿地给马特比了那个手势：快他妈的把我弄出去！

马特调整滑轮，然后和海伦、海伦·M、比尔一起把我往上拉，他们用普鲁士抓结组成Z式滑轮系统来分担我的重量，接着，我便从冰臼中脑袋朝上钻了出来，就像地鼠从地洞里冒头。就这样，我回到了充满欢笑的地上世界，他们笑着，张着嘴，不停问我感觉怎样。海伦伸出一只手将我拉到安全地带，银色的冰面上流淌着金色的阳光。那次深时之旅后的很多天里，我一直觉得自己连骨头都是蓝色的。

后来我们把比尔也送了下去，在三十英尺深处，他唱起歌剧《托斯卡》（*Tosca*）中的一首咏叹调。音符从蓝色的巨型管风琴中飞旋而出，欢快地飘在宁静的空中。

≒ ≒

那天下午，我们最后一次走下库纳德·拉斯穆森冰川，回到峡湾附近。苔原的颜色跃入眼帘。看了许多天的冰和岩石，此刻这些颜色令人眼前一亮。转弯处的灰叶柳是硫黄色，地衣是朋克绿，岩石中的云母碎片是乌黑色。

我们离开的这几天里，矮柳叶的叶尖已经红了。

六只雷鸟在欧洲越橘丛中鸣叫，身上的羽毛正在变为冬日白，一点都不怕人。看到冰以外的生命让人兴奋。比尔将它们看作乐谱，山坡上的雷鸟如同五线谱上的六个音符。

一回到大本营，我们便放下背包，在峡湾冰冷的水中洗了个澡，擦洗连日来的尘土和辛劳，在冰山中大声呼叫。

那天晚上，我们坐在睡袋中，目睹了最耀眼的一次极光。绿色的帷幕令内陆变得珠光莹莹，点亮了库纳德·拉斯穆森，点亮了岩石小岛，点亮了冰臼。第一次，绿色之外还出现了粉色——柳兰粉。一道道绿光从山顶向西射出。这种景象如此慷慨而奢侈，在数千英里高的天空中旋转飞舞。这繁忙的工作似乎与地球无关，在时间的洪流中，它顾自存在，我们的日和年对它无效……5

"你有没有注意到，透过极光看，星星多了很多？"海伦·M说。

她说的没错。我本以为北极光会遮住闪烁的星光，星星更不容易被看到。可事实与直觉相反，极光反倒让更多星星显现出来。那些星团在极光隐去后重回黑暗，消失无踪。我们中没有人能解释为什么绿色的极光会同星光协作，而非竞争。

那天晚上，我做了一个梦。梦很清晰，似乎持续了几个小时。梦里我的皮肤下长出细细的蓝色苔藓，从右小臂蔓延至肩膀、前胸，没有一丝痛楚却异常华丽。

≒ ≒

几天后，我们回到库鲁苏克。在村子里的最后一天，我、海伦、马特和村里的一个年轻人努卡去海湾划皮艇。努卡戴着黑色方格棒球帽，挂着金链子，还有颗金牙。他十八岁，弹吉他时像何塞·冈萨雷斯（José González）[①]，温柔又动情。他很喜欢划皮艇。

乌云在阿普西亚吉克附近翻腾。夕阳明亮而强烈。风暴要来了。海鸥落在水面上，在风暴光中一片洁白。一座低矮的冰山在海湾中漂荡。两个男人和一个女人蜷缩在海湾背风处的一座小屋里，喝着罐装

---

[①] 瑞典音乐人，以极富表现力的吉他演奏和令人自省的歌词闻名，有"瑞典吟游诗人"之称。

的"喜力"啤酒。

我们乘皮艇从巨石中穿出,越过真鳕的头和海豹的尾巴。努卡在一阵短促的快划后领先,马特在其后加速追赶。二人都因出海高兴地咧着嘴笑。

"皮艇运动就是在这儿发明的!"马特喊道。

他直接朝小冰山划去,全速撞上冰山的最低点。皮艇的前半部分一下子冲上了冰山,他哈哈大笑,之后挪了下身,皮艇落回水中,水花四溅。

"看!"努卡呼唤我们。他手里拿着个正在滴水的东西,又细又长,一端是木柄,另一端则是个矛头。

"他找到了一个鱼叉!"马特说。努卡将鱼叉瞄向马特的皮艇。鱼叉安全地落在水面,马特划过去,抓起鱼叉,又朝我扔来。

我从没玩过鱼叉水球,也不相信这是格陵兰岛的传统运动,不过规则倒是够清楚:瞄准但别伤人。

我们互相投掷鱼叉,在海湾里追逐,船桨激起朵朵浪花。村里有男孩开着摩托艇下水来追我们,引擎轰轰作响,从我们的船头横冲过去。北边,阿普西亚吉克冰川闪着光,一直延伸至潮汐线。过了一会儿,我们停手,任皮艇在波涛中起伏。回望坐落在基岩上的库鲁苏克小村庄,岸边墓地中一座座白色十字架在阳光下清晰可见。

上岸后,努卡骄傲地将鱼叉拿给吉奥看。

吉奥摇摇头。

"这不是鱼叉。"他用格陵兰语对努卡说。

他看着我们,拿起它,像挂拐杖一样握住它的木柄,尖头朝下。他猛地把它向下一插,同时小心地往前迈步,把尖头又往地里探了探,眼睛也向前看去。

这根本不是鱼叉,也不是武器,而是种曾用来测试前方海冰厚度的工具——判断能否安全前进,同时也在探测不久的将来。

回到英国后,我才了解到,攀登冰川的这几周里,第四纪地层学小组委员会下设的人类世工作组建议,正式采用"人类世"作为当前地球时代的名称。人类世的起始年定为一九五〇年——正是核时代的开端。

## 隐藏之地[1]
### （芬兰，奥尔基卢奥托）

桦树、桦树、松树、桦树、空地、蓝色农舍。低河谷，木桥。一切都冻结了：河流、树木、草丛、田野。粉红色的花岗岩峭壁，其上有黄色冰瀑溢出。松树间的巨石，一块块如房屋般大小。黑色的乌鸦从一只死狐狸的白色肋骨上撕下红色的肉。寒鸦，寒鸦。

这不是你该来的地方。

地下电台播放着金发女郎乐队（Blondie）的《原子》（Atomic）。

带有海浪纹路的蛇在柏油路面上一较高下。雪花在车前灯的光束中旋转。灰色的空气怎么也亮不起来。一个男孩骑着立背式的弯把自行车，背挺得直直的，飞快经过挂在白色柱子上的蓝色信箱。银灰色的片麻岩与云母、冰一起迅速闪过。

---

[1] 自我的第一本书（Mountains of the Mind）起，我一直在书写"深时"。在前往翁卡洛并完成本章初稿后，我看了迈克尔·马德森（Michael Madsen）执导的纪录片《走向永恒》（Into Eternity）。该片也审视了废料隔离中间试验工厂的地点标记计划，并且在片尾呈现了绝妙的一幕：用镜头将2011年对翁卡洛的挖掘，与想象中后世对该洞室的发掘场景一同视觉化展现了出来。——原注

这里不是荣誉之地。

过了桥就到了那座岛上。桥的两边都是盐沼,大海中满是碎冰。风拂过僵硬的芦苇,椋鸟在芦苇丛上方挥着黑色的翅膀。离岸半英里的海面结了冰。半明半暗中,海湾远处目不可及的地方,似乎有三十英尺高的巨浪在向西移动。

这里没有值得纪念的崇高事迹。

风停的时候,雪便静了;风一刮起来,雪就像进入了超高速状态。双层铁丝网围栏。三座巨大的建筑出现在暴风雪中,横跨海湾,朝岛屿顶端而去。穹顶、高塔、石墙——巨大的灰色轮廓显现又淡去。周围的海冰已尽数融化,大海本不应如此。两辆卡车轧着嘎吱作响的冰驶过。

这里没什么有价值的东西,这里的一切对我们来说都危险可憎。

地下电台播放着流浪者乐队(The Trammps)的《迪斯科地狱》(*Disco Inferno*)。

车前灯的光束下雪花飘舞。我来这儿是为了参观一个埋葬地,也为了埋葬一些私人物品。抵达世界尽头时,天色已晚。回到地面时,也将是同样的光景。

注意了,我们是认真的。传递这个信息对我们来说事关重大。我们的文化被视为重要的。

我们将告诉你地下暗藏着什么,为什么不应该打扰此地,以及如果你这么做了,将会发生什么。

≒ ≒

在芬兰西南部的奥尔基卢奥托岛的基岩深处,一座坟墓正在建造中。[1] 设计者希望这座坟墓不仅要比设计它的人更长寿,而且要比设计它的物种整体都更长寿。他们希望,这座坟墓在未来十万年内都不需要修缮维护,能够安然无恙地度过将来的冰河期。十万年前,撒哈拉中曾有三个大型河流系统。十万年前,解剖学意义上的现代人类才刚刚开始走出非洲。最古老的金字塔约有四千六百年的历史,现存最古老的教堂历史尚不足两千年。

这座芬兰坟墓有着有史以来最严格的封闭规程,它比法老墓穴安全,也比任何超严密监狱安全。除了地质原因外,任何外力都无法取出存放在这座坟墓里的东西。

这座坟墓是后人类建筑的一场实验,它叫"翁卡洛"(Onkalo),芬兰语意思是"洞穴"或"隐藏之地"。将隐藏在翁卡洛的是高放射性核废料,它大概是人类制造的最黑暗的物质。

从核废料开始产生以来,我们一直未能找到妥善处理的方法。铀产生于约六十六亿年前的超新星爆炸,是构成地球的太空尘埃的一部分。铀在地壳中和锡、钨一样常见,分散在我们脚下的岩层中。我们最终学会了如何将铀转化为能量和武器,但这个过程较为缓慢且代价高昂,充满奇迹,也遍布伤害。我们知道如何用铀发电,也知道如何用铀制造死亡,但我们仍然不知道利用铀之后怎么才能最好地处理铀废料。据估计,目前全球仍有超过二十五万吨的高放射性核废料需要进行最终储存,此外,每年都会再增加约一万两千吨。

在加拿大、俄罗斯、澳大利亚、哈萨克斯坦,铀都作为矿产被开采出来，或许格陵兰岛南部很快也将如此。矿石经过粉碎和碾磨，用酸浸出铀，转化为气体，再经浓缩和固结，最后被加工成铀芯块。一粒直径一厘米、长一厘米的浓缩铀芯块一般可释放出相当于一吨煤的能量。这些铀芯块被密封在通常由锆合金制成的发光的燃料棒中，成千上万根燃料棒捆绑在一起放置在反应堆芯中，裂变即从这里开始。裂变产生的热量用以生成蒸气，蒸气再被导入汽轮机，带动汽轮机叶片转动从而产生电力。

一旦裂变过程减缓，效率降到阈值之下，就必须更换燃料棒。但取出的乏燃料棒温度仍然很高，且带有致命的辐射。不稳定的铀氧化物继续放射出阿尔法和贝塔粒子，以及伽马波。如果你不加防护地站在一堆刚从反应堆堆芯取出来的乏燃料棒旁，放射性物质会侵入你的身体，破坏细胞，腐蚀DNA。几小时内，你便会呕吐、大出血，继而死亡。

因此，要用机器把乏燃料棒从反应堆中取出，这个过程要保证始终在水下或其他屏蔽液体中进行，送到深处的乏燃料池中储存数年后，再做回收处理或放入干式贮存桶。在乏燃料池里，水会慢慢吸收乏燃料棒上的粒子霰继而升温，因此乏燃料池里的水必须不断冷却和循环，以防水沸腾蒸发，令乏燃料棒失去屏蔽，造成灾难性后果。

即便在池中浸泡了几十年，乏燃料棒依然温度很高，且具有毒性和放射性。唯一能令它们对生物圈无害的方式，要借助长期的自然衰变。高放射性核废料的这个过程可能需要数万年，在这段时间里，乏燃料必须安全封存，与空气、阳光、水及生命体隔离开。

我们设计出的最好的废料隔离方法是掩埋，为处理它们而建造的坟墓被称作地质处置库，它们是人类的"马克西姆下水道"——最为宏大的下水道。作为核能及核武器生产副产品的轻度放射性物品，会放入中低等级的处置库。这些物品包括衣物、工具、过滤垫、拉链和纽扣等，它们的危害只会持续几十年。所有东西都会装入桶中，放进世界各地地下处置库的贮仓。每一层都用混凝土包裹，以随时放上新的。位于美国新墨西哥州盐矿床中的中级处置库——核废料隔离中间试验工厂（WIPP），预计将接收八十万个五十五加仑的军事超铀废料软钢桶，其中包括美国制造核弹头产生的放射性废料。核废料隔离中间试验工厂的储存室将恰好形成一个新的地层，成为岩石记录中一个高度组织化的部分留存至后世——这将是未来人类世化石的另一种类。

不过，最危险的废料——来自反应堆的兼具毒性和放射性的乏燃料棒——需要更加安全的掩埋，需要特殊的葬礼和坟墓。我们建造了一些这种高等级废料处置库。比利时建立了"哈迪斯"（HADES）试验基地，研究未来深层处置库的可能性。美国也曾尝试在内华达沙漠中，一座叫尤卡山的死火山上建造高等级核废料处置库，不过经过数十年的论战和抗议，这个计划已暂停，熔结凝灰岩中已挖好的洞穴如今空无一物。究其原因，尤卡山靠近圣丹斯断层——一个九百英尺宽的地震带，其下又是另一个断层，名为"鬼舞断层"。据约翰·德·阿加塔（John D'Agata）所述，"如果尤卡山处置库被装满，那么这里的放射性相当于两百万次核爆炸，大约七万亿剂量的致命辐射"，[2] 足以杀死地球上所有人类三百五十次以上。

目前为止，所有核废料深层处置设施中最先进的就是"隐藏之地"翁卡洛，它位于芬兰波的尼亚海岸有着十九亿年历史的岩石深处，距地面一千五百英尺。如果翁卡洛的储藏室装满来自奥尔基卢奥托三座核电站的废料，意味着有六千五百吨废铀储存在此。

⇆ ⇆

世界将以这种方式终结,世界将以这种方式终结,世界将以这种方式终结——不是轰然一场大爆炸,而是终结于一个游客中心。

"欢迎来到奥尔基卢奥托岛,你真的来了!"帕西·托希玛说。

在夏天去往冰川融化的格陵兰、秋天探访冰臼之后,同年冬天,我来到了奥尔基卢奥托。

接待区很干净,一副资金充足的样子。这里有独立衣柜,外表面贴着高清的森林风景照片。卫生间里没有背景乐,却有鸟鸣声传入,人们小便时会伴着五子雀,或是旋木雀的鸣叫。

帕西将我带到外面。一段木质阶梯从接待区后通向滨海沼泽。风中的芦苇十分脆弱,海面冻得结结实实,黄色的冰块堆在灯芯草丛中。暴风雪中,海湾对面三座核电站的轮廓时隐时现。第三座核电站,也就是最远的那座,外观如清真寺:赤土色的圆顶中竖着一座尖塔。

"第三座还在建设中,不过也用不了太久了。"帕西说。

风很冷,我们退回来,隔着玻璃观察情况。宽大的观景窗上贴着灰色的猎鹰、游隼这类猛禽的贴画,以防有小鸟撞上。窗户的木框把海湾的景色映衬得很美。核电站被暴风雪遮住时,我们仿佛在观看加伦·卡雷拉(Akseli Gallen-Kallela)二十世纪早期的一幅画作。

帕西带我参观了常设展,展览解释了从矿场到消费者的这条核能供应链是如何运作的,同时也证明了只有在处理不当时,核辐射才会带来危险。

"人们认为核废料的危害是永久性的,其实不是!五百年后,你就能把铀废料拿回家了。"帕西说。

他冲我张开双臂,说:"没准你还能拥抱它呢!"

他停顿了一下,重新想了想。

"你可能不太想把它放在床底下,不过放在客厅——没问题。"

他又停顿了一下。

"你不会想亲吻它,不过拥抱是可以的。"

听上去他就像位父亲,在给女儿的约会对象说明规矩和条件。

"这就是我们封装乏燃料棒以便长期储存的方法。"他边说边指着一个长八英尺、直径一点五英尺的铜罐。他用指关节敲了敲,铜罐发出沉闷的咚咚声。

"不开玩笑,这可是真家伙。你知道一公斤铜值多少钱吗?它惰性强,是最好的容器。"

铜罐内是一个内部分区的铸铁罐,看上去像个圈叉游戏板,中间是方形空隙。装着铀芯块废料的锆合金燃料棒会插在这些缝隙里。装完后,每个铜罐约重二十五吨。最后嵌入吸水性膨润土筑成的基座中,放入片麻岩和花岗岩基层中一个掏空的片麻岩管内,那里距地面一千五百英尺。

我自言自语地念起从里向外层层嵌套的顺序:铀、锆、铁、铜、膨润土、片麻岩、花岗岩……我回想起这趟地下之旅的开端,想起伯毕矿场下的暗物质实验室与时间的开始。在伯毕,他们将氙包在铅中,铅外是铜,铜外是铁,铁外是岩盐,岩盐外面是数百码深的岩层,以此来追溯宇宙的诞生。在翁卡洛,他们将铀包在锆中,锆外是铁,铁外是铜,铜外是膨润土,膨润土外是数百码深的岩石,以此来保证当下不会危及未来。

展区内有个真人大小的爱因斯坦模型,它坐在桌后,手里拿着笔,桌上放着纸。

"看看谁在这儿！"帕西一边说，一边领我来到爱因斯坦前。

爱因斯坦看起来很糟糕，那张橡胶脸状态再好也不像本人，现在更是和脖子分了家。喉咙处还有个大洞，能看到里面的金属支柱和铰链。

"按下那个按钮。"帕西指着桌上靠我们这边的红色按钮说，那是为了方便与观众互动设计的。

我按了一下。

爱因斯坦的上半身朝我们倾斜过来，又突然停下，这导致他灰色胡子的右半边脱落了，从上唇的上方慢慢垂下。一段芬兰语录音响起，我想那并不是爱因斯坦。

帕西皱了皱眉，探身越过桌子，伸出大拇指轻轻将爱因斯坦的胡子按回原位。

≒ ≒

去奥尔基卢奥托岛地下隐藏之地的前一天，我在附近的小镇劳马一边等待，一边阅读伟大的芬兰民间史诗《卡勒瓦拉》(*Kalevala*)。

《卡勒瓦拉》是一首由多重叙述、多个故事组成的长诗，像《伊利亚特》(*Iliad*)、《奥德赛》(*Odyssey*)一样，它从波罗的海民歌、俄罗斯民间故事等丰富而悠久的民间传统中生长出来。一千多年里，它主要以多变的口头形式流传。直到十九世纪，芬兰学者艾里阿斯·隆洛特（Elias Lönnrot）收集、编纂并出版了《卡勒瓦拉》，才有了如今这个定本。隆洛特的《卡勒瓦拉》由许多交织的故事组成，它们将神话故事、抒情歌谣、日常生活和现实逻辑结合，戏剧化展现北方民族在森林、岛屿、湖泊等严酷又美丽的自然中的生活。不同时代的故事层层叠加，芬兰学者马蒂·库西（Matti Kuusi）将这首诗自身的生成史比作"一个重重堆积的坟墓，里面埋葬了一代代人……及其陪葬物"[3]。

《卡勒瓦拉》在我心头萦绕多年，它充满了对文字、咒语和故事力量的迷恋，这种力量可以将世界变成它描述的样子。故事的主人公往往是语言大师和奇迹创造者，其中最伟大的一位名叫华奈摩伊宁，这个名字的寓意令人难忘："缓慢流动之河的英雄"。

阅读《卡勒瓦拉》那天，我待的房间中挂着一张劳马镇的照片，摄于十九世纪末的某个集市日，覆盖了一整面墙。这张照片被过度放大，显得有些粗糙。所有男人都为集市日穿戴整齐——黑色西装、黑鞋和黑帽，看过去格外显眼。所有女人则穿着炫目的白裙，头戴白帽。干板照相机的长曝光让女人们显得过白，以至于看上去就像幽灵。我数了数这些被过度曝光的女人们的身影，共八十七人。她们从马车中探出身，一只手抓着绕过脖子的头巾，另一只手拿着买来的东西。裙子长及脚踝，帽子是高高的硬草帽，系着两条带子。女人们行色匆匆，到处都是她们难以辨认的模糊身影，消失于刺目的光线中。

我在这张照片前读了两个小时的《卡勒瓦拉》，读着读着，开始觉得不安乃至脊背发凉：它年代久远，却似乎预知了奥尔基卢奥托岛正在发生的事。

在诗的中段，华奈摩伊宁接到了前往地下世界的任务。有人告诉他，在芬兰的森林中，藏着通往地下洞穴的入口。那里埋藏着魔法咒语，一旦念出便会释放出巨大的能量。为了进入地下空间，华奈摩伊宁必须穿上铜鞋铁衫，以免被里面的东西伤害。易尔马里宁为他打造了这些装备。他穿着金属隔离装来到白杨、桤木、柳树和云杉层层掩映下的地道口。他砍掉树木,入口露出。进入地道后,他发现置身于一个"深深的坟墓",一个"魔鬼的巢穴"。[4]此时他意识到,自己已踏入被埋葬的巨人维普宁的喉咙,而这位巨人的身体就是大地本身。

维普宁警告华奈摩伊宁不要把埋在洞穴里的东西带到地面,那样的挖掘将带来"巨大的痛苦"[5]。维普宁问道,为什么你要走进我"无辜的心,清白的腹""又是咬,又是啃/又是嚼,又是吞"[6]? 他警告华奈摩伊宁,如果他一意孤行,只会给人类带来可怕的灾难,他将成为一种"由风而生的疾病/由风而生,由水推动/大风将其播撒/冷气将它搬运"[7]。他威胁要给华奈摩伊宁施一个几乎永远无法打破的禁锢咒。要想重获自由,需要一头母羊生出的九头公羊、一头母牛生出的九头公牛和一匹母马生出的九匹公马,它们齐心协力才能解救他。

可是华奈摩伊宁根本不听维普宁的话,他坚信埋藏在地下的力量应该回归地面,他如此唱道:

文字不该隐藏

咒语不该埋葬;

强者虽去

威力不该沉入地下。[8]

《卡勒瓦拉》中充满了对地下世界、对如何安全储存危险之物,以及如何安全获取珍贵之物的迷恋。史诗的核心是被称为"桑宝"或"桑马斯"的神奇物件,由书中另一位具有神力的英雄——铁匠易尔马里宁铸造,存放在"石山"的"铜坡"[9]中,由一扇设有十把锁的大门守护。这个有魔力的物件通常被认为状如磨臼或手推石磨，会给控制它的人带来权力、财富和好运。用现代语言来说，它是武器系统，是种丰富的原始资源，系统规范的国家产业，或核电站。"桑宝"能够磨出面粉，磨出金钱，甚至磨出时间。它与生俱来的任务之一便是制造这个世界的时代，令时代与时代相继，共同构成巨大的演进循环。世界已发生了巨变……我们处在人类世之中。

≒ ≒

经过一片平坦的空地，我们来到隐藏之地的入口。桦树、松树和白杨被砍倒，树桩也被连根拔出，在路边的森林中形成一处方形的林间空地。为防止驼鹿、非法入侵者和恐怖分子进入，党政军在附近设置了双重铁丝防护网。暴风雪已平息，积雪落在灰色的碎石上。在一栋波纹钢结构的黄色中央大楼里，自动售货机贩售着"电池"牌能量饮料。

在过去两百万年里，隐藏之地上方不断被滚动的冰川夷为一片平地。树木间有些如楼房大小的巨石，是最近一次冰川作用的遗迹，似乎冰川并没有消失很久，很快又将回来。

隐藏之地的入口是一个炸出的片麻岩斜坡。石黄衣属地衣占领了入口附近裸露的岩石，留下一片橙红色的唇印。为防意外，斜坡有道可封闭闸门。现在，门已打开，下方是一条地道，斜向下伸入黑暗。

墙壁是格外光滑的喷浆混凝土墙。两侧的绿灯渐渐变小。标志显示，在世界尽头限速每小时二十公里。公用线缆在支架间垂下。水流在排水沟中汩汩流淌。冰凉的空气自下往上灌，搅动着石尘。大地是我们的圣所,是所有将腐之物的容器……[10] 地道缓缓盘旋向下,经过大约三英里螺旋路线,最终趋于平缓——"墓室"到了。

抽象地看,包裹隐藏之地的岩石仿佛并不存在,这里有种优雅的简洁。中央有三个竖井从地表垂直通向这里,分别是进风井、出风井和升降梯井。竖井周围是蜿蜒曲折的运输匝道,最终下降到将近一千五百英尺深的复杂地下空间。从这个中央空间向外延展出存储地道网,每条地道的地面都钻好了存储井,用于储存装着乏燃料棒的铜罐。翁卡洛准备好接收第一批"沉积物"时,这里将有超过两百个存储地道,共能容纳三千二百五十个燃料罐。在我看来,这些地道形似甲壳虫在树皮下建造的房间和走廊,它们在那儿产卵、养育幼虫,最后树木会因供养它们而死亡。

有时我们掩埋一些东西是为了保存,以待将来之用;有时则是为了保护未来免受其害。有些埋葬追求重复和继承(储存),有些则是遗忘(清除)。在德国弗莱堡附近的巴巴拉地下档案库,一个废弃矿井被改造成德国文化遗产保护中心。九亿多张照片储存在微缩胶卷中,存放在地下一千三百英尺深处的小箱子里。该档案库的设计需求是能经受住核战争,并且将其内容物保存五百年以上。在挪威斯匹茨卑尔根岛,全球种子库里冷冻储存着数量庞大的种子和植物,若地球遭遇巨大灾难,可补足植物群和生物多样性。这两个保管库都预设了未来将变得匮乏,而隐隐将现在视为富足时期。

相比之下,建造翁卡洛却是希望存储物永远不被回收。在这里,我们面对的是巨大的时间尺度,放射学上的时间并不等同于永恒,但其跨度之长,足以使人类传统的想象和交流模式瞬间崩塌。几十年、几百年变得转瞬即逝,在翁卡洛的深时岩石空间和即将存储在这里的东西面前，语言似乎微不足道。铀-238的半衰期为四十四亿六千万年：这样的时间尺度剥夺了人类的中心地位，让人类的第一人称叙事变得微不足道。

以放射学上的时间进行思考，意味着我们不仅要问自己该如何理解未来，还要问未来将如何理解我们。对于后代，以及人类之后的时代和其他物种，我们会留下什么？我们能成为好的祖先吗？

地道迂回曲折。空气发出奇怪的嗡鸣。看不见的机器进行着隐蔽的任务。在一千英尺深处，我们进入了一连串大型侧室。第一个侧室里立着一台黄色的钻井发动机，钥匙还插在点火装置上。没有人操控，可它的八只卤素灯大眼亮着光，钻臂还在滴水。喷浆混凝土的天花板上，银色和红色螺栓固定的托板间有一道道沟槽。天花板上新钻的孔还在渗水。卤素灯投下浓重的阴影。我想起了伯毕矿道里像蜥蜴一样的机器，在迷宫中等待岩盐包裹住自己的尸体。

侧室裸露的墙面被"洞穴艺术"覆盖：蓝色、红色、苹果绿和核黄色的喷漆标记。岩石上装饰着数字、象形图、线条、箭头和其他我无法破译的密码，对我来说，它们就像雷弗斯维卡青铜器时代的舞者形象一样遥远。

≒ ≒

希腊语中的"符号"一词"sema"，也有"坟墓"之意。[11]一九九〇年前后，诞生了核符号学。制定放射性废料掩埋计划的同时，一个新问题在美国出现：如何警告子孙后代地下深处潜藏着巨大且持久的危险？美国能源部决定设计"标记系统"，在未来一万年内阻止人们进入处置库。[12] 美国国家环境保护局成立了"人类干预特别工作组"[13]，负责为尤卡山和新墨西哥州沙漠中正在建设的处置库设计这种系统，还召集了两个独立专家组讨论相关问题，这两个小组再向综合专家判断小组统一汇报。受邀参加小组讨论的有人类学家、建筑师、考古学家、历史学家、平面艺术家、伦理学家、图书管理员、雕塑家、语言学家，还有地质学家、天文学家和生物学家。

专家组面临极其艰巨的挑战。怎样设计一个警报系统兼顾结构性、语义性，甚至在地球可能面临的重大灾难性阶段都能幸存下来？怎么跨越时间鸿沟与未知生物交流，告诉他们，绝不能进入这些储藏室，破坏对废料的隔离？

专家组提出的一些形式设计方案，用现在的说法是"敌对建筑"，不过当时他们称之为"被动监管"[14]。他们提议，在埋藏地的地表建造"荆棘群"[15]（五十英尺高的混凝土尖刺柱，一方面阻止通行，一方面暗示"对身体有危险"[16]），还可以建造一个"黑洞"[17]（一块黑色的花岗岩或混凝土，吸收太阳能后变得异常滚烫，无法通行），或"禁区"[18]（大型建筑模块，能吓退来者）。

然而，专家们意识到，这种咄咄逼人的结构反而会诱惑而非警告后世，暗示"这里有宝藏"而不是"这里有恶龙"。白马王子正是于野蔷薇和荆棘丛中劈出道路，唤醒了睡美人。霍华德·卡特（Howard Carter）在通往埃及图坦卡蒙陵墓的道路上，尽管遇到许多障碍，收到众多异族语言的警告，可还是没能阻挡他的挖掘。

专家组还提了一些其他建议，比如设计一个超验的能指符号。将人脸刻在石头上：画上能传达恐惧的象形图或岩刻。有人提出，可以蒙克（Edvard Munch）的《呐喊》（*The Scream*）为范例，在遥远的将来，它似乎依然能以某种方式将恐惧传达给任何接近它的生命。或者制作一种经久耐用的风鸣乐器，将遥远未来的荒漠之风调成 D 小调，因为人们认为这种和弦最能表达悲伤情绪。

符号学、语言学家托马斯·塞伯克（Thomas Sebeok）认为并不存在一种能超越一切腐化和异化的超验的能指符号，在他看来这种尝试是徒劳的。他提议建立一个长期的"主动沟通系统"[19]，通过故事、民间传说和神话传达这一地点的性质。内容通过被选出的"原子牧师"[20]永久传递下去，这种方式比较灵活，世世代代可进行复述和改编。如此一来，起初一组简单警告可能演变为长诗或民间史诗等，在每个社会需要警告时便搭配一种新的叙事。而那些被任命的牧师有责任"铺设一系列关于埋藏地点的神话，保证人们远离那里"[21]。

位于美国新墨西哥州的核废料隔离中间试验项目，预计于二〇三八年封存。对于该地点的标识计划仍在拟定中。参与该项目的顾问包括社会科学家和科幻小说家，格雷戈里·本福德（Gregory Benford）称其为"人类社会中规模最大的穿越深时深渊的主动尝试"[22]，包括以下措施：

首先，回填储藏室和入口竖井通道。随后，建造三十英尺高的岩石和夯土防护墙，以盐填充墙芯。这道墙将完全包围处置库的地上区域。防护墙内部和周围都埋有雷达反射器和磁铁，以及用陶瓷、黏土、玻璃和金属制成的圆牌，上面刻着"请勿挖掘或钻孔"。防护墙外还将有一圈二十五英尺高的花岗岩石柱，上面同样刻有警告文字。

防护墙附近会设置一张长两千二百英尺、宽六百英尺的地图。地图表面微凸，中间高四周低，以免沙尘将地图掩埋。[23]大陆有花岗岩边缘，海洋以生硝碎石表示，地图上还将标出全球各大放射性废料掩埋地。一个方尖碑形标记标示着核废料隔离中间试验工厂的位置："你在这里"。

这幅位于地球尽头的地图呼应着博尔赫斯（Jorge Luis Borges）极具警示性的故事《论科学的精确性》（*On Exactitude in Science*）。小说设想了这样一个世界：在一个帝国中，制图学追求完美再现，以至于制作出了一幅"面积跟帝国本身一样大的地图"。当然，这幅1∶1的地图被证明太过宏大，根本无法使用。后世意识到这样一张地图的危险性，便任其腐坏。博尔赫斯在故事结尾写道："在西边的沙漠里，直到今天，仍然存在着这张地图的残片，动物和乞丐居住其中。"[24]

在核废料隔离中间试验工厂的地图附近，还将建造一个"热屋"[25]，是个地上高六十英尺、地下深三十英尺的钢筋混凝土结构的空间。"热"指这里将存放一些小型废料样本，以表明深埋在地下的东西具有放射性。

防护墙内，将用花岗岩和钢筋混凝土建造一处信息室，其设计寿命至少为一万年。其中将放置刻有更多信息的石板，包括地图、时间线、废料的科学细节和风险，并以联合国所有现行官方语言以及纳瓦霍语写书。

信息室正下方将是"储藏室"。这个房间有四个小入口，每处入口设置一道确保其安全的推拉石门。房间里有一些刻在石头上的警示信息，措辞简洁：

> 我们将告诉你地下暗藏着什么，为什么不应该打扰此地，以及如果你这么做了，将会发生什么。

> 这个地方叫作"核废料隔离中间试验工厂"，于公元二〇三八年封存。

> 这些废料是在制造核武器（也被称为原子弹）的过程中产生的。
>
> 我们认为，有义务保护后代免于我们造成的危害。
>
> 这是一条危险警告信息。
>
> 我们强烈要求你保持房间完好，维持其掩埋状态。[26]

防护墙、地图、热屋、信息室、储藏室，所有这一切都位于被埋葬在二叠纪地层深处的放射性物质上方。在我看来，它们是迄今为止最纯粹的人类世建筑，也是迄今为止我们在地下世界挖掘的最伟大的坟墓。那些介于忏悔和警告间，似乎在一遍遍重复的咒语，正是最完美的人类世文本，是我们最黑暗的弥撒。

然而我也知道，即便是这些文字，也会随着时间的推移而消亡——被沙漠的风磨去，被湿润的空气吞噬，或在翻译中遗失。语言也有它的半衰期和衰变链。继最早的楔形文字出现，有文字记录的人类历史大约只有五千年。我们的语言系统是动态的，我们的铭文系统很容易遭到扭曲或破坏。大多数墨水在阳光直射下都会褪色，不出几个月便消失不见。即便文字刻在更为耐久的物质上，也不能保证未来的读者有能力阅读它。当今世界大约只有一千人还能读懂楔形文字。

其实很大程度上，翁卡洛掩埋场的负责人们并不关心如何向后世传达警告。因为他们知道，在这一纬度，森林很快便会在废弃的土地上生长出来，慢慢隐藏起地上建筑。他们还知道，一旦森林生长起来，那么按照地球时间计算，不久后冰川将重新回归该地区。他们知道，冰川经过后，这里的一切记号都会被抹平，整片土地也将被清除掉。

⇋ ⇋

我们到达了翁卡洛的最低点。一条拱形侧道通向终端室。平整的地面上挖出了两个中空的圆柱形坑。坑口周长五英尺，深八英尺，周围有一圈黄色围栏保护。这些圆形的墓穴在等待它们的尸体。

地道口放着一张灰色密胺桌和一把棕色塑料椅。在致命的废料罐被送来之前，这里和所有工作场所一样，需要填表格，人们也要歇歇脚。

地道的墙壁上钉着一排落满灰尘的棕色塑料板，不知是谁用手指在上面画了几张涂鸦。这样的塑料板有三块，左边那块画着风暴中的景观，一棵树，一座房子；中间那块画了一只坐在云上的兔子；右边那块是张皱巴巴的笑脸。

在多年的地下旅行中，翁卡洛腹地并非我到过的最深处，可此时此刻我却觉得它似乎是最黑暗之地。在这里，我强烈地感受到，头顶和周围的时间的重量，压迫着体内的血管和组织。

在我们上方的远处，海浪穿过波的尼亚湾向东冲去，海水在开裂的冰罩下涌动。一个跨国工作组正在准备汽轮机壳体，以配置核电站建站以来最大的叶片。阳光扫过支离破碎的叙利亚。大气中的二氧化碳含量又增加了百万分之一，库纳德·拉斯穆森冰川加速崩解，落入峡湾。

这一切都让人觉得非常遥远，仿佛是另一个星球的繁忙景象。

"在建设翁卡洛的头几年，这里的设计师和工程师们曾开过一个玩笑，"帕西用指关节叩了叩石头，突然说，"那就是，他们开始打孔、爆破，结果发现的第一个东西就是一个装有乏燃料棒的铜罐……"

我猛然想起《卡勒瓦拉》，想到那蕴含着巨大力量的"桑宝"磨出了时代的更替，想起几个世纪前深入人心的警告——挖掘地下的东西会带来危险；想到要隔绝伤害会用到铜；如果碰上不合适的时机，疾病将被带到地面之上，污染空气和水，毁灭所有生命。

我想到了塞伯克提出的，负责通过民间传说和神话向一代代人传递警告的"原子牧师"。我想到斯洛文尼亚山毛榉森林里，人们被棍子和刺刀驱赶着，跳入落水洞中，洞附近的一块金属板上钉着一首诗，诗的最后一行是：任何人若试图抹去本文，将遭到诅咒……我忽然间感到一股寒意掠过：《卡勒瓦拉》仿佛是某个信息传递系统的一部分，可我们并不在意它的警告，甚至充耳不闻。

此刻，周围寂静的石头开始粉碎。我回想起和肖恩在门迪普岩层中，那些静止不动的黑色岩石也曾向我施压。其他更遥远的记忆在脑海中无法抑制地浮现出来。我和父亲一起，在我长大的那座房子里，用锤子的一头撬开地板，放入一个果酱罐做的时间胶囊。我们在罐子里放了什么呢？一架小小的压铸飞机模型，或许是轰炸机？对。一封写给将来未知的接收者的信。还有可以吸收水分、防止纸张老化、墨水褪色的米粒。一张我和哥哥的宝丽来照片。是这些吗？时隔太久，细节已经模糊了。我只能清晰回想起把罐子放进去这个事实——胖胖的瓶身，窄窄的瓶口，黄铜盖子。钉好上方的地板。好了，安全，一条发送给未来的信息。

时间开始分裂，阴影重叠。关于地下世界的种种思绪纷至沓来。尼尔·莫斯的遗体仍在峰区的竖井中，被混凝土填埋，以免将来再给他人带来伤害。门迪普的中石器时代遗骸，被方解石包裹，几乎已经变成石头……我父亲希望他的骨灰可以分三处撒向风中，这样他死后就不会借坟墓来牵绊我们，而我们只能通过空气、联想来追忆他。

我非常疲惫，在世界尽头的棕色塑料椅子上坐下。帕西仍在侧道中和一位工人说话。我想象自己沿着主地道走下去，转过一个弯，离开帕西的视线。地道右手边的墙壁上有三个钻孔，每个钻孔的直径大约与我的肩膀同宽。我想象着将手伸进中间的孔洞里，尽可能伸得远一些。我想象着抽回手臂时，我身上的一个重担已卸下，一个承诺已兑现。

一旦废料罐运到翁卡洛，所有掩埋坑都装满后，螺旋坡道就会被回填。继而是通风井、升降机井，最后连地道入口也会被回填。两百万吨基岩和膨润土将这些废料罐原地封存，从现在起保证未来不受现在的危害。

接着我看到，终端室墙上钉着的另一块塑料板的灰尘中，有一个手印——手指张开，拇指指印异常清晰。这是一只右手的印记，可能是某一刻为了平衡身体、为了休息，或者只是为了做记号而留下的。

我想起了肖维岩洞岩壁上那黑色和红色的手印，想起那些张开双臂的红色舞者，想起巴黎地下墓穴的喷漆手印，想起海伦伸手将我从冰臼中拉出来的情景。我想起自己在地下世界遇到的这么多人，他们都在努力投入人类共同的事业中，而不是畏缩退让，与世隔绝。他们中的许多人都是"绘图者"，绘制的是人类共同的关系网络。他们努力将自己的思想编入陌生的时空尺度，他们追寻的不是个人顿悟的零散宝石，而是在掌握关于深度过去、未来以及非人类地球的可靠知识的基础上，扩充人们跨越地理空间共同行动、共同思考的可能方式。

出乎意料的是，突然间，在这个平凡无奇的功能空间里，有一些充满希望的——不，是令人感动的东西。密胺桌子和模压椅子。画着涂鸦的塑料板，帕西对翁卡洛的热情。铜罐、游客中心、爱因斯坦下垂的胡子。在这里，人们正尽己所能、循序渐进且切实有效地解决一个庞大的问题。在这里，人们的集体决策以及塑造世界的决定，通过艰苦的劳动得以落实，虽然不完美，却十分必要。这份关切不会只影响十年、几十年，而会延伸至后人类时代的遥远未来。

"桑宝"之磨依旧在生产这个世界的新时代，我想，这或许是我们能做的最好的事情之一：成为好的祖先。我想起笔记本上从《自然之后》（*After Nature*）中摘抄的一段：

> 当人们在自然界中发现这两样东西时，他们才最有可能改变自己的生活方式：恐惧之物，一种他们必须躲避的威胁；另一种是爱之物，一种他们尽最大努力去尊崇的品质。这两种冲动都可以让人停手，不过前者只会让人在将要受伤时才收手，后者却可以让人伸出手去，表达问候或传递和平。这样的姿态是合作的开始，且这一合作不仅限于人和人之间，还包括超出我们之外的东西，而这一切都是为了建设我们的下一个家园。[27]

ㅋㅋ

我们返回地面时，风小了，雪却越下越大。下午才刚过半，可白天已经结束了。黄昏将至，视野中一片灰蒙蒙的光。

从岛上回到桥上，两边都是盐沼，大海中满是碎冰。一根白色柱子上挂着蓝色的信箱。桦树、松树间的巨石，一块块像房屋一样大。

我的车前灯在前方的暮色中开出一条地道。桦树，松树，桦树，桦树。一切都冻结了。

回劳马镇的路上，仪表盘上的黄色警示灯亮了起来。右后轮胎正在漏气，我能感觉到汽车在冰面上的抓地力变弱了。我把车开到路边，车子嘎吱嘎吱地轧着雪停下。我下车查看，轮胎几乎扁了。道路左右两侧都是幽深的森林。车子检测到此时气温已是零下十二摄氏度。很快寒冷入骨，我带的保暖衣物不够。我看了看后备厢，有一个备用轮胎，可是没有千斤顶。情况不太妙，我也不知道该怎么办。

五分钟后，我看到一束车前灯的灯光，车子越来越近，第一辆车过去了。我站在车旁，伸手求助，其实并没抱多大希望。然而那辆车停了下来，一个男人下了车，是位奥尔基卢奥托的工人，刚交完班，正在回家的路上。我向他解释自己正从岛上返程，然后就这样了，很是无助。

"真是抱歉，你一定很累了。"我说，"非常感谢你停下了车。"

"小事情，没问题。"他说。

他有千斤顶，十分钟后，轮胎换好了，还把那个没气的轮胎放进了后备厢。他用一块布擦掉手上的机油，伸出手，我感激地同他握了握手。而后，我们一前一后驶入了黑暗。

## 回到地面

地下世界的出口，在九孔泉水涌出基岩的地方。

离开翁卡洛几个月后，天气回暖时我带着小儿子来到离家约一英里远的一片白垩高地。他四岁，我四十一岁。我们骑自行车走过了大半的路程，然后，我们把车放倒在草地上，牵手走了几百码，来到半英亩大的山毛榉和白蜡树林，这儿被称作九泉森林。九泉森林靠近铁路线和医院，像很多小森林一样，走进去就会感到森林似乎比外面看上去要大得多。

我们一起度过了快乐、宁静的一个小时。在那里，我能将注意力全放在他身上，以他的步幅走路，想象一个四岁孩子眼睛里的世界。日头很高，阳光强烈，光线穿过树冠，在我们身边落下光斑。

我们走到了森林的尽头，也就是九孔泉水所在的地方。泉眼围绕着白垩土中一块凹陷处形成圆圈，泉水灌入，形成大约一英尺深、六英尺宽的小池子。池水如此清澈，要不是水面上根状的树枝倒影，几乎要以为池水并不存在了。

凹陷地的四周很滑，于是我一只手抓住接骨木的树干，另一只手抓着儿子的胳膊，一起慢慢滑到小池边，蹲了下来。

泉水令他惊奇，他不能理解水怎么能像这样从地下涌出，石头又怎么能像这样流动。

我们数那一个个泉眼，它们仅以水面上的圈圈涟漪来宣告自己的存在。

"水是黑色的。"他说。起先我有些困惑，随后我反应过来，水清澈得可以让他直视池底，而那落满树叶和树枝的池底，的确一片漆黑。

为了证明水的存在，我将手伸进池中舀水来喝。这直接来自白垩的水，味道和我知道的任何泉水都不同。不知怎地，在嘴里，它似乎是圆的，而且很冷，石头般的冷。我用手捧了一些水给他，他也尝了尝，起初是试探性的，随后便抓着我的手腕，在那个暖和的天气里，贪婪地享受着水的凉爽。

在九孔泉水中，他最喜欢水流最强的那个。我却最喜欢水流最小的，不过我们无法靠近，它在池子较远的那边，就在水面以下一点点。那里的石头最白，泉水仅有的痕迹便是那轻微的涟漪，以及白垩上一个漆黑如墨的三角形裂口。

我坐在泉边的地面上，他坐在我身上，我的思绪沿着泉水的路径，逆流而上，进入白垩的裂口，穿过岩石的缝隙，一路向下。我想到几千年来人类在这里挖掘和埋葬的东西——新石器时代的巨石圈、青铜器时代的圆形古坟、铁器时代的地下环形堡垒、中世纪的墓地、第二次世界大战时期的反坦克战壕，还有冷战时期位于几百码外的地下观察哨——一旦发生核袭击，收到命令的观察员就要撤退进去，然而这里却没有空间供他的妻儿容身，根据政府的命令，他只能抛弃家人。

我抱了抱我的儿子。一位年轻女士出现在池子上方的小路上，往下望向泉水，看到我们时她露出了微笑。她正在遛狗，那只牧羊犬一边吠叫，一边四处冲撞。我们聊了一小会儿，从低到高，谈及泉水、森林和天气。她的小腿上有个圆形的文身，那是一张从加拿大一直到格陵兰岛的北极圈地图，似乎是从北极点上方某个极佳位置才能看到的景象。

常春藤中散落着一块块白垩，在森林的黄昏中熠熠生辉。泉水从我们身边流走，蜻蜓在其间觅食。在我们的脚下和周围，真菌网络将一棵又一棵树无形地联结在一起。

年轻女士一边继续散步，一边呼唤着牧羊犬，那只狗已经消失不见了。我和儿子小声地说着些无关紧要的话。在这宇宙中，我们很渺小，可我们在一起。

又过了一阵子，我们打算离开，他沿着一条由野蔷薇和黑刺李编织的隧道向前跑着。这条隧道起初在一片阴影中，可他跑着跑着，进了一个地方，那里的阳光如此耀眼，他一下子被点亮，从我的视线中消失了。那一瞬间，他终将死亡的念头突然击中了我，我们周围的每一片树叶都从树上落下，淡化成浅灰色的空气，一切颜色尽失——然后生命和色彩又重新涌入这个世界，就像被抽走时一样快，树上的叶子又重新闪烁着绿色光芒。

我跑着去追他，大声呼喊着，他站在树林边转过身来面朝我。当我跪在地上时，他举起一只手，手指张开。我向他伸出手去，与他掌心抵着掌心，手指对着手指，他的皮肤贴着我的皮肤，奇怪的是，那触感竟像石头。

## 致谢

首先，我要感谢那些成就了这本书的人，他们是我的同伴、向导和老师，帮助我学会在黑暗中视物。他们是：约翰·比蒂（John Beatty）、海恩·毕约克（Hein Bjerck）、肖恩·博罗代尔和简·博罗代尔（Sean and Jane Borodale）、比尔·卡斯拉克（Bill Carslake）、卢西恩·卡门·科莫和玛利亚·卡门·科莫（Lucian and Maria Carmen Comoy）、塞尔吉奥·丹布罗斯（Sergio Dambrosi）、史蒂夫·迪尔沃斯（Steve Dilworth）、布拉德利·加雷特（Bradley Garrett）、梅里耶·哈里森（Meriel Harrison）、丽娜（Lina）和杰伊（Jay）、海伦·莫特（Helen Mort）、罗伯特·马尔瓦尼（Robert Mulvaney）、比约纳尔·尼科莱森（Bjørnar Nicolaisen）、波拉·佩图尔斯多蒂尔（Þóra Pétursdóttir）、尼尔·罗利（Neil Rowley）、梅林·谢尔德雷克（Merlin Sheldrake）、理查德·斯克尔顿（Richard Skelton）、海伦·萨佩西尼和马特·萨佩西尼（Helen and Matt Spenceley）、克里斯托弗·托斯（Christopher Toth）和帕西·托希玛（Pasi Tuohimaa）。

加内特·卡多甘（Garnette Cadogan）、沃尔特·多诺胡（Walter

Donohue)、亨利·希钦斯(Henry Hitchings)、茱莉斯·捷达姆斯(Julith Jedamus)、西蒙·麦克伯尼(Simon McBurney)、加里·马丁(Garry Martin)、罗伯·纽顿(Rob Newton)和杰迪戴亚·珀迪(Jedediah Purdy)阅读了《深时之旅》的全部或部分内容,他们的反馈非常宝贵,深表感谢。几位专业人士影响了本书的某些章节,以充分的学识纠正和厘清了我的叙述。我要特别感谢凯洛琳·克劳福德(Carolin Crawford)、约翰·麦克伦南(John MacLennan)和鲁斯·莫特拉姆(Ruth Mottram)分别在有关星星、岩石和冰方面提供的专业建议。塔尼娅·特尔切克(Tanja Trček)友善而勇敢地为我翻译了落水洞深坑旁的文字。在本书写作的最后几个月中,罗伯·纽顿是我最好的研究助手,为每一个环节提供了冷静的建议和锐利的审视。

在我写作《深时之旅》的六年半时间里,编辑西蒙·普洛塞(Simon Prosser)和经纪人杰西卡·沃拉德(Jessica Woollard)一直是我出色的读者和朋友。我非常幸运能与企鹅出版集团旗下哈米什·汉密尔顿出版社的理查德·布雷弗里(Richard Bravery)、戴夫·克拉德达克(Dave Cradduck)、卡罗琳·普雷蒂(Caroline Pretty)、安娜·里德利(Anna Ridley)、埃莉·史密斯(Ellie Smith)和赫敏·汤普森(Hermione Thompson)合作。在美国诺顿出版社,编辑马特·韦兰德(Matt Weiland)的敏锐、支持和耐心,以及吉姆·鲁特曼(Jim Rutman)的鼓励,让我受益匪浅。

我从学生那里学到了很多,也和他们一起思考了很多,尤其是杰·德根哈特(Jei Degenhardt)、路易斯·克利(Louis Klee)、阿伦·潘祖(Aron Penczu)、克里什托夫·沃萨特卡(Kryštof Vosatka)和刘易斯·韦恩(Lewis Wynn)。感谢我的好友们为我和这本书所做的一切,他们是：朱莉·布鲁克（Julie Brook）、彼得·戴维森（Peter Davidson）、加雷斯·埃文斯（Gareth Evans）、尼克·海耶斯（Nick Hayes）、迈克尔·赫雷伯尼亚克（Michael Hrebeniak）、迈克尔·赫尔利（Michael Hurley）、拉斐尔·莱恩（Raphael Lyne）、芬莱·麦克劳德（Finlay Macleod）、里奥·梅勒（Leo Mellor）、杰基·莫里斯（Jackie Morris）、克莱尔·昆汀（Lair Quentin）、科琳娜·拉塞尔（Corinna Russell）、珍·施拉姆和克里斯·施拉姆（Jan and Chris Schramm）、戴维·特罗特（David Trotter）、詹姆斯·沃德（James Wade）和西蒙·威廉姆斯（Simon Williams）。尤其重要的是，向茱莉亚、莉莉、汤姆和威尔，以及我的父母罗莎蒙德和约翰致以爱和感谢。

此外，感谢以下诸位多年来给予和提供的各种帮助、信息和启发：格伦·阿尔布雷奇特（Glenn Albrecht）、爱丽丝·阿兰和克里斯·阿兰（Alice and Chris Allan）、蒂姆·艾伦（Tim Allen）、安蒂·安普嫩（Antti Apunen）、玛丽娜·巴拉德（Marina Ballard）、阿丽亚娜·班克斯（Ariane Bankes）、马蒂亚斯·贝尔曼（Mattias Bärmann）、金妮·巴特森（Ginny Battson）、莎伦·布莱基（Sharon Blackie）、米格尔·安吉尔·布兰科（Miguel Angel Blanco）、亚当·博贝特（Adam Bobbette）、爱德华－约翰·博顿利（Edward-John Bottomley）、詹姆斯·布拉德利（James Bradley）、迈克尔·布拉沃（Michael Bravo）、茱莉亚·布雷格戴尔（Julia Brigdale）、朱莉·布鲁克、罗伯·布什比（Rob Bushby）、乔纳森·卡鲁和基吉·卡鲁（Jonathan and Keggie Carew）、史蒂夫·卡西米罗（Steve Casimiro）、西尔维娅·赛拉米卡拉（Silvia Ceramicola）、克里斯托弗·齐彭代尔（Christopher Chippendale）、瓦茨拉夫·西莱克（Václav Cílek）、霍雷肖·克莱尔（Horatio Clare）、埃兰·克劳斯

顿（Erlend Clouston）、米凯拉·科莱特（Michela Coletta）、雷·柯林斯（Ray Collins）、阿德里安·库珀（Adrian Cooper）、霍利·科菲尔德－卡尔（Holly Corfield-Carr）、尼古拉·达伦多夫（Nicola Dahrendorf）、约翰·戴尔（John Dale）、威廉·达尔林普尔（William Dalrymple）、简·戴维森（Jane Davidson）、杰里米·戴维斯（Jeremy Davies）、蒂姆·迪（Tim Dee）、托马斯·狄马奇（Thomas Demarchi）、阿里·德比（Aly Derby）、希尔德加德·丁伯格（Hildegard Diemberger）、亨特·杜克斯（Hunter Dukes）、科迪·邓肯（Cody Duncan）、明娜·摩尔·艾德（Minna Moore Ede）、克里斯·埃文斯（Chris Evans）、盖瑞·法比安－米勒（Garry Fabian-Miller）、戴维·法瑞尔（David Farrier）、凯蒂·费多瑞克（Kitty Fedorec）、罗斯·法瑞比（Rose Ferraby）、托比·费里斯（Toby Ferris）、约翰尼·弗林（Johnny Flynn）、埃萨斯·弗拉格（Xesus Fraga）、罗宾·弗兰德（Robin Friend）、丽贝卡·吉格斯（Rebecca Giggs）、安东尼·葛姆雷（Antony Gormley）、西蒙·格兰特（Simon Grant）、苏珊·格瑞妮（Susan Greaney）、皮诺·圭迪（Pino Guidi）、碧翠丝·哈丁（Beatrice Harding）、卡特日娜·哈夫利科娃（Kateřina Havlíková）、M.约翰·哈里森（M. John Harrison）、哈里特·霍金斯（Harriet Hawkins）、卡斯帕·亨德森（Caspar Henderson）、茱莉亚·霍夫曼（Julia Hoffman）、塞米妮·豪尔（Cymene Howe）、罗伯特·海德（Robert Hyde）、鲍勃·杰里科（Bob Jellicoe）、马丁·约翰逊（Martin Johnson）、斯图尔特·凯利（Stuart Kelly）、迈克尔·科尔（Michael Kerr）、帕特里克·金斯利（Patrick Kingsley）、安德鲁·科廷（Andrew Kötting）、保罗·莱提（Paul Laity）、绍博尔奇·莱尔－奥西（Szabolcs Leél-Őssy）、安吉拉·莱顿（Angela Leighton）、埃米

莉·莱斯布里奇（Emily Lethbridge）、休·刘易斯－琼斯（Huw Lewis-Jones）、蒂姆·德·莱尔（Tim de Lisle）、赛尔玛·洛弗尔和比尔·洛弗尔（Thelma and Bill Lovell）、博鲁特·洛泽伊（Borut Lozej）、理查德·梅比（Richard Mabey）、海伦·麦克唐纳（Helen Macdonald）、吉姆·麦克法伦（Jim Macfarlane）、邓肯·麦基（Duncan Mackay）、芬莱·麦克劳德、安德鲁·麦克尼利（Andrew McNeillie）、杰夫·马诺（Geoff Manaugh）、凯文·曼瓦林（Kevan Manwaring）、菲利普·马斯登（Philip Marsden）、贾纳·马丁契奇（Jana Martinčič）、罗德·蒙汉（Rod Mengham）、柴纳·米耶维（China Miéville）、亚历克斯·莫斯（Alex Moss）、海伦·墨菲（Helen Murphy）、维多利亚·尼尔森（Victoria Nelson）、凯特·诺布利（Kate Norbury）、安妮·奥加拉·沃斯利（Annie O'Garra Worsley）、比约纳尔·奥尔森（Bjørnar Olsen）、杰伊·欧文斯（Jay Owens）、弗朗西斯科·帕内塔（Francesco Panetta）、法比奥·帕西尼（Fabio Pasini）、唐纳德·佩克和露西·佩克（Donald and Lucy Peck）、西比尔·佩恩（Sibylle Pein）、博鲁特·佩里克（Borut Peric）、皮鲁克（Pirhuk）、乔纳森·鲍尔（Jonathan Power）、安德鲁·雷（Andrew Ray）、劳拉·里德（Lara Reid）、菲奥娜·雷诺兹（Fiona Reynolds）、丹·理查兹（Dan Richards）、奥特姆·理查森（Autumn Richardson）、达尔蒙·里克特（Darmon Richter）、蒂姆·罗宾逊（Tim Robinson）、戴维·罗斯（David Rose）、朱丽安娜·罗西（Giuliana Rossi）、科琳娜·拉塞尔、斯坦利·施廷特（Stanley Schtinter）、亚当·斯科威尔（Adam Scovell）、杰夫·希普（Geoff Shipp）、罗比·肖恩（Robbie Shone）、菲利普·西德尼（Philip Sidney）、伊恩·辛克莱尔（Iain Sinclair）、英格丽德·斯科尔

德夫（Ingrid Skjoldvær）、保罗·斯洛伐克（Paul Slovak）、乔斯·史密斯（Jos Smith）、丽贝卡·索尼特（Rebecca Solnit）、埃米莉·斯托克斯（Emily Stokes）、约翰·斯塔布斯和卡佳·斯塔布斯（John and Katja Stubbs）、基尔·斯瓦菲尔德（Kier Swaffield）、莎拉·托马斯（Sarah Thomas）、路易斯·托雷利（Louis Torelli）、米凯拉·维塞尔（Michaela Vieser）、玛丽娜·华纳（Marina Warner）、吉姆·沃伦（Jim Warren）、朱丽安·沃伦（Julianne Warren）、贾尔斯·沃森（Giles Watson）、斯蒂芬·瓦茨（Stephen Watts）、萨曼莎·温伯格（Samantha Weinberg）、安迪·威尔（Andy Weir）、德布·威伦斯基（Deb Wilenski）、克里斯托弗·伍德沃德（Christopher Woodward）、杰夫·耶登（Geoff Yeadon）、本杰明·齐达里奇（Benjamin Zidarich），以及推特上的众多网友。

在文字的使用授权上，感谢詹姆斯·梅纳德（James Maynard）以及海伦·亚当（Helen Adam）的遗产受益人允许我在题词中引用《在黑暗中》一诗，其版权归属于美国纽约州立大学布罗法分校大学图书馆的诗歌集。感谢阿列克谢·莫尔查诺娃（Alexey Molchanov）允许我全文摘录其母亲纳塔里亚的《深度》一诗。本书在出版前仅有名为《木维网的秘密》一文在《纽约客》（The New Yorker）网站上发布过，文章编辑是埃米莉·斯托克斯，感谢埃米莉和《纽约客》允许我在书中重复使用这篇文章中的若干句子。

如果没有英国国家学术院以"中期职业奖金"形式提供的支持，《深时之旅》就不可能完成，对此我的感激之情难以言表。我还要谢谢其他几个机构和同事，首先是剑桥大学的伊曼纽尔学院，我有幸在此任教十七年，还有剑桥的英语系和英语系图书馆（除巴别塔外最好的图书馆）。在地上和地下陪伴我的音乐和音乐家中，我不能没有 *AR、美好冬季乐团（Bon Iver）、灵魂公爵乐队（The Duke Spirit）、手肘乐队（Elbow）、约翰尼·弗林（Johnny Flynn）、割草乐队（Grasscut）、威利·曼森（Willy Mason）、小妖精乐队（The Pixies）、卡琳娜·波沃特（Karine Polwart）、舒伯特（Schubert）、科斯莫·谢尔德雷克（Cosmo Sheldrake）和乐·蒂格雷乐队（Le Tigre）。

《深时之旅》的封面图是我的老朋友兼合作伙伴斯坦利·唐伍德（Stanley Donwood）的作品。我第一次看到他这幅美妙的画作《幽冥》（Nether）是在二〇一三年，也就是我开始创作《深时之旅》的第二年。那诡异的阳光、树木弯曲的艳丽手指，以及俯视光辉灿烂又危险的地下世界的感受，第一眼看到它，我就惊呆了，立刻就想把它用作我的书封。这幅画画幅一点五平方米，大到足以让人一头钻入或坠下。简单地说，"nether"其实就是"下降、向下"。《牛津英语词典》中的解释更为全面："某种在地下或被想象成在地下的东西；属于、来自地狱或阴间的"。每当我对《深时之旅》的工作感到疲惫或不安时，我就会想到这幅画。它照亮了我的路。

虽然《幽冥》看起来像是巨大的太阳在一条下沉的小巷尽头升起，但事实并非如此。一天，我和斯坦利一起去奥福德岬，我记得当时就这幅画问过他。奥福德岬是萨福克海岸外的一片碎石滩，二战后的几十年间，这里曾进行过核武器试验。斯坦利当时说："《幽冥》中的不是太阳。那是你最后看到的东西。那是从凹陷处往下看到的，刚引爆的核弹发出的光。当你看着《幽冥》，在骨头上的肉身被融化之前，你的生命大约还剩下一毫秒。哦。光亮与致命，毁灭与美丽，核能与自然，画面召唤着观众的视线继续前进，向下进入地下世界，进入它的反应堆堆芯。因此，没什么能比这幅画更能真切展现《深时之旅》的氛围了。

# 注释

注释中出现的相关书目缩写如下：

*ALDP* : *Arts of Living on a Damaged Planet*, ed. Anna Tsing, Heather Swanson, Elaine Gan and Nils Bubandt (Minneapolis: University of Minnesota Press, 2017)

*ANP* : Richard Bradley, *An Archaeology of Natural Places* (London: Routledge, 2006)

*TAP* : Walter Benjamin, *The Arcades Project*, trans. Howard Eiland and Kevin McLaughlin (London: Harvard University Press, 1999)

*TK* : *The Kalevala*, trans. Keith Bosley (Oxford: Oxford University Press, 2008)

**题词**

1. Helen Adam, 'Down There in the Dark', *A Helen Adam Reader*, ed. Kristin Prevallet (Orono, ME: National Poetry Foundation, 2007), p. 34.
2. *Advances in Geophysics*, ed. Lars Nielsen, vol. 57 (Cambridge, MA: Academic Press, 2016), p. 99.

**向下**

1. Elaine Scarry, *The Body in Pain: The Making and Unmaking of the World* (Oxford: Oxford University Press, 1985), p. 3.

2. Cormac McCarthy, *Blood Meridian* (1985;New York:Vintage, 1992), p. 117.

3. Alan Garner, *The Weirdstone of Brisingamen* (1960; London: HarperCollins, 2014), pp. 177–8.

4. Stephen Graham, *Vertical: The City from Satellites to Bunkers* (London: Verso, 2016), pp. 4–7.

5. Georges Perec, *Species of Spaces and Other Pieces* trans. *John Sturrock* (1974; Harmondsworth: Penguin, 1997), p. 51.

6. 关于北极永冻层融化而露出的更多其他形态的物体，见 Sophia Roosth 的文章：'Virus, Coal, and Seed: SubcutaneousLife in the Polar North', *Los Angeles Review of Books*, 21 December 2016 <https://lareviewofbooks.org/article/virus-coal-seed-subcutaneous-life-polar-north/>.

7. Melissa Hogenboom, 'In Siberia There is a Huge Crater and It is Getting Bigger', BBC, 24 February 2017.

8. R. Brázdil, P. Dobrovolny et al., 'Droughts in the Czech Lands, 1090–2012 AD', *Climate of the Past 9* (August 2013), pp. 1985–2002.

9. Graham Harman, *Immaterialism* (Cambridge: Polity Press, 2016), p. 7.

10. Þóra Pétursdóttir, 'Drift', *Multispecies Archaeology*, ed. Suzanne E. Pilaar Birch (London: Routledge, 2018), pp. 85–102, p. 98; 以及 Þóra Pétursdóttir, 'Climate Change? Archaeology and Anthropocene', *Archaeological Dialogues* 24:2 (2017), pp. 182–93.

11. 'Gilgamesh, Endiku and the Nether World', Version A, J. A. Black, G. Cunningham, E. Fluckiger- Hawker,E. Robson and G. Zólyomi, *The Electronic Text Corpus of Sumerian Literature* (Oxford: 1998–) <http://etcsl.orinst.ox.ac.uk/section1/tr1814.htm>.

12. Alistair Pike, 引自 Emma Marris, 'Neanderthal Artists Made Oldest-Known Cave Paintings', *Nature*, 22 February 2018.

13. William Carlos Williams, 'The Descent', *The Collected Poems of William Carlos Williams, Volume II 1939–1962*, ed. Christopher MacGowan (New York: New Directions, 1988), p. 245.

14. Richard Bradley, 借鉴了 Tim Ingold, ANP, p. 12; Tim Ingold, *The Appropriation of Nature* (Manchester: Manchester University Press, 1986), p. 246.

**埋藏**

1. *Bristol Mercury & Universal Advertiser*, 16 January 1797. 该资料被下文全文转引：A. Boycott and L. J. Wilson, 'Contemporary Accounts of the Discovery of Aveline's Hole, Burrington Combe, North Somerset', *Proceedings of the University of Bristol Spelaeological Society* 25:1 (2010), pp. 11–25. 此处我也借鉴了 R. J. Schulting, ' "... Pursuing a Rabbit in Burrington Combe"：New Research on the Early Mesolithic Burial Cave of Aveline's Hole', *Proceedings of the University of Bristol Spelaeological Society* 23:3 (2005), pp. 171–265.

2. Arthur Conan Doyle, 'The Terror of Blue John Gap', Arthur Conan Doyle, *Tales of Terror and Mystery* (1902;Cornwall: House of Stratus, 2009), p. 58.

3. Tim Robinson, *My Time in Space* (Dublin: Lilliput, 2001), p. 114.

4. Robert Pogue Harrison, *The Dominion of the Dead* (Chicago: University of Chicago Press, 2003), p. xi. 也可参考 Rebecca Altman 的文章：'On What We Bury', *ISLE* 21:1 (Winter 2014), pp. 85–95.

5. John Hawks et al., 'New Fossil Remains of Homo Naledi from the Lesedi Chamber, South Africa', *eLife* 6 (2017).

6. Thomas Browne, *Religio Medici and Urne-Buriall*, ed. Stephen Greenblatt and Ramie Targoff (1658; New York: NYRB Classics, 2012), pp. 103, 112, 114–15.

7. Leore Grossman et al., 'A 12,000-Year-Old Shaman Burial from the Southern Levant (Israel)', *PNAS* 105:46 (2008), pp. 17665–9.

8. 这一描述借鉴了若干资料，主要有：James Lovelock, *Life and Death Underground* (London: G. Bell and Sons, 1963), pp. 11–27; Dave Webb and Judy Whiteside, 'Fight for Life: The Neil Moss Story' <www.mountain.rescue.org.uk/assets/files/The Oracle/history and people/NeilMossStory.pdf>[①]; 以及 *Fight for Life: The Neil Moss Story*, dir. Dave Webb (2006).

9. Harrison, *The Dominion of the Dead*, p. 31.

---

① 注释及参考文献中的链接，截至中文版出版时已失效的，均以灰底标出。

**暗物质**

1. 关于伯毕的地层序列，见：'Lithological Log of Cleveland Potash Ltd', Borehole Staithes No. 20, drilled September–December1968 to a depth of c.3500 feet (BGS ID borehole 620319, BGS Reference NZ71NE14).
2. Kent Meyers, 'Chasing Dark Matter in America's Deepest Gold Mine', *Harper's Magazine* (May 2015), pp. 27–37: p. 28.
3. Rebecca Elson, 'Explaining Dark Matter', *A Responsibility to Awe* (Manchester: Carcanet, 2001), p. 71.
4. Paul Crutzen, 引自 Howard Falcon-Lang, 'Anthropocene: Have Humans Created a New Geological Age?', BBC, 11 May 2011 <http://www.bbc.co.uk/news/mobile/science-environment-13335683>.
5. Paul Crutzen and Eugene Stoermer, 'The Anthropocene', *International Geosphere-Biosphere Newsletter* 41 (May 2000) <https://www.mpic.de/mitarbeiter/auszeichnungen-crutzen/the-anthropocene.html>.
6. Anthropocene Working Group of the Subcommission on Quaternary Stratigraphy, 'When Did the Anthropocene Begin? A Mid-Twentieth-Century Limit is Stratigraphically Optimal', *Quaternary International* 383 (2015), pp. 204–7.
7. Jonas Salk, 'Are We Being Good Ancestors?', *World Affairs* 1:2 (1992), pp. 16–18.
8. W. J. T. Mitchell, *What Do Pictures Want?The Lives and Loves of Images* (Chicago: University of Chicago Press, 2005), p. 325.
9. Ilana Halperin, 'Autobiographical Trace Fossils', *Making the Geologic Now: Responses to Material Conditions of Contemporary Life*, ed. Elizabeth Ellsworth and Jamie Kruse (New York: Punctum, 2013), pp. 154–8.
10. Bede, *The Reckoning of Time*, trans. Faith Wallis (725; Liverpool: Liverpool University Press, 1999), p. 97.
11. Peter Davidson, 'Spar Boxes: Northern England', *Distance and Memory* (Manchester: Carcanet, 2013), pp. 42–58.

**下层林木**

1. Suzanne Simard, 'Notes from a Forest Scientist', afterword to Peter Wohlleben,

*The Hidden Life of Trees*, trans. Jane Billinghurst (Vancouver/Berkeley: Greystone Press, 2016), p. 247.

2. Simard, in Wohlleben, *Hidden Life of Trees*, p. 249.

3. Suzanne Simard, 'Exploring How and Why Trees "Talk" to Each Other', *Yale Environment 360*, 1 September 2016 <https://e360.yale.edu/features/exploring_how_and_why_trees_talk_to_each_other>.

4. Suzanne Simard et al., 'Net Transfer of Carbon between Ectomycorrhizal Tree Species in the Field', *Nature* 388:6642 (1997), pp. 579–82.

5. Simard, in Wohlleben, *Hidden Life of Trees*, p. 249.

6. E. I. Newman, 'Mycorrhizal Links between Plants: Their Functioning and Ecological Significance', *Advances in Ecological Research* 18 (1988), pp. 243–70: p. 244.

7. Anna Tsing and Rosetta S. Elkin, 'The Politics of the Rhizosphere', *Harvard Design Magazine* 45 (Spring/Summer 2018) <http://www.harvarddesignmagazine.org/issues/45/the-politics-of-the-rhizosphere>.

8. Anna Tsing, 'Arts of Inclusion, or How to Love a Mushroom', *Manoa* 22:2 (2010), pp. 191–203: p. 191.

9. Louis de Bernières, *Captain Corelli' Mandolin* (Reading: Secker and Warburg, 1996), p. 281.

10. Ginny Battson也写了一篇关于菌丝和爱的美妙小短文，已发布在网络上，见：'Mycelium of the Forest Floor. And Love', 12 October 2015 <https://seasonalight.wordpress.com/2015/10/12/mycelium-of-the-forest-floor-and-love/>.

11. Richard Powers, *The Overstory* (New York: W. W. Norton, 2018), p. 4.

12. N. N. Zhdanova et al., 'Ionizing Radiation Attracts Soil Fungi', *Mycological Research* 108:9 (2004), pp. 1089–96; 以及 E. Dadachova and A. Casadevall, 'Ionizing Radiation: How Fungi Cope, Adapt, and Exploit with the Help of Melanin', *Current Opinion in Microbiology* 11:6 (2008), pp. 525–31.

13. 更多关于真菌的文化和政治历史，以及它们如何与人类历史相纠缠的研究，见：Anna Tsing, *The Mushroom at the End of the World: On the Possibility of Life in Capitalist Ruins* (Princeton: Princeton University Press, 2017). 在

这一讨论中我还借鉴了: Karen Barad, 'No Small Matter: Mushroom Clouds, Ecologies of Nothingness, and Strange Topologies of Spacetimemattering', in *ALDP*, pp. G103–G120.

14. Robin Wall Kimmerer, *Gathering Moss: A Natural and Cultural History of Mosses* (Corvallis: Oregon State University Press, 2003), p. 11.

15. Kimmerer, *Gathering Moss*, p. 10.

16. Lynn Margulis, 'Symbiogenesis and Symbionticism', *Symbiosis as a Source of Evolutionary Innovation: Speciation and Morphogenesis*, ed. Lynn Margulis (Boston: MIT Press, 1991), pp. 1–14: p. 3.

17. Glenn Albrecht, 'Exiting the Anthropocene and Entering the Symbiocene', *PYSCHOTERRATICA*, 17 December 2015<https://glennaalbrecht.com/2015/12/17/exiting-the-anthropocene-and-entering-the-symbiocene/>.

18. Thomas Hardy, *Under the Greenwood Tree* (1872; London: Penguin, 2012), p. 3.

19. Richard Nelson, *Make Prayers to the Raven: A Koyukon View of the Northern Forest* (Chicago: University of Chicago Press, 1986), p. 14.

20. Ursula K. Le Guin, *The Word for World is Forest* (1972; London: Orion Books, 2015).

21. Robin Wall Kimmerer, *Braiding Sweetgrass: Indigenous Wisdom, Scientific Knowledge, and the Teachings of Plants* (Minneapolis: Milkweed, 2013), p. 49.

22. Kimmerer, *Braiding Sweetgrass*, pp. 48–9.

23. Kimmerer, *Braiding Sweetgrass*, p. 55.

24. Robin Wall Kimmerer, 'Speaking of Nature', *Orion Magazine*, 14 June 2017, *passim*.

25. J. H. Prynne, 'On the Poetry of Peter Larkin', *No Prizes* 2 (2013), pp. 43–5: p. 43.

26. Cybernetic Culture Research Unit, 'Barker Speaks', *CCRU: Writings 1997–2003* (Falmouth: Time Spiral Press, 2015), p. 155.

27. Emily Apter, 'Planetary Dysphoria', *Third Text* 27:1 (2017), pp. 131–40.

28. aliciaescott, 'Field Study #007, The Extinction Event', *Bureau of Linguistical*

*Reality*, 1 September 2015 <https://bureauoflinguisticalreality.com/2015/09/01/field-study-007-the-extinction-event/>.

29. Kimmerer, *Braiding Sweetgrass*, p. 208.

30. Albrecht, 'Exiting the Anthropocene and Entering the Symbiocene'.

## 第二间石室

1. British Pathé, 'Caveman 105 Days Below', *YouTube*, 13 April 2014 <https://www.youtube.com/watch?v=YSdBBv5LY84>.

2. Ludwig Wittgenstein, 引自 Tim Robinson, *Connemara: The Last Pool of Darkness* (London and Dublin: Penguin, 2009), p. 1. 在同一本书中，Robinson 讲述了艺术家 Dorothy Cross 热衷潜入海底喂食海鳗的故事。

## 看不见的城市

1. 'Translators' Foreword', in *TAP*, p. xiv.

2. *TAP*, p. 152.

3. *TAP*, pp. 85–98.

4. *TAP*, p. 84.

5. *TAP*, p. 403, p. 84.

6. *TAP*, p. 88.

7. *TAP*, p. 98.

8. *TAP*, p. 214.

9. *TAP*, p. 88.

10. *TAP,* pp. 84–5.

11. Victor Hugo, *The Essential Victor Hugo*, trans. E. H. and A. M. Blackmore (1862; Oxford: Oxford University Press, 2004), p. 395.

12. 关于巴黎墓地安葬的那些年月的生动讨论，见: Graham Robb, *Parisians: An Adventure History of Paris* (London: Picador, 2010); 以及 Andrew Hussey, *Paris: The Secret History* (London: Penguin, 2007).

13. Hakim Bey, *T.A.Z.: The Temporary Autonomous Zone, Ontological Anarchy, Poetic Terrorism* (Brooklyn: Autonomedia, 2003).

14. 在近来的地下客文化中，就多重加密这一话题的迷人且细节丰富的讲述，见: Sean Michaels, 'Unlocking the Mystery of Paris' Most Secret Underground Society', Gizmodo, 21 April 2011 <https://gizmodo.com/5794199/unlocking-the-mystery-of-paris-most-secret-underground-society-combined>.

15. Samuel Taylor Coleridge, *The Notebooks of Samuel Taylor Coleridge*, ed. Kathleen Coburn, vol. 1 (London: Routledge and Kegan Paul, 1957), entry 949.
16. 来源于2018年5月我和Wayne Chambliss的私人交流。
17. Pierre Bélanger, 'Altitudes of Urbanisation', *Tunnelling and Underground Space Technology* 55 (January 2016), pp. 5–7: p. 5.
18. Graham, *Vertical*, p. 5.
19. *TAP*, p. 89.
20. Lewis Mumford, *The City in History: Its Origins, Its Transformations, and Its Prospects* (New York: Harcourt & Brace, 1961), p. 7.
21. Don DeLillo, *White Noise* (London: Penguin, 1986), p. 128.
22. Al Alvarez, *Feeding the Rat: A Climber's Life on the Edge* (London: Bloomsbury, 2013).
23. Bradley Garrett, *Explore Everything: Place-Hacking the City* (London: Verso, 2014), p. 6.
24. 更多关于当代基础设施"黑匣子"的连接狂热，见: Shannon Mattern, 'Cloud and Field', *Places Journal* (August 2016) <https://placesjournal.org/article/cloud-and-field>.
25. Edward Thomas, 'Chalk Pits', *Selected Poems and Prose* (1981; London: Penguin, 2012), pp. 77–8.
26. 此处我借鉴了Jan Zalasiewicz关于城市和岩石的研究，其中有Andrew Luck-Baker对他的采访，题为: 'Leaving our Mark: What Will Be Left of Our Cities', 1 November 2012 <https://www.bbc.co.uk/news/science-environment-20154030>.

**无星之河**

1. 文中有关地质学和神话学的详细研究，见: Julie Baleriaux, 'Diving Underground: Giving Meaning to Subterranean Rivers', *Valuing Landscape in Classical Antiquity*, ed. Jeremy McInerney and Ineke Sluiter (Leiden: Brill, 2016), pp.

103–21; 以及 Salomon Kroonenberg, *Why Hell Stinks of Sulfur: Mythology and Geology of the Underworld* (London: Reaktion, 2013).

2. Virgil, *The Aeneid*, trans. Peter Davidson (personal communication).

3. Johann von Valvasor, 'An Extract of a Letter Written to the Royal Society out of Carniola, by Mr John Weichard Valvasor, R. Soc. S. Being a Full and Accurate Description of the Wonderful Lake of Zirknitz in that Country', *Philosophical Transactions, Giving Some Accompt of the Present Undertakings, Studies, and Labours, of the Ingenious in Many Considerable Parts of the World*, ed. Henry Oldenburg and Francis Roper, vol. 16 (London: Printed for T.N. by John Martyn, 1687). 本章中我还借鉴了: Trevor Shaw, *Foreign Travellers in the Slovene Karst: 1486–1900* (Ljubljana, Založba ZRC, 2008); 以及 Trevor Shaw and Alenka Čuk, *Slovene Caves & Karst Pictured 1545–1914* (Ljubljana: Založba ZRC, 2012).

4. Rainer Maria Rilke, letter to Lou Andreas-Salomé, 11 February 1922, *Rainer Maria Rilke, Lou Andreas-Salome: Briefwechsel* (Zurich: M. Niehans, 1952), p. 464.（由作者自译）

5. Rainer Maria Rilke, 'Sonnet 17', *Sonnets to Orpheus*, trans. Martyn Crucefix (London: Enitharmon Press, 2012), p. 47.

6. Posidonius, *Posidonius*, ed. Ludwig Edelstein and I. G. Kidd, trans. I. G. Kidd (Cambridge: Cambridge University Press, 1988), p. 46.

7. 此处我借鉴了 Pietro Spirito 用意大利语撰写的关于雷卡/蒂玛沃河历史的优质系列报道，共四篇，以 'Alla scoperta del Timavo' 为总标题刊载于 2014 年 8 月的 *Il Piccolo*。

8. Marco Restiano, 引自 Pietro Spirito, 'Nei cantieri sottoterra dà anni si dà la caccia al fiume che non c'è', *Il Piccolo*, 23 August 2014.（由作者自译）

9. Hazel Barton, 'This Woman is Exploring Deep Caves to Find Ancient Antibiotic Resistance', interview with Shayla Love, *Vice*, 20 April 2018 <https://www.vice.com/en_id/article/j5an54/hazel-barton-is-exploring-deep-caves-to-find-ancient-antibiotic-resistance-v25n1>.

10. Théophile Gautier, trans. Claire Elaine Engel, originally in *Les Vacances du*

*Lundi* (1869; Paris: G. Charpentier et E. Fasquelle, 1907), p. 13.

11. Lovelock, *Life and Death Underground*, p. 66.
12. Jacques Attout, *Men of Pierre Saint-Martin* (London: Werner Laurie, 1956), p. 96.
13. Attout, *Men of Pierre Saint-Martin*, p. 102.
14. Attout, *Men of Pierre Saint-Martin*, pp. 38–9.
15. George Mallory, 引自 'Climbing Mount Everest is Work for Supermen', *New York Times*, 18 March 1923.
16. Martyn Farr, *The Darkness Beckons* (1980; Sheffield: Vertebrate Press, 2017); 以及 'Dead Man's Handshake: The Linking of Kingsdale Master Cave and Keld Head, 1975–9', Chris Bonington, *Quest for Adventure* (London: Hodder and Stoughton, 1990).
17. Don Shirley, 引自 Sebastian Berger, 'Ghosts of the Abyss: The Story of Don Shirley and DaveShaw', *Telegraph*, 6 March 2008.
18. Natalia Molchanova, 'The Depth', trans. Victor Hilkevich <http://molchanova.ru/en/verse/depth>.
19. 关于洞穴潜水，我借鉴了：Farr, *The Darkness Beckons*；以及 Antti Apunen, *Divers of the Dark: Exploring Budapest' Underground Caves*, trans. Marju Galitsos (Helsinki: Tammi, 2015).
20. Lionel Terray, *Conquistadors of the Useless: From the Alps to Annapurna*, trans. Geoffrey Sutton (1963; Sheffield: Bâton Wicks, 2000).

**空洞的土地**

1. 我主要借鉴了 Pamela Ballinger 的杰出作品：*History in Exile: Memory and Identity at the Borders of the Balkans* (Princeton: Princeton University Press, 2002); John Earle, *The Price of Patriotism* (London: Book Guild, 2005); Pavel Stranj, *The Submerged Community*, trans. Mark Brady (Trieste: Editoriale Stampa, 1992); Jan Morris 的佳作：*Trieste and the Meaning of Nowhere* (London: Faber and Faber, 2001); Maja Haderlap, *Angel of Oblivion*, trans. Tess Lewis (New York: Archipelago, 2016); 以及 Lucian Comoy、John Stubbs 和 Stephen Watts 等人慷慨无私的分享。

2. Ballinger, *History in Exile*, p. 252.

3. Ballinger, *History in Exile*, p. 15.

4. Pierre Nora and Charles-Robert Ageron, *Les Lieux de Mémoire*, 3 vols. (Paris: Editions Gallimard, 1993).

5. Anne Michaels, *Fugitive Pieces* (London: Bloomsbury, 1997), p. 17.

6. Anselm Kiefer, interview with Jim Cuno, 'Interviewing Anselm Kiefer', 13 December 2017 <http://blogs.getty.edu/iris/audio-interviewing-anselm-kiefer/>.

7. 我在此借鉴了本人与 Kryštof Vosatka 就基弗、地方罪恶感以及赦免的对话。本章关于"明暗交替之地"的讨论既是对"Project Cleansweep"的回应,也是对我与 Rob Newton 的对话的展开。"Project Cleansweep"是摄影师 Dara McGrath 对英国已废弃的暴力场所的记录项目。

8. W. G. Sebald, *The Rings of Saturn*, trans. Michael Hulse (1995; London: Vintage, 2002), p. 3.

9. E. Valentine Daniel, 'Crushed Glass, or, Is There a Counterpoint to Culture?', *Culture/Contexture: Explorations in Anthropology and Literary Studies*, ed. E. Valentine Daniel and Jeffrey M. Peck (Berkeley: University of California Press, 1996), p. 370.

10. Nan Shepherd, *The Living Mountain* (1977; Edinburgh: Canongate, 2011), p. 16.

11. Mark Thompson, *The White War: Life and Death on the Italian Front* (New York: Basic Books, 2009); 以及 John Schindler, *Isonzo* (London: Praeger, 2001).

12. Eyal Weizman, *Hollow Land: Israel's Architecture of Occupation* (London: Verso, 2007), pp. 6–7.

13. Weizman, *Hollow Land*, p. 15.

14. Weizman, *Hollow Land*, p. 9.

15. W. H. Murray, *Mountaineering in Scotland and Undiscovered Scotland* (London: Diadem Books, 1979), p. 4.

**第三间石室**

1. R. Janko, 'Forgetfulness in the Golden Tablets of Memory', *Classical Quarterly* 34:1 (1984), pp. 89–100: p. 96. 更多关于逝去之人的资料，见：Fritz Graf 和 Sarah Iles Johnston 的 *Ritual Texts for the Afterlife: Orpheus and the Bacchic Gold Tablets* (London: Routledge, 2007).
2. J. M. Peebles, *The Practical of Spiritualism. Biographical Sketch of Abraham James. Historic Description of his Oil-Well Discoveries in Pleasantville, P.A., through Spirit Direction* (Chicago: Horton and Leonard Printers, 1868), p. 77.
3. 更多关于"泥火山"的地质情况和解释，见：Nils Bubandt, 'Haunted Geologies: Spirits, Stones, and the Necropolitics of the Anthropocene', *ALDP*, pp. G121–G142.
4. Kate Brown, 'Marie Curie's Fingerprint: Nuclear Spelunking in the Chernobyl Zone', *ALDP*, pp. G33–G50: p. G34. 感谢 Kate Brown 允许我借鉴她这一非凡的研究。

**红色舞者**

1. Hein Bjerck, 'On the Outer Fringe of the Human World: Phenomenological Perspectives on Anthropomorphic Cave Paintings in Norway', *Caves in Context: The Cultural Significance of Caves and Rockshelters in Europe*, ed. Knut Andreas Bergsvik and Robin Skeates (Oxford: Oxbow Books, 2012), p. 60. 也可参考：Anders Hesjedal, 'The Hunters' Rock Art in Northern Norway: Problems of Chronology and Interpretation', *Norwegian Archaeological Review* 27:1 (1994), pp. 1–28.
2. Bjerck, 'On the Outer Fringe', p. 55.
3. *ANP*, pp. 13 and 29.
4. *ANP*, p. 145.
5. Terje Norsted, 'The Cave Paintings of Norway', *Adoranten* (2013), pp. 5–24.
6. 该说法来源于 the Iona Community 创始人 George MacLeod。
7. 来源于 2017 年 4 月我和 Þóra Pétursdóttir 在奥斯陆的交谈。
8. Bjerck, 'On the Outer Fringe', p. 49.
9. Bjerck, 'On the Outer Fringe', p. 58.

10. John Berger, 'Past Present', *Guardian*, 12 October 2002.
11. Jean-Marie Chauvet, 引自 John Berger and Simon McBurney, *The Vertical Line: Can You Hear Me, in the Darkness?*, Artangel Arts (Strand Tube Station, 1999). <https://www.artangel.org.uk/the-vertical-line/can-you-hear-me-in-darkness/>.
12. Simon McBurney, 'Herzog's Cave of Forgotten Dreams: The Real Art Underground', *Guardian*, 17 March 2011.
13. Jean-Marie Chauvet, 引自 Jean Clottes, *World Rock Art* (Michigan: Getty Conservation Institute, 2002), p. 44; 该内容还出现在: Cave of Forgotten Dreams (2010), dir. Werner Herzog.
14. Kathryn Yusoff, 'Geologic Subjects: Nonhuman Origins, Geomorphic Aesthetics, and the Art of Becoming Inhuman', *cultural geographies* 22:3 (2015), pp. 383–407: p. 391.
15. Georges Bataille, *The Cradle of Humanity: Prehistoric Art and Culture*, ed. and trans. Stuart Kendall and Michelle Kendall (New York: Zone Books, 2005), p. 85. 被 Yusoff 引于 'Geologic Subjects', p. 392.

边缘

1. Richard Milne, 'Oil and the Battle for Norway's Soul', *Financial Times*, 27 July 2017; 以及 *Atlantic* (2016), dir. Risteard O'Domhnaill and featuring Bjørnar Nicolaisen.
2. the Constitution of Norway, as laid down on 17 May 1814 by the Constituent Assembly at Eidsvoll and subsequently amended, most recently in May 2018 <https://www.stortinget.no/globalassets/pdf/english/constitutionenglish.pdf>.
3. Edgar Allan Poe, 'A Descent into the Maelstrom', *The Fall of the House of Usher and Other Writings*, ed. David Galloway (1841; London: Penguin, 2003), p. 177.
4. Poe, 'A Descent into the Maelstrom', pp. 178–82.
5. Poe, 'A Descent into the Maelstrom', pp. 188–9.
6. Duane A. Griffin, 'Hollow and Habitable within: Symmes' Theory of Earth's

Internal Structure and Polar Geography', *Physical Geography* 25:5 (2004), pp. 382–97.

7. Jamie L. Jones, 'Oil: Viscous Time in the Anthropocene', *Los Angeles Review of Books*, 22 March 2016 <https://lareviewofbooks.org/article/oil-viscous-time-in-the-anthropocene>.

8. Mayliss Hauknes, Statoil spokesperson, 引自 'Statoil Seeking New Acreage', Rigzone, 1 October 2016 <https://www.rigzone.com/news/oil_gas/a/16859/statoil_seeking_new_acreage/>.

9. 'Ceduna Sub-Basin', Karoon Gas Australia Ltd <http://www.karoongas.com.au/projects/#ceduna-sub-basin>.

10. Bjørn Gjevig, 引自 Malcolm W. Browne, 'Deadly Maelstrom's Secrets Unveiled', *New York Times*, 2 September 1997.

11. Reza Negarastani, *Cyclonopaedia: Complicity with Anonymous Materials* (Melbourne: re.press, 2008).

12. Glenn Albrecht, 'Solastalgia, a New Concept in Human Health and Identity', *Philosophy Activism Nature* 3 (2005), pp. 41–4: p. 43.

13. Glenn Albrecht et al., 'Solastalgia: The Distress Caused by Environmental Change', *Australian Psychiatry* 15:1 (2007), pp. 95–7: p. 95.

14. Graeme Macdonald, ' "Monstrous Transformer": Petrofiction and World Literature', *Journal of Postcolonial Writing* 53 (2017), pp. 289–302.

15. D. K. A. Barnes, 'Remote Islands Reveal Rapid Rise of Southern Hemisphere Sea Debris', *Scientific World Journal* 5 (2005), pp. 915–21.

16. Frank Trentmann, *Empire of Things: How We Became a World of Consumers, from the Fifteenth Century to the Twenty-First* (New York: HarperCollins, 2016).

17. Þóra Pétursdóttir and Bjørnar Olsen, 'Unruly Heritage: An Archaeology of the Anthropocene' (Tromsø: UiT The Arctic University of Norway, 2017), p. 2 <https://www.sv.uio.no/sai/forskning/grupper/Temporalitet%20-20materialitet/lesegruppe/olsen-unruly-heritage.pdf>.

18. Don DeLillo, *Underworld* (New York: Scribner, 1997), p. 791.

19. Timothy Morton, *Hyperobjects: Philosophy and Ecology after the End of the*

World (Minneapolis: University of Minnesota Press, 2013).
20. Morton, *Hyperobjects*, p. 27.
21. Patricia L. Corcoran et al., 'An Anthropogenic Marker Horizon in the Future Rock Record', *GSA Today* 24.6 (June 2014), pp. 4–8.
22. John Wyndham, *The Chrysalids* (1955; London: Penguin, 2018), p. 158.

## 时间之蓝

1. Noah Sneider, 'Cursed Fields', *Harper's Magazine* (April 2018), pp. 40–51.
2. Rob Nixon, 引自 Arundhati Roy, 'The Swiftness of Glaciers: Language in a Time of Climate Change', *Aeon Magazine*, 19 March 2018 <https://aeon.co/ideas/the-swiftness-of-glaciers-language-in-a-time-of-climate-change>.
3. L. K. Clark et al., 'Sanitary Waste Disposal for Navy Camps in Polar Regions', *Journal of the Water Pollution Control Federation* 34:12 (1962), p. 1229.
4. 更多关于气候变化及"不合时宜"的资料，见：Cymene Howe, '"Timely": Theorizing the Contemporary', 21 January 2016 <https://culanth.org/fieldsights/800-timely>.
5. 见 Cymene Howe 开展中的项目 *Melt: The Social Life of Ice at the Top of the World*，其审查了北极及其他地区，低温与人体的相互关系，以及气候诱发地质水文变化的影响。
6. Andrew Solomon, *Far and Away: How Travel Can Change the World* (London: Scribner, 2016), p. 259.
7. S. Gearheard, 'When the Weather is Uggianaqtuq: Inuit Observations of Environmental Changes, Version 1' (Boulder, Colorado: NSIDC– National Snow and Ice Data Center, 2004) <http://nsidc.org/data/NSIDC-0650>.
8. Richard B. Alley, *The Two-Mile Time Machine* (Princeton: Princeton University Press, 2000), p. 50.
9. Alley, *The Two-Mile Time Machine*, pp. 41–58.
10. Plato, *Timaeus and Critias*, trans. Robin Waterfield (Oxford: Oxford University Press, 2008), p. 65.
11. Barry Lopez, *Arctic Dreams: Imagination and Desire in a Northern Landscape* (1986; New York: Bantam, 1987), p. 152.

12. 我在格陵兰岛东部的同一周，Elizabeth Kolbert 在西格陵兰岛也经历了相同的晕眩反应，具体内容可见她发表于《纽约客》的文章：'Greenland is Melting', *New Yorker*, 24 October 2016 <https://www.newyorker.com/magazine/2016/10/24/greenland-is-melting>.
13. Seamus Heaney, 'Mycenae Lookout', *The Spirit Level* (London: Faber and Faber, 1996), p. 29.
14. Sianne Ngai, *Ugly Feelings* (Cambridge, MA: Harvard University Press, 2005), p. 252.
15. Ngai, *Ugly Feelings*, p. 250.
16. Ngai, *Ugly Feelings*, p. 249.

### 融水

1. Mary Douglas, *Purity and Danger: An Analysis of Concepts of Purity and Taboo* (1966; London: Routledge, 2002), p. 44.
2. Julie Cruikshank, *Do Glaciers Listen? Local Knowledge, Colonial Encounters, and Social Imagination* (Vancouver: University of British Columbia Press, 2005), p. 3.
3. Kimmerer, 'Speaking of Nature'.
4. Albert Camus, 'Absurd Walls', *The Myth of Sisyphus*, trans. Justin O'Brien (London: Hamish Hamilton, 1973), p. 19.
5. Gerard Manley Hopkins, 'Sept. 24 1870', *The Journals and Papers of Gerard Manley Hopkins*, ed. Humphry House and Graham Storey (Oxford: Oxford University Press, 1959), p. 200.

### 隐藏之地

1. 在本章及本书其他相关部分中，关于放射学和地质学的时间概念，我借鉴的资料如下：John McPhee, *Annals of the Former World* (New York: FSG, 1998); Stephen Jay Gould, *Time' Arrow, Time' Cycle* (Cambridge, MA: Harvard University Press, 1987); Andy Weir, 'Deep Decay: Into Diachronic Polychromatic Material Fictions', PARSE 4 (2017) <http://parsejournal.com/article/deep-decay-into-diachronic-polychromatic-

material-fictions/>; Vincent Ialenti, 'Adjudicating Deep Time: Revisiting the United States' High-Level Nuclear Waste Repository Project at Yucca Mountain', *Science & Technology Studies* 27:2 (2014), pp. 27–48, 以及 'Death and Succession among Finland's Nuclear Waste Experts', *Physics Today* 70:10 (2017), pp. 48–53.

2. John D'Agata, *About a Mountain* (New York: W. W. Norton, 2011), p. 35.
3. Matti Kuusi, 引自 Keith Bosley, 'Introduction', *TK*, p. xxi. Bosley 的引言和翻译都很优秀，在本段中我特意借鉴了其关于《卡勒瓦拉》的背景介绍内容。
4. *TK*, p. 202.
5. *TK*, p. 206.
6. *TK*, p. 205.
7. *TK*, p. 208.
8. *TK*, p. 213.
9. *TK*, p. 548.
10. Michael Serres, *Statues: The Second Book of Foundations*, trans. Randolph Burks (London: Bloomsbury, 2015), p. 17.
11. Harrison, *The Dominion of the Dead*, p. 20.
12. Kathleen M. Trauth et al., 'Expert Judgment on Markers to Deter Inadvertent Intrusion into the Waste Isolation Pilot Plant', *Sandia National Laboratories*, SAND92–1382. UC–721 (1993) <https://prod.sandia.gov/techlib-noauth/access-control.cgi/1992/921382.pdf>, pp. 1–8.
13. Thomas Sebeok, 'Communication Measures to Bridge Ten Millennia (Technical Report)', *Research Centre for Language and Semiotic Studies, for Office of Nuclear Waste Isolation*, BMI/ ONWI-532 (1984), p. iii.
14. Trauth et al., 'Expert Judgment on Markers', pp. 1–12.
15. Trauth et al., 'Expert Judgment on Markers', pp. F-61–F-62.
16. Trauth et al., 'Expert Judgment on Markers', p. F-42.
17. Trauth et al., 'Expert Judgment on Markers', pp. F-70–F-71.
18. Trauth et al., 'Expert Judgment on Markers', pp. F-4–F-5.
19. D'Agata, *About a Mountain*, p. 93.

20. Sebeok, 'Communication Measures to Bridge Ten Millennia', p. 24.
21. D'Agata, *About a Mountain*, p. 93.
22. Gregory Benford, *Deep Time: How Humanity Communicates across Millennia* (New York: Avon Books, 1999), p. 85.
23. 更多数据和图表见: Trauth et al., 'Expert Judgment on Markers', p. F-76.
24. Jorge Luis Borges, 'On Exactitude in Science', Borges, *Jorge Luis Borges: Collected Fictions*, trans. Andrew Hurley (London: Penguin, 1998), p. 325.
25. Trauth et al., 'Expert Judgment on Markers', pp. 3–7.
26. Trauth et al., 'Expert Judgment on Markers', Appendix F.
27. Jedediah Purdy, *After Nature: A Politics for the Anthropocene* (Cambridge, MA: Harvard University Press, 2015), p. 288.

## 参考文献

"地点总在移动，就像一只沉睡的猫。"角田俊也（Tsunoda Toshiya）如此优美地描述了自己的观察。有时候，你必须静静地待在那里，才能看到它微妙的变化，它那如做梦般颤动的皮肤。《深时之旅》中的大部分研究和思考生发于图书馆和书籍中，而不是地下。本部分详细列出了我多年来查阅的诸多资料，通过定义它们与地下世界的牵连，帮助我试着为这一难以控制或表达的主题找到了语言和形式。那些我觉得很有趣、对我产生了重要影响，以及我想特别感谢其提供的信息的条目，已用星号标出。对于书中我所断言的事实、暗示的细节和思维碎片，可以参照此处和注释中引用的作品进行检验。深深地感谢在我之前坠入黑暗之地的众多探险家、艺术家、作家和学者。

## A

Adam, Helen, *A Helen Adam Reader*, ed. Kristin Prevallet (Orono, Maine: National Poetry Foundation, 2007)

Adorno, Theodor, and Horkheimer, Max, *Dialectic of Enlightenment*, trans. John Cumming (1944; London: Verso, 1997)

Albrecht, Glenn, 'Solastalgia, a New Concept in Human Health and Identity', *Philosophy Activism Nature* 3 (2005)

——, 'Exiting the Anthropocene and Entering the Symbiocene', *PSYCHOTERRATICA*, 17 December 2015 <https://glennaalbrecht.com/2015/12/17/exiting-the-anthropocene-and-entering-the-symbiocene/>

\*——, et al., 'Solastalgia: The Distress Caused by Environmental Change', *Australian Psychiatry* 15:1 (2007)

aliciaescott, 'Field Study #007, The Extinction Event', *Bureau of Linguistical Reality*, 1 September 2015 <https://bureauoflinguisticalreality.com/2015/09/01/field-study-007-the-extinction-event/>

\*Alley, Richard B., *The Two-Mile Time Machine* (Princeton: Princeton University Press, 2000)

Altman, Rebecca, 'On What We Bury', *ISLE* 21:1 (Winter 2014)

Alvarez, Al, *Feeding the Rat: A Climber' Life on the Edge* (London: Bloomsbury, 2013)

Anon., 'Russia's Melting Ice Could Release More Threats to Humanity', *National,* 11 August 2016 <https://www.thenational.ae/world/russia-s-melting-ice-could-release-more-threats-of-humanity-1.159511>

Anthropocene Working Group of the Subcommission on Quaternary Stratigraphy, 'When Did the Anthropocene Begin? A Mid-Twentieth-CenturyLimit is Stratigraphically Optimal', *Quaternary International* 383 (2015)

Apter, Emily, 'Planetary Dysphoria', *Third Text* 27:1 (2017)

\*Apunen, Antti, *Divers of the Dark: Exploring Budapest' Underground Caves*, trans. Marju Galitsos (Helsinki: Tammi, 2015)

Art Map, 'Beneath the Ground: From Kafka to Kippenberger' <https://artmap.

com/k20/exhibition/beneath-the-ground-from-kafka-o-ippenberger-2014>

Attout, Jacques, *Men of Pierre Saint-Martin* (London: Werner Laurie, 1956)

# B

*Ballinger, Pamela, *History in Exile: Memory and Identity at the Borders of the Balkans* (Princeton: Princeton University Press, 2002)

Barnes, D. K. A., 'Remote Islands Reveal Rapid Rise of Southern Hemisphere Sea Debris', *Scientific World Journal* 5 (2005)

Barton, Hazel, 'This Woman is Exploring Deep Caves to Find Ancient Antibiotic Resistance', interview with Shayla Love, *Vice*, 20 April 2018 <https://www.vice.com/en_id/article/j5an54/hazel-barton-is-exploring-deep-caves-to-find-ancient-antibiotic-resistance-v25n1>

Bataille, Georges, *The Cradle of Humanity: Prehistoric Art and Culture*, ed. and trans. John S. Kendall and Leslie M. Kendall (New York: Zone Books, 2005)

Battson, Ginny, 'Mycelium of the Forest Floor. And Love', 12 October 2015 <https://seasonalight.wordpress.com/2015/10/12/mycelium-of-the-forest-floor-and-love/>

Bede, *The Reckoning of Time*, trans. Faith Wallis (725; Liverpool: Liverpool University Press, 1999)

Bélanger, Pierre, 'Altitudes of Urbanisation', *Tunnelling and Underground Space Technology* 55 (2016)

*Benford, Gregory, *Deep Time: How Humanity Communicates across Millennia* (New York: Avon Books, 1999)

*Benjamin, Walter, *The Arcades Project*, trans. Howard Eiland and Kevin McLaughlin (London: Harvard University Press, 1999)

Bennett, Jane, *The Enchantment of Modern Life: Attachments, Crossings, and Ethics* (Princeton: Princeton University Press, 2011)

Berger, John, 'Past Present', *Guardian*, 12 October 2002

—— and McBurney, Simon, *The Vertical Line: Can You Hear Me, in the Darkness?*, Artangel Arts (Strand Tube Station, 1999) <https://www.

artangel.org.uk/the-vertical-line/can-you-hear-me-in-darkness/>

Berger, Sebastian, 'Ghosts of the Abyss: The Story of Don Shirley and Dave Shaw', *Telegraph*, 6 March 2008

Bergsvik, Knut Andreas, and Skeates, Robin, *Caves in Context: The Cultural Significance of Caves and Rockshelters in Europe* (Oxford: Oxbow Books, 2012)

Bernstein, J. M., 'Re-Enchanting Nature', *Journal of the British Society for Phenomenology* 31:3 (2000)

Bey, Hakim, *T.A.Z.: The Temporary Autonomous Zone, Ontological Anarchy, Poetic Terrorism* (Brooklyn: Autonomedia, 2003)

Black, J. A., Cunningham, G., Fluckiger-Hawker, E., Robson, E., and Zólyomi, G., *The Electronic Text Corpus of Sumerian Literature* (Oxford: 1998)<http://etcsl.orinst.ox.ac.uk/section1/tr1814.htm>

Blum, Hester, 'Speaking Substance: Ice', *Los Angeles Review of Books*, 21 March 2016 <https://lareviewofbooks.org/article/speaking-substances-ice/>

Böli, Alfred, and Franke, Herbert W., *Luminous Darkness: The Wonderful World of Caves* (Chicago: Rand McNally, 1966)

Bonington, Chris, *Quest for Adventure* (London: Hodder and Stoughton, 1990)

Bonnefoy, Yves, *The Arrière-Pays*, trans. Stephen Romer (London: Seagull Books, 2012)

Borges, Jorge Luis, *Jorge Luis Borges: Collected Fictions*, trans. Andrew Hurley (London: Penguin, 1998)

Borodale, Sean, *Bee Journal* (London: Cape, 2012)

*——, *Asylum* (London: Cape, 2018)

Boycott, A., and Wilson, L. J., 'Contemporary Accounts of the Discovery of Aveline's Hole, Burrington Combe, North Somerset', *Proceedings of the University of Bristol Spelaeological Society* 25:1 (2010)

*Bradley, Richard, *An Archaeology of Natural Places* (London: Routledge, 2006)

Braje, Todd, et al., 'Evaluating the Anthropocene: Is There Something Useful about a Geological Epoch of Humans?', *Antiquity* 90 (2016)

Brázdil, R., Dobrovolny, P., et al., 'Droughts in the Czech Lands, 1090–2012

AD', *Climate of the Past* 9 (August 2013)

British Pathé, 'Caveman 105 Days Below', *YouTube,* 13 April 2014 <https://www.youtube.com/watch?v=YSdBBv5LY84>

Browne, Malcolm W., 'Deadly Maelstrom's Secrets Unveiled', *New York Times*, 2 September 1997

*Browne, Thomas, *Religio Medici and Urne-Buriall*, ed. Stephen Greenblatt and Ramie Targoff (1658; New York: NYRB Classics, 2012)

Byrne, Denis, *Surface Collection: Archaeological Travels in Southeast Asia* (Plymouth: AltaMira Press, 2007)

## C

Cadoux, Jean, et al., *One Thousand Metres Down: A Journey to the Starless River*, trans. R. L. G. Irving (London: Allen and Unwin, 1957)

*Calvino, Italo, *Invisible Cities*, trans. William Weaver (1972; London: Vintage, 1997)

Camus, Albert, *The Myth of Sisyphus*, trans. Justin O'Brien (London: Hamish Hamilton, 1973)

Carroll, Lewis, *Alice' Adventures in Wonderland, and Through the Looking-Glass and What Alice Found There; with ninety-two illustrations by John Tenniel* (1865; London: Macmillan and Co, 1902)

Casselman, Anne, 'Strange but True: The Largest Organism on Earth is a Fungus', *Scientific American*, 4 October 2007 <https://www.scientificamerican.com/article/strange-but-true-largest-organism-is-fungus/>

Casteret, Norbert, *The Descent of Pierre Saint-Martin*, trans. John Warrington (London: Dent, 1955)

'Ceduna Sub-Basin', Karoon Gas Australia Ltd <http://www.karoongas.com.au/projects/#ceduna-sub-basin>

Chakrabarthy, Dipesh, 'The Climate of History: Four Theses', Critical Inquiry 35:2 (2009)

Cilek, Václav, 'Bees of the Invisible: Awakening of a Place (part 2)', trans. Teresa Stehlikova, *Cinesthetic Feasts*, 5 July 2015 <https://cinestheticfeasts.

wordpress.com/2013/07/05/genius-loci-cilek-p-2/>

——, *To Breathe with Birds: A Book of Landscapes*, trans. Evan W. Mellander (Philadelphia: University of Pennsylvania Press, 2015)

Clark, L. K., et al., 'Sanitary Waste Disposal for Navy Camps in Polar Regions', *Journal of Water Pollution Control Federation* 34:12 (1962)

Clark, Timothy, *Ecocriticism on the Edge: The Anthropocene as a Threshold Concept* (London: Bloomsbury, 2015)

'Climbing Mount Everest is Work for Supermen', *New York Times,* 18 March 1923

Clottes, Jean, *World Rock Art* (Michigan: Getty Conservation Institute, 2002)

*Cohen, Jeffrey Jerome, *Stone: An Ecology of the Inhuman* (Minneapolis: University of Minnesota Press, 2015)

Coleridge, Samuel Taylor, *The Notebooks of Samuel Taylor Coleridge*, ed. Kathleen Coburn, vol. 1 (London: Routledge and Kegan Paul, 1957)

Constitution of Norway, as laid down on 17 May 1814 by the Constituent Assembly at Eidsvoll and subsequently amended, most recently in May 2018 <https://www.stortinget.no/globalassets/pdf/english/constitutionenglish.pdf>

Cook, Jill, *Ice Age Art: Arrival of the Modern Mind* (London: The British Museum Press, 2013)

Corcoran, Patricia L., et al., 'An Anthropogenic Marker Horizon in the Future Rock Record', *GSA Today* 24:6 (June 2014)

*Cruikshank, Julie, *Do Glaciers Listen? Local Knowledge, Colonial Encounters, and Social Imagination* (Vancouver: University of British Columbia Press, 2005)

Crutzen, Paul, and Stoermer, Eugene, 'The Anthropocene', *International Geosphere-Biosphere Newsletter* 41 (2000) <https://www.mpic.de/mitarbeiter/auszeichnungen-crutzen/the-anthropocene.html>

Cybernetic Culture Research Unit, *CCRU: Writings 1997–2003*(Falmouth: Time Spiral Press, 2015)

## D

Dadachova, E., and Casadevall, A., 'Ionizing Radiation: How Fungi Cope, Adapt, and Exploit with the Help of Melanin', *Current Opinion in Microbiology* 11:6 (2008)

D'Agata, John, *About a Mountain* (New York: W. W. Norton, 2011)

Daniel, E. Valentine, and Peck, Jeffrey M. (eds.), *Culture/Contexture: Explorations in Anthropology and Literary Studies* (Berkeley: University of California Press, 1996)

Davies, Jeremy, *The Birth of the Anthropocene* (Berkeley: University of California Press, 2016)

Dawdy, Shannon Lee, *Patina: A Profane Archaeology* (Chicago: University of Chicago Press, 2016)

De Bernières, Louis, *Captain Corelli's Mandolin* (Reading: Secker and Warburg, 1996)

Debord, Guy, *Theory of the Dérive* (1956; London: Atlantic Books, 1997)

Dee, Tim, 'Naming Names', Caught by the River, 25 June 2014 <https://www.caughtbytheriver.net/2014/06/naming-names-tim-dee-robert-macfarlane/>

Deleuze, Gilles, *The Fold: Leibniz and the Baroque*, trans. Tom Conley (London: Continuum, 2006)

——, and Guattari, Felix, *Nomadology: The War Machine*, trans. Brian Massumi (New York: Semiotext(e), 1986)

DeLillo, Don, *White Noise* (London: Penguin, 1986)

*——, *Underworld* (New York: Scribner, 1997)

Douglas, Mary, *Purity and Danger: An Analysis of Concepts of Purity and Taboo* (1966; London: Routledge, 2002)

Doyle, Arthur Conan, *Tales of Terror and Mystery* (1902; Cornwall: House of Stratus, 2009)

Dufresne, David (dir.), *Fort McMoney* (i-oc) (2013)

## E

Earle, John, *The Price of Patriotism* (London: Book Guild, 2005)

Edgeworth, Matt, et al., 'Diachronous Beginnings of the Anthropocene: The Lower Bounding Surface of Anthropogenic Deposits', *Anthropocene Review* 2:1 (2015)

Ehrlich, Gretel, *This Cold Heaven: Seven Seasons in Greenland* (New York: Pantheon Books, 2001)

Ellsworth, Elizabeth, and Kruse, Jamie (eds.), *Making the Geologic Now: Responses to Material Conditions of Contemporary Life* (New York: Punctum, 2013)

Elson, Rebecca, *A Responsibility to Awe* (Manchester: Carcanet, 2001)

Engel, Claire Elaine, *Mountaineering in the Alps: An Historical Survey* (1950; London: George Allen and Unwin, 1971)

**F**

Falcon-Lang, Howard, 'Anthropocene: Have Humans Created a New Geological Age?', BBC, 11 May 2011 <http://www.bbc.co.uk/news/mobile/science-environment-13335683>

Farr, Martyn, *Darkworld: The Secrets of Llangattock Mountain* (Llandysul: Gomer Press, 1997)

——, *The Darkness Beckons* (1980; Sheffield: Vertebrate Press, 2017)

Farrier, David, ' "Like a Stone" : Ecology, Enargeia, and Ethical Time in Alice Oswald's Memorial', *Environmental Humanities* 4 (2014)

——, 'Reading Edward Thomas in the Anthropocene', *Green Letters* 18:2 (2014)

Finer, Jem, 'Score for a Hole in the Ground' <http://www.scoreforaholeintheground.org/>

Fittko, Lisa, *Escape through the Pyrenees* (Evanston, IL: Northwestern University Press, 1991)

Franke, Herbert W., *Wilderness under the Earth*, trans. Mervyn Savill (London: Lutterworth Press, 1958)

Freud, Sigmund, *The Interpretation of Dreams*, ed. and trans. James Strachey (1899; London: George Allen and Unwin, 1954)

Frost, Robert, *Mountain Interval* (New York: H. Holt and Company, 1916)

## G

Gardam, Jane, *The Hollow Land* (London: Julia MacRae Books, 1990)

Garner, Alan, *The Weirdstone of Brisingamen* (1960; London: HarperCollins Children's Books, 2014)

Garrett, Bradley, *Explore Everything: Place-Hacking the City* (London: Verso, 2014)

——, et al., *Subterranean London: Cracking the Capital* (London: Prestel, 2015)

*——, et al. (eds.), *Global Undergrounds: Exploring Cities Within* (London: Reaktion Books, 2016)

Gautier, Théophile, *Les Vacances du Lundi* (1869; Paris: G. Charpentier et E. Fasquelle, 1907)

Gearheard, S., 'When the Weather is Uggianaqtuq: Inuit Observations of Environmental Changes, Version 1' (Boulder, Colorado: NSIDC– National Snow and Ice Data Center, 2004) <http://nsidc.org/data/NSIDC-0650>

Ghosh, Amitav, 'Petrofiction', *New Republic*, 2 March 1992

Gibbard, P. L., and Walker, M. J. C., 'The Term "Anthropocene" in the Context of Formal Geological Classifications', *Geological Society of London, Special Publications* (2013)

Gould, Stephen Jay, *Time' Arrow, Time' Cycle* (Cambridge, MA: Harvard University Press, 1987)

Graf, Fritz, and Johnston, Sarah Iles, *Ritual Texts for the Afterlife: Orpheus and the Bacchic Gold Tablets* (London: Routledge, 2007)

*Graham, Stephen, *Vertical: The City from Satellites to Bunkers* (London: Verso, 2016)

Griffin, Duane A., 'Hollow and Habitable within: Symmes' Theory of Earth's Internal Structure and Polar Geography', *Physical Geography* 25:5 (2004)

Grossman, Leore, et al., 'A 12, 000-Year-Old Shaman Burial from the Southern Levant (Israel)', *PNAS* 105:46 (2008)

Grusin, Richard (ed.), *The Nonhuman Turn* (London: University of Minnesota Press, 2015)

# H

Haderlap, Maja, *Angel of Oblivion*, trans. Tess Lewis (New York: Archipelago, 2016)

Haraway, Donna, 'Anthropocene, Capitalocene, Plantationocene, Chthulucene: Making Kin', *Environmental Humanities* 6 (2015)

——, *Staying with the Trouble: Making Kin in the Chthulucene* (Durham, N.C.: Duke University Press, 2016)

Hardy, Thomas, *Under the Greenwood Tree* (1872; London: Penguin, 2012)

Harman, Graham, *Immaterialism* (Cambridge: Polity Press, 2016)

*Harrison, Robert Pogue, *The Dominion of the Dead* (Chicago: University of Chicago Press, 2003)

Hawks, John, et al., 'New Fossil Remains of Homo Naledi from the Lesedi Chamber, South Africa', *eLife* 6 (2017)

Heaney, Seamus, *The Spirit Level* (London: Faber and Faber, 1996)

Herzog, Werner (dir.), *Cave of Forgotten Dreams* (2010)

Hesjedal, Anders, 'The Hunters' Rock Art in Northern Norway: Problems of Chronology and Interpretation', *Norwegian Archaeological Review* 27:1 (1994)

Hoffmann, D. L. et al., 'U-Th Dating of Carbonate Crusts Reveals Neandertal Origin of Iberian Cave Art', *Science* 359:6378 (February 2018)

Hogenboom, Melissa, 'In Siberia There is a Huge Crater and It is Getting Bigger', BBC, 24 February 2017 <http://www.bbc.com/earth/story/20170223-in-siberia-there-is-a-huge-crater-and-it-is-getting-bigger>

Hopkins, Gerard Manley, *The Journals and Papers of Gerard Manley Hopkins*, ed. Humphry House and Graham Storey (Oxford: Oxford University Press, 1959)

Household, Geoffrey, *The Courtesy of Death* (London: Michael Joseph, 1967)

*——, *Rogue Male* (1939; London: Chatto and Windus, 2002)

Howe, Cymene, ' "Timely" : Theorizing the Contemporary', *Cultural Anthropology* <https://culanth.org/fieldsights/800-timely>

Hugo, Victor, *The Essential Victor Hugo*, trans. E. H. and A. M. Blackmore (1862; Oxford: Oxford University Press, 2004)

Hussey, Andrew, *Paris: The Secret History* (London: Penguin, 2007)

Hutton, Noah (dir.), *Deep Time* (2015)

## I

Ialenti, Vincent, 'Adjudicating Deep Time: Revisiting the United States' High-Level Nuclear Waste Repository Project at Yucca Mountain', *Science & Technology Studies* 27:2 (2014)

——, 'Death and Succession among Finland's Nuclear Waste Experts' *Physics Today* 70:10 (2017)

Ingold, Tim, *The Appropriation of Nature* (Manchester: Manchester University Press, 1986)

*International Commission on Stratigraphy, 'International Chronostratigraphic Chart' (v2016/04) <http://www.stratigraphy.org/ICSchart/ChronostratChart2016-04.pdf>

## J

Janko, R., 'Forgetfulness in the Golden Tablets of Memory', *Classical Quarterly* 34:1 (1984)

Jones, Jamie L., 'Oil: Viscous Time in the Anthropocene', *Los Angeles Review of Books*, 22 March 2016 <https://lareviewofbooks.org/article/oil-viscous-time-in-the-anthropocene>

## K

Kafka, Franz, *The Complete Stories*, trans. Willa and Edwin Muir (New York: Schocken, 1971)

——, *Metamorphosis and Other Stories*, trans. Willa and Edwin Muir (Aylesbury: Penguin, 1977)

*The Kalevala*, trans. Keith Bosley (Oxford: Oxford University Press, 2008)

*Kimmerer, Robin Wall, *Gathering Moss: A Natural and Cultural History of Mosses* (Corvallis: Oregon State University Press, 2003)

*——, *Braiding Sweetgrass: Indigenous Wisdom, Scientific Knowledge, and the

*Teachings of Plants* (Minneapolis: Milkweed, 2013)

——, 'Learning the Grammar of Animacy', *Anthropology of Consciousness* 28:2 (2017)

——, 'Speaking of Nature', *Orion Magazine,* 14 June 2017.

Kircher, Athanasius, *Mundus Subterraneus,* in *XII Libros Digestu*s (Amsterdam, 1678)

*Klingan, Katrin, et al., *Textures of the Anthropocene: Grain, Vapor, Ray*, 3 vols. (Cambridge, MA: MIT Press, 2015)

*Kolbert, Elizabeth, *The Sixth Extinction: An Unnatural History* (New York: Henry Holt, 2014)

——, 'Greenland is Melting', *New Yorker*, 24 October 2016 <https://www.newyorker.com/magazine/2016/10/24/greenland-is-melting>

Kpomassie, Tété-Michel, *An African in Greenland* (London: Secker and Warburg, 1983)

Kroonenberg, Salomon, *Why Hell Stinks of Sulfur: Mythology and Geology of the Underworld* (London: Reaktion, 2013)

# L

Larkin, Philip, *The Whitsun Weddings* (London: Faber and Faber, 1964)

Latour, Bruno, 'Agency at the Time of the Anthropocene', *New Literary History* 45:1 (2014)

Le Guin, Ursula K., *The Word for World is Forest* (1972; London: Orion Books, 2015)

'Lithological Log of Cleveland Potash Ltd', Borehole Staithes No. 20, drilled September–December 1968 to a depth of c.3500 feet (BGS ID borehole 620319, BGS Reference NZ71NE14)

*Lopez, Barry, *Arctic Dreams: Imagination and Desire in a Northern Landscape* (1986; New York: Bantam, 1987)

Lovelock, James, *Life and Death Underground* (London: G. Bell and Sons, 1963)

Lowenstein, Tom, 'Excavation and Contemplation: Peter Riley's Distant Points', in The Gig: *The Poetry of Peter Riley* 4/5 (2000)

Luciano, Dana, 'Speaking Substances: Rock', *Los Angeles Review of Books*, 12 April 2016 <https://lareviewofbooks.org/article/speaking-substances-rock/>

Luther, Kem, *Boundary Layer: Exploring the Genius Between Worlds* (Corvallis: Oregon State University Press, 2016)

**M**

Macaulay, Thomas Babington, *Ranke' History of the Popes* (London: Longman, Brown, Green, and Longmans, 1851)

McBurney, Simon, 'Herzog's Cave of Forgotten Dreams: The Real Art Underground', *Guardian*, 17 March 2011

McCarthy, Cormac, *Blood Meridian* (1985; New York: Vintage, 1992)

McCarthy, Tom, *Satin Island* (London: Cape, 2014)

Macdonald, Graeme, 'Oil and World Literature', *American Book Review* 33:3 (2012)

——, '"Monstrous Transformer" : Petrofiction and World Literature', *Journal of Postcolonial Writing* 53 (2017)

McGrath, Dara, 'Project Cleansweep' <http://daramcgrath.com/Project_Cleansweep_Cover_Page.html>

McInerney, Jeremy, and Sluiter, Ineke (eds.), *Valuing Landscape in Classical Antiquity* (Leiden: Brill, 2016)

Maclean, FitzRoy, *Eastern Approaches* (London: Jonathan Cape, 1949)

MacNeice, Louis, *Collected Poems* (London: Faber and Faber, 2007)

McPhee, John, *Basin and Range* (New York: FSG, 1981)

*——, *Annals of the Former World* (New York: FSG, 1998)

Madsen, Michael (dir.), *Into Eternity* (2010)

*Manaugh, Geoff, *The BLDG BLOG Book: Architectural Conjecture, Urban Speculation, Landscape Futures* (San Francisco: Chronicle, 2009)

Margulis, Lynn (ed.), *Symbiosis as a Source of Evolutionary Innovation: Speciation and Morphogenesis* (Boston: MIT Press, 1991)

Marris, Emma, 'Neanderthal Artists Made Oldest-Known Cave Paintings', *Nature*, 22 February 2018

Mattern, Shannon, 'Cloud and Field', *Places Journal* (August 2016) <https://placesjournal.org/article/cloud-and-field>

Meyers, Kent, 'Chasing Dark Matter in America's Deepest Gold Mine', *Harper's Magazine* (May 2015)

Michaels, Anne, *Fugitive Pieces* (London: Bloomsbury, 1997)

Michaels, Sean, 'Unlocking the Mystery of Paris' Most Secret Underground Society', Gizmodo, 21 April 2011 <https://gizmodo.com/5794199/unlocking-the-mystery-of-paris-most-secret-underground-society-combined>

Mieville, China, *The City and the City* (London: Pan Books, 2009)

——, *Three Moments of an Explosion* (London: Macmillan, 2015)

Milne, Richard, 'Oil and the Battle for Norway's Soul', *Financial Times*, 27 July 2017

Mitchell, W. J. T., *What Do Pictures Want? The Lives and Loves of Images* (Chicago: University of Chicago Press, 2005)

Molchanova, Natalia, 'The Depth', trans. Victor Hilkevich <http://molchanova.ru/en/verse/depth>

Moore, Jason W., *Capitalism in the Web of Life* (London: Verso, 2015)

Morris, Jan, *Trieste and the Meaning of Nowhere* (London: Faber and Faber, 2001)

Mortimer, John Robert, *Forty Years' Researches in British and Saxon Burial Mounds of East Yorkshire. Including Romano-British discoveries, and a description of the ancient entrenchments on a section of the Yorkshire Wolds... With over 1000 illustrations from drawings by Agnes Mortimer* (London: A. Brown and Sons, 1905)

Morton, Timothy, *Hyperobjects: Philosophy and Ecology after the End of the World* (Minneapolis: University of Minnesota Press, 2013)

——, 'Poisoned Ground: Art and Philosophy in the Time of Hyper-Objects', *Symploke* 21: 1–2(2013)

Muecke, Stephen, 'Global Warming and Other Hyperobjects', *Los Angeles Review of Books*, 20 February 2014 <https://lareviewofbooks.org/article/hyperobjects>

Mumford, Lewis, *The City in History: Its Origins, Its Transformations, and Its*

*Prospects* (New York: Harcourt & Brace, 1961)

Murray, W. H., *Mountaineering in Scotland and Undiscovered Scotland* (London: Diadem Books, 1979)

# N

Negarastani, Reza, *Cyclonopedia: Complicity with Anonymous Materials* (Melbourne: re.press, 2008)

Nelson, Richard, *Make Prayers to the Raven: A Koyukon View of the Northern Fores*t (Chicago: University of Chicago Press, 1986)

Nelson, Victoria, *The Secret Life of Puppets* (Cambridge, MA: Harvard University Press, 2001)

Newman, E. I., 'Mycorrhizal Links between Plants: Their Functioning and Ecological Significance', *Advances in Ecological Research* 18 (1988)

*Ngai, Sianne, *Ugly Feelings* (Cambridge, MA: Harvard University Press, 2005)

Nielsen, Lars (ed.), *Advances in Geophysics*, vol. 57 (Cambridge, MA: Academic Press, 2016)

Nixon, Rob, 'The Swiftness of Glaciers: Language in a Time of Climate Change', *Aeon Magazine*, 19 March 2018 <https://aeon.co/ideas/the-swiftness-of-glaciers-language-in-a-time-of-climate-change>

Nora, Pierre and Ageron, Charles-Robert, *Les Lieux de Mémoire*, 3 vols. (Paris: Editions Gallimard, 1993)

Norsted, Terje, 'The Cave Paintings of Norway', *Adoranten* (2013)

# O

O'Domhnaill, Risteard (dir.), *Atlantic* (2016)

O'Neill, Joseph, *Land under England* (London: New English Library, 1978)

Oldenburg, Henry, and Roper, Francis, *Philosophical Transactions, Giving Some Accompt of the Present Undertakings, Studies, and Labours, of the Ingenious in Many Considerable Parts of the World*, vol. 16 (London: Printed for T.N. by John Martyn, 1687)

Olsen, Bjørnar, *In Defense of Things: Archaeology and the Ontology of Objects*

(Plymouth: AltaMira Press, 2017)

**P**

Peebles, J. M., *The Practical of Spiritualism. Biographical Sketch of Abraham James. Historic Description of His Oil-Well Discoveries in Pleasantville, P.A., through Spirit Direction* (Chicago: Horton and Leonard Printers, 1868)

Perec, Georges, *Species of Spaces and Other Pieces*, trans John Sturrock (1974; Harmondsworth: Penguin, 1997)

Pétursdóttirr, Þóra, 'Climate Change? Archaeology and Anthropocene', *Archaeological Dialogues* 24:2 (2017)

\*——, 'Drift', in *Multispecies Archaeology*, ed. Suzanne E. Pilaar Birch, (London: Routledge, 2018)

——, and Olsen, Bjørnar, 'Unruly Heritage: An Archaeology of the Anthropocene', (Trømso: UiT The Arctic University of Norway, 2017) <https://www.sv.uio.no/sai/forskning/grupper/Temporalitet% 20-20materialitet/lesegruppe/olsen-unruly-heritage.pdf>

Plato, *Timaeus and Critias*, trans. Robin Waterfield (Oxford: Oxford University Press, 2008)

Playfair, John, 'Biographical Account of the Late Dr James Hutton, F.R.S. Edin.', *Transactions of the Royal Society of Edinburgh* 5 (1805)

Poe, Edgar Allan, *The Fall of the House of Usher and Other Writings*, ed. David Galloway (London: Penguin, 2003)

Posidonius, *Posidonius*, ed. Ludwig Edelstein and I.G. Kidd (Cambridge: Cambridge University Press, 1988)

Postlethwaite, John, *Mines and Mining in the (English) Lake District* (Whitehaven: W. H. Moss and Sons, 1913)

Powers, Richard, *The Overstory* (New York: W. W. Norton, 2018)

Prynne, J. H., *The White Stones* (Lincoln: Grosseteste, 1969)

——, 'On the Poetry of Peter Larkin', *No Prizes* 2 (2013)

\*Purdy, Jedediah, *After Nature: A Politics for the Anthropocene* (Cambridge, MA: Harvard University Press, 2015)

## R

Rigzone, 'Statoil Seeking New Acreage', 1 October 2016 <https://www.rigzone.com/news/oil_gas/a/16859/statoil_seeking_new_acreage/>

Riley, Peter, *The Derbyshire Poems* (Exeter: Shearsman Books, 2012)

Rilke, Rainer Maria, *Rainer Maria Rilke, Lou Andreas-Salome: Briefwechsel* (Zurich: M. Niehans, 1952)

——, *Selected Letters 1902–1926*, trans. R. F. C. Hull (London: Quartet Encounters,1988)

——, *Sonnets to Orpheus*, trans. Martyn Crucefix (London: Enitharmon Press, 2012)

Robb, Graham, *Parisians: An Adventure History of Paris* (London: Picador, 2010)

*Robinson, Tim, *My Time in Space* (Dublin: Lilliput, 2001)

——, *Connemara: The Last Pool of Darkness* (London: Penguin, 2009)

Roosth, Sophia, 'Virus, Coal, and Seed: Subcutaneous Life in the Polar North', *Los Angeles Review of Books*, 21 December 2016 <https://lareviewofbooks.org/article/virus-coal-seed-subcutaneous-life-polar-north/>

## S

Salk, Jonas, 'Are We Being Good Ancestors?', *World Affairs* 1:2 (1992)

Sanderson, John, *The Travels of John Sanderson in the Levant, 1584–1602: With His Autobiography and Selections from His Correspondence*, ed. William Foster (Abingdon: Routledge, 2016)

*Savoy, Lauret, *Trace: Memory, History, Race and the American Landscape* (Berkeley: Counterpoint, 2015)

Scarry, Elaine, *The Body in Pain: The Making and Unmaking of the World* (Oxford: Oxford University Press, 1985)

Scheurmann, Ingrid, and Scheurmann, Konrad, *For Walter Benjamin*, 3 vols. (Bonn: AsKI e.v. and Inter Nationes, 1994)

Schindler, John, *Isonzo* (London: Praeger, 2001)

Schuller, Kyla, 'Speaking Substances: Bodies', *Los Angeles Review of Books*, 23

March 2013 <https://lareviewofbooks.org/article/bodies/>

Schulting, R. J., ' "...Pursuing a Rabbit in Burrington Combe" : New Research on the Early Mesolithic Burial Cave of Aveline's Hole', *Proceedings of the University of Bristol Spelaeological Society* 23:3 (2005)

Seaborn, Adam, *Symzonia: A Voyage of Discovery* (New York: J. Seymour, 1820)

Sebald, W. G., *The Rings of Saturn*, trans. Michael Hulse (1995; London: Vintage, 2002)

*Sebeok, Thomas, 'Communication Measures to Bridge Ten Millennia (Technical Report)', *Research Centre for Language and Semiotic Studies, for Office of Nuclear Waste Isolation*, BMI/ ONWI-532 (1984)

Serres, Michael, *Statues: The Second Book of Foundations*, trans. Randolph Burks (London: Bloomsbury, 2015)

Shaw, Trevor, *Foreign Travellers in the Slovene Karst: 1486–1900* (Ljubljana: Založa ZRC, 2008)

——, and Čuk, Alenka, *Slovene Caves & Karst Pictured 1545–1914* (Ljubljana: Založa ZRC, 2012)

Shellenberger, Michael, and Nordhaus, Ted (eds.), *Love Your Monsters: Postenvironmentalism and the Anthropocene* (Oakland: The Breakthrough Institute, 2011)

Shepherd, Nan, *The Living Mountain* (1977; Edinburgh: Canongate, 2011)

Simard, Suzanne (interview with Diane Toomey), 'Exploring How and Why Trees "Talk" to Each Other', *Yale Environment 360*, 1 September 2016 <https://e360.yale.edu/features/exploring_how_and_why_trees_talk_to_each_other>

——, et al., 'Net Transfer of Carbon between Ectomycorrhizal Tree Species in the Field', *Nature* 388:6642 (1997)

Simpson, Joe, *Touching the Void* (1988; London: Vintage Classic, 2008)

Sleigh-Johnson, Sophie, 'Performance Waves', *Performance Research* 21:2 (2016)

*Smithson, Robert, *The Collected Writings*, ed. Jack Flam (Berkeley: University of California Press, 1996)

Sneider, Noah, 'Cursed Fields: What the Tundra Has in Store for Russia's Reindeer Herders', *Harper's Magazine* (April 2018)

Solnit, Rebecca, *Savage Dreams: A Journey into the Hidden Wars of the American West* (Berkeley: University of California Press, 2014)

Solomon, Andrew, *Far and Away: How Travel Can Change the World* (London: Scribner, 2016)

Sophocles, *Antigone*, ed. and trans. Diane J. Rayor (Cambridge: Cambridge University Press, 2011)

Spirito, Pietro, 'Alla scoperta del Timavo', *Il Piccolo*, 2–23 August 2014

——, 'Nei cantieri sottoterra da anni si dà la caccia al fiume che non c'è', *Il Piccolo*, 23 August 2014

Stokes, Adrian, *Stones of Rimini* (New York: Schocken Books, 1969)

Stone, Alison, 'Adorno and the Disenchantment of Nature', *Philosophy and Social Criticism* 32:2 (2006)

Stranj, Pavel, *The Submerged Community*, trans. Mark Brady (Trieste: Editoriale Stampa, 1992)

Strugatsky, Arkady, and Strugatsky, Boris, *Roadside Picnic* (London: Gollancz, 2012)

Sullivan, John Jeremiah, *Pulphead: Notes from the Other Side of America* (New York: FSG, 2011)

# T

Terray, Lionel, *Conquistadors of the Useless: From the Alps to Annapurna*, trans. Geoffrey Sutton (1963; Sheffield: Bâton Wicks, 2000)

Thacker, Eugene, *In the Dust of This Planet* (Alresford: Zero Books, 2011)

Thomas, Edward, 'Chalk Pits', in *Selected Poems and Prose* (1981; London: Penguin, 2012)

Thompson, Mark, *The White War: Life and Death on the Italian Front* (New York: Basic Books, 2009)

Toshihisa, Okamura, *The Cultural History of Matsutake*, trans. Fusako Shimura and Miyaki Inoue (Tokyo: Yama to Keikokusha, 2005)

Trauth, Kathleen M., et al., 'Expert Judgment on Markers to Deter Inadvertent Intrusion into the Waste Isolation Pilot Plant', *Sandia National Laboratories*, SAND 92– 1382.UC–721(1993)

Trentmann, Frank, *Empire of Things: How We Became a World of Consumers, from the Fifteenth Century to the Twenty-First* (New York: HarperCollins, 2016)

Tsing, Anna, 'Arts of Inclusion, or How to Love a Mushroom', *Manoa* 22:2 (2010)

*——, *The Mushroom at the End of the World: On the Possibility of Life in Capitalist Ruins* (Princeton: Princeton University Press, 2017)

——, 'The Politics of the Rhizosphere' (interviewed by Rosetta S. Elkin), *Harvard Design Magazine* 45 (Spring/Summer 2018) <http://www.harvarddesignmagazine.org/issues/45/the-politics-of-the-rhizosphere>

*——, Swanson, Heather, Gan, Elaine, and Buband, Nils, (eds.), *Arts of Living on a Damaged Planet* (Minneapolis: University of Minnesota Press, 2017)

## V

Valvasor, Johann von, 'An Extract of a Letter Written to the Royal Society out of Carniola, by Mr John Weichard Valvasor, R. Soc. S. Being a Full and Accurate Description of the Wonderful Lake of Zirknitz in that Country', in *Philosophical Transactions, Giving Some Accompt of the Present Undertakings, Studies, and Labours, of the Ingenious in Many Considerable Parts of the World*, eds. Henry Oldenburg and Francis Roper, vol. 16 (London: Printed for T.N. by John Martyn, 1687)

Verne, Jules, *Journey to the Centre of the Earth*, trans. Robert Baldick (1864; Harmondsworth: Puffin Books, 1965)

## W

Wark, Mackenzie, *Molecular Red: Theory for the Anthropocene* (London: Verso, 2015)

Webb, Dave (dir.), *Fight for Life: The Neil Moss Story* (2006)

Webb, Dave, and Whiteside, Judy, 'Fight for Life: The Neil Moss Story' <www.mountain.rescue.org.uk/assets/files/The Oracle/history and people/NeilMossStory.pdf>

Weir, Andy, 'Deep Decay: Into Diachronic Polychromatic Material Fictions', *PARSE* 4 (2017) <http://parsejournal.com/article/deep-decay-into-diachronic-polychromatic-material-fictions/>

*Weizman, Eyal, *Hollow Land: Israel' Architecture of Occupation* (London: Verso, 2007)

Wells, H. G., *The Time Machine* (1895; Richmond: Alma Classics, 2017)

Williams, Rosalind, *Notes on the Underground: An Essay on Technology, Society, and the Imagination* (London: MIT Press, 2008)

Williams, William Carlos, *The Collected Poems of William Carlos Williams*, Volume II 1939–1962, ed. Christopher MacGowan (New York: New Directions, 1988)

Wilson, Louise K. (ed.), *A Record of Fear* (Salisbury: B.A.S. Printers Ltd, 2005)

Wohlleben, Peter, *The Hidden Life of Trees*, trans. Jane Billinghurst (Vancouver/Berkeley: Greystone Press, 2016)

Wulf, Andrea, *The Invention of Nature: Alexander von Humboldt's New World* (New York: Knopf, 2015)

Wylie, John, 'The Spectral Geographies of W. G. Sebald', *Cultural Geographies* 14 (2007)

Wyndham, John, *The Chrysalids* (1955; London: Penguin, 2018)

# Y

*Yusoff, Kathryn, 'Geologic Subjects: Nonhuman Origins, Geomorphic Aesthetics, and the Art of Becoming *I*nhuman', *cultural geographies* 22:3 (2015)

# Z

Zalasiewicz, Jan, et al., 'The Anthropocene: A New Epoch of Geological Time?', *Philosophical Transactions. Series A, Mathematical, Physical, and*

*Engineering Sciences* 369 (2011)

Zhdanova, N. N., et al., 'Ionizing Radiation Attracts Soil Fungi', *Mycological Research* 108:9 (2004)

Zola, Emile, *Germinal*, trans. Havelock Ellis (London: Dent, 1970)

# 索引

一、人名

A

阿尔·阿尔瓦雷斯 132

阿尔贝托·贝哈尔 311

阿尔刻提斯 163

阿尔忒弥斯 163

阿里阿德涅 42, 134, 163, 311

阿里斯泰俄斯 24

阿塔纳斯·珂雪 265

埃尔·魏兹曼 204

埃里克·莫斯 37

埃米尔·吉列尔斯 148

埃涅阿斯 15

埃舍尔 125

埃斯库罗斯 316

爱德华·托马斯 133-134

艾里阿斯·隆洛特 352

艾利耶特·布吕奈尔 241

艾伦·加纳 10

爱伦·坡 221, 265-270

艾米丽·左拉 63

爱因斯坦 48, 351-352, 365

安德鲁·所罗门 289

安·兰德 92

安塞尔姆·基弗 195

安提戈涅 163

W. H. 奥登 51

奥兰多 29-30

奥利弗·拉克姆 80

奥利弗·斯坦森 167

奥特柳斯 158

奥维德 77

B

巴里·洛佩兹 308

班弗兹乐队 146

保罗·克鲁岑 64

本雅明 112-116, 128-129

比德 70

比尔·卡斯拉克 286

比约恩·吉耶维格 269

比约纳尔 249-254, 258-265, 271-276, 279-280

比约纳尔·奥尔森 278

比约纳尔·尼科莱森 249, 251, 257

波拉·佩图尔斯多蒂尔 13, 278

波吕涅刻斯 163

波西多尼斯 158

波西热·德居尔 126

博尔赫斯 360

布拉德利 137-142

布拉德利·加雷特 137

## C

查尔斯－阿克塞尔·居约莫 118

## D

达尔蒙 142

大卫·鲍伊 145-146

大卫·林奇 121

大卫·纳什 76

戴夫·肖 168

但丁 24, 26

德墨忒尔 24, 163

德桑克 132

迪恩·德雷尔 168

蒂姆·罗宾逊 25

## E

俄耳甫斯 15, 24, 163

厄休拉·勒古恩 87

## F

法贝热 272

凡·代克 101

菲利贝尔·阿斯贝 130

菲利克斯·纳达尔 119

菲利普·拉金 65

菲茨罗伊·麦克林 190

弗兰克·金登·沃德 78

弗里茨·兹威基 47-48

弗雷德里克 290

弗里德里希 133

弗洛伊德 150, 159

## G

格雷戈尔 159

格雷戈里·本福德 359

格伦·阿尔布雷奇特 87, 95, 275

葛饰北斋 122

庚斯勃罗 101

果酱乐队 145

**H**

哈代 87

哈迪斯 15, 163

哈基姆·贝 120

哈里森 26, 38

海恩 227, 229, 238-239

海恩·毕约克 218, 227, 237

海伦娜 268

海伦 286-288, 290, 294, 299, 308, 311-312, 321, 324, 327, 338, 340-342, 364

海伦·M 287, 313, 317, 332, 337-338, 340-342

海伦·莫特 286

海兹尔·巴顿 163

荷加斯 101

何塞·冈萨雷斯 342

赫拉克勒斯 163

亨利二世 79

华奈摩伊宁 353-354

霍华德·卡特 358

**J**

基默勒 87, 93-94

吉奥 287-289, 294, 296-297, 308, 314-315, 323, 343

吉奥福·伊登 167

吉尔伽美什 14-15

吉加·维尔托夫 121

加伦·卡雷拉 350

加缪 331

简（简·博罗代尔）23, 29

杰伊 116, 123-124, 130, 134, 136, 145-146, 148

金发女郎乐队 345

居伊·德波 132

**K**

卡尔维诺 126

卡戎 132, 149-150

凯瑟琳·尤索夫 245

康斯太勃尔 101

科马克·麦卡锡 10

克劳德·洛兰 101

克里斯蒂娜 290, 315

克里斯托弗 53-58, 306

克里斯托弗·雷恩 127

克里斯托弗·托斯 53

克瑞翁 163

肯特·迈耶斯 48

库尔茨 89

**L**

拉齐乌斯 158

拉撒路 305

莱昂内尔·泰雷 177

理查德·布拉德利 228

理查德·尼尔森 87

里尔克 152-153, 156

丽贝卡·埃尔森 48

丽娜 116, 122-125, 129-131,
　　　134-136, 143-148

林恩·马古利斯 87

流浪者乐队 346

刘易斯·卡罗尔 268

卢西恩 152-156, 160-164, 171-173,
　　　178-180, 182-189, 193, 195,
　　　197, 199-201, 204-206

鲁邦 164-166

露娜 136

路易·德·伯尔尼埃 83

路易十六 118

罗安清 82, 97

罗宾·沃尔·基默勒 86, 93, 331

罗伯特·波格·哈里森 26

罗伯特·弗罗斯特 72

罗伯特·马尔瓦尼 300

罗伊 222-223, 233


**M**

马蒂·库西 353

马尔瓦尼 300-306, 315

马可·雷斯泰诺 159

玛丽·道格拉斯 330

玛利亚·卡门 152-155, 180,
　　　183-184

玛利亚·特蕾莎 156

马赛·拉维达 244

马塞尔·埃梅 122

马塞尔·鲁邦 164-165

马特 286-288, 291, 295-296, 298,
　　　307-308, 311-314, 323-325,
　　　327, 333-343

马廷·法尔 167

梅林 76-85, 87-93, 96-97, 301, 332

梅林·谢尔德雷克 76-78

蒙克 358

弥诺陶洛斯 3, 42, 334

密特拉神 161, 175

墨卡托 158

莫奈 101

莫斯 35-38

W. H. 穆雷 207


**N**

娜恩·谢泼德 201

纳塔里亚·莫尔查诺娃 169

尼尔 51-52, 59-63, 68, 123

尼尔·罗利 50

尼尔·莫斯 35, 363

尼尔斯·玻尔 291

尼古拉斯·洛里奇 268

E. I. 纽曼 80

努卡 342-343

诺伯特·卡斯特雷 164-165

**O**

欧律狄刻 15, 24, 163

**P**

帕米拉·巴林杰 192

帕萨尼亚斯 115

帕西 350, 352, 362, 364-365

帕西·托希玛 350

披头士乐队 38

皮埃尔·贝朗格 127

皮埃尔·诺拉 192

皮翁博 101

珀耳塞福涅 24, 163, 210

珀那忒斯 115

J. H. 普林 94

**Q**

乔纳斯·索尔克 66

乔·辛普森 331

乔治·巴塔耶 245

乔治·马洛里 167

乔治·佩雷克 11

**R**

让－马林·肖维 241, 243

儒勒·凡尔纳 268

**S**

W. G. 塞巴尔德 196

塞尔吉奥 171-178, 300

绍博尔奇·莱尔－奥西 170

史蒂芬·格雷厄姆 11, 127

斯林斯比 222

斯文 273-274

苏珊娜·西马德 73

**T**

塔拉 97-98

泰奥菲尔·戈蒂耶 164

泰耶·诺斯泰德 229

唐·德里罗 131, 278

特蕾莎 203, 205

特纳 101

忒修斯 42, 163

提摩西·莫顿 278

铁托 189

托马斯·布朗 27, 78, 305

托马斯·哈代 87

托马斯·麦考利 67

托马斯·塞伯克 359

**W**

瓦尔特·本雅明 112

威尔 71

H. G. 威尔斯 128

薇拉·科普 153

威廉·卡洛斯·威廉姆斯 16

维吉尔 24

维柯 26

维普宁 354

维特根斯坦 103

韦恩·钱布里斯 127

**X**

西安内·倪 317

西比尔 15

西格莉德 251, 253, 280

西吉 288

西马德 73-75, 80

西蒙·麦克伯尼 243

希特勒 268

小埃格伯特·贾尔斯·利 89

肖恩 23-25, 29-34, 38-45, 363

肖恩·博罗代尔 23

小妖精乐队 111

谢默斯·希尼 316

**Y**

雅克·阿图 165

亚当·西博恩 267

亚瑟·柯南·道尔 24

伊凡·斯文蒂纳 158

伊莱恩·斯卡利 10

"以弗所长眠七圣" 100

易尔马里宁 353-354

英格丽德 250-251, 253-254, 262, 264, 274, 279, 281

尤金·斯托莫 64

雨果 118

约翰·安德森 60

约翰·伯格 241

约翰·德·阿加塔 349

约翰·厄尔 190

约翰·冯·瓦尔瓦沙 150

约翰·克莱尔 275

约翰·克利夫斯·西姆斯 267

约翰·斯金纳 23, 44

约翰·温德姆 279

约瑟夫·巴泽尔杰特 140

**Z**

詹姆斯·拉夫洛克 164

朱恩·贝利 37

朱莉·克鲁克香克 330

朱诺 150

二、地名

**A**

阿迪杰河 152

阿尔卑斯 12, 276

阿尔代什峡谷 241

阿尔德利埃奇 10

阿尔塔 219

阿格瓦涅 223

阿吉洞穴 136

阿刻戎河 149-150

阿拉斯加 87, 330

阿里奥洞穴系统 166

阿姆斯特丹 147

阿普西亚吉克 294-297, 299,
　　308-309, 321-322, 334-335,
　　337, 342-343

阿帕米亚 158

阿萨巴斯卡 330

埃科菲斯克 255

埃塞克斯 301

埃乌萨皮娅 126

艾弗林山洞 22, 26, 32

艾坪森林 72, 76-77, 79, 82, 88,
　　96, 172

"艾斯特马戏团"大曲流 241

安大略省水电站 132

安德内斯 250, 254, 257, 261

安德内斯灯塔 259, 273

安多亚 248-250, 252-254, 260-261,
　　263, 268, 274, 276-277, 279-280

安纳托利亚高原 104

敖德萨 135-136

奥尔基卢奥托 345, 347, 349-350,
　　352-353, 366

奥福德岬 196

**B**

巴巴拉地下档案库 356

巴比肯 140

巴芬岛 289

巴克哈默洞 227

巴黎圣母院 117

巴伦支海 256

巴罗科罗拉多岛 89-90

巴拿马运河 89

巴塔哥尼亚 154

巴特西发电站 135, 139

巴索维扎（巴佐维卡）192

白峰 35, 151

白云石山脉 156, 163, 189, 200

邦加 122-123, 147

贝克街 136

奔宁峡谷 70

北安普敦郡 275

北奔宁山脉 69

北海 22, 51, 196, 220, 256, 259

北挪威海 256

比利牛斯山脉 112

宾夕法尼亚 210

冰穹 C 305

波的尼亚湾 265, 362

波尔特沃 112-114

伯毕 46, 50-51, 53, 57, 67, 123, 259,
　　306, 351, 357

伯毕矿场 51, 76, 88, 351

伯克纳岛 303-304

柏林顿峡谷 38

博斯曼斯加特洞 167

布达佩斯 170, 176

布胡斯 228

布莱德湖 183

布里斯班 132

布里斯托尔海峡 22, 24, 40

不列颠哥伦比亚省 73, 295

布须曼人洞 167-168

## C

柴郡 10

重庆 9

## D

达科他风洞 163

达特穆尔高原 40

达瓦扎 211

大边缘 254-255, 257, 259-260, 263

大吉岭 268

大平原地区 93

代林库尤 104

德里 146

迪恩森林 151

的里雅斯特 152, 155-156, 158, 161, 190, 192, 205

迪之井 179

"地堡"（巴黎）146

蒂玛沃河 156-160, 162, 171-173, 178-180

"地下艾格" 167

地下神庙 161

地下水宫 141

"地狱之门" 211

地中海 3, 97, 113, 339

杜伊诺城堡 152-153, 180

多波尔多湖 184

多尔多涅省 219, 244

多格兰 22

多瑙河 28, 170

## E

鄂毕湾 284

俄勒冈州 85

## F

菲律宾群岛 151

芬加尔洞 227

芬马克郡 258, 275

峰区 35, 363

弗莱堡 356

佛勒革同河 149

佛罗里达 151

## G

钢铁小路 200, 202

格拉斯顿伯里突岩 24

格拉斯哥 288

格陵兰岛 13, 256, 282, 284-285, 287, 289-291, 294, 296, 298,

300, 303, 310, 317, 326, 330,
 332-333, 343, 348, 369
瓜达拉马山 197
桂林 58
贵州 151

## H
"哈迪斯" 349
河滨市 138
赫布里底群岛 17
赫尔海姆冰川 325
赫尔塞加 232, 246-247, 265
赫勒 223, 234
黑山 57
亨德森岛 277
洪恩角 154
红海 169
怀托摩 151

## J
加利福尼亚州 137
加通湖 89
加沙 204
舰队河 139-140
金斯登·马斯特洞穴 167
九泉森林 179, 367

## K
喀拉海 284

喀喇昆仑山脉 284
卡尔索 149, 151-152, 154-156, 160,
 171-172, 181, 183, 187, 192
卡尔索高原 153, 158-159, 171
卡拉哈里沙漠 167
卡拉库姆沙漠 211
卡拉雷冰川 322, 333
卡林西亚 185
卡米罗海滩 278
卡宁峰 200-202, 205-206
卡斯尔顿 35, 37
凯恩戈姆高原 179
凯恩戈姆山脉 201, 299
凯尔德·海德洞穴 167
坎布里亚郡 307
康尼马拉 102
康西格里奥高原 189
科赛特斯河 149-150
肯德尔 288
库尔赫拉伦岩洞 220-222, 227,
 229-230, 234
库鲁苏克 282-283, 286-287,
 289-291, 295, 297, 308, 323,
 342-343
库纳德·拉斯穆森冰川 310,
 319-323, 325, 333-335,
 337-338, 341-342, 362
库瓦厄火山 292

**L**

拉基火山 292

拉斯科洞穴 125, 219, 243-245

蓝洞 169

蓝泉 167

蓝山 85

劳马镇 353, 366

老圣保罗教堂 127

勒忒河 149

雷阿尔区 118

雷弗斯维卡 234, 246, 253, 357

雷弗斯维卡湾 232-233, 265

雷卡河 157

里沃兹修道院 57

刘易斯岛 275

卢布尔雅那 189

卢浮宫 117

卢克霍普村 69

路易斯湖 55

伦敦桥 137

罗弗敦墙 220-221, 224, 226, 229, 254

罗弗敦群岛 217, 220-221, 223, 227, 237, 248, 250, 254, 256-257, 260, 265-266, 270, 275, 277, 320, 322

罗马蓄水池 141

落基山脉 55

洛杉矶 138

**M**

马德里 132, 197

马尔特拉维索 16

马克西姆下水道 348

马赛 114

马翁港 126

曼彻斯特 37

曼能峰 221

曼图亚 151-152

曼图亚教堂 151

梅菲尔区 128

梅诺卡岛 126

门迪普 21-24, 26, 29-30, 39, 44-45, 51, 76, 134, 363

门迪普高原 40

门迪普巨石阵 229, 311

门迪普丘陵 21, 24-25, 151

蒙鲁日平原 119

蒙帕纳斯车站 144

蒙提涅克村 244

米塞努姆 140

密歇根湖 140

明尼阿波利斯 132

莫哈维沙漠 140

莫斯洞室 38

莫斯科 146

莫斯克内斯 217, 220, 234, 265, 322

莫斯肯漩涡 221, 229, 232, 234, 266-270

墨西哥湾 269

牡蛎屋 110, 123

穆萨贾马 178

## N

纳拉伯平原 151

纳萨克 291

奈勒伊峡湾 220

奈特尔布里奇峡谷 23

南达科他州 50, 57

南斯拉夫 189-192, 300

内华达沙漠 349

尼德山谷 101

尼日尔三角洲 270

尼亚加拉大瀑布 132

纽波特 142

纽约 132

努克 285

## O

欧村 222-223

欧洲之峰国家公园 166

## P

潘诺尼亚平原 178

彭博大楼 162

皮埃尔·圣-马丁裂坑 164-165

皮亚韦河 152

匹克大洞穴 35, 38

普雷克穆列地区 189

普里迪九古坟 44-45

普鲁拉 167

## Q

崎岖地 40

旗帜厅 129, 136, 143, 145, 147

千禧磨坊大厦 139

酋长岩 56

全球种子库 272, 356

## S

撒哈拉沙漠 52, 304

萨默塞特郡 21, 28, 45

萨福克郡 196

萨默塞特平原 24, 40

塞德伯 167

塞纳河 117, 129

塞萨利 210

瑟默苏克 325

沙滩房 122

山精之眼 227

圣海伦火山 292

圣洛伦索·马焦雷大教堂 127

圣马特奥山 200

圣婴公墓 118-119, 324

尸骨井 129-130

"石棺" 212

斯堪的纳维亚半岛 219

斯科契扬村 157

斯科契扬溶洞 156

斯科契扬峡谷 157-158

斯奈热山 157

斯匹茨卑尔根岛 356

斯特龙博利火山口 268

斯提克斯河 149

斯托尼立特尔顿 28

斯瓦尔巴群岛 250, 272

死亡猫洞 147

死者十字路口 110, 147

苏格兰高地 235

苏拉威西岛 16

索尔森洞 227

索尔瓦根 234

索苏维来 57

T

塔尔塔洛斯 149

台北 151

泰晤士河 67, 137, 140, 142

坦博拉火山 292

特雷比齐亚诺村 159

特雷比齐亚诺深渊 160, 171, 200, 300, 311

特里格拉夫峰 183

特林吉特 330

特伦蒂诺 200

特洛伊 316

图坦卡蒙陵墓 358

W

瓦洛伊岛 265

外赫布里底群岛 18, 275, 295

威尼斯湾 176

威尼斯朱利亚 191

维帕瓦山谷 184

翁卡洛 345, 347, 349, 351, 356, 361-362, 364-365, 367

沃尔辛厄姆 27

沃灵福德街 162

沃斯托克湖 305

五角大楼 285

X

西奥伦群岛 248, 256-257

西瓦尔巴 138-139

西西里海岸 268

西峡湾 217

锡亚琴冰川 284

喜马拉雅 5, 12, 164, 268, 330

香巴拉城 268

肖维岩洞 242-244, 364

谢尔米利加克 308

新戈里察 184

欣克利角核电站 40

休尔文山 295

Y

亚得里亚海 154, 157-158, 172, 180, 206

野苹果树坑坟 193

伊戈特拉吉皮玛 308

伊利尔斯卡·比斯特里察镇 157

伊松佐河 152, 184, 200, 206

伊索尔墓园 119

伊维萨岛 169

伊斯坦布尔 141

伊斯特里亚 191

以弗所城 100

易北河 12

优胜美地国家公园 56

尤卡山 349, 358

尤卡坦半岛 151

尤里安阿尔卑斯山脉 156, 183, 196

尤里安马奇 185, 189, 191

约克郡 46, 50-51, 101, 300

约克郡谷地 151, 167

云南 151

Z

芝加哥 139

中美洲 89

珠穆朗玛峰 166

爪哇岛 211

三、作品

A

《阿伽门农》316

《埃涅伊德》149-150

《爱丽丝梦游仙境》268

《奥德赛》352

B

《包喀斯和菲勒蒙》77

《包容的艺术,或如何去爱一朵蘑菇》82

《悲惨世界》118

《勃拉姆斯第一钢琴四重奏》148

《布里希加曼的怪石》10

C

《查尔斯一世在马上》101

《持摄影机的人》121

《触及巅峰》331

《穿墙人》122, 202

《创:战纪》62

《垂直》11

D

《大富翁》299

《大卫在亚杜兰洞》101

《到地下去》(果酱乐队)145

《迪斯科地狱》346

《地下》(大卫·鲍伊)145

《地下的世界》（阿塔纳斯·珂雪）265
《地下世界》（唐·德里罗）278
《地下世界百科全书》111
《地心游记》268
《东线行动》190
《杜伊诺哀歌》153, 156

**G**

《拱廊计划》112-115, 128
《古兰经》100

**H**

《黑暗召唤》167
《桦树》72
《活山》201

**J**

《吉尔伽美什》14
《九磅锤》97

**K**

《卡勒瓦拉》352-354, 363
《看不见的城市》126
《空间物种》11
《空心大地》204

**L**

《拉撒路的复活》101

《历史哲学论纲》113
《绿林荫下》87
《论科学的精确性》360
《罗马殉道圣人录》100

**M**

《迈锡尼瞭望台》316
《梦的解析》150
《莫斯肯漩涡沉浮记》221, 265

**N**

《呐喊》358

**Q**

《七个喝醉的夜晚》97
《敲开表面》138

**R**

《人性的灭绝》193

**S**

《深度》169
《神奈川冲浪里》122
《神曲·地狱篇》26
《时间机器》128
《时间之思》70
《逝者之国》26, 38
《睡吧睡吧，胖娃娃》280

**T**

《土星之环》196

《托斯卡》341

**W**

《挖掘火焰》111

《威廉·退尔》序曲 280

《瓮葬》27, 305

《我的世界》29

《雾海上的漫游者》133

**X**

《西姆佐尼亚：发现之旅》267

《橡皮头》121

《新图志》158

**Y**

《压力测试》141

《亚瑟·戈登·皮姆的故事》267

《伊利亚特》352

《蛹》279

《原子》345

**Z**

《在地下》(班弗兹乐队)146

《植物间菌根网络的运作及其生态学意义》80

《致俄耳甫斯的十四行诗》153

《自然环境考古》228

《自然》75

《自然之后》365

《棕色鲑鱼布鲁斯》97

**四、其他专有名词**

*

D 小调 359

Z 式滑轮 341

**A**

阿尔法粒子 56

阿拉伯语 100

阿里阿德涅之线 42

阿里奥之梦 166

埃姆间冰期 303

矮柳 299, 307, 318, 325, 332, 334, 341

盎格鲁－撒克逊时期 127

氨气风暴 48

暗能量 48

暗物质 15, 46-49, 52, 54-58, 62, 69

暗物质实验室 88, 351

暗物质晕 48, 55

"暗星"探险 163

奥氏蜜环菌 85

**B**

巴黎矿业学校 135

433

巴洛克式 33
白垩 179, 198, 367-369
白垩纪 67
白垩纪盆地 269
白桦林 217, 224, 246, 277, 279
白蜡树 1-2, 7, 24, 44, 76, 99, 209, 367
白鹭 152
白色卫队 190
白色战争 179, 183, 203-204
白杨树 181
白云石 25, 46, 70, 150
百里香 23, 160
柏树 100, 184
板岩 69, 100-101, 220
板岩矿场 142
伴唱曲 326-327
半潜式钻井平台 269
半衰期 357, 361
绊索 298
包合物 293
孢子 88, 93
"北方丹麦人"计划 288
北格陵兰岛埃姆间冰期冰芯钻探项目（NEEM）303
北极狐 298, 329, 333
北极熊 251-252, 266, 298, 312, 325, 333
北极鳕鱼 223

北约 274
贝塔粒子 348
本体论 13
壁龛 125, 322
避难洞 51
变质岩 219
表层土 9, 46, 74, 76, 283, 299, 325
蝙蝠 138-139, 173
滨草 231
冰冻圈 315
冰冻圈水文变暖 310
冰斗 309, 311, 313, 326, 332-333
冰镐 201, 225-226, 284, 335
冰河时代 17, 219, 292
冰后隙 309, 311-312, 318
冰臼 310-311, 315, 319-321, 324, 326, 332, 334, 337-339, 341-342, 350, 364
冰塔 313, 315, 333
冰水沉积物 313
冰原 280, 310, 330
冰碛面 335
冰碛石 298, 314, 334
冰爪 225-226, 312, 335, 339
波形瓦 152
哺乳动物语言 94
布拉风 153, 155
布里奶酪 145

## C

藏骸所 21, 119-120
层理面 43-44
茶隼 69
潮汐线 279, 283, 296, 311, 322,
　　326-327, 329, 333, 343
超纯水 49
超新星 50
超新星爆炸 347
超星系团 48
超严密监狱 347
超验的能指符号 358-359
超铀放射性废料 63
常春藤 39, 152, 369
沉降坑 118
处置库 349, 358-359
赤铁矿 237
赤杨树 25
冲沟 221-226, 229-230
冲积层 307
粗砂岩 131

## D

大海雀 220
大理石 42, 222, 295
大页纸 109
怠速状态 297
氮 65, 81
蛋白石 27, 149, 333

灯芯草 350
的里雅斯特四十日 190
的里雅斯特同步辐射国际实验室
　　192
地堡 30, 131, 137
地层学家 64
地幔 39, 49, 54, 267
地壳 6, 49, 70, 157, 180, 267-268,
　　294, 313, 347
地壳板块 13
第四纪地层学小组委员会 64, 344
地下电台 345-346
地下客 120-121, 130, 146
"地下宇航员" 163
地衣 78-80, 104, 187-188, 231,
　　233-235, 239, 247, 299, 307,
　　312, 322, 341, 355
地震传感器 261
地震映像法 260-261
地震映像探测 261-262, 264, 272
地质处置库 348
地质创伤 95
电离辐射 86
电离轨迹 55
电石灯 112, 115, 124, 165
电子 49-50, 55
定格拍摄 243
冬青树 79, 84
洞穴冰川学 310

斗淋 151

顿光 196

多氯联苯 285

**E**

鹅耳枥 80

鹅卵石滩 206

二叠纪 51, 53, 361

二面体尖顶 334

**F**

发光天体 47

"伐木人" 189

乏燃料池 348

乏燃料棒 348-349, 351, 356, 362

法国抵抗军 120

法老 126, 347

番红花 154

反应堆堆芯 348

反坦克战壕 368

泛音列 311

方尖碑形 360

方解石 3, 21, 31-34, 39, 76, 363

方硼石 50

方铅矿 70

防波堤 257-258, 283

防尘面罩 52, 68

放射性废料 54, 285, 349, 357, 359

放射性核素 65

放射性碳同位素 74

菲亚特"熊猫" 164

废料处置库 349

粉脚雁 307

粉砂岩 46

分子生物实验室 89

粉红琵鹭 154

风洞系统 57

蜂蜡 4

风鸣乐器 359

风信子 197

扶壁 230, 328

福特"柯蒂纳" 142

福特"全顺" 59, 61, 68, 70

腐殖土 83-84

复理石 157

**G**

伽马波 348

伽马射线 53

干板照相机 353

干粉灭火剂 60

干式贮存桶 348

高山植物 199

钢制中子隔离罩 55

高放射性核废料 6, 347-348

锆棒 55

锆合金 348, 351

鸽子 148, 152

根窗技术 83
更新世 64, 293
公海 51, 169, 254
公牛 161, 244, 354
共生 74-76, 80-81, 90, 95
共生功能体 87
共生世 95
狗拉雪橇 290, 308, 323
古巴导弹危机 101
骨雕猫头鹰 18, 32, 97, 125, 171, 233
股骨 119
骨灰瓮 27, 44-45
古柯 96-97
骨盆 45, 222, 252, 334
古气候学 300
古人类 65, 237
古人类学家 26, 163
古生物学 67
古生物学家 26
鹳 152
管鼻藿 262, 272
管风琴 311, 341
光电倍增管 49-50
光合作用 75, 81, 90
光纤灯 294
光叶针栎 199
光子 50
广义相对论 48

"轨道定向性反冲识别"实验（DRIFT）46, 50, 54-55
鬼舞断层 6, 349
国际地层委员会 64
过氧化氢 293

## H

哈布斯堡士兵 200
哈马斯激进分子 204
海百合 27
海床沉积物 13
海鸠 247
海螺 130, 235
海鳗 103
海鸥 220, 223, 229, 232, 245, 259-260, 262-263, 298, 307, 314, 325-326, 328, 335, 342
海参斑 273-274
海獭 235-236, 246
海豚 261, 269, 282-283
海市蜃楼 330
海鹰 226, 232, 236, 238-239, 241, 246, 249, 250-251, 275-276
海藻 231, 283
氦气 145
核废料隔离中间试验工厂（WIPP）63, 349, 360
核废料隔离中间试验项目 359
鹤嘴锄 29

黑背鱼 272

黑刺李 25, 369

黑水公司 128

黑水鸡 91

黑鳕 271

黑曜石 30

黑玉 29

红宝石 44, 272, 291

红喉潜鸟 295

红赭石 28

红嘴山鸦 206

呼吸走廊 308

虎鲸 253, 264, 280, 296

琥珀 23, 30, 45, 162

琥珀钉 29

护身符 17, 220

花岗岩 55, 78, 131, 201, 219, 226, 230, 239-241, 247, 345, 351, 358-360

花旗松 73-75

花楸 235

滑动裂隙 57

桦树 72, 83, 96-97, 195, 231, 235, 345, 355, 365-366

环斑海豹 283, 324

幻日 299, 329

浣熊 258-259, 274, 276

黄蜂 79, 90-91

黄绿地图衣 299

黄铁矿 70

灰冰 289

灰林鸮 39

灰叶柳 341

会堂 179

火成岩 219

火烈鸟 154

火绒草 197

火蜥蜴 206

## J

基督教 100, 161

基切语 139

激素 82

脊椎动物 32

寄居蟹 277

寄生关系 81

寄生物 74

祭坛 139, 161, 165

记忆地理 192

记忆之场 193

家畜物种 65

钾碱 50

岬角 152, 232

甲壳虫 38, 356

钾矿 51-52, 59-60

钾盐 50, 60, 62, 67

钾盐矿 51, 61-62

尖晶橄榄石 39

碱石灰 37
检修孔 116, 120-121, 128, 131, 137, 140, 147
间冰期 303, 305
箭石 27, 41
降神会 23
礁石 180, 232, 238-239, 247
礁石小岛 230, 277
聚苯乙烯 304
皆伐 73
接骨木 30, 34, 41, 44, 367
截梢林 82, 96, 98, 172
金翅雀 44
金合欢树 111, 148, 152, 171
金雀花 41
金银花 152
金鹰 28
金枝 15
晶洞 70
荆棘 39, 160, 358
鲸目动物 261
鲸鱼 17-18, 32, 261, 264, 266, 313-314
胫骨 120
菊石 27-29, 41
菊石化石 22-23
巨型动物 78
巨藻 82
菌根 81, 92

菌根网络 75
菌根真菌 74, 81, 84, 95
菌丝 74-75, 77, 83-86, 89
菌丝网络 74, 80
菌异养植物 90

K

咖啡鳕鱼 252
喀斯特峰林 58
卡芒贝尔奶酪 145
开采工作面 51-52, 60-61, 63, 67-68, 88
凯尔特基督教 233
桤木 354
凯旋"使者" 142
科莫多巨蜥 62
科育空 87
可燃冰 279
坑洞 12, 181, 183, 190, 193, 195, 204
坑杀 191-192
空白区 166
快闪电影院 121
狂飙突进式 131
矿化 32
矿业地质学家 52

L

蓝草音乐 97

雷鸟 231, 341

肋骨 17, 32, 120, 130, 345

冷却剂 285

冷水珊瑚礁 256

黎凡特小麦 104

砾石堆 41-43

栗树 80

利物浦足球俱乐部 251

粒雪 292

蛎鹬 217, 234, 246

椋鸟 346

"瞭望台" 50

裂变 348

猎鹰 157, 350

磷 81, 91

林间空地 191, 198, 355

林木线 160, 186

临时自治区 120

灵缇犬 127

羚羊 198, 202, 206

流体动力学 270

流石 33

流石瀑布 33-34

硫酸 293

柳树 40, 231-232, 318, 354

龙胆 90, 189, 197

颅骨 32, 165, 200

卢台特期 117

鸬鹚 258

卤素灯 62, 357

卵石 32, 152, 296, 318

卵石滩 196, 206-207

伦敦金融城公司 79, 96

伦敦联盟 139

罗夏墨迹测验 259

落水洞 25, 30, 150-152, 155-157,
　　159-161, 169, 172-173, 182,
　　186-189, 191-192, 309, 363

绿青鳕 250, 264, 271-272, 274, 279

绿啄木鸟 91

**M**

玛雅语 138

曼哈顿计划 291

猫科动物 206

猫头鹰 98, 176, 242

盲眼希特勒 156

酶类物质 79

煤矿 51, 60, 63

美国国家航空航天局 311

美国国家环境保护局 357

美国林务局 85

美国能源部 357

美国土地管理局 138

美洲红鹮 154

猛犸象 28, 242, 284

猛禽 277, 279, 350

密胺 291, 362, 364

密特拉教 161-162

免疫学家 66

渺子 49, 54

渺子断层扫描技术 54

"明日之星"探险 163

抹香鲸 264

莫比乌斯环 125

墨角兰 160

墨西哥湾暖流 220, 256, 275

末影龙 30

牡鹿 127, 205, 242, 244

木星 48

木维网 72, 75, 80-81, 83, 90, 92, 95

牧羊犬 369

**N**

纳粹党卫军 146

纳粹德国空军 101

纳粹国防军 120, 249, 274

纳粹卐字符 182, 189, 192-193

纳莱蒂人 26-27

纳瓦霍语 360

尼罗冰 289

泥岩 46

拟人论 83

黏土 46, 359

凝灰岩 104, 349

牛顿苹果树 96

挪威国家石油公司 255, 269

挪威石油管理局 260

诺曼底登陆 155

**O**

欧石楠 69, 71

欧洲蕨 39, 41

欧洲越橘 231, 323, 334, 341

偶蹄 243

**P**

帕塔瓦米语 94

帕塔瓦米族 93

膨润土 55, 351, 364

啤酒花 152

皮秒 316

片麻岩 49-50, 55, 282, 295, 321-323, 326, 328, 333, 345, 351, 355

漂砾 142, 298, 323

苹果树 181, 195

葡萄糖 81

普鲁士抓结 341

**Q**

奇苏瓦克 285

奇珍阁 135, 145

汽轮机 348, 362

楔石 32

气穴 167

441

千里光草 30-31

铅－207 65

铅矿 26, 40

铅矿场 24

前进营地 166, 334

切伦科夫辐射 49, 184

青铜器时代 23, 26, 29, 40, 45, 57, 69, 220, 228, 357, 368

青蛙 179

情境主义 132

秋沙鸭 94

球石藻 27

去离子水 50

全新世 64, 268, 292, 317

犬蔷薇 156

R

人类干预特别工作组 358

人类世 12, 15, 34, 63-67, 86, 95, 146, 270, 275, 278-279, 303, 315-317, 337, 344, 349, 355, 361

人类世工作小组 64

绒鸭 234, 258

熔岩滴丘 104

熔岩锥 104

弱相互作用大质量粒子（WIMP）49-50, 55-56, 70

弱央元音 253

S

萨满 228

萨米族 16, 228

塞鲸 296

三层级宇宙观 228

三一学院 96

三趾鸥 260, 262-263, 272

三趾鹬 318, 328

散兵坑 185

沙丁鱼 103, 272

沙鳗 259

砂岩 10, 46, 131-132, 135

珊瑚 135, 286

珊瑚礁 291

山萝卜 44, 198

山毛榉 76, 79-80, 83-84, 154, 159, 171-172, 178, 181-183, 185-189, 193, 197-198, 363, 367

山毛榉截梢林 82, 96, 98

山毛榉萌生林 76

山楂树灌木 100

闪烁计数器 74

猞猁 22

蛇鳕 234

深时 12-15, 24, 28, 32, 43, 53, 64, 66, 146, 235, 293, 295, 315, 341, 345, 356, 359

深水地平线漏油事件 269

生硝 359
圣丹斯断层 349
圣马丁鸟 2
圣所 162, 356
圣物箱 203
圣洗池 313
石膏 46, 150
石黄衣 299, 355
石灰岩采石场 24, 115
"时间投影室" 54-55, 70
石榴 153
石楠木烟斗 155, 171
石榴树 183
石松 299
石笋 159
石炭纪 34
石英 4, 70, 135, 297, 304, 323, 333-334
石油基金 255
矢车菊 44
始新世 117
鼠海豚 282
树冠 2, 79, 82-83, 90, 96, 98, 172, 183, 186, 188, 231, 367
树冠羞避 83
数据包嗅探 141
树轮定年 40
树脂 185, 187
水肺潜水者 169

水牛 265
水平巷道 53
水平巷道网 51
丝兰蛾 81
丝兰属植物 81
斯洛文尼亚国民卫队 190, 193
斯洛文尼亚语 150-151, 182
松果 166, 311
松树 39, 88, 154, 157, 185, 187, 189, 195, 197, 199, 266, 345, 355, 365-366
燧石 29, 67
碎石环 48
莎草 328

T

塔庙 135
苔藓 41, 43, 78-80, 86, 104, 182, 187, 197, 231, 233, 235, 238, 297, 299, 307, 318, 322, 342
苔原 187, 189, 232, 322, 341
弹性地理 204
炭疽孢子 12
炭疽病 284
碳酸钙 25, 28, 219
探鱼仪 259, 271
特隆朗号 258, 263-265, 271
藤蔓植物 148
天鹅 2-3, 258

天鹅座 46, 53, 56, 70
天花病毒 284
天龙座流星雨 111
天体物理学家 48
天然井 138, 150-151, 159-160, 164
田鹎 41
甜栗 172
条纹原海豚 269
跳蚤 48
铁镍地核 49
铁矿石 57, 69
铁器时代 69, 96, 178, 368
头骨 22, 119-120, 130, 134, 233, 242, 309
头盔钉 203
秃鹰 40-41, 79, 197
土拨鼠 199
土鳖虫 84
土卫二 294
土星 48
驼鹿 355

## W

晚中新世 211
万人冢 119, 185
万神殿 161
万物有灵论 87
忘忧草 13
微生物学家 163

维管系统 74-76
微光摄影技术 119
维京人 256, 260
唯名论 95
维希政府 120
稳定同位素 65
乌木 267-268
乌鸦 232, 345
无边便帽 258
无政府主义理论 120
五子雀 94, 350
物种孤独 95

## X

西多会修士 57
矽肺病 4
犀牛 242
吸血鬼鱿鱼 81
蜥蜴 134, 160, 357
喜马拉雅蓝罂粟 78
喜鹊 250
细菌丛 86
狭叶柳叶菜 30
狭鳕 234, 271
下层林木 72-74, 79-80, 88, 156, 197
下颌带 203
氙 50, 351
仙客来 155, 157, 181

线虫 84

现代密特拉教徒 162-163

霰石 70

相敏雷达 301

橡木 38

象形图 357-358

小须鲸 17

小真菌蚋 151

楔形文字 361

潟湖 117

心理地理学 133

新石器时代 12, 26, 40, 57, 69, 368

星系团 47-48

行星性焦虑 95

雄狐 197

绣线菊 44

靴扣 203

旋花 195

旋木雀 350

玄武岩 26

雪橇犬 283

雪松 94

雪兔 231, 277

雪鸮 280

雪雁 212

驯鹿 12, 219, 284

## Y

蚜虫 82

雅库特人 12

雅利安势力 268

亚得里亚洞穴学会 159

湮灭产物 50, 57

岩岛 223

岩貂 28

岩浆 32

岩刻 61, 219, 229, 358

盐矿 51, 349

岩盐 46, 50, 55, 59-60, 63, 67-68, 70, 76, 88, 351, 357

岩盐矿 50, 63

岩盐层 53, 56, 68

盐沼 346, 365

氧化铁 220

燕子 2, 41

羊胡子草 318

鹞鹰 40

耶稣受难日 279

野牛 243-244

野蔷薇 358, 369

野山羊 199, 206

野生铁线莲 111

野兔 21

野猪 28, 335

叶端愧疚 95

叶兰 135

叶绿素 81

页岩 29

445

伊格德拉修 326
贻贝 235
遗迹化石 67
意大利语 151, 154, 192, 203
因纽特人 289-290, 314
因纽特语 314-315
银河系 50
引力透镜效应 48
印第安纳·琼斯式 146
印第安苏族拉科塔部落 57
英国广播公司 37
英国国家煤炭委员会 37
英国皇家空军 37
英国皇家学会 150
英国南极调查研究所 300
萤石 69-70
永冻层 10 272, 279, 284, 315
永动机 339
永久冻土 12
咏叹调 341
幽闭恐惧 10, 144
优红蛱蝶 39
幽灵植物（龙胆属）90, 92
铀 213, 347-349, 351
铀-235 65
铀-238 357
游方教士 233
铀矿 291
游隼 350

铀芯块 6, 55, 348, 351
"友好睦邻"政策 191
有孔虫类 27
有蹄类动物 65
柚木 154
榆木 38
鱼子酱 273
玉黍螺 22, 127
原牛 28, 219, 244
原始日耳曼语 326
原始印欧语 326
原子 49-50, 65
原子弹 85, 245, 291, 361
原子牧师 359, 363
原子核 54-55
原子物理学家 291
云母 60, 297, 323, 341, 345
云雀 70, 197
云杉 354

Z

杂卤石 50
蚱蜢 44, 160, 162, 164
战壕 156, 185
照明弹 298
赭土 3
赭石灰 21
真菌菌丝 74
真菌束 84

真菌网络 9, 77, 81-84, 86, 90, 92, 98, 369

真鳕 218, 234, 250, 252, 256, 260, 262, 272-273, 279, 294, 343

针状冰 289

脂状冰 289

植物群 307, 356

纸皮桦 73-75

致密物质 332

质谱仪 74

智人 13, 15, 86

质子 48-49

钟乳石 13, 21, 31, 102, 151, 159, 175, 179, 209, 213, 219, 242

中石器时代 22, 26, 363

中微子 49-50, 54, 58, 70

中子 48

重子物质 48-49

轴心国 189

帚石楠 231, 233

朱鹭 4

主权财富基金 255-256

紫外线 70

自由潜水者 169

"醉猴猜想" 89

最优地层时间 65

醉鱼草 152

鳟鱼 25, 197, 207

图书在版编目（CIP）数据

深时之旅 /（英）罗伯特·麦克法伦
(Robert Macfarlane) 著；王如菲译 . -- 上海：文汇
出版社，2021.7（2025.12 重印）
ISBN 978-7-5496-3433-0

Ⅰ. ①深… Ⅱ. ①罗… ②王… Ⅲ. ①纪实文学–英国–现代 Ⅳ. ① I561.55

中国版本图书馆 CIP 数据核字 (2021) 第 027748 号

UNDERLAND
Copyright © Robert Macfarlane, 2019
Simplified Chinese edition copyright © 2021
by ThinKingdom Media Group Ltd.
All rights reserved.

版权登记图字 09-2021-0104

## 深时之旅

| 作　　者／ | 〔英〕罗伯特·麦克法伦 |
| --- | --- |
| 译　　者／ | 王如菲 |
| 责任编辑／ | 何　璟 |
| 特邀编辑／ | 柴晶晶　续　娜 |
| 营销编辑／ | 辛　颖　杜珈琦 |
| 装帧设计／ | 韩　笑 |
| 内文制作／ | 田小波　王春雪 |
| 出　　版／ | 文匯出版社 |
| | 上海市威海路 755 号 |
| | （邮政编码 200041） |
| 发　　行／ | 新经典发行有限公司 |
| 电　　话／ | 010-68423599　邮　箱／ editor@readinglife.com |
| 印刷装订／ | 河北鹏润印刷有限公司 |
| 版　　次／ | 2021 年 7 月第 1 版 |
| 印　　次／ | 2025 年 12 月第 11 次印刷 |
| 开　　本／ | 710×980　1/16 |
| 字　　数／ | 328 千 |
| 印　　张／ | 28.5 |

ISBN 978-7-5496-3433-0
定　　价／　79.00 元

敬启读者，如发现本书有印装质量问题，请与发行方联系。